Objekttechnologie

Reihenherausgeber

Martin Schader, Mannheim

Springer
Berlin
Heidelberg
New York
Barcelona
Budapest
Hongkong
London
Mailand
Paris
Santa Clara
Singapur
Tokio

Objekttechnologie

Martin Schader und Michael Rundshagen
Objektorientierte Systemanalyse
2. Auflage
IX, 241 Seiten. 1996

Martin Schader
Objektorientierte Datenbanken
Die C++-Anbindung des
ODMG-Standards
X, 219 Seiten. 1997

Günther Vinek
Objektorientierte Softwareentwicklung
mit Smalltalk
XII, 440 Seiten. 1997

Martin Schader und Stefan Kuhlins
Programmieren in C++
Einführung in den Sprachstandard
5. Auflage
XII, 386 Seiten. 1998

Martin Schader · Lars Schmidt-Thieme

Java

Einführung in die objektorientierte Programmierung

Mit 54 Abbildungen
und 19 Tabellen

Springer

Professor Dr. Martin Schader
Lars Schmidt-Thieme

Universität Mannheim
Lehrstuhl für Wirtschaftsinformatik III
Schloß
D-68131 Mannheim

ISBN 3-540-63770-2 Springer-Verlag Berlin Heidelberg New York

Die Deutsche Bibliothek - CIP-Einheitsaufnahme
Java: Einführung in die objektorientierte Programmierung / Martin Schader; Lars Schmidt-Thieme. - Berlin; Heidelberg; New York; Barcelona; Budapest; Hongkong; London; Mailand; Paris; Santa Clara; Singapur; Tokio: Springer
(Objekttechnologie)
ISBN 3-540-63770-2
Buch. 1998; brosch.
CD-ROM. 1998

SPIN 10657948 43/2202-5 4 3 2 1 0 - Gedruckt auf säurefreiem Papier

Vorwort

Seit der Verfügbarkeit des ersten Java Development Kits (JDK) im Jahr 1995 hat die Programmiersprache Java einen Erfolg erlebt, wie er auf dem Gebiet der Softwaretechnologie bisher ohnegleichen ist.

Es werden nicht nur ständig neue, komfortable Java-Entwicklungsumgebungen vorgestellt, auch die Codegenerierung der wichtigsten CASE-Tools wird auf Java umgestellt, die Hersteller objektorientierter Datenbankmanagementsysteme bieten Java-Anbindungen (meist nach dem ODMG-Standard) an, bei der Entwicklung verteilter Systeme, insbesondere unter Benutzung von Object Request Brokern, führt an Java kein Weg vorbei, und auch auf dem Gebiet der Komponententechnologie ist mit JavaBeans eine ernstzunehmende Alternative zum bisher Vorhandenen entstanden.

Einige der in diesem Zusammenhang immer wieder genannten Schlagworte sind: Java ist *einfach, objektorientiert, verteilt, robust, sicher, architekturneutral, portabel, interpretiert, leistungsfähig, multithreaded, dynamisch.* Aus unserer Sicht kommt dabei insbesondere der Plattformunabhängigkeit und der "write once, run everywhere"-Zielsetzung eine besondere Bedeutung zu.

Das vorliegende Buch ist aus einem Vorlesungszyklus „Objekttechnologie", der an der Universität Mannheim gehalten wird, entstanden. Es wendet sich an Leser, die über Grundkenntnisse von Rechnern und ihrer Programmierung verfügen. Die einzelnen Sprachkonstrukte werden anhand vieler kleiner Beispielprogramme und einiger umfangreicherer Anwendungen erklärt. Die Beispiele sind in der Regel bezüglich der Fehlerbehandlung äußerst kurz gehalten. Hier muß von den Leserinnen und Lesern noch eigenständig weiterentwickelt werden.

Alle Beispiele wurden mit den von Sun zur Verfügung gestellten JDKs für Win 95/NT und Solaris getestet, viele auch mit MRJ unter MacOS 8. Diese JDKs findet man im WWW unter http://www.javasoft.com bzw. http://www.apple.com.

Am Ende der Kapitel ist jeweils eine Reihe von Übungsaufgaben zusammengestellt, mit denen der behandelte Stoff vertieft werden kann. Lösungen zu ausgewählten Aufgaben und die Java-Quellen der Beispiele findet man auf der beiliegenden CD-ROM. Aktuelle, ergänzende Informationen sind mittels *Anonymous ftp* auf unserem Server (ftp.wifo.uni-mannheim.de) im Verzeichnis /pub/buecher sowie im WWW unter http://www.wifo.uni-mannheim.de/Java zugänglich.

Die Beispiele für das Netzwerk-Kapitel (20) und das RMI-Kapitel (21) kann man auf unserem Server über das Internet testen; nähere Beschreibungen erhält man ebenfalls unter dem obigen URL.

Über Anregungen und Verbesserungsvorschläge seitens der Leser an unsere Postanschrift oder an javabuch@wifo.uni-mannheim.de würden wir uns freuen.

Der Fa. COMPAS MEDIA, Bremen danken wir für die Genehmigung, eine Reihe von Bilddateien bereitstellen zu können. Dem Springer-Verlag, Dr. Bihn, Dr. Müller und ihren Mitarbeitern gilt unser Dank für die bewährt sehr gute Zusammenarbeit.

Mannheim, Mai 1998 Martin Schader, Lars Schmidt-Thieme

Inhaltsverzeichnis

Kapitel 1

Einleitung

In diesem einleitenden Kapitel besprechen wir drei einfache Beispiele, die den Leserinnen und Lesern die drei grundsätzlichen Möglichkeiten, Java-Programme zu schreiben:

- als kommandozeilenbasierte stand-alone Anwendung,
- als stand-alone Anwendung mit grafischer Benutzeroberfläche bzw.
- als Applet, das nur in einem Browser lauffähig ist

demonstrieren sollen. Die Beispiele dienen nur der Veranschaulichung dieser Möglichkeiten; sie können erst später komplett verstanden werden.

Um die Beispiele übersetzen und starten zu können, benötigt man entweder eine integrierte Java-Entwicklungsumgebung wie Borlands *JBuilder* oder Suns *JavaWorkShop*, oder man verwendet das *JDK* (Java Development Kit) und den *HotJava*-Browser, die beide von Sun unentgeltlich zur Verfügung gestellt werden. Die jeweils neuesten Versionen von JDK und Browser findet man im Internet beispielsweise auf den FTP-Servern
 ftp://ftp.javasoft.com (Verzeichnis pub) oder
 ftp://susi.informatik.rwth-aachen.de (Verzeichnis pub/mirror/ftp.javasoft.com/pub)

1.1 Erste Beispiele

Als erstes betrachten wir ein einfaches Beispiel, bei dem kommandozeilengesteuert ein Zähler jeweils um eins inkrementiert oder dekrementiert wird. Das Programm besteht aus zwei Klassendeklarationen Zaehler und ZaehlerTest, die wir in den Dateien Zaehler.java bzw. ZaehlerTest.java ablegen:

```
// Zaehler.java

class Zaehler {
   private int wert;
   int wert() { return wert; }
   void wert(int i) { wert = i; }
   void inkrementiere() { ++wert; }
   void dekrementiere() { --wert; }
}
```

```
// ZaehlerTest.java

import java.io.*;

class ZaehlerTest {
   public static void main(String[] args) {
      Zaehler z = new Zaehler();
      BufferedReader in =
         new BufferedReader(new InputStreamReader(System.in));
      PrintWriter out = new PrintWriter(System.out, true);
      for (;;) {
         out.println("-------------------\nZählerstand: "
            + z.wert() + "\n-------------------");
         char akt = '+';
         do {
            out.print("Aktion (+/-): ");
            out.flush();
            try {
               akt = in.readLine().charAt(0);
            } catch (IOException ioe) { }
         } while (akt != '+' && akt != '-');
         if (akt == '+')
            z.inkrementiere();
```

```
            else
              z.dekrementiere();
          }
        }
      }
```

Damit wir das Programm übersetzen und starten können, müssen – sofern man das JDK verwendet – die Umgebungsvariablen PATH und CLASSPATH so gesetzt sein, daß Java den Compiler, Interpreter usw. und seine Klassenbibliothek findet. Wenn man beispielsweise das JDK in einem Verzeichnis java installiert hat und sich die beiden Java-Dateien in OOPinJava/kapitel1 befinden, sehen die entsprechenden Deklarationen für ein Unix-System (C-Shell) folgendermaßen aus:

```
setenv CLASSPATH /java/jdk1.2/lib/classes.zip:/OOPinJava/kapitel1
setenv PATH /java/jdk1.2/bin:$PATH
```

Bei Win 95/NT benutzt man analog:

```
set CLASSPATH=C:\java\jdk1.2\lib\classes.zip;C:\OOPinJava\kapitel1
set PATH=C:\java\jdk1.2\bin;%PATH%
```

Sinnvoller, als dies jeweils zu Beginn einer Sitzung neu einzustellen, ist die Aufnahme der entsprechenden Deklarationen in ~/.login bzw. die Einstellung über die Windows-„Systemeigenschaften".

Um das Programm zu übersetzen, rufen wir nun den Java-Compiler javac auf:

```
javac ZaehlerTest.java
```

Die Endung .java muß hier mit angegeben werden. Sofern die Quellen fehlerfrei sind und die Pfade stimmen, werden zwei weitere Dateien ZaehlerTest.class und Zaehler.class angelegt, die plattformunabhängige Java-*Bytecodes* enthalten. Da javac beim Übersetzen der Klasse ZaehlerTest feststellt, daß ein Zaehler-Objekt benötigt wird (anhand der Anweisung Zaehler z = new Zaehler();) und die entsprechende class-Datei noch nicht vorliegt, wird Zaehler.java ebenfalls übersetzt.

Zum Programmstart geben wir nun einfach java ZaehlerTest ein. Der Java-Interpreter java sucht dann in den im CLASSPATH angegebenen Verzeichnissen nach einer Datei ZaehlerTest.class und beginnt mit der Interpretation und Ausführung ihrer Bytecodes.

Zur Vereinfachung kann man zu Beginn eigener Tests das jeweils aktuelle Verzeichnis, also . in den CLASSPATH aufnehmen. Unser erstes Java-Programm präsentiert sich dann wie folgt:

```
-------------------
Zählerstand: 0
-------------------
Aktion (+/-): +
-------------------
Zählerstand: 1
-------------------
Aktion (+/-): +
-------------------
Zählerstand: 2
-------------------
Aktion (+/-): -
-------------------
Zählerstand: 1
-------------------
Aktion (+/-):
```

Nach dem Starten des Interpreters wird die Methode main der Klasse ZaehlerTest aufgerufen. In ihr werden zunächst drei Objekte, ein Zaehler-Objekt z und zwei Ein- bzw. Ausgabeobjekte in bzw. out erzeugt. Dann wird in einer Endlosschleife, die durch das for (;;) aufgebaut wird, der aktuelle Zählerstand von z durch den Aufruf der Methode wert ermittelt und angezeigt und danach ein Zeichen akt eingelesen, das die nächste Aktion auslösen soll. Je nachdem, ob + oder - eingegeben wird, erfolgt ein Aufruf der Methode inkrementiere bzw. dekrementiere für das Objekt z. Bei Eingabe eines anderen Zeichens wird einfach die Eingabeaufforderung wiederholt. Dieser Vorgang wird solange wiederholt, bis wir das Programm mittels Ctrl-C abbrechen.

Als zweites Beispielprogramm schreiben wir wieder eine stand-alone Anwendung, die einen Zähler modifiziert, versehen diese jetzt aber mit einer einfachen Benutzeroberfläche. Da wir die Klasse Zaehler wiederverwenden können, kommen wir mit einer weiteren Klasse ZaehlerFrame, die den ZaehlerTest ersetzt, aus. Die Klasse ZaehlerFrame enthält die Benutzeroberfläche, die bei stand-alone Anwendungen typischerweise in einem Frame aufgebaut wird:

```
// ZaehlerFrame.java

import java.awt.*;   import java.awt.event.*;

class ZaehlerFrame extends Frame {
   private Button plus, minus;
   private TextField stand;
   private Zaehler z;
   ZaehlerFrame(String s) {
      super(s);
      z = new Zaehler();
      setLayout(new GridLayout(2, 2));
      add(new Label("Zählerstand: ", Label.RIGHT));
      add(stand = new TextField(10));
      stand.setText(String.valueOf(z.wert()));
      stand.setEditable(false);
      add(plus = new Button("Inkrementiere"));
      add(minus = new Button("Dekrementiere"));
      ButtonListener lis = new ButtonListener();
      plus.addActionListener(lis);
      minus.addActionListener(lis);
      pack();
      setVisible(true);
   }
   public static void main(String[] args) {
      new ZaehlerFrame("Zähler-Test");
   }
   class ButtonListener implements ActionListener {
      public void actionPerformed(ActionEvent e) {
         if (e.getActionCommand().equals("Inkrementiere"))
            z.inkrementiere();
         else
            z.dekrementiere();
         stand.setText(String.valueOf(z.wert()));
      }
   }
}
```

Beim Vergleich mit der „Oberfläche“ in der Klasse ZaehlerTest, sieht man, daß es fast einfacher ist, eine grafische Oberfläche zu entwickeln, als die Ein-/Ausgabe über die Kommandozeile abzuwickeln. Insofern wird man als Java-Entwickler für die Verwendung der veralteten Technologie bestraft. Im ZaehlerFrame werden zwei Button-Objekte zum Inkrementieren bzw. Dekrementieren mit der entsprechenden Beschriftung erzeugt. Weiterhin enthält die Oberfläche ein Label und ein nicht editierbares Textfeld, in dem der aktuelle Zählerstand angezeigt wird. Das Zaehler-Objekt, dessen Methoden aufgerufen werden, heißt wieder z. Die Reaktion auf die Benutzereingaben haben wir in die innerhalb von ZaehlerFrame deklarierte Klasse ButtonListener einprogrammiert; mit den beiden addActionListener-Aufrufen ist unsere Oberfläche mit dem Listener verknüpft, der dann beide Buttons daraufhin überwacht (an ihnen „lauscht“), daß eine Benutzeraktion – hier Druck auf den Button – vorgenommen wird.

Das Beispiel verwendet ein typisches Konzept der Objektorientierung, die Vererbung: Die Klasse ZaehlerFrame ist als Subklasse der Klasse Frame deklariert und erbt sämtliche Variablen und Methoden des Frames. In ähnlicher Weise ist der ButtonListener eine für unsere Zwecke speziell zugeschnittene Implementation des ActionListener-Interfaces. Damit wir diese Klassen und ihre Methoden aus der Java-Standardbibliothek verwenden können, ohne ihre Namen vollständig auszuschreiben (z.B. java.awt.Frame), sind am Anfang der Klassendeklaration die beiden import-Deklarationen eingefügt.

Zum Übersetzen ist jetzt javac ZaehlerFrame.java, zum Starten java ZaehlerFrame einzugeben. Die Oberfläche hat nun die Gestalt:

Nach dem Starten des Interpreters wird auch hier wieder die Methode main, jetzt für die Klasse ZaehlerFrame, aufgerufen. In ihr wird lediglich ein ZaehlerFrame-Objekt erzeugt, das mit dem „Konstruktor“ ZaehlerFrame(String s) konstruiert wird. Bei dieser Konstruktion werden ein Zaehler-Objekt z und die Oberflächenobjekte generiert. Mit setVisible wird der Frame schließlich sichtbar. Auch diese Anwendung muß mit Ctrl-C beendet werden. Wir werden aber später in Kapitel 13 sehen, wie man das Fenster mit dem üblichen Mausklick schließen kann.

Als letztes Einführungsbeispiel betrachten wir ein erstes *Applet*, das ist ein Java-Programm, das nicht eigenständig, sondern nur von einem Web-Browser ausgeführt werden kann. Der Vorteil von Applets im Vergleich zu stand-alone Anwendungen ist aber, daß sie, wenn man sie in eine HTML-Seite einbettet, über das Netz geladen und lokal vom Browser ausgeführt werden können.

Wir greifen nochmals auf das Zählerbeispiel zurück und schreiben es als Applet um. Dazu sind im ZaehlerFrame nur wenige Änderungen nötig; die Klasse Zaehler können wir unverändert wiederverwenden:

```
// ZaehlerApplet.java

import java.applet.*;
import java.awt.*;
import java.awt.event.*;

public class ZaehlerApplet extends Applet {
   private Button plus, minus;
   private TextField stand;
   private Zaehler z;
   public void init() {
      z = new Zaehler();
      setLayout(new GridLayout(2, 2));
      ..... Rest wie in ZaehlerFrame
   }
   class ButtonListener implements ActionListener {
      ..... wie in ZaehlerFrame
   }
}
```

Im Unterschied zur ZaehlerFrame-Klasse ist das ZaehlerApplet als Subklasse von Applet deklariert, und die Klasse ist public, damit sie auch in anderen Umgebungen und auf anderen Rechnern benutzt werden kann. Weiterhin fällt auf, daß der Konstruktor durch die Methode init ersetzt wurde und daß keine Methode main deklariert ist, in der das GUI-Objekt mit seinen Ein-/Ausgabekomponenten erzeugt wird.

Nachdem wir das Applet mittels javac ZaehlerApplet.java übersetzt haben, müssen wir noch eine HTML-Seite anfertigen, in die wir es aufnehmen. In diesem Lehrbuch wird keine Einführung in HTML (die Hypertext Markup Language) gegeben, wir werden jedoch – insbesondere in Kapitel 13 – genügend HTML-Beispiele betrachten, um die wichtigsten Konstrukte kennenzulernen. In Anhang G sind darüber hinaus häufig benötigte HTML-Markierungen nochmals zusammengestellt. Eine einfache HTML-Seite für das ZaehlerApplet sieht beispielsweise so aus:

```
<h1>Das Zähler-Applet</h1>
<hr>
<center>
<applet code = ZaehlerApplet width = 250 height = 70>
</applet>
</center>
<p>
Hier steht der <a href = "ZaehlerApplet.java">Java-Code.</a>
```

Wenn wir diese Angaben in eine HTML-Datei, z.B. ZaehlerApplet.html schreiben, können wir die Funktionalität des Applets bereits im *Applet-Viewer* durch Eingabe von appletviewer ZaehlerApplet.html testen. Alternativ ist auch der Einsatz eines Browsers möglich; HotJava liefert die folgende Darstellung:

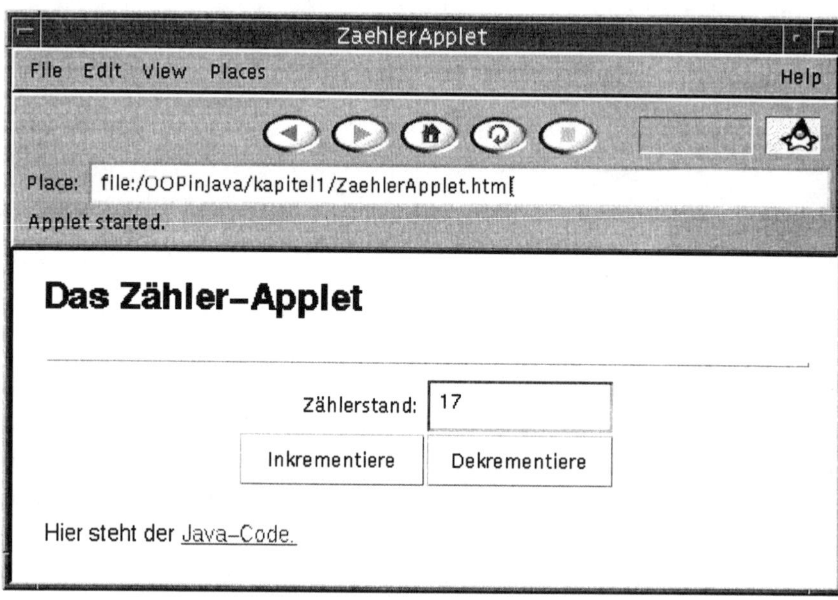

Die wichtigste Angabe, die Browser und Applet-Viewer benötigen, ist in der <applet>-Markierung enthalten. Mit code wird der Name des Applets spezifiziert, width und height geben die Breite und Höhe (in Pixeln) des Rechtecks an, das für das Applet auf der Seite zu reservieren ist. Der Applet-Viewer berücksichtigt nur diese Angaben und ignoriert den übrigen Text völlig. Dafür ist er in der Regel sehr viel schneller gestartet als ein Browser. Falls wir unseren Rechner als HTTP-Server eingerichtet haben, kann das Applet auch von anderen Systemen aus geladen und lokal ausgeführt werden, wenn man im dortigen Browser als Place oder Location den URL (Uniform Resource Locator) angibt, an dem sich unsere HTML-Datei befindet, also z.B. http://www.wifo.uni-mannheim.de/OOPinJava/kapitel1/ZaehlerApplet.html. (Siehe hierzu Kapitel 20.)

1.2 Die Ausführung von Java-Programmen

Wir haben bei unseren ersten Beispielen gesehen, daß Java-Quellen mittels javac in Bytecodes übersetzt und in class-Dateien gespeichert werden. Java-Bytecode enthält maschinenunabhängige Instruktionen für eine *virtuelle Maschine* – die Java-VM. Wir können uns die Bytecodes unserer ersten Beispiele mit dem Java-Disassembler javap ansehen. (Wenn wir einfach javap eingeben, erhalten wir die Aufrufoptionen.) Ein Ausschnitt der von javap -c Zaehler gelieferten Ausgabe ist:

```
Method void wert(int)
   0 aload_0
   1 iload_1
   2 putfield #4 <Field int wert>
   5 return
```

Hier ist gezeigt, wie die Methode wert(int i) arbeitet. Zunächst wird das Zaehler-Objekt festgestellt (aload_0), dessen Wert gesetzt werden soll. Dann wird der neue Wert i als erstes Argument des Typs int ermittelt (iload_1). Schließlich wird dieser Wert in die Variable wert des Objekts eingetragen (putfield ...). Auf allen Maschinen und Betriebssystemen liefert Java diesen Bytecode.

Es ist die Aufgabe des Java-Interpreters, die Bytecodes dann plattformspezifisch zu interpretieren und auszuführen. Der Interpreter kann dabei als eigenständige Anwendung implementiert sein (wie z.B. java), in andere Software eingebettet sein (z.B. in einen Web-Browser wie HotJava) oder in den Micro-Code einer Java-CPU integriert sein.

Wenn die VM zur Interpretation einer stand-alone Anwendung gestartet wird, beginnt sie mit der Ausführung der Methode main der *initialen Klasse*. Beim Aufruf von java wird diese in der Kommandozeile spezifiziert. Die nachfolgenden Kommandozeilen-Argumente (falls vorhanden) werden main als String-Feld übergeben.

Bei unserem ersten Beispiel haben wir zum Programmstart java ZaehlerTest eingegeben. Die initiale Klasse ist hier also ZaehlerTest.class. Vor der Ausführung von main muß diese Klasse geladen werden; hierzu benutzt die VM den *Class-Loader*.

Nach dem Laden wird der *Verifier* aktiviert, der die Bytecodes auf Korrektheit überprüft (z.B. ob die Datei während des Ladens oder des Transfers über das Netz beschädigt wurde). Anschließend wird Speicherplatz für die Klassenvariablen bereitgestellt und mit Standardwerten initialisiert. Weiterhin wird geprüft, ob der Code Referenzen auf andere Klassen enthält, die noch zu laden sind. Im Beispiel sind noch String, Zaehler, BufferedReader usw. zu laden. Schließlich werden noch die Klassenvariablen von ZaehlerTest und ggf. die ihrer Superklassen mit den programmspezifischen Werten initialisiert. Dann wird die Methode main aufgerufen.

Die Vorgehensweise bei der Ausführung von Applets ist sehr ähnlich. Es wird jetzt jedoch die in den Browser integrierte Java-VM aktiv, die als initiale Klasse die in der <applet>-Markierung spezifizierte Klasse lädt. Nachdem alle Klassen geladen und geprüft sind, erzeugt die VM ein Objekt der Applet-Klasse und ruft für dieses die Methode init auf.

Man erkennt hieran, daß es in Java den klassischen Begriff des monolithischen, ausführbaren Programms nicht mehr gibt. Es werden statt dessen *Übersetzungseinheiten* betrachtet. Das sind java-Dateien, die Deklarationen von Klassen enthalten, deren Objekte miteinander kooperieren, um eine bestimmte Aufgabe zu bewältigen. Das „Programm“ besteht dann aus der Gesamtheit der zu ladenden Klassen oder class-Dateien.

Eine Klasse, die als initiale Klasse eingesetzt werden soll, muß eine Methode main implementieren, die public und static spezifiziert ist. Bei Applets tritt init an die Stelle von main. Wenn die initiale Klasse X heißt, muß sie in einer Datei X.java deklariert werden. X.java kann neben der Deklaration von X noch weitere Klassendeklarationen enthalten, z.B. die von zwei Klassen Y und Z, die aber nicht initiale Klasse sein können. Beim Übersetzen wird dann dennoch für jede Klasse eine eigene class-Datei generiert – im Beispiel resultieren also X.class, Y.class und Z.class. Aus diesem Grund ist es üblich, so wie wir es bisher getan haben, für jede Klasse eine eigene Datei zu verwenden.

1.3 Übungsaufgaben

1. Richten Sie sich ein Java-System ein und bringen Sie sämtliche Zaehler-Beispiele zum Laufen.

2. Prüfen Sie, ob Ihr Browser bei einem Reload ein modifiziertes Programm tatsächlich neu lädt. Ändern Sie dazu nach dem Starten des ZaehlerApplets den Java-Code (z.B. "Wert++" statt "Inkrementiere" als Button-Text), übersetzen Sie das Applet neu und drücken Sie im Browser Reload. Wenn sich die Anzeige nicht geändert hat, müssen Sie den Browser bei der Programmentwicklung immer wieder neu starten – oder zur Beschleunigung zunächst mit dem Applet-Viewer arbeiten.

3. Machen Sie sich am Beispiel der drei folgenden Klassen X, Y und Z klar, daß es relativ belanglos ist, in welche Klasse man die Methode main aufnimmt. Die Methode kann unverändert genauso gut in der Deklaration von X oder Y oder in allen drei Klassen stehen. Zum Starten des „Programms" ist dann entsprechend java X oder java Y oder java Z einzugeben.

   Welche Konsequenzen hat dies für das ZaehlerTest-Beispiel?

```
// X.java

import java.io.*;

class X {
   BufferedReader in =
      new BufferedReader(new InputStreamReader(System.in));
}
```

```
// Y.java

import java.io.*;

class Y {
   PrintWriter out = new PrintWriter(System.out, true);
}
```

```
// Z.java

import java.io.*;

class Z {
   public static void main(String[] args) {
      X x = new X();
      Y y = new Y();
      y.out.print("URL ");
      y.out.flush();
      try {
         String url = x.in.readLine();
         y.out.println("URL " + url);
      } catch (IOException ioe) { }
   }
}
```

Kapitel 2

Lexikalische Konventionen

Java-Übersetzungseinheiten werden in Unicode geschrieben. Dies ist ein Zwei-Byte-Code, mit dem man viele länderspezifische Zeichen, z.B. deutsche Umlaute, französische Akzente oder griechische Buchstaben darstellen kann. (Die aktuelle Version findet man in: The Unicode Standard, Version 2.0, The Unicode Consortium/Addison-Wesley, 1996.)

Da es derzeit nur wenige Dateisysteme, Editoren usw. gibt, die Unicode verarbeiten, sind „Unicode-Escapes“ definiert, mit denen man Unicode-Zeichen im ASCII-Code darstellen kann. Auf diese Ersatzdarstellungen gehen wir in Abschnitt 4.3 ein. Die ersten 128 Unicode-Zeichen 0000 bis 007f sind die ASCII-Zeichen; es ist daher möglich, Java-Programme komplett in ASCII zu entwickeln. Anhang B enthält eine Tabelle aller ASCII-Zeichen.

2.1 Lexikalische Elemente

Die kleinsten Einheiten, aus denen sich eine Java-Übersetzungseinheit zusammensetzt, nennt man *lexikalische Elemente*. In Java gibt es sieben Klassen lexikalischer Elemente:

- White-Space,
- Kommentare,
- Bezeichner,
- Schlüsselwörter,

- Literale,
- Interpunktionszeichen und
- Operatoren.

White-Space-Zeichen sind Leerzeichen (ASCII SP), horizontale Tabulatoren (ASCII HT), Seitenvorschübe (ASCII FF) und Zeilenenden (ASCII LF oder ASCII CR oder ASCII CR gefolgt von LF).

Bezeichner, Schlüsselwörter, Literale und Operatoren werden durch White-Space oder Kommentare getrennt. White-Space verwenden wir darüber hinaus, um unsere Programme durch einheitliche Formatierung besser lesbar zu gestalten.

Bei der Analyse einer Übersetzungseinheit werden vom Compiler immer die größtmöglichen lexikalischen Elemente gebildet, d.h. wenn ein kurzes in einem längeren Element enthalten ist, wird das längere ausgewertet. In unserem ersten Zaehler-Beispiel ist deshalb der Ausdruck ++wert in der Methode inkrementiere als Inkrement-Operator, gefolgt von dem Variablennamen wert interpretiert worden und nicht als Folge von zwei positiven Vorzeichen und einem Variablennamen.

2.2 Kommentare

Es gibt drei Arten von Kommentaren:

Die *traditionellen* Kommentare, die in /* und */ eingeschlossen sind.

Zeilenkommentare, die mit // beginnen und sich bis zum Ende ihrer Zeile erstrecken.

Dokumentationskommentare, die in /** und */ eingeschlossen sind.

- Kommentare können nicht geschachtelt werden.
- /* und */ haben keine besondere Bedeutung in Zeilenkommentaren.
- // hat keine besondere Bedeutung in Kommentaren, die mit /** oder /* beginnen.

Dokumentationskommentare werden wirksam, wenn man die entsprechende Java-Datei mit dem im JDK enthaltenen Programm javadoc verarbeitet. (Wenn wir einfach javadoc eingeben, erhalten wir die Aufrufoptionen.)

javadoc legt eine HTML-Datei an, die zu Dokumentationszwecken zusammen mit den class-Dateien ausgeliefert werden kann. Dabei werden die in der folgenden Tabelle zusammengestellten Marken berücksichtigt.

Marke	*Bedeutung*	*Anwendung vor*
@see	Verweis auf Klasse	Klasse, Methode, Variable
@author	Name des Autors	Klasse
@version	Versionsnummer	Klasse
@param	Name u. Beschreibung von Parametern	Methode
@return	Beschreibung des Funktionswerts	Methode
@exception	Name u. Beschreibung von Ausnahmen	Methode

Als Beispiel greifen wir nochmals die Klasse Zaehler auf, die hier sehr ausführlich kommentiert ist.

```
// Zaehler.java
/**
 * Ein <em>Zaehler</em> ist ein Objekt, das einen <code>int</code>-Wert
 * speichern, inkrementieren und dekrementieren kann.
 *
 * @version 1.157, 02/02/98
 * @author Martin Schader
 * @author Lars Schmidt-Thieme
 */
class Zaehler {
   private int wert;
   /**
    * Liefert den Wert des Zaehlers.
    * @return aktueller Zaehlerstand
    */
   int wert() { return wert; }
   /**
    * Setzt den Wert des Zaehlers.
    * @param i neuer Zaehlerstand
    */
   void wert(int i) { wert = i; }
   /**
    * Inkrementiert den Zaehler.
    * @see #dekrementiere()
    */
   void inkrementiere() { ++wert; }
```

```
    /**
     * Dekrementiert den Zaehler.
     * @see #inkrementiere()
     */
    void dekrementiere() { --wert; }
}
```

Die folgende Abbildung zeigt einen Ausschnitt (weniger als die Hälfte) von der Fülle an Informationen, die durch javadoc -package Zaehler.java in der Datei Zaehler.html angelegt wird.

Class Zaehler

```
java.lang.Object
   |
   +----Zaehler
```

class **Zaehler**
extends Object
Ein *Zaehler* ist ein Objekt, das einen `int`-Wert speichern, inkrementieren und dekrementieren kann.

Constructor Index

- **Zaehler**()

Method Index

- **dekrementiere**()
  Dekrementiert den Zaehler.
- **inkrementiere**()
  Inkrementiert den Zaehler.
- **wert**()
  Liefert den Wert des Zaehlers.
- **wert**(int)
  Setzt den Wert des Zaehlers.

2.3 Bezeichner

Bezeichner sind Namen, die wir für die von uns deklarierten Klassen, Methoden, Variablen, Interfaces und Pakete wählen. Java-Bezeichner bestehen aus beliebig langen Folgen von Unicode-Buchstaben und -Ziffern. Sie müssen mit einem Buchstaben beginnen. A–Z, a–z, _ und $ sind Unicode-Buchstaben, 0–9 sind Unicode-Ziffern. Die Java-Schlüsselwörter sowie die Literale true, false und null sind nicht als Bezeichner einsetzbar. In ASCII-basierten Systemen können die Unicode-Escapes \u0000–\uffff (siehe Abschnitt 4.3) verwendet werden.

In unserer ersten Übersetzungseinheit Zaehler.java haben wir die Bezeichner Zaehler, wert, i, inkrementiere und dekrementiere benutzt.

2.4 Schlüsselwörter

Die folgende Tabelle enthält die Java-*Schlüsselwörter*. Diese sind nicht als Bezeichner einsetzbar.

abstract	default	if	private	throw
boolean	do	implements	protected	throws
break	double	import	public	transient
byte	else	instanceof	return	try
case	extends	int	short	void
catch	final	interface	static	volatile
char	finally	long	super	while
class	float	native	switch	
const	for	new	synchronized	
continue	goto	package	this	

Die Schlüsselwörter const und goto haben in der derzeitigen Java-Version keine besondere Bedeutung, sie sind lediglich für mögliche zukünftige Erweiterungen reserviert.

2.5 Interpunktionszeichen

Die folgenden neun Zeichen dienen in Java als *Interpunktionszeichen*:

( ) { } [ ] ; , .

Bei ihnen handelt es sich um eine Art abgekürzter Schlüsselwörter, mit denen wir Anweisungen abschließen oder in Blöcken zusammenfassen, Listenelemente voneinander trennen oder zusammenklammern usw.

Zaehler.java enthält die Schlüsselwörter class, private, int, return und void und die Interpunktionszeichen {, ;, (,) und }. Wie in diesem ersten Beispielprogramm treten geschweifte, runde und eckige Klammern immer paarweise auf.

2.6 Operatoren

Java benutzt 36 *Operatoren* – das sind Symbole, die verschiedene Operationen auf ihren Argumenten, den *Operanden*, ausführen:

```
=      <      >      !      ~      ?:     ==     !=
<=     >=     &&     ||     ++     --     +      -
*      /      &      |      ^      %      <<     >>
>>>    +=     -=     *=     /=     &=     |=     ^=
%=     <<=    >>=    >>>=
```

In Zaehler.java wird beispielsweise in der Methode wert(int i) mit dem Zuweisungsoperator = der Wert von i in die Variable wert kopiert; in den Methoden inkrementiere und dekrementiere wird mit den Operatoren ++ bzw. -- der Wert der Variablen wert inkrementiert bzw. dekrementiert.

Die Bedeutung der hier aufgeführten Operatoren, ihre Wirkungsweise bei der Verarbeitung der Werte ihrer Operanden und der Berechnung des Werts von *Ausdrücken*, die sich aus Operatoren und Operanden zusammensetzen, wird in den folgenden Kapiteln, insbesondere in Abschnitt 5.4 erklärt.

2.7 Syntaxnotation

Nicht jede Folge von lexikalischen Elementen bildet bereits eine korrekte Java-Übersetzungseinheit. Welche Symbolfolgen zulässig sind und von javac übersetzt werden können, wird durch die Java-Syntax geregelt. Zur ihrer Beschreibung verwenden wir *Syntaxregeln*, die sich an die aus C und C++ bekannte Notation anlehnen und wie folgt aufgebaut sind:

Jede Regel beginnt mit einem *nichtterminalen Symbol*, auf das ein Doppelpunkt und die Definition des Symbols folgen. *Terminale Symbole* sind in Helvetica gesetzt – sie werden unverändert in den Java-Programmtext übernommen. In der Definition auftretende nichtterminale Symbole sind in anderen Regeln definiert. Alternativen stehen in verschiedenen Zeilen. Falls eine Alternative länger als eine Zeile ist, wird sie, doppelt eingerückt, in der folgenden Zeile fortgesetzt. In wenigen Ausnahmen wird eine lange Liste von Alternativen auf einer Zeile angegeben; dies wird durch den Ausdruck „eins von" angezeigt. Ein optionales terminales oder nichtterminales Symbol erhält den Index *opt*. Die kompletten Java-Syntaxregeln sind in Anhang A wiedergegeben.

Die Regeln 15–22 legen beispielsweise fest, wie eine Übersetzungseinheit aufgebaut ist. Wir sehen, daß sie aus einer optionalen Package-Deklaration, einer optionalen Folge von Import-Deklarationen und einer ebenfalls optionalen Folge von Typ-Deklarationen besteht. Unser erstes Beispiel Zaehler.java besteht aus genau einer Typ-Deklaration, die hier eine Klassendeklaration (der Klasse Zaehler) ist.

2.8 Übungsaufgabe

Schreiben Sie einen Dokumentationskommentar für das ZaehlerApplet aus Kapitel 1. Damit Ihr Browser die von javadoc generierte HTML-Datei richtig anzeigen kann, müssen die gif-Dateien aus /OOPinJava/kapitel2/images in einem Verzeichnis images zugreifbar sein.

Kapitel 3

Typen und Werte

Die von einem Java-Programm zu verarbeitenden Daten werden, wie auch der eigentliche Programmcode – also die class-Dateien mit ihren Bytecodes – im Speicher als Bytefolgen abgelegt. Solche Speicherinhalte erhalten erst durch die Angabe ihres *Datentyps* eine sinnvolle Interpretation. Java stellt hierzu eine Reihe elementarer Datentypen zur Verfügung; darüber hinaus deklarieren sich Java-Programmierer ihre für die jeweiligen Anwendungen benötigten Typen selbst oder benutzen Klassen und Interfaces aus der Java-Klassenbibliothek oder ihrer eigenen Bibliothek.

Jedem von uns deklarierten Bezeichner muß genau ein Typ zugeordnet sein, der festlegt, welche Operationen für den Bezeichner definiert sind, wieviel Speicherplatz zu reservieren ist und welche Werte dem jeweiligen Speicherinhalt entsprechen. Mit jedem Typ ist auch ein *Wertebereich*, das ist die Menge der Werte, die eine Variable dieses Typs annehmen kann, festgelegt.

Java ist eine Sprache mit strenger Typprüfung. Jede Variable und jeder Ausdruck hat einen Typ, der beim Übersetzen bekannt ist. Zusätzlich werden von uns vorgenommene Typkonversionen statisch (beim Übersetzen) und, sofern dies erst zur Laufzeit möglich ist, dynamisch geprüft.

3.1 Datentypen

In Java werden zwei grundlegende Typen unterschieden: *Elementare Typen* und *Referenztypen*.

Die elementaren Typen bestehen aus dem logischen Typ boolean und den *numerischen Typen*.

Numerische Typen sind die *ganzzahligen* Typen byte, short, int, long und char sowie die *Gleitpunkttypen* float und double.

Referenztypen sind *Klassen*, *Interfaces* und *Felder*.

Ein Java-*Objekt* ist Instanz einer Klasse oder ein Feld. Alle Objekte sind implizit Instanzen der Klasse Object und verfügen damit über deren Methoden; u.a.

```
public String toString() { ..... }
public boolean equals(Object obj) { ..... }
protected Object clone() throws CloneNotSupportedException { ..... }
protected void finalize() throws Throwable { ..... }
```

Mittels toString ist es möglich, jedes Objekt in eine für das Objekt charakteristische Zeichenkette umzuwandeln (und diese z.B. auszugeben). Mit equals können wir vergleichen, ob zwei Objekte identisch sind. clone erzeugt eine Kopie eines Objekts, und finalize ist eine Methode, die aufgerufen wird, unmittelbar bevor ein Objekt wieder zerstört wird. Die Vererbungsbeziehung zwischen jeder von uns deklarierten Klasse und der Klasse Object wurde bereits in der durch javadoc generierten Dokumentation für das Zaehler-Beispiel dargestellt, vgl. die Abbildung auf S. 16. Objekte werden grundsätzlich erst zur Laufzeit dynamisch erzeugt. Werte eines Referenztyps sind Referenzen (Zeiger) auf Objekte.

Eine Variable ist ein Speicherplatz; sie hat einen Namen und einen Typ. Eine Variable eines elementaren Typs enthält immer einen Wert dieses Typs. Eine Variable eines Klassentyps T kann die *Nullreferenz* null oder eine Referenz auf ein Objekt des Typs T oder einer Subklasse von T enthalten. In unserem Beispiel ZaehlerTest haben wir sechs Variablen deklariert: args, z, in, out und ioe sind Variablen eines Referenztyps. Genauer ist args Variable des Feldtyps String[], z Variable des Klassentyps Zaehler, in Variable des Klassentyps BufferedReader, out Variable des Klassentyps PrintWriter und ioe Variable des Klassentyps IOException. Die verbleibende Variable akt hat den elementaren ganzzahligen Typ char.

Eine Variable eines Interfacetyps T kann null oder eine Referenz auf ein Objekt eines Typs, der das Interface T implementiert, enthalten. (Klassen, Subklassen und Interfaces werden wir im Detail erst in den Kapiteln 8–11 besprechen.)

Bei Feldern sind zwei Fälle zu unterscheiden: Ist T ein elementarer Typ, so kann eine Variable des Typs „Feld mit Komponenten des Typs T" (kurz: T-Feld) die Nullreferenz oder eine Referenz auf ein T-Feld enthalten. Ist T ein Referenztyp, kann die Variable auch eine Referenz auf ein S-Feld enthalten, sofern S an T *zuweisbar* ist (d.h. S ist Subklasse von T oder S implementiert T, siehe 5.1.3).

Die Fülle der hier nur kurz aufgezählten Sachverhalte wird in den nächsten Kapiteln nach und nach vertraut werden. Wichtig und bereits jetzt einzuprägen ist:

- Variablen eines elementaren Typs enthalten immer einen Wert aus dessen Wertebereich.
- Variablen eines Referenztyps enthalten null oder eine Referenz auf ein Objekt „passenden" Typs.
- Objekte sind nicht in Variablen gespeichert; sie werden zur Laufzeit erzeugt, haben keinen eigenen Namen, können aber durch eine Variable referenziert werden.

3.2 Wertebereiche

Die Wertebereiche der elementaren Datentypen sind in Java systemunabhängig festgelegt – sie stimmen in allen Hard- und Softwareumgebungen überein.

Der Wertebereich des Typs boolean enthält die zwei Werte true und false.

Ganzzahlige Typen sind vorzeichenbehaftet in Zweierkomplement-Darstellung implementiert:

Typ	*Größe*	*Wertebereich*
byte	1 Byte	-128 bis 127
short	2 Bytes	-32.768 bis 32.767
int	4 Bytes	-2.147.483.648 bis 2.147.483.647
long	8 Bytes	-9.223.372.036.854.775.808 bis 9.223.372.036.854.775.807
char	2 Bytes	0 bis 65.535 ('\u0000' bis '\uffff')

Die Gleitpunkt-Typen float bzw. double sind nach dem IEEE-754-Standard mit 4 Bytes bzw. 8 Bytes implementiert.

Der größte bzw. kleinste positive float-Wert ist $3.40282347 \times 10^{38}$ bzw. $1.40239846 \times 10^{-45}$ bei einer Genauigkeit von ca. 7 Stellen. Der größte bzw. kleinste positive double-Wert ist $1.79769313486231570 \times 10^{308}$ bzw. $4.94065645841246544 \times 10^{-324}$. Die Genauigkeit beträgt hier ca. 15 Stellen.

Das folgende Programm demonstriert, wie ausgehend von $\pi \times 10^{300}$ der größte darstellbare double-Wert durch fortlaufende Multiplikation mit 10 überschritten wird und daß Java dann als Wert Infinity einsetzt.

```
// DoubleTest.java

import java.io.*;

class DoubleTest {
   public static void main(String[] args) {
      PrintWriter out = new PrintWriter(System.out, true);
      double d = Math.PI*1e300;
      for (int i = 0; i < 10; i++) {
         out.println("d = " + d);
         d *= 10;
      }
   }
}
```

Die von diesem Programm erzeugte Ausgabe ist überall gleich:

```
d = 3.141592653589793E300
d = 3.141592653589793E301
d = 3.1415926535897933E302
d = 3.141592653589793E303
d = 3.1415926535897933E304
d = 3.1415926535897933E305
d = 3.141592653589793E306
d = 3.141592653589793E307
d = Infinity
d = Infinity
```

Kapitel 4

Konstanten und Variablen

In Abschnitt 2.1 wurde erklärt, daß die Symbolfolge, aus der sich eine Java-Übersetzungseinheit zusammensetzt, auch Literale enthalten kann. Diese beschreiben einen Wert, der sich zur Laufzeit des Programms nicht ändern kann und in der Regel vom Java-Compiler direkt in den Bytecode aufgenommen wird. Weil ihr Wert bereits durch ihre Schreibweise ausgedrückt wird, werden derartige Konstanten auch *Literal*konstanten genannt. Jede Literalkonstante hat einen zugehörigen Typ. Es gibt Literale der elementaren Typen boolean, int, long, char, float und double, sowie Zeichenketten, die konstante String-Werte repräsentieren. Der Java-Compiler erkennt nicht nur den Wert, sondern auch den Typ einer Literalkonstanten ohne besondere Deklaration.

Die Literalkonstanten des Typs boolean sind true und false. Sie haben keinen numerischen Wert.

4.1 Ganzzahlige Konstanten

Ganzzahlige Konstanten können dezimal, hexadezimal oder oktal dargestellt werden. Sie haben den Typ long, wenn sie mit l oder L enden; ansonsten haben sie den Typ int.

In Oktaldarstellung beginnt eine ganzzahlige Konstante mit 0 und besteht aus mindestens einer weiteren Oktalziffer (0–7).

In Dezimaldarstellung ist eine ganzzahlige Konstante entweder die Ziffer 0 oder sie besteht aus einer Ziffer zwischen 1 und 9, an die optional weitere Ziffern (0–9) angefügt sein können.

In Hexadezimaldarstellung beginnt eine ganzzahlige Konstante mit 0x oder 0X und besteht aus mindestens einer weiteren Hexadezimalziffer (0–9, a–f oder A–F).

Das folgende kleine Testprogramm zeigt, daß man mit Oktal- und Hexadezimalkonstanten nicht nur positive, sondern auch negative ganze Zahlen (oder Null) darstellen kann:

```
// IntTest.java

import java.io.*;

class IntTest {
   public static void main(String[] args) {
      PrintWriter out = new PrintWriter(System.out, true);
      out.println("0x1 = " + 0x1);
      out.println("0x2 = " + 0x2);
      out.println("0xffffffff = " + 0xffffffff);
      out.println("0xfffffffe = " + 0xfffffffe);
      out.println("037777777777 = " + 037777777777);
      out.println("037777777776 = " + 037777777776);
   }
}
```

4.2 Gleitpunktkonstanten

Für *Gleitpunktkonstanten* gibt es eine Fülle alternativer Schreibweisen. Wenn man alle optionalen Bestandteile aufführt, haben sie die Gestalt

Ziffernfolge . *Ziffernfolge Exponent Endung*

wobei der Exponent selbst aus e oder E, einem optionalen Vorzeichen (+, -) und einer Ziffernfolge besteht. Eine Ziffernfolge besteht aus einer oder mehreren Dezimalziffern (0–9). Die optionale Endung ist f, F, d oder D. Eine Gleitpunktkonstante muß mindestens einen Dezimalpunkt oder einen Exponenten oder eine Endung beinhalten, damit sie von ganzzahligen Konstanten unterschieden werden kann. Falls ein Dezimalpunkt vorkommt, muß vor oder nach ihm eine Ziffernfolge stehen. Ein e oder E bedeutet „mal 10 hoch". Die Zahl 23.0149 ist beispielsweise darstellbar durch

```
23.0149     230149e-4     .230149E2
```

Eine Gleitpunktkonstante ist vom Typ double, es sei denn sie endet mit f oder F. Dann hat sie den Typ float.

4.3 Zeichenkonstanten

Eine *Zeichenkonstante* besteht aus einem in Hochkommas eingeschlossenen Unicode-Zeichen. Zeichenkonstanten haben den Typ char (und somit einen vorzeichenlosen 2-Byte-Wert). Sofern man auf einem ASCII-basierten System arbeitet, kann man Unicode-Zeichen durch die entsprechenden *Unicode-Escapes* \u0000, \u0001, ..., \uffff darstellen. Einige Beispiele für Zeichenkonstanten sind:

'+' '-' 'x' '2' 'ä' '\u0061' 'a' 'Ł'

Zur Darstellung von White-Space-Zeichen und von ', " bzw. \ in Zeichenkonstanten und Zeichenketten sind weitere *Escape-Sequenzen* definiert:

\b	Backspace	BS (\u0008)
\t	horizontaler Tabulator	HT (\u0009)
\n	Zeilenende	LF (\u000a)
\f	vertikaler Tabulator	FF (\u000c)
\r	Wagenrücklauf	CR (\u000d)
\"	"	(\u0022)
\'	'	(\u0027)
\\	\	(\u005c)

4.4 Zeichenketten

Eine *Zeichenkette* besteht aus einer (möglicherweise leeren) Folge von Unicode-Zeichen, die in Anführungszeichen eingeschlossen sind.

Im Unterschied zu den bisher besprochenen Literalen, deren Wert der Java-Compiler direkt in die generierten Bytecodes einfügt, werden für Zeichenketten Objekte der Klasse String angelegt. Die Zeichenkette (die Literalkonstante) ist dann Referenz auf dieses Objekt. String-Objekte haben einen konstanten Wert. Für dieselbe Zeichenkette wird ein einziges String-Objekt angelegt – auch wenn sie in einer anderen Klasse oder einem anderen Paket vorkommt. Längere Zeichenketten können zerlegt und mit + wieder zusammengesetzt werden. Das folgende Beispiel macht dies deutlich:

```
// StringTest.java

import java.io.*;

class StringTest {
   public static void main(String[] args) {
      PrintWriter out = new PrintWriter(System.out, true);
      String x = "Java", y = "Java";
      out.println((x == "Java") + "\n"
         + (x == y) + "\n"
         + (x == "Ja" + "va"));
   }
}
```

Auch wenn der Programmtext hier dreimal die Zeichenkette "Java" und weiterhin die beiden Zeichenketten "Ja" und "va" enthält, wird nur ein einziges String-Objekt erzeugt, in dem die vier Zeichen gespeichert werden. Als Ausgabe erhalten wir dreimal true.

4.5 Die Nullreferenz

Die *Nullreferenz*, die anzeigt, daß eine Variable aktuell kein Objekt referenziert, wird durch das Literal null repräsentiert.

Bemerkung

Java kennt noch den Begriff *Klassenliteral*. Auch wenn der Name dies vermuten läßt, handelt es sich hierbei jedoch nicht um eine Literalkonstante im obigen Sinne. Vielmehr ist ein Klassenliteral ein Ausdruck, mit dem man eine Referenz auf das Class-Objekt eines bestimmten Datentyps erhält. Wir werden Klassenliterale nur selten, z.B. in Abschnitt 8.9 und in Kapitel 15 benutzen.

4.6 Variablen

Eine Variable ist ein Speicherplatz. Sie wird mit einem Typ und einem Namen deklariert. (Eine Ausnahme bilden die Komponenten eines Feldes. Hier hat zwar das Feld, aber nicht jede einzelne Komponente einen eigenen Namen.)

Entsprechend den Java-Typen gibt es Variablen eines elementaren Typs und Variablen eines Referenztyps. Eine Variable eines elementaren Typs enthält immer einen Wert dieses Typs. Eine Variable eines Referenztyps enthält immer einen Wert, der *zuweisungskompatibel* zu ihrem Typ ist. Diesen Begriff werden wir in Abschnitt 5.2.1 präzisieren, es soll hier nur wiederholt werden, daß eine Variable des Referenztyps T die Nullreferenz null oder eine Referenz auf ein T-Objekt enthalten kann.

Der Wert einer Variablen kann durch eine Zuweisung oder – bei numerischen Typen – darüber hinaus durch die Inkrement- und Dekrement-Operatoren geändert werden.

Bei Variablen eines Referenztyps ist zu beachten, daß Zuweisungen nur die Referenzen, d.h. die in ihnen enthaltenen Adreßwerte, verändern und nicht die referenzierten Objekte. Und daß andererseits, falls zwei Variablen Referenzen auf dasselbe Objekt enthalten, der Zustand des Objekts über die eine Variable geändert werden kann und die Zustandsänderung über die andere Variable beobachtet werden kann. Das folgende Beispiel verdeutlicht diesen Unterschied:

```
// VarTest.java

import java.io.*;

class VarTest {
   public static void main(String[] args) {
      PrintWriter out = new PrintWriter(System.out, true);
      int i = 5;
      int j = i;
      Zaehler x = new Zaehler();
      x.wert(5);
      Zaehler y = x;
      j++;
      out.println("i = " + i + "\tj = " + j);
      y.inkrementiere();
      out.println("x.wert = " + x.wert() + "\ty.wert = " + y.wert());
   }
}
```

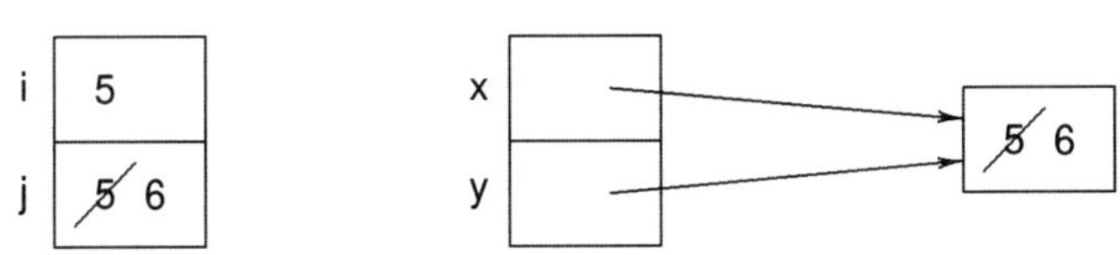

In der Methode main werden vier Variablen deklariert. i und j haben den elementaren Typ int, x und y sind vom Referenztyp Zaehler. In i und j wird zu Beginn der int-Wert 5 eingetragen, in x und y eine Referenz auf ein neu konstruiertes Zaehler-Objekt, in dessen Variable wert ebenfalls 5 eingetragen wird. Wenn wir nun j inkrementieren, steht in dieser Variablen der Wert 6, in i nach wie vor der Wert 5. Wenn wir dagegen den Zaehler-Wert inkrementieren – im Beispiel über die Variable y – liefert wert den Wert 6, gleichgültig, ob wir die Methode für die Referenzvariable x oder y aufrufen. Die vom Programm erzeugte Ausgabe ist:

```
i = 5  j = 6
x.wert = 6    y.wert = 6
```

In Java gibt es sieben Arten von Variablen:

1. *Klassenvariablen*, die einmal pro Klasse angelegt werden. Hierzu wird – aus historischen Gründen – das Schlüsselwort static benutzt. Klassenvariablen werden beim Laden der Klasse erzeugt und mit Standardwerten initialisiert. Sie werden gelöscht, wenn die VM die Klasse nicht mehr benötigt. (Siehe Abschnitt 8.3.)

2. *Instanzvariablen*, die einmal pro Objekt angelegt werden. Sie werden erzeugt, wenn das Objekt erzeugt wird. Sie werden mit Standardwerten initialisiert. Sie werden gelöscht, nachdem das Objekt nicht mehr referenziert wird. (Siehe Abschnitt 8.3.)

3. *Feldkomponenten*. Sie werden angelegt, wenn das Feld erzeugt wird. Sie werden mit Standardwerten initialisiert. Sie werden gelöscht, nachdem das Feld-Objekt nicht mehr referenziert wird. Die einzelnen Feldkomponenten haben keinen eigenen Namen. (Siehe Abschnitte 7.1 und 7.2.)

4. *Methodenparameter*. Sie werden unmittelbar vor jedem Aufruf der Methode erzeugt und mit den entsprechenden Aufrufargumenten initialisiert. Sie werden gelöscht, wenn der Rumpf der Methode abgearbeitet ist. (Siehe Abschnitt 8.6.2.)

5. *Konstruktorparameter*. Sie werden unmittelbar vor jedem expliziten oder impliziten Aufruf des Konstruktors erzeugt und mit den entsprechenden Aufrufargumenten initialisiert. Sie werden gelöscht, wenn der Rumpf des Konstruktors abgearbeitet ist. (Siehe Abschnitt 8.9.)

6. *Parameter eines Ausnahme-Handlers*. Sie werden erzeugt, wenn der Handler eine Ausnahme abfängt und mit dem ausgeworfenen Objekt initialisiert.

Sie werden gelöscht, wenn der Block des Handlers ausgeführt ist. (Siehe Abschnitt 15.3.)

7. *Lokale Variablen*, die in einem Block oder einer for-Anweisung deklariert werden. Sie werden erzeugt, wenn der Kontrollfluß den Block bzw. die for-Anweisung erreicht. Ihre Initialisierung wird vorgenommen, wenn die entsprechende Deklarationsanweisung ausgeführt wird. Sie werden gelöscht, wenn der Block bzw. die for-Anweisung ausgeführt ist. (Siehe Abschnitte 4.8 und for-Anweisung.)

In Java gibt es keine globalen Variablen und auch keine globalen Funktionen.

Bereits unser ZaehlerFrame-Beispiel aus Kapitel 1 enthält fast alle Variablentypen: plus, minus, stand und z sind Instanzvariablen; args und e sind Methodenparameter; args hat den Feldtyp String[], auf die einzelnen Feldkomponenten greift man mit den Ausdrücken args[0], args[1] usw. zu; s ist ein Konstruktorparameter; lis ist eine lokale Variable.

4.7 Symbolische Konstanten

Der Deklaration von Variablen kann das Schlüsselwort final vorangestellt werden. Bei Klassenvariablen und Instanzvariablen muß die Deklaration dann einen Initialisierer beinhalten; auch bei lokalen Variablen ist dies der Normalfall (siehe 6.1). Derartige Variablen können später nicht mehr verändert werden, d.h. an sie ist keine Zuweisung mehr möglich, und sie können nicht inkrementiert oder dekrementiert werden. final deklarierte Variablen werden auch als *symbolische Konstanten* bezeichnet, weil sie konstant sind, aber im Unterschied zu den Literalkonstanten aus 4.1–4.5 mit einem Bezeichner („Symbol") benannt werden. Zum Beispiel:

```
class Punkt {
    int xKoord, yKoord;
    final static Punkt ursprung = new Punkt(0, 0);
    Punkt(int x, int y) { xKoord = x; yKoord = y; }
    .....
}
```

Für die Klasse Punkt ist hier eine Klassenvariable ursprung deklariert, deren Wert nach dem Laden der Klasse nicht mehr modifiziert werden kann.

4.8 Die Initialisierung von Variablen

Jede Java-Variable muß durch Initialisierung oder Zuweisung einen Wert erhalten, bevor auf ihren Inhalt zugegriffen wird.

Klassenvariablen, Instanzvariablen sowie Feldkomponenten werden von Java bei ihrer Erzeugung mit *Standardwerten* initialisiert.

Für byte, short, int, long, float, double bzw. char wird als Standardwert jeweils Null, also (byte)0, (short)0, 0, 0L, 0.0f, 0.0 bzw. '\u0000' eingesetzt. Für boolean ist der Standardwert false. Für sämtliche Referenztypen ist der Standardwert null. Zum Beispiel:

```
// StdInitTest.java

import java.io.*;

class StdInitTest {
   int a;
   boolean b;
   double c;
   Zaehler d;
   public static void main(String[] args) {
      PrintWriter out = new PrintWriter(System.out, true);
      StdInitTest std = new StdInitTest();
      out.println("a = " + std.a + "\tb = " + std.b + "\tc = " + std.c + "\td = " + std.d);
   }
}
```

Obwohl wir hier keinerlei Initialisierungen vorgenommen haben, enthalten beim println-Aufruf alle Instanzvariablen ihren Standardwert. Die Ausgabe ist:

```
a = 0	b = false	c = 0.0	d = null
```

Methodenparameter, Konstruktorparameter und Parameter von Ausnahme-Handlern werden, wie oben beschrieben, mit den Aufrufargumenten bzw. dem ausgeworfenen Objekt initialisiert.

Dagegen müssen lokale Variablen explizit mit einem Wert versehen werden, bevor man auf sie zugreift; dies wird vom Java-Compiler geprüft. Das Folgende wird beispielsweise nicht übersetzt, sondern mit der Fehlermeldung Variable k may not have been initialized abgebrochen.

```
.....
  {
     int k, n = 5;
     if (n > 2)
        k = 3;
     out.println(k);       // Fehler
  }
.....
```

javac untersucht hier nicht den aktuellen Wert von n, sondern stellt lediglich fest, daß k in einer if-Anweisung initialisiert wird, und daß die Initialisierung vor dem Zugriff im println-Aufruf folglich nicht gesichert ist. Auch n = 1 ändert nichts an dem Fehler.

4.9 Übungsaufgaben

1. Machen Sie sich den Unterschied zwischen Objektreferenzen und Objekten klar. Was bewirkt

```
class Wert { int wert; }

class TestWert {
   public static void main(String[] args) {
      Wert w;
   }
}
```

2. Wie sehen die Hexadezimal-Darstellungen von 1, -1, 2, -2, 3, -3 aus, wenn man byte, short bzw. int als Datentyp zugrundelegt?

3. Wie erklären sie sich die Ausgabe von

```
String s = "Java", t = "Ja", u = "va";
out.println("Java" == "Ja" + "va");
out.println(s == "Ja" + "va");
out.println(s == "Ja" + u);
out.println(s == t + u);
```

Kapitel 5

Typumwandlungen, Ausdrücke und Operatoren

In diesem Kapitel behandeln wir Ausdrücke, mit denen alle Berechnungen in Java formuliert werden. Ausdrücke verbinden ihre Operanden durch Operatoren. Wenn in einem Ausdruck Operanden verschiedener Typen gemischt werden, so macht dies in der Regel die Typumwandlung wenigstens eines Operanden notwendig, da nicht alle Operatoren für alle beliebigen Typkombinationen implementiert sind. Ist z.B. ein byte-Wert mit einem long-Wert zu multiplizieren, wird der byte-Wert zunächst in long konvertiert. Diese Konversion wird vom Compiler implizit vorgenommen. Andere Typumwandlungen, die „unsicher" sind, da bei ihnen Wert- oder Genauigkeitsverluste möglich sind, können wir nur explizit veranlassen.

5.1 Typumwandlungen

Jeder Java-Ausdruck hat einen Typ. Wenn ein Ausdruck des Typs T an einer Stelle vorkommt, an der Java einen Ausdruck eines anderen Typs S erwartet, gibt es zwei Möglichkeiten:

- Es tritt ein Fehler beim Übersetzen auf, z.B.

```
int n = 5;
if (n)          // Fehler: Ausdruck muß Typ boolean haben
  .....
```

- Java *konvertiert* den Ausdruck *implizit* in einen Ausdruck des Typs S. Hierbei kann es zu Informationsverlusten kommen. Zum Beispiel:

```
long l = 123456789012345L;
double d = l;                    // exakt
l = 1234567890123456789L;
d = l;                           // ungenau: d = 1.2345678901234567 7e18
```

Implizite Konversionen werden von Java in vier Situationen vorgenommen, auf die später noch genauer eingegangen wird: Bei Zuweisungen und Initialisierungen (die Java als semantisch äquivalent betrachtet, siehe hierzu S. 56) – hier wird ein Wert in eine Variable eingetragen –, bei Methoden- und Konstruktoraufrufen – hier wird ein Argumentwert an einen Parameter übergeben–, bei numerischen Typangleichungen im Zusammenhang mit arithmetischen Operatoren – hier wird ein Wert in einem umfassenderen Ausdruck ausgewertet – sowie bei String-Konversionen – hier wird ein Wert durch + mit einem String-Objekt verknüpft.

Darüber hinaus gibt es die Möglichkeit, eine Reihe von *expliziten Casts* vorzunehmen.

Das folgende Programm gibt für alle vier impliziten Konversionen ein Beispiel und zeigt auch eine von uns explizit vorgenommene Typumwandlung:

```
// KonversionsKontexte.java

import java.io.*;

class KonversionsKontexte {
   static PrintWriter out = new PrintWriter(System.out, true);
   static void m(double d) {
      out.println("m(double)");
   }
   public static void main(String[] args) {
      long l = 5;
      float x = 1.25f;
      m(x);
      x = x*l;
      out.println("x = " + x);
      short s = (short)x;
   }
}
```

Bei der Initialisierung von l wird der int-Wert 5 implizit nach long konvertiert. Ebenso erfolgt beim Aufruf von Methode m eine implizite Konversion des float-Arguments x zum Typ double des Parameters d. Auch bei der Multiplikation x*l wird eine implizite Konversion durchgeführt: der long-Wert von l wird in float umgewandelt. Vor dem println-Aufruf wird der Wert von x in eine Zeichenkette umgewandelt und mit "x = " zu einem neuen String-Objekt kombiniert. In der letzten Anweisung konvertieren wir den float-Wert von x durch (short)x explizit in den Typ short; hier geht fast zwangsläufig Genauigkeit verloren. (Auf die Bedeutung des Schlüsselworts static gehen wir in Abschnitt 8.3 ein.)

5.1.1 Elementare Typvergrößerungen

Die folgenden Typumwandlungen werden als *elementare Typvergrößerungen* bezeichnet. Java nimmt diese Konversionen, falls nötig, bei Zuweisungen, Methoden- und Konstruktoraufrufen und bei der Auswertung von Ausdrücken implizit vor:

byte	nach	short, int, long, float oder double
short	nach	int, long, float oder double
char	nach	int, long, float oder double
int	nach	long, float oder double
long	nach	float oder double
float	nach	double

Bei den Umwandlungen ganzzahliger Typen in andere ganzzahlige Typen und bei der Umwandlung von float nach double kann es zu keinerlei Informationsverlust bezüglich der konvertierten Werte kommen – die Umwandlungen sind „sicher". Dies erkennt man am Vergleich mit der Tabelle der Wertebereiche in Abschnitt 3.2.

Bei der Umwandlung von int oder long nach float oder der Umwandlung von long nach double kann es zum Verlust von Genauigkeit (nicht der Größenordnung) kommen. Das Beispielprogramm

```
// IntFloat.java

import java.io.*;

class IntFloat {
   public static void main(String[] args) {
```

```
        PrintWriter out = new PrintWriter(System.out, true);
        int i = 1234567890;
        float x = i;
        out.println("Wert vor Konversion:  " + i + "\nWert nach Konversion: " + x);
    }
}
```

wandelt einen zehnstelligen int-Wert in einen float-Wert um. Da floats nicht auf zehn Stellen genau gespeichert werden, kommt es zur Ausgabe

```
Wert vor Konversion:  1234567890
Wert nach Konversion: 1.23456794E9
```

5.1.2 Elementare Typverkleinerungen

Die folgenden Typumwandlungen werden als *elementare Typverkleinerungen* bezeichnet:

byte	nach	char
short	nach	byte oder char
char	nach	byte oder short
int	nach	byte, short oder char
long	nach	byte, short, char oder int
float	nach	byte, short, char, int oder long
double	nach	byte, short, char, int, long oder float

Bei allen diesen Umwandlungen kann es zu Informationsverlusten in bezug auf Genauigkeit und Größenordnung kommen. Bei Konversionen von ganzzahligen in ganzzahlige Typen werden die höchstwertigen Bits entfernt; bei Konversionen von ganzzahligen in Gleitpunkttypen werden die Nachkommastellen abgeschnitten.

Elementare Typverkleinerungen können nur durch explizite Casts und bei Zuweisungen (unter besonderen Bedingungen, die die Sicherheit der Umwandlung garantieren, siehe 5.2.1) implizit vorgenommen werden. Im Beispielprogramm

```
// IntByte.java

import java.io.*;
```

```
class IntByte {
   public static void main(String[] args) {
      PrintWriter out = new PrintWriter(System.out, true);
      int i = 0x7fffffff;
      byte b = (byte)i;
      out.println("Wert vor Konversion:  " + i + "\nWert nach Konversion: " + b);
   }
}
```

wird die größte int-Zahl 2147483647 explizit in den Typ byte konvertiert. Dabei werden die ersten drei Bytes abgeschnitten, und als Resultat ergibt sich 0xff, in Dezimaldarstellung also -1.

5.1.3 Vergrößerungen von Referenztypen

Auch bei Referenztypen sind Typvergrößerungen und -verkleinerungen möglich.

Die wichtigste *vergrößernde* Typumwandlung ist die von einer Klasse K zu einer Klasse L, wobei K Subklasse von L ist. Diese Konversionen werden in Abschnitt 9.3 besprochen. Weiterhin ist null in jeden Klassen-, Interface- oder Feldtyp konvertierbar; die entsprechende Konversion zählt ebenfalls als Typvergrößerung. Java nimmt Vergrößerungen von Referenztypen, falls nötig, bei Zuweisungen und bei Methoden- und Konstruktoraufrufen implizit vor.

Es existiert darüber hinaus eine Fülle spezieller Typvergrößerungen für Referenztypen, die in Anhang C zusammengestellt sind.

5.1.4 Verkleinerungen von Referenztypen

Die wichtigste *verkleinernde* Typumwandlung ist die von einer Klasse K zu einer Klasse L, wobei K Superklasse von L ist. Weitere spezielle Typverkleinerungen für Referenztypen sind in Anhang C zusammengestellt. Auch diese Konversionen behandeln wir in Abschnitt 9.3.

Verkleinerungen von Referenztypen können nur durch explizite Casts vorgenommen werden. Bei diesen Konversionen wird zur Laufzeit geprüft, ob die aktuell zu konvertierenden Referenzen einen für den neuen Typ zulässigen Wert enthalten.

5.1.5 Typumwandlungen nach String

Jeder Java-Datentyp kann implizit in den Typ String konvertiert werden. Dazu verwendet Java bei Referenztypen die Methode toString (vgl. 3.1) und bei elementaren Typen die Methode valueOf aus der Klasse String (siehe 14.1).

Alle anderen, hier nicht aufgeführten Konversionen sind nicht zulässig. Das heißt insbesondere, daß es keine Konversion von Referenztypen in elementare Typen gibt und daß es umgekehrt – außer den Umwandlungen nach String – keine Konversion von elementaren Typen in Referenztypen gibt. Weiterhin gibt es keine Konversion nach boolean, und ein boolean-Wert kann nur nach String konvertiert werden. Es existieren jedoch *Hüllklassen* Boolean, Short, Integer usw. für alle elementaren Typen. Diese können jeweils einen boolean, short, int, ... -Wert aufnehmen; wir besprechen sie in Abschnitt 14.5.

5.2 Konversionskontexte

Im folgenden gehen wir genauer auf die oben bereits kurz erwähnten vier Kontexte ein, in denen Typumwandlungen nach 5.1.1–5.1.5 implizit vorgenommen werden können.

5.2.1 Zuweisungskonversionen

Bei der Zuweisung des Werts eines Ausdrucks an eine Variable muß der Typ des Ausdrucks mit dem Typ der Variablen übereinstimmen oder in ihn konvertierbar sein. Die gleiche Voraussetzung betrifft Initialisierungen.

Java nimmt hier die folgenden Konversionen implizit vor:

- Elementare Typvergrößerungen.
- Vergrößerungen von Referenztypen.
- Elementare Typverkleinerungen, sofern folgende Bedingungen erfüllt sind:
  - Der Ausdruck ist ein *konstanter Ausdruck* des Typs int (siehe 5.4.13).
  - Die Variable hat den Typ byte, short oder char.
  - Der Wert des Ausdrucks liegt im Wertebereich der Variablen.

In diesen Fällen heißt der Ausdruck (bzw. sein Wert) *zuweisbar* an die Variable. Auch der Begriff *zuweisungskompatibler* Typen (von Wert und Variable) wird benutzt.

Andere zulässige Konversionen nach 5.1.2 oder 5.1.4 sind bei Zuweisungen nur mit expliziten Casts möglich. Zum Beispiel werden im Programm

```
// Zuweisungen.java

import java.io.*;

class Zuweisungen {
    public static void main(String[] args) {
        PrintWriter out = new PrintWriter(System.out, true);
        byte b;
        double d;
        b = 12;
        d = b;
        out.println("b = " + b + "\td = " + d);
    }
}
```

eine elementare Typverkleinerung (bei der Zuweisung an b) und eine elementare Typvergrößerung (bei der Zuweisung an d) jeweils implizit vorgenommen. Aus den obigen Bedingungen geht hervor, daß auch die impliziten Typverkleinerungen sicher sind; deshalb ändert sich am ursprünglichen Wert 12 nichts. Der Versuch, eine Zahl außerhalb des byte-Wertebereichs an b zuzuweisen, z.B.

```
b = 1234;       // Fehler
```

würde vom Compiler entdeckt. Diesen Wert kann man nur mit einer expliziten Konversion zuweisen. Die Hexadezimaldarstellung des int-Werts 1234 ist 000004d2, d.h. b = (byte)1234 würde dazu führen, daß 0xd2 oder dezimal -46 zugewiesen wird. Man sieht, daß derartige explizite Casts mit Vorsicht zu benutzen sind.

5.2.2 Methodenaufruf-Konversionen

Beim Aufruf einer Methode oder eines Konstruktors muß der Typ eines jeden Arguments mit dem Typ des entsprechenden Parameters übereinstimmen oder in ihn konvertierbar sein.

Java führt hier die folgenden Konversionen implizit aus:

- Elementare Typvergrößerungen sowie
- Vergrößerungen von Referenztypen.

Elementare Typverkleinerungen, die bei Zuweisungen noch implizit möglich sind, werden nicht vorgenommen. Das Beispiel

```
// Aufrufe.java

import java.io.*;

class Aufrufe {
   static void m(double d) {
      PrintWriter out = new PrintWriter(System.out, true);
      out.println("m(double)");
   }
   public static void main(String[] args) {
      m(12);
   }
}
```

demonstriert, wie der int-Wert 12 in einen double-Wert vergrößert wird. Der Versuch, den Typ zu verkleinern, z.B. indem man die Methodendeklaration durch

```
   static void m(byte b) { ..... }
```

ersetzt, ist ein Fehler; der Aufruf m(12) wird dann nicht mehr übersetzt.

5.2.3 String-Konversionen

String-Konversionen werden von Java mit Operanden des Operators + durchgeführt, sofern einer der Operanden vom Typ String ist. In diesem Fall wird der andere Operand implizit in einen String umgewandelt, und das Resultat ist ein neues String-Objekt, das aus den beiden aneinandergefügten Strings besteht.

Diese Konversion haben wir bei fast allen println-Aufrufen der letzten Beispiele in Anspruch genommen.

5.2.4 Numerische Typangleichungen

Bei der Anwendung arithmetischer Operatoren nimmt Java aus Effizienzgründen implizit die folgenden elementaren Typvergrößerungen vor.

Einstellige numerische Typangleichungen

Diese Typangleichungen konvertieren einen Operanden des Typs byte, short oder char in den entsprechenden int-Wert. Sie werden angewandt

- auf die Größenangabe bei der Erzeugung von Feldern (7.2),
- auf den Index beim Zugriff auf Feldkomponenten (7.3),
- auf die Operanden der einstelligen Operatoren +, - bzw. ~ (5.4.3) und
- auf den linken (zu verschiebenden) Operanden der Shift-Operatoren >>, >>> bzw. << (5.4.6).

Zweistellige numerische Typangleichungen

Bei der Auswertung der zweistelligen Operatoren *, /, %, +, -, <, <=, >, >=, ==, !=, &, | und ^ auf numerische Operanden wendet Java *zweistellige numerische Typangleichungen* an und geht dabei immer nach diesem Algorithmus vor:

- Ist einer der Operanden vom Typ double, wird der andere nach double konvertiert.
- Anderenfalls wird, sofern einer der Operanden vom Typ float ist, der andere nach float konvertiert.
- Anderenfalls wird, sofern einer der Operanden vom Typ long ist, der andere nach long konvertiert.
- Anderenfalls werden beide Operanden nach int konvertiert.

Nach dem letzten Schritt haben alle Operanden denselben Typ (double, float, long oder int). Zum Beispiel:

```
byte b = 0x1f;
char c = '\u0047';
int i = 0;
float f = 1;
double d = (b&c) + i*f;
```

Hier werden bei der Berechnung des Werts von d zunächst die Typen von b und c nach int konvertiert, danach wird der Operator & (bitweises UND) angewandt. Vor der Auswertung des Produkts i*f wird i in float konvertiert. Die beiden Zwischenergebnisse werden, nach Konversion des Resultats von b&c in einen float-Wert, addiert und vor der Initialisierung von d in double umgewandelt.

Wir haben nun in 5.2.1–5.2.4 alle vier Situationen besprochen, in denen Java implizite Typumwandlungen vornimmt. Und in 5.1.1–5.1.5 wurden die fünf überhaupt zulässigen Typumwandlungen behandelt. Die folgende Tabelle faßt die im jeweiligen Kontext möglichen Konversionen nochmals zusammen:

	Elem. Typvergr.	Elem. Typverkl.	Vergr. Ref.typ	Verkl. Ref.typ	Umwandlung nach String
Zuweisung	×	(×)	×		
Methodenaufruf	×		×		
String-Konversion					×
Typangleichung	×				

5.3 Explizite Casts

Mit Hilfe des *Cast-Operators* () kann der Typ eines Ausdrucks explizit in den in Klammern angegebenen Typ umgewandelt werden. Alle in 5.1.1–5.1.4 behandelten Konversionen sind auf diese Weise möglich, d.h. bis auf Typumwandlungen nach String können alle zulässigen Java-Konversionen explizit vorgenommen werden. Zum Beispiel erhält die Variable i hier den Wert 9:

```
double x = 9.99;
int i = (int)x;
```

Die Verkleinerung von Referenztypen ist nur durch explizite Casts möglich; dabei kann es zu Übersetzungs- und Laufzeitfehlern kommen, siehe Abschnitt 9.3.

5.4 Ausdrücke und Operatoren

Ein *Ausdruck* steht für einen Wert, der im einfachsten Fall bereits beim Übersetzen der entsprechenden Übersetzungseinheit ermittelt werden kann oder zur Laufzeit des Programms berechnet wird. Die meisten Aktivitäten der Java-VM befassen sich mit der Auswertung von Ausdrücken. Dabei kann es auf Seiteneffekte, die Ermittlung von Werten in größeren Ausdrücken oder die Steuerung des Kontrollflusses ankommen. Ausdrücke bestehen aus Operatoren (z.B. *, /, +,-) und Operanden (z.B. Variablen oder Konstanten). Der Typ eines Ausdrucks hängt von den beteiligten Operatoren, den Datentypen der Operanden und den vorgenommenen Typumwandlungen ab.

Man unterscheidet:

- Einstellige, zweistellige und dreistellige Operatoren, je nach der Anzahl der beteiligten Operanden.
- Präfix-, Infix- und Postfix-Operatoren, je nach Schreibweise: vor, zwischen bzw. nach den Operanden.
- Links- und rechts-assoziative Operatoren: Treten gleiche Operatoren in einem Ausdruck nebeneinander auf, so wird bei links-assoziativen Operatoren von links nach rechts und bei rechts-assoziativen Operatoren von rechts nach links ausgewertet.
- Operatoren verschiedener Priorität: Treten in einem Ausdruck verschiedene Operatoren zusammen auf, so werden sie nach absteigender Priorität ausgewertet. Eine Übersicht über Assoziativität und Priorität der einzelnen Java-Operatoren befindet sich in Anhang D.

Wenn Java einen Ausdruck auswertet, können drei Ergebnisse resultieren:

- eine Variable,
- ein Wert,
- nichts (der Ausdruck hat den „Typ" void).

Der letzte Fall kann nur bei einem Methodenaufruf eintreten. Die Java-Syntax läßt Ausdrücke nur innerhalb von Klassen- oder Interfacedeklarationen zu – und dort im Initialisierer einer Klassenvariablen, im Initialisierer einer Instanzvariablen, im Rumpf eines Konstruktors oder im Rumpf einer Methode.

Wenn eine Variable in einem Ausdruck vorkommt und ein Wert benötigt wird, um den Ausdruck weiter auszuwerten, wird der Wert der Variablen benutzt.

Jeder Ausdruck hat einen Typ, der beim Übersetzen festgestellt wird. Der Wert eines Ausdrucks ist immer zuweisungskompatibel (vgl. 5.2.1) zu seinem Typ, d.h. einer Variablen vom Typ T kann immer der Wert eines Ausdrucks vom Typ T zugewiesen werden.

Es gibt drei Grundregeln bei der Auswertung von Java-Ausdrücken:

- Ausdrücke werden von links nach rechts ausgewertet.
- Argumentlisten werden von links nach rechts ausgewertet.
- Unabhängig von Operatorprioritäten wird ein Ausdruck in Klammern () ausgewertet, bevor ein Operator außerhalb der Klammern auf ihn angewendet wird.

Wir behandeln im folgenden die Java-Operatoren in absteigender Priorität und beginnen mit den einstelligen Operatoren, die die höchste Priorität besitzen. Passend zu dieser Reihenfolge setzt man Java-Ausdrücke, beginnend mit den einfachsten Ausdrücken (den elementaren Ausdrücken) zu immer komplexeren Ausdrücken zusammen, bis man die allgemeinste Form (den Zuweisungsausdruck) erreicht hat. Interessierte Leserinnen und Leser vergleichen hierzu die Syntaxregeln 95–128.

5.4.1 Elementare Ausdrücke und Namen

Die einfachsten Ausdrücke sind *elementare Ausdrücke*. Zu ihnen gehören die Literalkonstanten, in () geklammerte Ausdrücke, das Schlüsselwort this, Zugriffe auf Instanzvariablen, Zugriffe auf Feldkomponenten sowie Methoden- und Konstruktoraufrufe. Einige Beispiele für elementare Ausdrücke aus unseren bisherigen Programmen sind:

```
"Aktion (+/-): "
1.25f
(b&c)
z.wert()
new Zaehler()
```

Der einfachste Bestandteil eines Ausdrucks ist – neben den elementaren Ausdrücken – der Name einer Variablen, deren Wert dann bei der Auswertung des Ausdrucks eingesetzt wird. Java-*Namen* sind entweder einfache Bezeichner wie wert oder x oder sie setzen sich aus beliebig vielen mit . verknüpften Bezeichnern zusammen, wie beispielsweise std.a oder y.out. Neben Variablennamen gibt es noch Paketnamen, Typnamen und Methodennamen, die jedoch als Operanden eines Ausdrucks keine Rolle spielen.

5.4.2 Postfix-Inkrement und Dekrement

Die *Postfix-Inkrement-* bzw. *-Dekrementoperatoren* ++ bzw. -- inkrementieren bzw. dekrementieren ihren Operanden um 1. Der Operand muß eine Variable eines numerischen Typs sein. Als Resultat ergibt sich ein Wert, keine Variable; das heißt, x++++ oder ähnliches ist ein Fehler. Das Resultat ist der alte Wert des Operanden. Erst nach Feststellung des Werts wird der Operand modifiziert. Mit

```
double x = 12.1234;
out.println(x++ + " " + x);
```

wird somit die Ausgabe 12.1234 13.1234 erzeugt. Variablen, die final spezifiziert sind, können nicht inkrementiert oder dekrementiert werden.

5.4.3 Einstellige Operatoren

Die *einstelligen Operatoren* sind +, -, ++, --, ~, ! und der *Cast-Operator.* Explizite Casts werden als Anwendung des Cast-Operators () betrachtet. Bei ++ und -- handelt es sich um die Präfix-Versionen. Alle diese Operatoren sind rechts-assoziativ. Ihre Anwendung liefert als Resultat einen Wert und nie eine Variable.

Die Präfix-Inkrement- bzw. -Dekrementoperatoren ++ bzw. -- arbeiten wie die entsprechenden Postfix-Operatoren. Der einzige Unterschied ist, daß hier der Operand vor der Feststellung des Resultats modifiziert wird. Zum Beispiel liefert

```
int i = 121234;
out.println(++i + " " + i);
```

die Ausgabe 121235 121235.

Der Operand der einstelligen Operatoren + und - muß einen numerischen Typ haben. Bei ganzzahligen Typen hat -x denselben Wert wie 0 - x. Bei Gleitpunkttypen wird einfach das Vorzeichenbit invertiert. Der einstellige Operator + hat keine Auswirkung und wird nur sehr selten benutzt.

Der bitweise Negationsoperator ~ benötigt einen ganzzahligen Operanden. Als Resultat ergibt sich das bitweise Komplement des Operanden:

```
short s = 0xf00;
out.println("~s = 0x" + Integer.toHexString(~s));
```

Hier erhalten wir als Ausgabe ~s = 0xfffff0ff. Dieser Wert erklärt sich dadurch, daß, wie bei den einstelligen Operatoren + und -, nach 5.2.4 eine Typangleichung zum Typ int vorgenommen wird. (Mit einem Integer.toHexString-Aufruf können wir bytes, shorts, chars und ints hexadezimal ausgeben.)

Der Operand des logischen Negationsoperators ! benötigt einen Operanden des Typs boolean. Der Ausdruck liefert den Wert true, wenn der Operand den Wert false hat und den Wert false, wenn der Operand den Wert true hat.

Explizite Casts wurden in Abschnitt 5.3 behandelt. Ein Cast wandelt einen numerischen Typ in einen entsprechenden Wert eines anderen numerischen Typs um; dies kann bei konstanten Ausdrücken schon beim Übersetzen erledigt werden. Der Cast auf einen Referenztyp überprüft zur Laufzeit, ob eine Referenz auf ein Objekt verweist, das mit dem spezifizierten Ergebnistyp zuweisungskompatibel ist. Explizite Casts sind nicht sicher und nicht alle sind zulässig; es kann zu Informationsverlusten, Übersetzungs- und Laufzeitfehlern kommen.

Daß das Resultat aller in diesem Abschnitt über einstellige Operatoren betrachteten Ausdrücke ein Wert und keine Variable ist, trifft auch bei Cast-Ausdrücken zu, selbst wenn der Operand eine Variable ist. Zum Beispiel ist

```
int i;
(long)i = 5;        // Fehler
```

ein Fehler und wird von javac nicht übersetzt.

5.4.4 Multiplikative Operatoren

Die *multiplikativen Operatoren* *, / und % sind zweistellig und links-assoziativ.

Die Operanden müssen jeweils numerische Typen besitzen. Es werden die in 5.2.4 behandelten Typangleichungen vorgenommen. Je nach Operandentyp wird dann ganzzahlige Arithmetik oder Gleitpunkt-Arithmetik benutzt; als Resultat ergibt sich ein Wert, keine Variable.

Wie üblich bezeichnen * und / Multiplikation bzw. Division. Der Operator % liefert den Rest der Division des linken durch den rechten Operanden. Bei ganzzahligen Operanden wirft Division durch 0 eine Ausnahme des Typs ArithmeticException aus.

Bei ganzzahligen Operanden berechnet r = a%b den Rest der ganzzahligen Division von a durch b (d.h. die Zahl r, für die (a/b)*b + r gleich a gilt). Zum Beispiel liefert /OOPinJava/kapitel5/GanzDivision.java, wenn wir es mehrmals hintereinander starten, die Ergebnisse:

```
a = 5  b = 3  a/b = 1  a%b = 2
a = 5  b = -3  a/b = -1  a%b = 2
a = -5  b = 3  a/b = -1  a%b = -2
a = -5  b = -3  a/b = 1  a%b = -2
```

Bei Gleitpunkt-Operanden wird das Resultat von r = x%y folgendermaßen berechnet.

Falls $x/y > 0$, setze $q = \lfloor x/y \rfloor$.
Falls $x/y < 0$, setze $q = -\lfloor -x/y \rfloor$.
Setze $r = x - (y * q)$.
Falls $x = 0$ und $y \neq 0$, setze $r = 0.0$.

Mit /OOPinJava/kapitel5/GleitDivision.java, das wieder Quotient und „Rest" berechnet, erhalten wir:

```
x = 5.0  y = 3.0  x/y = 1.6666666666666667  x%y = 2.0
x = 5.0  y = -3.0  x/y = -1.6666666666666667  x%y = 2.0
x = -5.0  y = 3.0  x/y = -1.6666666666666667  x%y = -2.0
x = -5.0  y = -3.0  x/y = 1.6666666666666667  x%y = -2.0
```

Den %-Operator wird man nur selten auf Gleitpunktoperanden anwenden.

5.4.5 Additive Operatoren

Die *additiven Operatoren* + und - sind zweistellig und links-assoziativ. Wie üblich haben sie eine geringere Priorität als die multiplikativen Operatoren.

Ist einer der Operanden des +-Operators vom Typ String, so wird entsprechend 5.2.3 verfahren, und das Resultat ist vom Typ String. Anderenfalls müssen beide Operanden numerische Typen besitzen. Es werden die in 5.2.4 behandelten Typangleichungen vorgenommen, und + berechnet die Summe, - die Differenz der Werte. Das Resultat ist jeweils ein Wert, keine Variable. Zum Beispiel:

```
1 + 2 + "PC"      // Resultat: "3 PC"
"PC" + 1 + 2      // Resultat: "PC12"
```

Diese Resultate ergeben sich, weil von links nach rechts ausgewertet wird.

5.4.6 Shift-Operatoren

Die *Shift-Operatoren* <<, >> und >>> sind zweistellig und links-assoziativ. Sie verschieben jeweils den linken Operanden bitweise um eine mit dem rechten Operanden festgelegte *Shift-Distanz*. Beide Operanden müssen ganzzahlige Typen besitzen. Es werden die in 5.2.4 behandelten einstelligen Typangleichungen separat für jeden Operanden vorgenommen.

Ist dann der linke Operand vom Typ int, wird der rechte Operand mit 0x1f bitweise UND-verknüpft (maskiert). Die Anzahl der auszuführenden Shifts liegt damit in $\{0, 1, \ldots, 31\}$.

Ist der linke Operand vom Typ long, wird der rechte Operand mit 0x3f bitweise UND-verknüpft. Die maximale Shift-Distanz ist damit in diesem Fall 63.

<< bzw. >>> verschieben die Bits des linken Operanden um die Shift-Distanz nach links bzw. rechts und füllen rechts bzw. links mit 0-Bits auf. >> verschiebt den linken Operanden um die Shift-Distanz nach rechts und füllt links mit dem alten Wert des höchstwertigen Bits auf (sogenannte „Sign Extension"), so daß das ursprüngliche Vorzeichen des linken Operanden erhalten bleibt.

Das heißt, a << b liefert den Wert $a*2^b$, und a >> b liefert den Wert $\lfloor a/2^b \rfloor$. Damit werden auch die Begrenzungen des Shift-Distanz verständlich: Da ints in 4 Bytes abgelegt werden, ist der Wert von a nach spätestens 32 Shifts nach links oder rechts komplett zerstört. Entsprechendes gilt für 64 Shifts bei long-Operanden. Zum Beispiel:

```
32 << 2       // Resultat: 128
35 >> 2       // Resultat: 8
-16 >> 3      // Resultat: -2
-1 >>> 24     // Resultat: 255
-1 >> 24      // Resultat: -1
```

Siehe auch Übungsaufgabe 2 am Ende des Kapitels.

5.4.7 Relationale Operatoren

Die *relationalen Operatoren* <, <=, >, >= und instanceof sind zweistellig und links-assoziativ. Ein Ausdruck mit relationalen Operatoren ist immer vom Typ boolean.

Die Operanden von < (kleiner), <= (kleiner oder gleich), > (größer) und >= (größer oder gleich) müssen jeweils numerische Typen besitzen. Es werden die in 5.2.4 behandelten zweistelligen Typangleichungen vorgenommen. Das Ergebnis hat den Wert true, wenn die spezifizierte Ungleichung zutrifft und anderenfalls false.

Ein Ausdruck wie a < b < c ist immer ein Fehler, da er in der Form (a < b) < c ausgewertet wird und a < b vom Typ boolean, also nicht numerisch ist.

Der linke Operand von instanceof muß einen Referenztyp haben oder null sein. Der rechte Operand muß einen Referenztyp bezeichnen. Der Ausdruck liefert true, wenn der linke Operand nicht null ist und mit dem im rechten Operanden spezifizierten Typ übereinstimmt oder in ihn konvertiert werden kann (5.1.3). Ansonsten ist das Ergebnis false. Je nach Kontext wird die Auswertung erst zur Laufzeit vorgenommen, zum Beispiel

```
Zaehler z = new Zaehler();
out.println(z instanceof Zaehler);      // true
```

oder das Resultat kann schon von javac festgestellt werden. Das folgende wird erst gar nicht übersetzt, weil sich die Überprüfung zur Laufzeit erübrigt:

```
String s = "Zaehler";
out.println(s instanceof Zaehler);      // Fehler
```

5.4.8 Gleichheitsoperatoren

Die *Gleichheitsoperatoren* == und != sind zweistellig und links-assoziativ. Ein Ausdruck mit Gleichheitsoperatoren liefert immer einen boolean-Wert.

Die Operanden von == (gleich) und != (ungleich) müssen

- beide numerische Typen besitzen,
- beide vom Typ boolean sein oder
- beide einen Referenztyp haben oder null sein.

Die Gleichheitsoperatoren arbeiten völlig analog zu den relationalen Operatoren, haben aber eine geringere Priorität. Bei numerischen Operanden werden wieder zweistellige Typangleichungen vorgenommen.

Beim Vergleich von Referenzen ist das Ergebnis des Vergleichs auf Gleichheit (==) true, wenn beide Operanden null sind oder dasselbe Objekt referenzieren. Anderenfalls ist das Ergebnis false.

Auch wenn man == auf String-Objekte anwendet, wird somit getestet, ob die beiden Operanden auf dasselbe Objekt verweisen. Das Ergebnis kann daher false sein, obwohl die Objekte dieselbe Zeichenkette enthalten. Der Zeicheninhalt von zwei String-Objekten x und y kann mittels x.equals(y) auf Gleichheit untersucht werden. (Siehe auch /OOPinJava/kapitel5/Gleichheit.java.)

Ausdrücke wie a == b == c o.ä. sind wegen der Links-Assoziativität der Operatoren nur dann sinnvoll, wenn c vom Typ boolean ist.

5.4.9 Bit-Operatoren und logische Operatoren

Die *Bit-Operatoren* und die *logischen Operatoren* & (UND), ^ (Exklusiv-ODER) und | (Inklusiv-ODER) sind zweistellig und links-assoziativ. Sie haben unterschiedliche Prioritäten; & hat die höchste, ^ hat mittlere, | hat die niedrigste Priorität.

Die Operanden müssen entweder beide ganzzahlige Typen besitzen (dann werden die Bit-Operatoren angewendet) oder beide vom Typ boolean sein (dann werden die logischen Operatoren angewendet).

Bei ganzzahligen Operanden werden zweistellige Typangleichungen vorgenommen (5.2.4), und als Resultat ergibt sich ein Wert dieses Typs. Die einzelnen Bits der Operanden werden dazu wie folgt verknüpft:

Bit1	Bit2	Bit1 & Bit2	Bit1 ^ Bit2	Bit1 | Bit2
0	0	0	0	0
0	1	0	1	1
1	0	0	1	1
1	1	1	0	1

Zum Beispiel:

```
0xff00 & 0xf0f0      // Resultat: 0xf000
0xff00 ^ 0xf0f0      // Resultat: 0x0ff0
0xff00 | 0xf0f0      // Resultat: 0xfff0
```

Wenn beide Operanden vom Typ boolean sind, ist auch das Resultat vom Typ boolean. Auch hier ergibt sich ein Wert, keine Variable.

Bei & ist das Ergebnis true, wenn beide Operanden true sind, anderenfalls ergibt sich false.

Bei ^ ist das Ergebnis true, wenn beide Operandenwerte verschieden sind, anderenfalls ergibt sich false.

Bei | ist das Ergebnis true, wenn einer oder beide Operanden true sind, anderenfalls ergibt sich false.

Auch wenn das Resultat bereits nach Auswertung des linken Operanden feststeht, z.B. x&y mit x == false, werden hier beide Operanden ausgewertet.

5.4.10 Boolesche Operatoren

Die *booleschen Operatoren* && und || sind zweistellig und links-assoziativ. Beide Operanden müssen vom Typ boolean sein. && hat höhere Priorität als ||.

&& arbeitet wie &, wertet seinen rechten Operanden aber nur aus, wenn der linke Operand den Wert true hat. Wenn der linke Operand den Wert false hat, ist das Ergebnis false und der rechte Operand wird nicht mehr betrachtet. Anderenfalls liefert der rechte Operand den Ergebniswert.

|| arbeitet wie |, wertet seinen rechten Operanden aber nur aus, wenn der linke Operand den Wert false hat. Wenn der linke Operand den Wert true hat, ist das Ergebnis true und der rechte Operand wird nicht mehr betrachtet. Anderenfalls liefert der rechte Operand den Ergebniswert.

Das folgende Codefragment demonstriert die bei logischen und booleschen unterschiedliche Auswertung von Ausdrücken

```
int a = 0, b = 1, c = 2;
if (b < a && c/a >= b)
    .....
if (b < a & c/a >= b)          // Laufzeitfehler
    .....
```

In beiden Fällen hat der erste Operand b < a den Wert false. Damit wird bei der &&-Verknüpfung der zweite Operand c/a >= b nicht mehr untersucht. Bei der Verknüpfung mit & resultiert ein Laufzeitfehler aufgrund der Division durch 0.

5.4.11 Der Konditional-Operator

Der *Konditional-Operator* ?: ist der einzige dreistellige Operator in Java; er ist rechtsassoziativ, d.h. a ? b : c ? d : e wird ausgewertet wie a ? b : (c ? d : e) und nicht wie (a ? b : c) ? d : e. Der erste Operand muß vom Typ boolean sein, die beiden übrigen Operanden müssen

- beide numerische Typen besitzen,
- beide vom Typ boolean sein oder
- beide einen Referenztyp haben oder null sein.

Bei numerischen Typen werden zweistellige Typangleichungen vorgenommen (5.2.4).

Als Resultat wird in Abhängigkeit vom ersten Operanden der Wert des zweiten oder dritten Operanden gewählt. Ist der erste Operand true, wird der zweite Operand, anderenfalls der dritte Operand gewählt. Das Resultat ist wieder ein Wert, keine Variable. Zum Beispiel:

```
char c = 'j';
out.println(c == 'j' ? "Ja" : "Nein");
boolean j = false, n = false;
(c == 'j' ? j : n) = true;        // Fehler
```

Mit println wird hier "Ja" ausgegeben. Die letzte Anweisung ist fehlerhaft, da der Konditional-Operator nur den Wert von j (also false) liefert und nicht die Variable j.

Im Unterschied zu allen bisher betrachteten Operatoren kann ?: jedoch einen Referenzwert liefern, so daß direkt auf die Elemente (Methoden und Variablen) des referenzierten Objekts zugegriffen werden kann, z.B.

```
Punkt p = new Punkt(1, 0), q = new Punkt(1, 1);
(c == 'j' ? p : q).xKoord = 0;
```

Dies erklärt eine weitere Bedingung, die den Typ des zweiten und dritten Operanden betrifft: Handelt es sich bei ihnen um Referenztypen, so müssen sie übereinstimmen oder einer von beiden muß implizit in den anderen konvertierbar sein (siehe Anhang C). Aus Gründen der besseren Lesbarkeit werden wir anstelle derartiger Konstruktionen jedoch im Normalfall immer eine if-Anweisung (6.4.1) verwenden.

5.4.12 Zuweisungsoperatoren

Es stehen zwölf *Zuweisungsoperatoren* zur Verfügung. Alle sind zweistellig und rechtsassoziativ; sie liefern einen Wert. Der linke Operand muß eine Variable (vgl. 4.6) sein, die lokale Variable, Klassenvariable, Instanzvariable oder Feldkomponente ist. An Parameter ist keine Zuweisung möglich. Auch an final deklarierte Variablen kann in einem Ausdruck nichts zugewiesen werden – sie benötigen einen Initialisierer bei ihrer Deklaration (siehe aber auch 6.1.1). Die Java-Zuweisungsoperatoren sind:

```
=   *=   /=   %=   +=   -=   <<=   >>=   >>>=   &=   ^=   |=
```

Bei der einfachen Zuweisung mit = wird der Wert des rechten Operanden ermittelt, in den Typ der links stehenden Variablen konvertiert und in ihr gespeichert. Der rechte Operand kann jeden beliebigen Typ haben, solange er zuweisungskompatibel zum Typ der Variablen ist. Der Wert eines *Zuweisungsausdrucks* a = b ist der Wert, der nach der Zuweisung in a gespeichert ist.

Bei den zusammengesetzten Zuweisungsoperatoren *=, /=, %= usw. müssen beide Operanden einen elementaren Typ haben. Eine Ausnahme ist +=. Sofern der linke Operand eine String-Variable ist, kann der rechte Operand jeden beliebigen Typ haben.

Ein Ausdruck a *= b, a /= b, a %= b usw. ist äquivalent zu a = (T)(a*b), a = (T)(a/b), a = (T)(a%b) usw., wobei mit T der Typ von a bezeichnet ist. Zum Beispiel:

```
short x = 3;
x += 4.9;                 // Resultat: Wert 7, Typ short
int k = 1;
k += (k = 4)*(k + 2);     // Resultat: Wert 25, Typ int
```

Im Unterschied zu a = a*b wird bei a *= b jedoch nur einmal auf die Variable a zugegriffen. (Entsprechend bei a /= b, a %= b usw.) Siehe hierzu Übungsaufgabe 3 am Ende des Kapitels.

Damit sind alle Java-Operatoren besprochen. Ein Zuweisungsausdruck ist der allgemeinste, aus Operanden und diesen Operatoren kombinierbare Ausdruck.

5.4.13 Konstante Ausdrücke

In bestimmten Situationen (bei den Typverkleinerungen aus 5.2.1 und bei switch-Anweisungen siehe 6.4.2) benötigt Java einen Ausdruck eines elementaren Typs oder String-Typs, dessen Wert bereits beim Übersetzen eindeutig feststellbar ist.

Ein derartiger *konstanter Ausdruck* ist ein Zuweisungsausdruck, der den folgenden Bedingungen genügen muß:

- Als Operanden sind nur Literale elementarer Typen, Zeichenketten und Namen von final Variablen, die mit einem konstanten Ausdruck initialisiert sind, zulässig.
- Als einstellige Operatoren sind +, -, ~ und ! zulässig. (++ und -- sind also nicht zulässig.)
- Casts auf elementare Typen und implizite Casts in den Typ String sind zulässig. (Casts auf Referenztypen wären mit den zulässigen Operanden auch gar nicht möglich.)
- Alle zweistelligen Operatoren mit Ausnahme des instanceof-Operators und sämtlicher Zuweisungsoperatoren sind zulässig.

Einige Beispiele für konstante Ausdrücke sind:

```
true
(short)(1*2*3*4*5*6)
0.5*Math.PI
"PC" + 1 + 2
```

5.4.14 Zuweisungen und Initialisierungen

Unter der Initialisierung einer Variablen oder symbolischen Konstanten versteht man das Kopieren eines Werts in ihren Speicherplatz direkt im Zusammenhang mit dessen Reservierung. Beim Zuweisen wird dagegen ein Wert in eine anderweitig erzeugte Variable kopiert. An manche Variablen ist keine Zuweisung möglich: Klassenvariablen, Instanzvariablen und lokale Variablen, die wir final spezifizieren, müssen wir bei ihrer Deklaration initialisieren; auch an Methoden- und Konstruktorparameter sowie den Parameter eines Ausnahme-Handlers können wir nichts zuweisen – hier werden die Initialisierungen mit den Aufrufargumenten bzw. dem ausgeworfenen Ausnahmeobjekt von der VM vorgenommen.

Im Unterschied zu anderen Programmiersprachen, die für Initialisierung bzw. Zuweisung verschiedene Operatoren bzw. Methoden benutzen, verfährt Java beim Initialisieren einer Variablen genau wie bei Zuweisungen: Wert und Typ des Initialisierers werden ermittelt, falls nötig (und zuweisungskompatibel) in den Typ der Variablen umgewandelt, das Resultat wird in deren Speicherplatz kopiert. In der Java-Literatur wird wegen dieser Analogie oft nicht präzise formuliert und von Zuweisungen gesprochen, auch wenn es sich um Initialisierungen handelt.

Auf die genauen Zeitpunkte, zu denen Klassen- und Instanzvariablen initialisiert werden, gehen wir in den Abschnitten 8.4 und 9.6 ein.

Bemerkung

In den in diesem Kapitel eingestreuten Codefragmenten haben wir gelegentlich Anweisungen der Form out.println(.....); benutzt. Dabei ist immer vorausgesetzt, daß out ein Ausgabeobjekt ist, das z.B. so deklariert wurde:

```
PrintWriter out = new PrintWriter(System.out, true);
```

5.5 Übungsaufgaben

1. (a) Wie kommt die Ausgabe d = 7.0 bei den Anweisungen

```
PrintWriter out = new PrintWriter(System.out, true);
byte b = 0x1f;
char c = '\u0047';
int i = 0;
float f = 1;
double d = (b&c) + i*f;
out.println("d = " + d);
```

zustande?

(b) Wie erklären Sie sich das Resultat i = -2147483648 -i = -2147483648 im Beispiel

```
i = Integer.MIN_VALUE;
out.println("i = " + i + "\t\t-i = " + -i);
```

2. Wie wird die Ausgabe b = 0xfffffff1 c = 0xffffffff d = 0xffffffff in der folgenden Methode main erzeugt?

```
public static void main(String[] args) {
  byte b, c, d, e;
  b = (byte)0xf1;
```

```
        c = (byte)(b >> 4);
        d = (byte)(b >>> 4);
        PrintWriter out = new PrintWriter(System.out, true);
        out.println("b = 0x" + Integer.toHexString(b) + "   c = 0x"
           + Integer.toHexString(c) + "   d = 0x" + Integer.toHexString(d));
    }
```

3. Übersetzen Sie die beiden folgenden Testprogramme

```
class ZuTest1 {
   public static void main(String[] args) {
      int i = 1;
      i = i + 1;
   }
}
```

```
class ZuTest2 {
   public static void main(String[] args) {
      int i = 1;
      i += 1;
   }
}
```

   und machen Sie sich mittels javap -c ZuTest1 bzw. javap -c ZuTest2 klar, daß die zusammengesetzte Zuweisung mittels += effizienter arbeitet, als die einfache Zuweisung mit Addition in ZuTest1.

4. Welche Werte berechnet man hiermit?

```
byte a = 9;
int b = 9;
a += (a = 3);
b = b + (b = 3);
```

   Weshalb ergibt sich ein Fehler, wenn man b mit dem Typ byte deklariert?

5. Was ist hier falsch? Kann man durch Einsatz von Klammern einen zulässigen Ausdruck erzeugen?

```
1 + 5 == 6 == 5 + 1
```

6. Was wird mit der folgenden Anweisung berechnet?

```
int a, b, c;
.....
int m=a>b?a>c?a:c:b>c?b:c;
```

Schreiben Sie eine äquivalente, verständlichere Formulierung. Benutzen Sie dazu die Klassenmethode Math.max, die das Maximum von zwei int-Argumenten als int liefert.

7. Schreiben Sie eine Anwendung, die drei ints von der Standardeingabe liest und Summe, Mittelwert, Produkt, Minimum und Maximum dieser Zahlen ausgibt.

Kapitel 6

Anweisungen

Der Kontrollfluß beim Aufruf von Java-Methoden wird durch *Anweisungen* gesteuert, die wegen dieses Steuereffekts ausgeführt werden und keinen relevanten Wert oder Typ haben. Es gibt in Java zwar Ausdrucksanweisungen, die lediglich wegen ihrer Seiteneffekte ausgewertet werden (siehe 6.3), aber keine Anweisungen, die nur einen Wert berechnen, auf den man nicht mehr zugreifen kann und die sonst keinerlei Aktivitäten auslösen, z.B.

```
x + 2;                 // Java-Fehler, korrekt in C/C++
Math.sin(3.1)/3.1;     // Java-Fehler, korrekt in C/C++
```

Jeder Methodenrumpf besteht aus einer speziellen Anweisung, einem *Block*. Ein Block ist eine (möglicherweise leere) Folge von Anweisungen und Deklarationen lokaler Variablen, die in Klammern { } zusammengefaßt sind. Auch die Deklaration lokaler Variablen ist eine Java-Anweisung. Ein Block wird ausgeführt, indem die Anweisungen in der Reihenfolge, in der sie aufeinander folgen, ausgeführt werden.

6.1 Lokale Variablen

Eine Variable ist *lokale Variable*, wenn sie innerhalb eines Blocks oder in einer for-Anweisung (6.5.3) deklariert wird. Die Deklaration besteht aus dem optionalen final-Spezifizierer und einer Typangabe, gefolgt von einem oder mehreren Bezeichnern und jeweils optionalen Initialisierern. Jeder Bezeichner deklariert eine lokale Variable, die den Bezeichner als Namen erhält. Zum Beispiel ist

```
int i, j = 1, k;
```

äquivalent zu

```
int i;
int j = 1;      // Deklaration mit Initialisierer
int k;
```

Die Initialisierung einer Variablen mit dem Wert ihres Initialisierers wird vorgenommen, wenn die Deklarationsanweisung ausgeführt wird.

Der *Geltungsbereich* einer lokalen Variablen – das ist der Java-Code, in dem man ihren Namen verwenden kann – ist der Rest des Blocks, der auf die Deklaration folgt. Im Unterschied zu anderen Sprachen ist es in Java nicht zulässig, Variablen in geschachtelten Blöcken zu redeklarieren. Das heißt, das folgende

```
{
   int i = 5;
   {
      double i = 5.7;      // Fehler: Redeklaration von i
   }
}
```

wird nicht übersetzt. In separaten Blöcken oder for-Anweisungen können lokale Variablen mit identischen Namen jedoch deklariert werden. Da der Geltungsbereich der ersten Variablen i bereits am Ende des schattierten Bereichs endet, wird im folgenden Block eine neue Variable diese Namens erzeugt. Der Typ der Variablen spielt in diesem Zusammmenhang keine Rolle.

```
{
   int i = 5;
   .....
}
{
   int i = -5;
   .....
}
```

Deklarationen lokaler Variablen sind ausführbare Anweisungen. Sie werden von links nach rechts ausgeführt. Beispielsweise erhält j hier den Wert 3:

```
int i = 2, j = i + 1;
```

6.1.1 final lokale Variablen

Wenn eine lokale Variable final spezifiziert ist, wird sie zur symbolischen Konstanten. Jede Zuweisung an eine final lokale Variable, außer der, mit der sie ihren konstanten Wert erhält, ist ein Fehler. Typischerweise wird man diesen Wert mit einem Initialisierer bereitstellen, z.B.

```
final int MAX_ANZAHL = 300;
```

Es ist aber auch möglich, eine final lokale Variable nicht bei ihrer Deklaration zu initialisieren; sie ist dann *unspezifiziert* final. Einer unspezifizierten final Variablen muß an genau einer Stelle des Programms – vor dem ersten Zugriff auf ihren Wert – ein Wert zugewiesen werden. Dies wird vom Java-Compiler geprüft. Im folgenden Beispiel wird die Konstante ANZAHL_TAGE laufzeitspezifisch mit dem richtigen Wert versehen.

```
// BlankFinal.java

import java.io.*;
import java.util.*;

class BlankFinal {
   public static void main(String[] args) {
      PrintWriter out = new PrintWriter(System.out, true);
      GregorianCalendar c = new GregorianCalendar();
      final int JAHR = c.get(Calendar.YEAR), ANZAHL_TAGE;
      if (c.isLeapYear(JAHR))
         ANZAHL_TAGE = 366;
      else
         ANZAHL_TAGE = 365;
      out.println("Das Jahr " + JAHR + " hat " + ANZAHL_TAGE + " Tage.");
   }
}
```

(Mit Datums- und Zeitklassen wie GregorianCalendar befassen wir uns detailliert in den Abschnitten 14.6 und 14.7.)

6.2 Leeranweisungen

In seltenen Fällen (etwa bei Wiederholungsanweisungen) benötigt die Java-Syntax an einer Stelle eine Anweisung, an der die Semantik eines Programms keinerlei Aktivitäten erfordert. Hier verwendet man eine *leere Anweisung*, die einfach aus einem ; besteht und nichts bewirkt. Zum Beispiel ist

```
{ ;;;;; }
```

ein Block mit fünf Anweisungen.

6.3 Ausdrucksanweisungen

Eine *Ausdrucksanweisung* besteht aus einem Ausdruck (vgl. 5.4), gefolgt von einem Semikolon. In Java sind nur wenige Ausdrücke innerhalb einer Ausdrucksanweisung zulässig:

- Zuweisungen,
- Inkrement- und Dekrementausdrücke (Präfix und Postfix),
- Methodenaufrufe und
- Objekterzeugungen mittels new.

Bei der Ausführung einer Ausdrucksanweisung wird der Ausdruck ausgewertet. Sofern er einen Wert hat, wird dieser nicht weiter berücksichtigt. Es kommt hier also nur auf die Seiteneffekte an. Ein Beispiel einer Objekterzeugung hatten wir bereits in Kapitel 1 in der Methode main des ZaehlerFrame-Beipiels gesehen. Diese enthält nur eine einzige Ausdrucksanweisung, nämlich new ZaehlerFrame("Zähler-Test");.

6.4 Auswahlanweisungen

In Java gibt es zwei *Auswahlanweisungen*, die if-Anweisung und die switch-Anweisung. Beide dienen dazu, den Kontrollfluß in Abhängigkeit vom Wert eines Ausdrucks zu verzweigen.

6.4.1 Die if-Anweisung

Es gibt zwei Formen der if-*Anweisung*, eine mit und eine ohne else-Teil. Die entsprechende Syntaxregel ist:

If-Anweisung:
 if (*Ausdruck*) *Anweisung*
 if (*Ausdruck*) *Anweisung* else *Anweisung*

Der Ausdruck muß jeweils vom Typ boolean sein; er ist als Bedingung, die entweder zutrifft (Wert true) oder nicht zutrifft (Wert false) zu interpretieren. Bei der Ausführung der Anweisung wird als erstes dieser Ausdruck ausgewertet. Ergibt sich true, wird die Anweisung nach if ausgeführt. Anderenfalls wird – falls vorhanden – die Anweisung nach else ausgeführt. Wenn das Resultat false ist und kein else vorhanden ist, wird die if-Anweisung ohne weitere Aktivität beendet.

Wenn mehrere if-Anweisungen geschachtelt sind, gehört ein else immer zum unmittelbar voranstehenden if. Das heißt,

```
if (i >= 0)
   if (i > 0)
      out.println(i + " ist positiv");
else
   out.println(i + " ist negativ");
```

ist mißverständlich formatiert; wenn i beispielsweise den Wert -5 hat, wird nichts ausgegeben.

6.4.2 Die switch-Anweisung

Mit der switch-*Anweisung* kann man im Unterschied zur if-Anweisung zu einer aus beliebig vielen Anweisungen verzweigen.

Switch-Anweisung:
 switch (*Ausdruck*) *Switch-Block*

Ein switch-Block ist ein Block, dessen Anweisungen mit einer oder mehreren switch-Marken markiert sein können und der mit einer beliebigen Anzahl solcher Marken enden kann. Der Wert des Ausdrucks nach switch entscheidet darüber, an welcher switch-Marke die VM ihre Arbeit fortsetzt.

Switch-Marke:
case *Konstanter-Ausdruck* :
default :

Die folgenden vier Anforderungen müssen alle erfüllt sein:

- Der Typ des Ausdrucks nach switch muß byte, short, int oder char sein.
- Jeder konstante Ausdruck (vgl. 5.4.13) in einer switch-Marke muß zuweisungskompatibel zu diesem Typ sein.
- Die konstanten Ausdrücke in den switch-Marken eines switch-Blocks müssen paarweise verschiedene Werte haben.
- Innerhalb eines switch-Blocks darf höchstens einmal default als Marke eingesetzt werden.

Bei der Ausführung einer switch-Anweisung wird als erstes der Ausdruck nach switch ausgewertet. Sein Wert wird dann mit den konstanten Ausdrücken aller switch-Marken verglichen. Stimmt er mit einer dieser Konstanten überein, werden alle Anweisungen hinter der entsprechenden Marke ausgeführt. Anderenfalls werden, falls eine default-Marke vorhanden ist, alle Anweisungen hinter dieser ausgeführt. Anderenfalls, d.h. wenn weder eine der Konstanten „paßt" noch eine default-Marke vorhanden ist, wird die switch-Anweisung ohne weitere Aktivität beendet.

Zum Beispiel wird hier, wenn i den Wert 5 hat, viele ausgegeben, ein i-Wert von 2 führt zu den Ausgaben zwei und viele:

```
switch (i) {
    case 1: out.println("eins ");
    case 2: out.println("zwei ");
    default: out.println("viele ");
}
```

In der Regel wird das im Beispiel auftretende „Durchfallen" zu den Anweisungen hinter den nachfolgenden switch-Marken unerwünscht sein. Man kann es durch break-Anweisungen (6.7) unterbinden, indem man oben

```
case 1: out.println("eins "); break;
case 2: out.println("zwei "); break;
```

schreibt. Den Syntaxregeln 75–79 kann man entnehmen, daß die Anweisungen in einem switch-Block auch mit mehreren Marken versehen werden können; in Abschnitt 6.7 besprechen wir ein Beispiel.

6.5 Wiederholungsanweisungen

Es stehen drei *Wiederholungsanweisungen* zur Bildung von Schleifen zur Verfügung, die while-Anweisung, die do-Anweisung und die for-Anweisung. Bei allen drei Anweisungen hängt die Anzahl der Wiederholungen vom Wert eines booleschen Ausdrucks, der wieder als Bedingung zu interpretieren ist, ab.

6.5.1 Die while-Anweisung

Die while-*Anweisung* führt die Auswertung eines Ausdrucks und eine Anweisung solange wiederholt aus, bis der Wert des Ausdrucks false ist. Sie hat die Syntax:

While-Anweisung:
  while (*Ausdruck*) *Anweisung*

Der Ausdruck muß vom Typ boolean sein. Bei der Ausführung der while-Anweisung wird als erstes sein Wert ermittelt. Ist er true, wird die Anweisung nach while ausgeführt und die gesamte while-Anweisung wird erneut ausgeführt – beginnend mit der Ermittlung des Werts des Ausdrucks. Anderenfalls, d.h. wenn der Wert des Ausdrucks false ist, wird die while-Anweisung ohne weitere Aktivität beendet. Zum Beispiel berechnet das folgende Programm die Quersumme einer positiven ganzen Zahl z:

```
// While.java

import java.io.*;

class While {
   public static void main(String[] args) {
      int z = 123456, x = z, querSumme = 0;
      while (x != 0) {
         querSumme += x%10;
         x /= 10;
      }
```

```
        PrintWriter out = new PrintWriter(System.out, true);
        out.println(z + " hat als Quersumme " + querSumme);
    }
}
```

Wenn der Wert des Ausdrucks bei seiner ersten Auswertung false ist, wird die Anweisung in der while-Anweisung kein einziges Mal ausgeführt.

Mit der Konstruktion while (true) ..... kann man eine „Endlosschleife" aufbauen. Ein Beispiel hierfür liefert /OOPinJava/kapitel6/Endlos.java. Umgekehrt sind aber Konstruktionen der Art

```
while (false)
    i = 5;            // Fehler
```

ein Fehler, da Java keine *unerreichbaren* Anweisungen zuläßt.

6.5.2 Die do-Anweisung

Die do-*Anweisung* führt eine Anweisung und die Auswertung eines Ausdrucks solange wiederholt aus, bis der Wert des Ausdrucks false ist. Sie hat die Syntax:

Do-Anweisung:
do *Anweisung* while (*Ausdruck*) ;

Der Ausdruck muß vom Typ boolean sein. Bei der Ausführung der do-Anweisung wird als erstes die Anweisung nach do ausgeführt. Anschließend wird der Wert des Ausdrucks ermittelt. Ist er true, wird die gesamte do-Anweisung erneut ausgeführt. Anderenfalls, d.h. wenn der Wert des Ausdrucks false ist, wird die do-Anweisung ohne weitere Aktivität beendet.

Im Unterschied zur while-Anweisung wird die Anweisung in der do-Anweisung mindestens einmal ausgeführt. Zum Beispiel berechnet

```
final double EPS = 1e-15;
double x = 2.0, links = 0.0, rechts = ((x >= 0) ? x : 1.0), quad;
do {
    quad = 0.5*(links + rechts);
    if (quad*quad > x)
```

```
            rechts = quad;
        else
            links = quad;
    } while (rechts - links > EPS);
```

die Quadratwurzel (quad) einer positiven Zahl x mittels Intervallhalbierung. EPS ist hier die gewünschte Genauigkeit (siehe /OOPinJava/kapitel6/Do.java).

6.5.3 Die for-Anweisung

Die for-*Anweisung* nimmt zuerst einige Initialisierungen vor, führt dann die Auswertung eines Ausdrucks, eine Anweisung und einige Updates solange wiederholt aus, bis der Wert des Ausdrucks false ist. Sie wird typischerweise zur Iteration über die Komponenten von Feldern (siehe Kapitel 7) benutzt. Die Syntaxnotation ist etwas aufwendiger:

For-Anweisung:
  for (*For-Init*$_{opt}$; *Ausdruck*$_{opt}$; *For-Update*$_{opt}$) *Anweisung*

Der Ausdruck muß vom Typ boolean sein; er dient wieder als Bedingung, die den Abbruch oder die Fortsetzung der Wiederholungen kontrolliert.

For-Init ist eine Deklaration lokaler Variablen oder eine Liste von Ausdrücken (mit denen man in der Regel bereits existierenden Zählvariablen Startwerte zuweist). *For-Update* ist eine Liste von Ausdrücken (mit denen man in der Regel die Zählvariablen fortschreibt). In beiden Fällen sind nur die in Ausdrucksanweisungen möglichen Ausdrücke, also Zuweisungs-, Inkrement-, Dekrement- oder new-Ausdrücke sowie Methodenaufrufe zulässig (vgl. 6.3).

Zu Beginn der Ausführung wird die Initialisierung der for-Anweisung vorgenommen (falls vorhanden): Handelt es sich um eine Deklaration, wird diese ausgeführt, als seien die Variablen in einem Block deklariert, der die gesamte for-Anweisung unmittelbar umschließt. Handelt es sich um eine Liste von Ausdrücken, so werden diese von links nach rechts ausgewertet.

Die Iterationen der for-Anweisung werden dann wie folgt vorgenommen: Der Ausdruck wird ausgewertet (falls vorhanden). Ist sein Wert true, so wird die Anweisung nach for ausgeführt, die Update-Ausdrücke werden (falls vorhanden) von links nach rechts ausgewertet, und eine erneute Iteration wird begonnen. Ist der Wert des Ausdrucks false, wird die for-Anweisung ohne weitere Aktivität beendet. Ein fehlender

Ausdruck wird wie true behandelt, führt also zu einer erneuten Iteration. Die Wiederholungen können dann nur durch eine break-Anweisung (6.7) beendet werden.

Wie bei der while-Anweisung ist es möglich, daß die Anweisung in der for-Anweisung kein einziges Mal ausgeführt wird.

Mit den folgenden Anweisungen berechnen wir den Mittelwert (xQuer) von n ganzen Zahlen:

```
double xQuer = 0.0;
for (int i = 1; i <= n; i++) {
   out.print("x" + i + "? ");
   out.flush();
   xQuer += Integer.parseInt(in.readLine());
}
xQuer /= n;
```

(siehe /OOPinJava/kapitel6/For.java). Wenn man die Variablendeklaration im Initialisierungs-Teil durch einen Ausdruck ersetzt, zum Beispiel

```
double xQuer = 0.0;
int i;
for (i = 1; i <= n; i++) {
   .....
```

ergeben sich genau dieselben Bytecodes. Diese Wahlmöglichkeit gestattet es uns, bei Iterationen mit neuen Variablen völlig lokal zu arbeiten oder bereits existierende Variablen zur Iteration zu verwenden. Im ersten Fall gilt der Variablenname i nach der Ausführung der for-Anweisung nicht mehr. /OOPinJava/kapitel6/ForZaehler.java ist ein weiteres Beispiel, das zeigt, daß man Zählvariablen beliebiger Datentypen einsetzen kann.

6.6 Markierte Anweisungen

Anweisungen können in der Form *Bezeichner : Anweisung markiert* werden. Die Markierung einer Anweisung wirkt sich auf deren Ausführung nicht aus. Sie hat jedoch eine Bedeutung im Zusammenhang mit den break- oder continue-Anweisungen, die wir in den beiden folgenden Abschnitten besprechen. Eine goto-Anweisung gibt es in Java nicht.

6.7 Die break-Anweisung

Eine break-*Anweisung* hat die Form:

> *Break-Anweisung:*
> break $Bezeichner_{opt}$;

Der optionale Bezeichner in einer break-Anweisung muß Marke einer markierten Anweisung sein.

Eine break-Anweisung ohne Marke darf nur in einer switch-Anweisung oder einer Wiederholungsanweisung (while, do, for) vorkommen. In diesem Fall beendet die break-Anweisung die Ausführung der innersten, das break umschließenden Schleife bzw. switch-Anweisung. Die Ausführung wird mit der Anweisung, die auf die abgebrochene Anweisung folgt (falls vorhanden), fortgesetzt. Zum Beispiel:

```
// Break.java

import java.io.*;
import java.util.*;

class Break {
   public static void main(String[] args) {
      PrintWriter out = new PrintWriter(System.out, true);
      final int MONAT = new GregorianCalendar().get(Calendar.MONTH);
      switch (MONAT) {
         default: out.println("vorlesungsfrei"); break;
         case 10: case 11: case 12: case 1: case 2:
            out.println("Wintersemester"); break;
         case 4: case 5: case 6: case 7:
            out.println("Sommersemester"); break;
      }
   }
}
```

Ohne die break-Anweisungen würden hier wegen des Durchfallens zu nachstehenden switch-Marken zum Teil falsche Ausgaben erfolgen.

break-Anweisungen mit Marke dürfen nur in einer mit dieser Marke markierten Anweisung vorkommen. Ihre Anwendung ist nicht auf switch- oder Wiederholungsanweisungen beschränkt. Bei der Ausführung der break-Anweisung wird in diesem Fall die umgebende markierte Anweisung beendet. Derartige Konstruktionen dienen nicht der Programmklarheit. Man kann sie verwenden, um tief verschachtelte Schleifen „schnell" zu beenden. Ein Beispiel liefert /OOPinJava/kapitel6/BreakMarke.java.

6.8 Die continue-Anweisung

Eine continue-*Anweisung* darf nur innerhalb von Wiederholungsanweisungen (while, do, for) stehen. Sie hat die Form:

Continue-Anweisung:
continue $Bezeichner_{opt}$;

Der optionale Bezeichner in einer continue-Anweisung muß Marke einer markierten Wiederholungsanweisung sein, die das continue enthält.

Die Ausführung einer continue-Anweisung ohne Marke bewirkt einen Sprung an das Ende der innersten, das continue umschließenden Schleife und beginnt gegebenenfalls eine erneute Iteration. Das heißt, bei einer while- oder do-Schleife wird die Abbruchbedingung (der boolesche Ausdruck) ausgewertet, bei einer for-Schleife werden zuvor noch die Update-Ausdrücke ausgewertet. Im Beispiel

```
for (int i = 0; i < 100; ) {
   out.print(i + "\t");
   if ((++i)%10 != 0)
      continue;
   out.println();
}
```

wird nach jeweils 10 ausgegebenen Zahlen eine neue Zeile begonnen (siehe /OOPinJava/kapitel6/Continue.java).

Bei der Ausführung eines continue mit Marke beendet Java die aktuelle Iteration, verzweigt an das Ende der umgebenden, mit dieser Marke markierten Wiederholungsanweisung und beginnt eine neue Iteration, falls die Abbruchbedingung noch nicht erfüllt ist. Ein Beispiel hierfür gibt /OOPinJava/kapitel6/ContinueMarke.java. Wenn man break- und continue-Anweisungen mit Marken innerhalb derselben Methode – u.U. noch ineinander geschachtelt – einsetzt, ist der resultierende Code in der Regel nicht mehr lesbar.

6.9 Weitere Java-Anweisungen

Neben den in diesem Abschnitt behandelten Anweisungen kennt Java noch

- die return-Anweisung, die einen Methodenaufruf beendet und gegebenenfalls ein berechnetes Resultat zurückgibt,
- die throw- und die try-Anweisung, mit denen man Ausnahmen auswirft bzw. abfängt und behandelt sowie
- die synchronized-Anweisung, mit der man eine Sperre für einen Anweisungsblock erwerben kann.

Die return-Anweisung behandeln wir bei der Diskussion von Methodenaufrufen in Abschnitt 8.6.3. throw und try werden im Kapitel 15 über Javas Mechanismus zur Behandlung von Ausnahmen besprochen. Auf die synchronized-Anweisung gehen wir nur kurz ein, sie hat kaum Bezug zu objektorientierten Konzepten. Synchronisierte Methoden, mit denen man vor einem Methodenaufruf eine Sperre erwerben kann, sind jedoch Gegenstand von Abschnitt 17.5 in Kapitel 17, das sich mit Threads und Prozessen befaßt.

6.10 Übungsaufgaben

1. Formulieren Sie die if-Anweisung des Beispiels aus Abschnitt 6.4.1 durch Verwendung von Klammern, so daß die offenbar beabsichtigte Wirkung erzielt wird.

2. Die Methode Math.random liefert bei jedem Aufruf eine Zufallszahl zwischen 0 und 1 als double. Schreiben Sie eine Klasse mit einer Methode main, die 1000 Zufallszahlen erzeugt und feststellt, mit welchen Häufigkeiten die Zahlen in den Intervallen [0, 1.0/6), [1.0/6, 2.0/6), ..., [5.0/6, 1] liegen.

3. Was bewirkt eine for-Anweisung der Form

```
for (;;)
    .....
```

4. (a) Machen Sie sich die Wirkung der break-Anweisung in der folgenden Anwendung klar.

```
class BreakTest {
   public static void main(String[] args) {
      PrintWriter out = new PrintWriter(System.out, true);
      int x, y = 0;
      stop: {
         for (int i = 1; i <= 10; i++) {
            x = 25;
            y += 15;
            for (int j = 1; j <= 5; j++) {
               if (i == 3)
                  break stop;
               out.println(x + "\t" + y);
               x += 7;
            }
         }
         y += 15;
         out.println("Schleife abgearbeitet");
      }
   }
}
```

(b) Was ergibt sich mit diesen Änderungen?

```
class ContinueTest {
   public static void main(String[] args) {
      int x, y = 0;
      stop: for (int i = 1; i <= 5; i++) {
            x = 25;
            y += 15;
            for (int j = 1; j <= 5; j++) {
               if (j > i)
                  continue stop;
               new PrintWriter(System.out, true).println(x + "   " + y);
               x += 7;
            }
      }
   }
}
```

5. Setzen Sie Aufgabe 2 fort, indem Sie jeweils anzahl Zufallszahlen zur Simulation eines Würfelexperiments erzeugen und in einem Histogramm folgender Art ausgeben:

```
1 | XXXXXXXXXXXXXXXXXXXXXXXXXXXXXX
2 | XXXXXXXXXXXXXXXXXXXXXXXXXXXXXXX
3 | XXXXXXXXXXXXXXXXXXXXXXXXXXXXXXXXX
4 | XXXXXXXXXXXXXXXXXXXXXXXXXXXXX
5 | XXXXXXXXXXXXXXXXXXXXXXXXXXX
6 | XXXXXXXXXXXXXXXXXXXXXXXXXXXXXX
```

   Testen Sie Ihre Implementation mit anzahl = 10, anzahl = 100, anzahl = 500 usw.

6. Mit den folgenden Änderungen wird die Klasse ContinueTest aus Aufgabe 4b zum Applet:

   (a) class ContinueTest { ersetzen durch
   public class ContinueApplet extends java.applet.Applet {

   (b) public static void main(String[] args) { ersetzen durch
   public void paint(java.awt.Graphics g) {

   (c) new PrintWriter(System.out, true).println(x + " " + y); ersetzen durch
   g.drawString("#", x, y);
   (drawString(str, x, y); gibt die Zeichenkette str an der Position (x, y) aus.)

   (d) import java.io.*; streichen (optional).

   Testen Sie Ihr Applet, indem Sie eine HTML-Datei analog ZaehlerApplet.html verwenden. Das Applet braucht eine etwas größere Höhe, z.B. height = 90.

Kapitel 7

Felder

Java-*Felder* sind spezielle, einfache Objekte, die – wie alle Objekte – dynamisch erzeugt werden. Ein Feld-Objekt enthält eine Anzahl von Variablen. Diese Anzahl kann null sein; das Feld heißt dann *leeres* Feld.

Die Variablen in einem Feld, die *Feldkomponenten*, haben keine eigenen Namen. Man greift auf sie über den Feldnamen und einen in [und] geklammerten Index zu. Wenn ein Feld n Komponenten hat, ist n die *Länge* des Felds. Die Feldkomponenten werden dann mit $0, 1, \ldots, n-1$ indiziert.

Alle Komponenten eines Felds haben denselben Typ. Wenn dieser Typ T ist, kann für den Typ des Felds kurz T[] geschrieben werden. Java unterstützt keine mehrdimensionalen Felder. Man kann jedoch Felder mit Komponenten eines Feldtyps deklarieren und gewinnt dadurch insofern Flexibilität, als die einzelnen Komponenten unterschiedliche Längen haben können. Da man Felder mit Komponenten, die selbst wieder Felder sind, leicht wie mehrdimensionale Felder verwenden kann, werden wir diese im folgenden auch einfach als mehrdimensionale Felder bezeichnen.

7.1 Feldvariablen

Eine Variable eines Feldtyps oder *Feldvariable* deklariert man durch die Angabe des Komponententyps, gefolgt von leeren Klammern [], dem Variablennamen und einem optionalen Initialisierer. Zum Beispiel:

```
int[] a;            // int-Feld
String[] c;         // String-Feld
short[][] b;        // Feld mit short-Feldern als Komponenten
```

Aus Kompatibilitätsgründen ist auch die C/C++-Notation, z.B. int a[];, zulässig. Sogar Mischformen wie short[] b[];, sind möglich, aber keinesfalls zu empfehlen.

Die Länge eines Felds wird bei seiner Deklaration nicht spezifiziert. Sie ist nicht Teil des Typs; dieselbe Feldvariable kann daher abwechselnd Felder verschiedener Länge referenzieren.

Da Feldvariablen einen Referenztyp haben, werden durch die obigen Deklarationen noch keine Felder erzeugt, es wird lediglich Speicherplatz zur Aufnahme der Referenz bereitgestellt.

7.2 Die Erzeugung von Feldern

Feldobjekte kann man auf drei verschiedenen Wegen erzeugen:

1. Durch explizite Objekterzeugung mittels new, z.B.

   ```
   a = new int[5];
   ```

   Hier wird ein Feldobjekt der Länge 5 erzeugt. In seinen Komponenten stehen zunächst die Standardwerte, also jeweils 0.

2. Durch Spezifikation einer Liste von Initialisierern bei der Variablendeklaration. Beispielsweise

   ```
   double[] d = { 1.1, 1.21, 1.331 };
   ```

   Hier stellt die VM die Feldlänge fest, erzeugt das Feld mittels new und trägt die Werte aus der Initialisiererliste in die Feldkomponenten ein. Die Zuweisung einer derartigen Liste an eine Feldvariable ist nicht möglich.

3. Durch Kombination von 1. und 2., z.B.

   ```
   c = new String[] { "Die", "Erzeugung", "von", "Feldern" };
   ```

   Hier darf in den Klammern [] keine Feldlänge – auch nicht die korrekte, also im Beispiel 4 – angegeben werden.

Der dritte Fall ist insbesondere interessant, wenn kleinere Felder bei einem Methodenaufruf als Argument übergeben werden sollen und anderweitig nicht mehr benötigt werden. Genauso wie wir eine Methode f(double) einfach mit f(1.5); aufrufen, statt double x = 1.5; f(x); zu schreiben, können wir auch bei einer Methode g(String[]) verfahren und kurz g(new String[] { "Die", "Erzeugung", "von", "Feldern" }); aufrufen, statt mit

```
String[] c = { "Die", "Erzeugung", "von", "Feldern" };
g(c);
```

den Umweg über eine benannte Feldvariable zu gehen.

Die mit 1. und 2. erzeugten Feldobjekte sind in der folgenden Abbildung zusammen mit ihren Feldvariablen dargestellt. Es ist wichtig, sich den Unterschied zwischen der Feldvariablen, die einen Namen besitzt und das Feld referenziert sowie dem Feld, das namenlos ist, klarzumachen.

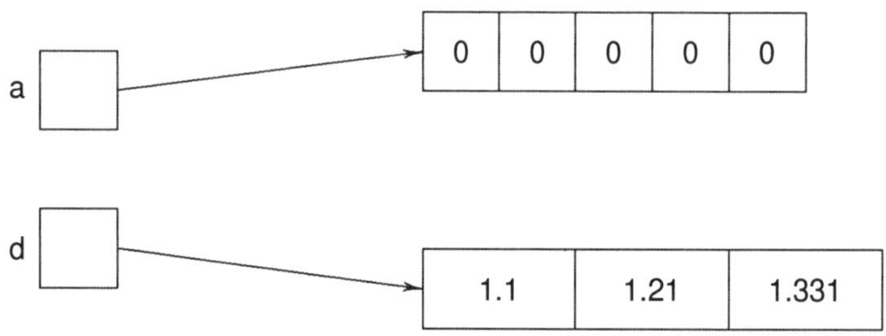

Nach seiner Erzeugung kann ein Feldobjekt seine Länge nicht mehr verändern. Soll eine Feldvariable ein Feld anderer Länge referenzieren, muß man das entsprechende Feld erzeugen und der Variablen zuweisen. Bei der Felderzeugung mit 1. muß die Längenangabe ganzzahlig sein, wobei der Typ long ausgeschlossen ist. Die Länge muß aber nicht, wie oben, ein konstanter Ausdruck sein, sondern kann mit einer Variablen, beispielsweise laufzeitabhängig, festgelegt werden.

Bei Verwendung einer Initialisiererliste nach 2. oder 3. wird implizit die Feldlänge mit festgelegt, da jeder Initialisierer einen Wert für genau eine Komponente spezifiziert. Diese Werte müssen zuweisungskompatibel zum Typ der Feldkomponenten sein. Ein einzelnes Komma am Ende der Liste, das syntaktisch zulässig ist (vgl. die Syntaxregeln 60, 61 und 37), wird ignoriert.

7.3 Der Zugriff auf Feldkomponenten

Auf die Komponenten eines Felds greift man mit einem in [] geklammerten Index in elementaren Ausdrücken (5.4.1) zu. Dabei ist zu beachten, daß die erste Komponente den Index 0 hat. Felder werden mit int-Werten indiziert; auch byte-, short- oder char-Werte sind jedoch möglich – sie werden vor dem Zugriff implizit in ints umgewandelt (vgl. 5.2.4). Zum Beispiel /OOPinJava/kapitel7/FeldSumme.java:

```
int n = 1001;
int[] x = new int[n];
for (int i = 0; i < n; i++)
    x[i] = i;
```

Jeder Zugriff auf Feldkomponenten wird zur Laufzeit auf seine Korrektheit geprüft. Der Versuch, einen Index kleiner null oder größer oder gleich der Feldlänge zu benutzen, z.B.

```
out.println(x[n]);
```

führt zum Auswerfen einer Ausnahme des Typs ArrayIndexOutOfBoundsException. (Wie man derartige Ausnahmesituationen behandeln kann, werden wir in Kapitel 15 besprechen.)

7.4 Mehrdimensionale Felder

Auch mehrdimensionale Felder kann man mittels new, einer Initialisiererliste oder der Kombination von beidem erzeugen. Zum Beispiel:

```
double[][] e = {
    { 1.0, 0.0, 0.0 },
    { 0.0, 1.0, 0.0 },
    { 0.0, 0.0, 1.0 }
};
```

Die Felder, die selbst wieder Feldkomponenten sind, müssen hier nicht alle dieselbe Länge haben, eine Dreiecksmatrix erhalten wird beispielsweise so:

```
double[][] dreieck = {
    { 1.0 },
    { 0.0, 1.0 },
    { 0.0, 0.0, 1.0 }
};
```

Insbesondere größere Felder wird man flexibler – z.B. mit von aktuellen Variablenwerten abhängiger Länge – mittels new erzeugen. Den Syntaxregeln 101–104 kann man entnehmen, daß auf new eine Typangabe folgt, an die sich beliebig viele Klammerpaare [] anschließen können. Das erste Klammerpaar muß einen ganzzahligen Ausdruck enthalten, was bei den nachfolgenden Klammern nicht erforderlich ist. In den geklammerten Ausdrücken wird jeweils die Länge der entsprechenden Felddimension festgelegt. Als Typ dieser Ausdrücke ist long ausgeschlossen; bei ihrer Auswertung darf sich kein negativer Wert ergeben. Zum Beispiel:

```
int[][][] x = new int[3][4][];
char[][][][] y = new char[300][][][];
```

Wenn die Folge der Dimensionsangaben einen einzelnen Ausdruck enthält, wird ein eindimensionales Feld der spezifizierten Länge erzeugt, und die einzelnen Komponenten werden mit ihren Standardwerten (vgl. 4.8) initialisiert.

Kommen n Längenangaben vor, wird dies von Java in eine Folge von $n-1$ Schleifen zur Erzeugung der eingebetteten Felder umgesetzt. Zum Beispiel hat die Anweisung

```
double[][] matA = new double[3][5];
```

mit der eine 3×5-Matrix erzeugt werden soll, dieselbe Wirkung wie

```
double[][] matA;
matA = new double[3][];
for (int i = 0; i < 3; i++)
   matA[i] = new double[5];
```

Um diesen Konstruktionsprozeß genau zu verstehen, betrachten wir die Anweisungen der Reihe nach und zeichnen ihre Wirkungen im Speicher auf.

Nach der Deklaration double[][] matA; haben wir eine Variable des Typs double[][] und des Namens matA erzeugt, in der der Standardwert für Referenzen, also null steht:

matA	null

Die Ausführung der Zuweisung matA = new double[3][]; bewirkt zunächst die Auswertung von new double[3][]. Es entsteht ein Feld der Länge drei mit double[]-Komponenten, die noch mit Standardwerten initialisiert sind. Durch die Zuweisung wird in matA eine Referenz auf dieses neue Feld eingetragen.

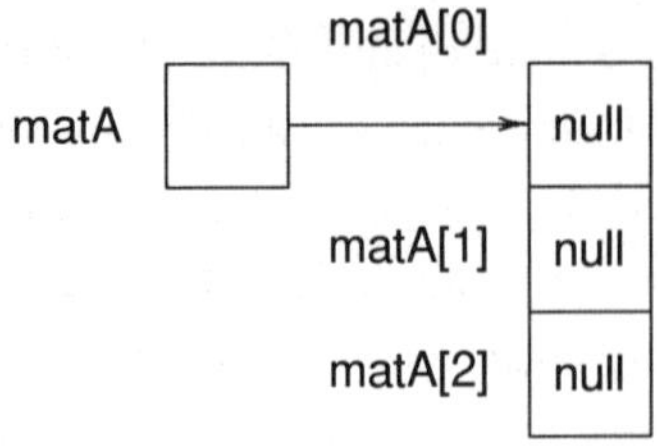

Mit der for-Anweisung wird schließlich dreimal durch new double[5] ein fünfkomponentiges double-Feld erzeugt und mit Standardwerten initialisiert. Die Referenzen auf diese Felder werden jeweils in matA[0], matA[1] und matA[2] eingetragen. Das „3 × 5-dimensionale" Feld ist damit fertig konstruiert:

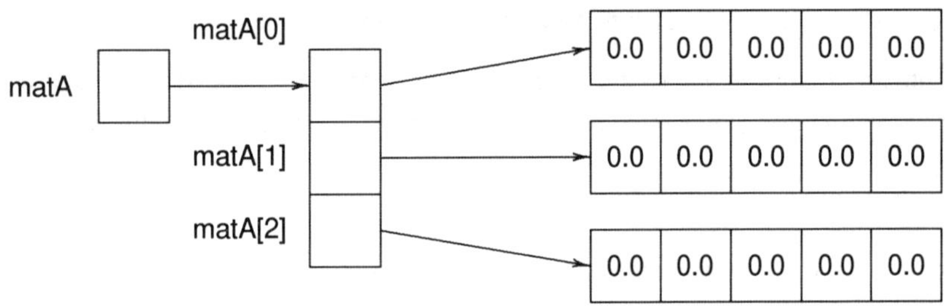

Ein Beispiel zur Felderzeugung mittels new und Initialisiererliste ist:

```
new int[][] { { -1 }, { 1, 2, -5, 3, -77 }, { 2, 2 } };
```

Bei der Auswertung dieses Ausdrucks wird ein Feld der Länge drei erzeugt, dessen Komponenten den Typ int[] haben und alle unterschiedlich lang sind.

Beim Zugriff auf die Komponenten eines mehrdimensionalen Felds wird jeder Index einzeln geklammert, z.B.

```
matA[i][j] = 3.217;
out.println(matA[1][2]);
```

Bemerkung

Die Erzeugung von Feldern kann zur Laufzeit scheitern: Eine negative Felddimension führt zum Auswerfen einer NegativeArraySizeException. Und wenn Java keinen Speicherplatz mehr findet, um ein Feld komplett anzulegen, wird eine OutOfMemoryError-Ausnahme ausgeworfen.

7.5 Felder als Objekte

Felder sind Objekte. Neben den Methoden clone, equals usw., die jedes Objekt von der Superklasse Object erbt (vgl. S. 22), verfügen Felder über eine Instanzvariable length, die jeweils die Anzahl der Feldkomponenten enthält.

Zum Zugriff auf die Feldlänge benutzt man die Feldvariable und einen . und schreibt bei einem mit x bezeichneten Feld somit x.length.

Bei mehrdimensionalen Feldern ist zu beachten, daß – aufgrund der Konstruktion als Feld mit Komponenten des Typs Feld – length die Länge der „ersten" Felddimension enthält. Das Beispiel

```
// FeldLaengen.java

import java.io.*;

class FeldLaengen {
   public static void main(String[] args) {
      PrintWriter out = new PrintWriter(System.out, true);
      byte[] a = new byte[255];
      out.print("Feld a hat die Länge " + a.length);
      double[][] b = new double[3][];
      out.print("   Feld b hat die Länge " + b.length);
      for (int i = 0; i < b.length; i++)
         b[i] = new double[15];
      out.println("   Feld b[0] hat die Länge " + b[0].length);
   }
}
```

erzeugt daher die Ausgabe

```
Feld a hat die Länge 255   Feld b hat die Länge 3   Feld b[0] hat die Länge 15
```

Und beim Zuweisen von Feldvariablen ist daran zu erinnern, daß – wie immer bei Referenzen auf Objekte – lediglich der Referenzwert, aber nicht das Feld kopiert wird. Im Beispiel

```
   boolean[] a = { true, true, true, false };
```

```
boolean[] b = a;
a[a.length - 1] = true;
```

wird ein einziges Feld erzeugt, das von zwei Variablen a und b referenziert wird. Nach der letzten Zuweisung liefern sowohl a[3] als auch b[3] den Wert true.

Zum Kopieren von Feldern kann man die Methode clone benutzen. Sie wird zum Aufruf durch einen . mit dem Feldnamen verknüpft. Wenn wir das obige Beispiel abändern zu

```
boolean[] a = { true, true, true, false };
boolean[] b = (boolean[])a.clone();
a[a.length - 1] = true;
```

legt Java ein zweites boolean-Feld an, das durch b referenziert wird. In a[3] bzw. b[3] erhalten wir jetzt den neuen Wert true bzw. den alten Wert false. Der explizite Cast auf den Typ boolean[] ist hier notwendig, weil clone als Resultat immer eine Referenz des Typs Object liefert.

Beim Einsatz von clone ist zu berücksichtigen, daß immer nur die Komponentenwerte eines Felds geklont werden. Wenn diese (z.B. bei mehrdimensionalen Feldern) selbst wieder Referenzen sind, muß weiter geklont werden, um vollständige („tiefe") Kopien zu erhalten. Das folgende Beispiel verdeutlicht den Unterschied zwischen tiefen und flachen Feldkopien (siehe /OOPinJava/kapitel7/FeldKopie.java):

```
int[][] x = { { 1 }, { 1, 2, 1 }, { 1, 3, 4, 1 } };
int[][] y, z;
y = (int[][])x.clone();
z = (int[][])x.clone();
for (int i = 0; i < x.length; i++)
   z[i] = (int[])x[i].clone();
x[2][2] = 3;
out.println(y[2][2]);
out.println(z[2][2]);
```

Während für z ein neues zweidimensionales Feld angelegt wird, verweisen die Komponenten von y auf dasselbe Feld wie die von x. Die Zuweisung an x[2][2] hat somit die gleiche Wirkung wie eine Zuweisung an y[2][2]. Es kommt zur Ausgabe von 3 und 4. In der nächsten Abbildung sind die entstandenen Felder und Referenzen nochmals grafisch dargestellt.

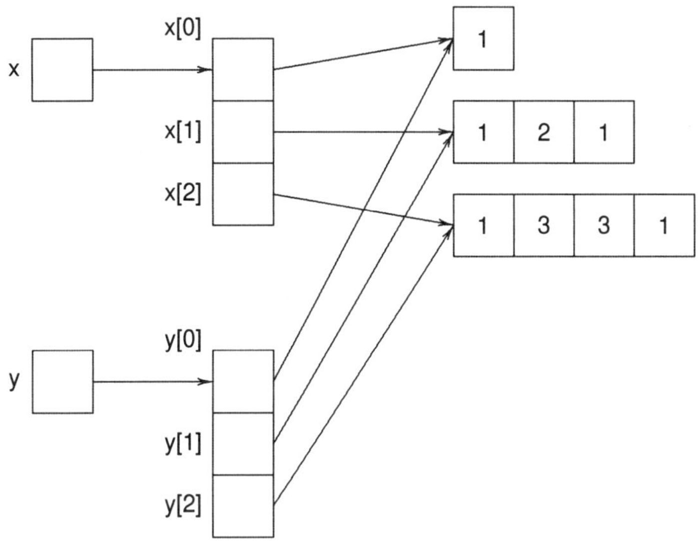

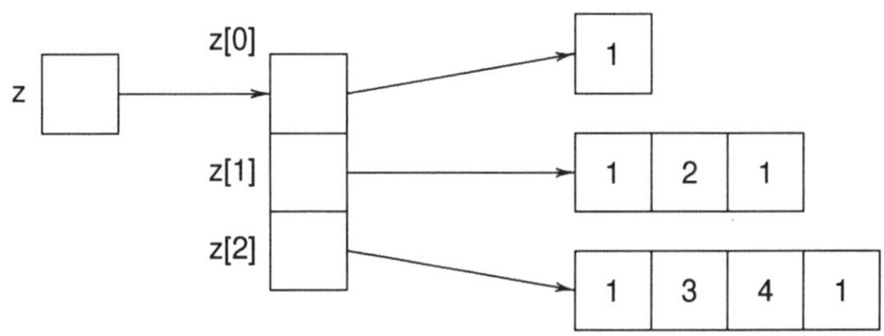

Neben dem Klonen bietet Java noch die Möglichkeit, mittels arraycopy einen bestimmten Bereich aus einem Feld in ein anderes Feld, das bereits existieren muß, zu kopieren. Es handelt sich dabei um eine Klassenmethode der Klasse System.

System.arraycopy(von, vonInd, nach, nachInd, anzahl) kopiert anzahl Komponenten aus dem Feld von in das Feld nach, jeweils beginnend ab dem Index vonInd bzw. nachInd. Wenn die Indizes dabei die Feldgrenzen verlassen, wird eine Ausnahme des Typs ArrayIndexOutOfBoundsException ausgeworfen. Nach den Anweisungen

```
char[] a = { 'a', 'b', 'c', 'd', 'e', 'f', 'g', 'h', 'i', 'j' };
char[] b = new char[15];
for (int i = 0; i < b.length; i++)
   b[i] = 'x';
System.arraycopy(a, 1, b, 5, 6);
```

sind im Feld b beispielsweise die Zeichen xxxxxbcdefgxxxx gespeichert.

Zum Abschluß dieses Abschnitts ist noch darauf hinzuweisen, daß die Methode equals, die Felder ebenfalls von Object erben, nur die Inhalte der Feldvariablen, also die Referenzwerte, vergleicht, nicht die Felder selbst. Das Codefragment

```
char[] a = { 'a', 'b', 'c', 'd', 'e', 'f', 'g', 'h', 'i', 'j' };
char[] b = a, c = (char[])a.clone();
out.println(a.equals(b) + "   " + a.equals(c));
```

erzeugt daher die Ausgabe true   false.

7.6 Typumwandlungen

Die in Abschnitt 5.2.1 behandelten Zuweisungskonversionen werden auch auf die einzelnen Elemente einer Initialisiererliste angewendet. Zum Beispiel führt

```
double[] x = { 1, 1.21, 13, -4.2, 1.007 };
```

dazu, daß an x[0] und x[2] die double-Werte 1.0 bzw. 13.0 zugewiesen werden.

Eine Vergrößerung des Referenztyps int[] in double[] ist dennoch weder implizit noch explizit möglich, d.h.

```
double[] x = { -467.3, 12.17 };
int[] y = { -5, 8, 5, 5 };
x = y;               // Fehler
x = (double[])y;     // Fehler
```

wird nicht übersetzt. Ein Feldtyp kann nur dann in einen anderen Feldtyp konvertiert werden, wenn seine Komponenten einen zuweisungskompatiblen Referenztyp haben. Ein Beispiel hierfür werden wir anhand von uns selbst deklarierter Klassen und Subklassen in Abschnitt 9.3 besprechen. (Vgl. 5.1.3 und Anhang C.)

7.7 Felder und Zeichenketten

Im Unterschied zu C/C++ haben String-Objekte in Java nicht den Typ char[]. Auch sind weder String-Objekte noch char-Felder mit '\u0000' terminiert. String-Objekte haben einen konstanten Wert, der beim Übersetzen festgelegt wird (vgl. 4.4). In der Klasse String ist jedoch eine Instanzmethode toCharArray deklariert, die bei ihrem Aufruf ein char-Feld mit derselben Zeichenfolge eines Strings erzeugt und als Funktionswert liefert. Wir können sie beispielsweise folgendermaßen aufrufen:

```
String str = "StringChars";
char[] c = str.toCharArray();
for (int i = 0; i < c.length; i++)
   out.print(c[i]);
```

Zur Manipulation von Zeichenfolgen steht darüber hinaus eine Klasse StringBuffer mit einer Fülle von Methoden zur Verfügung. Wir behandeln sie in Abschnitt 14.2.

Bemerkungen

- In allen Beispielprogrammen war die Methode main der initialen Klasse so deklariert: public static void main(String[] args) { ..... }.

  Mit args ist hier ein String-Feld bezeichnet, in dem die VM die beim Interpreteraufruf spezifizierten Kommandozeilen-Argumente ablegt. (Siehe /OOPinJava/kapitel7/MainArgs.java.)

- Die Spezifizierung eines Felds als final (symbolische Konstante) wirkt sich nicht auf die Feldkomponenten aus; diese sind dennoch veränderbar. Lediglich die Feldvariable ist konstant und kann kein anderes Feld referenzieren, z.B.

```
final int[] a = { -1, -2, -3, -4, -5 };
a[0] *= -1;                    // korrekt
a = new int[] { 102, 404 };    // Fehler
```

- Ein Feld wird – wie jedes andere Objekt –, wenn es nicht mehr referenziert wird, von Javas Garbage-Collector gelöscht.

7.8 Übungsaufgaben

1. Was wird hier ausgegeben, und warum kommt es zu diesem Resultat?

```
PrintWriter out = new PrintWriter(System.out, true);
int[][] a = { { 1, 2 }, null };
```

```
for (int i = 0; i < a.length; i++) {
    for (int j = 0; j < a[i].length; j++)
        out.print(a[i][j] + "\t");
    out.println();
}
```

2. Entwickeln Sie eine Anwendung zur Berechnung des Funktionswerts von Polynomen $p(x) = a_n x^n + \ldots + a_1 x + a_0$. Das Programm soll zuerst den Grad n des Polynoms (als int) und dann die Koeffizienten a_i (als doubles) in ein entsprechend zu dimensionierendes Feld einlesen.

   Danach sollen so lange Argumente x eingelesen und die Funktionswerte $p(x)$ berechnet und ausgegeben werden, bis $x = 0$ eingegeben wird.

   Benutzen Sie zur Eingabe zunächst noch die Kommandozeile, also

```
n = Integer.parseInt(in.readLine());
x = Double.valueOf(in.readLine()).doubleValue();
```

   mit einem Eingabeobjekt in, das wie folgt deklariert ist:

```
BufferedReader in =
    new BufferedReader(new InputStreamReader(System.in));
```

3. Machen Sie sich anhand einer Zeichnung klar, was mit den beiden folgenden Felddeklarationen bewirkt wird:

```
int n = 3, m = 3;
float[][] fMatrix = new float[n][m];
  for (int i = 0; i < n; i++)
     for (int j = 0; j < m; j++)
        fMatrix[i][j] = 10*i + j;
Zaehler[][] zMatrix = new Zaehler[n][m];
  for (int i = 0; i < n; i++)
     for (int j = 0; j < m; j++)
        zMatrix[i][j].wert(10*i + j);
```

4. Erzeugen Sie ein int-Feld a der Dimension $n_1 \times n_2 \times n_3$ mittels new. Testen Sie Ihre Implementation mit einer $(2 \times 3 \times 2)$-Matrix, deren Komponenten Sie Werte so zuweisen, als seien sie mit der Initialisiererliste

{ { { 0, 1 }, { 2, 3 }, { 4, 5 } }, { { 6, 7 }, { 8, 9 }, { 10, 11 } } }

spezifiziert worden.

5. Was hat sich dieser Entwickler bei seiner Klassendeklaration gedacht? Schreiben Sie eine bessere Version.

```
class Sortiere {
   static void swap(double[] x, double[] y) {
      double tmp = x[0];
      x[0] = y[0];
      y[0] = tmp;
   }
   public static void main(String[] args) {
      PrintWriter out = new PrintWriter(System.out, true);
      int n = Integer.parseInt(args[0]);
      double[][] a = new double[n][1];
      for (int i = 0; i < n; i++)
         a[i][0] = Math.random();
      for (int i = 0; i < n; i++)
         out.println(a[i][0]);
      out.println();
      for (int i = 1; i < n; i++)
         for (int j = n - 1; i <= j; j--)
            if (a[j][0] < a[j - 1][0])
               swap(a[j], a[j - 1]);
      for (int i = 0; i < n; i++)
         out.println(a[i][0]);
   }
}
```

Kapitel 8

Klassen und Objekte

Mit einer *Klassendeklaration* definiert man neue Referenztypen und legt gleichzeitig deren Implementation fest. Jede Klasse (außer Object) ist implizit Subklasse der Klasse Object; es gibt also eine gemeinsame Wurzel der Java-Vererbungshierarchie. Im Rumpf einer Klasse kann man folgendes deklarieren:

- *Variablen* eines beliebigen Typs, in denen man Objektzustände speichert,
- *Methoden*, das sind die Operationen, die auf Objekte der Klasse angewendet werden können, die also das Objektverhalten implementieren,
- *Konstruktoren*, das sind spezielle Methoden, mit denen man die Variablen initialisiert,
- static *Initialisierer*, das sind spezielle Anweisungsfolgen, die nach dem Laden der Klasse (ebenfalls zum Zweck der Initialisierung) einmal ausgeführt werden, und
- *eingebettete Klassen*, das sind Klassen, die wieder einen neuen Referenztyp deklarieren; meistens handelt es sich dabei um Hilfsklassen, die man nur lokal benötigt. Eingebettete Klassen behandeln wir in Kapitel 12.

Die Variablen und Methoden sowie die eingebetteten Klassen, die nicht static deklariert sind, werden auch als *Klassenelemente* bezeichnet. Darüber hinaus kann eine Klasse Elemente aus einer Superklasse erben (siehe Kapitel 9). Methoden werden in ihrer Klassendeklaration vollständig – also mit ihrem Rumpf – spezifiziert. Ausgenommen von dieser Regel sind lediglich abstract deklarierte Methoden, deren Implementation in Subklassen erfolgt, siehe 9.7.

Variablen können als *Klassenvariablen*, die Java einmal pro Klasse anlegt, oder als *Instanzvariablen*, die für jedes Objekt neu erzeugt werden, deklariert werden. Ebenso ist es möglich, eine Methode als *Klassenmethode*, die ohne Objekt oder als *Instanzmethode*, die immer für ein bestimmtes Objekt aufgerufen wird, zu deklarieren. Der Unterschied besteht jeweils in der Verwendung des Modifizierers static, siehe 8.3.

Konstruktoren sind Methoden sehr ähnlich, werden aber nicht mit der üblichen Aufrufsyntax aufgerufen.

8.1 Klassendeklarationen

Eine Klassendeklaration spezifiziert einen neuen Referenztyp. Den Syntaxregeln 23–29 entnimmt man, daß die Deklaration aus bis zu sechs Teilen bestehen kann:

- Optionalen Modifizierern, wie public, abstract, final usw., die spezielle Attribute der Klasse (z.B. Zugriffsrechte) festlegen,
- dem Schlüsselwort class,
- einem Bezeichner, mit dem die Klasse benannt wird,
- einem optionalen extends mit nachfolgender Angabe einer Superklasse,
- einem optionalen implements mit nachfolgender Liste von Interfaces und
- dem Klassenrumpf, der – in { und } eingeschlossen – die Deklarationen einer beliebigen Anzahl von Variablen, Methoden, Konstruktoren, Initialisierern und eingebetteten Klassen enthält.

Beispielsweise wird mit der folgenden Klassendeklaration eine Klasse Timer deklariert, die drei Variablen: min, sek und tsdSek enthält. Weiterhin sind drei Methoden stelle, tick und zeigeAn deklariert. Sämtliche oben als optional notierten Bestandteile fehlen:

```
class Timer {
   int min, sek, tsdSek;
   void stelle(int i, int j, int k) {
      min = i;
      sek = j;
      tsdSek = k;
   }
```

```
    void tick() {
      if (++tsdSek == 1000) {
        tsdSek = 0;
        if (++sek == 60) {
          sek = 0;
          min++;
        }
      }
    }
    void zeigeAn() { ..... formatierte Ausgabe }
  }
```

Der Geltungsbereich des Namens eines Klassenelements – der Code, in dem man das Element einfach durch seinen Bezeichner ansprechen kann – ist der gesamte Rumpf der Klassendeklaration. Man kann die einzelnen Deklarationen der Klassenelemente daher beliebig anordnen. (Siehe aber die Einschränkung bezüglich der Variableninitialisierer in 8.4.)

Nach der Deklaration der Timer-Klasse ist es möglich, ihren Namen zur Deklaration von Variablen wie jeden anderen Typnamen, z.B. int, double usw. zu benutzen. Es muß aber beachtet werden, daß es sich um einen Referenztyp handelt, daß also mittels

```
Timer t;
```

kein Timer-Objekt erzeugt wird, sondern, daß t lediglich eine Variable ist, die eine Referenz auf ein solches Objekt enthalten kann. Ein Objekt wird erst durch explizites new in einem „Instanzerzeugungs-Ausdruck", z.B.

```
t = new Timer();
```

erzeugt. Nach der Objekterzeugung sind die Instanz- und Klassenvariablen mit Standardwerten (vgl. 4.8) initialisiert. Im Beispiel haben alle drei Variablen min, sek und tsdSek den Wert 0.

8.2 Der Zugriff auf Klassenelemente

Innerhalb der Klassendeklaration kann man auf die Klassenelemente mit ihrem Bezeichner zugreifen. Im Timer-Beispiel wird in allen drei Methoden auf alle Instanzvariablen zugegriffen. Auch das Aufrufen einer Methode innerhalb einer anderen Methode ist möglich:

```
class X {
   void g() {
      .....
      f();
   }
   void f() { ..... }
}
```

Code in anderen Klassen greift auf Instanzvariablen und Instanzmethoden mit einer Objektreferenz unter Verwendung von . (als Interpunktionszeichen) zu. Zum Beispiel:

```
Timer t1, t2;
t1 = new Timer();
t2 = new Timer();
t1.min = 10;
t1.sek = 23;
t1.tsdSek = 5;
t2.stelle(10, 23, 5);
for (int i = 0; i < 1500; i++)
   t2.tick();
```

Hier werden zwei Timer-Objekte erzeugt, die beide ihre eigenen Instanzvariablen haben (vgl. /OOPinJava/kapitel8/TimerTest.java). Nachdem 1500-mal tick aufgerufen wurde, stellt sich die Situation wie folgt dar:

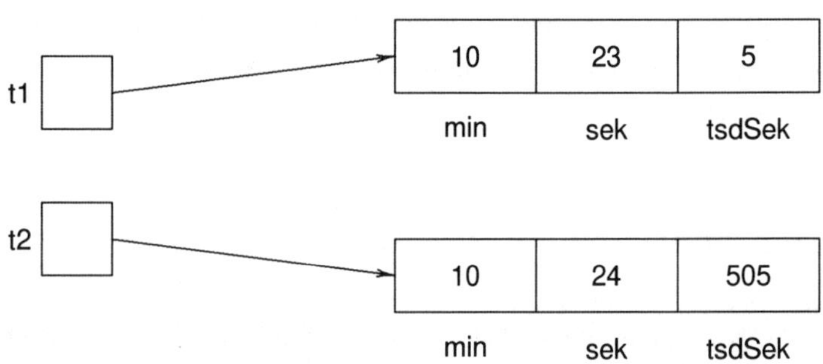

Durch t1.min, t1.sek, t1.tsdSek wird klar, in welchem Objekt den Variablen die Werte 10, 23 bzw. 5 zugewiesen werden sollen. Ebenso wird durch t2.tick() klar, daß mit den Variablen min, sek bzw. tsdSek im Rumpf der Methode tick die Instanzvariablen des von t2 referenzierten Objekts gemeint sind.

Ob man, wie im letzten Beispiel, auf die Klassenelemente von außerhalb ihrer Klasse zugreifen kann, hängt davon ab, welche Zugriffsrechte vergeben wurden und von wo aus der Zugriff erfolgen soll. Zur expliziten Festlegung von Zugriffsrechten verwendet man die Modifizierer public, protected oder private. Üblicherweise spezifiziert man Instanzvariablen als private, um die in ihnen gespeicherten Werte oder die von ihnen referenzierten Objekte zu „kapseln", also

```
class Timer {
    private int min, sek, tsdSek;
    .....
}
```

Auf die Variablen kann dann nur noch von Code innerhalb der Timer-Deklaration zugegriffen werden, und im Beispiel müssen die drei Zuweisungen durch einen Aufruf t1.stelle(10, 23, 5); ersetzt werden. Diese Möglichkeiten zur Feineinstellung der Zugriffsrechte werden in Abschnitt 10.3 genauer behandelt.

Der Name einer Instanzvariablen kann durch eine lokale Variable oder einen Methoden- oder Konstruktorparameter deselben Namens *verdeckt* werden. Unter Verwendung des Schlüsselworts this kann man dann dennoch auf die verdeckte Variable zugreifen. Dies dient nicht der Verständlichkeit des Codes, ist aber bei Konstruktoren gängige Java-Praxis. Zum Beispiel wird hier der Wert des Parameters i bzw. der lokalen Variablen i an die Instanzvariable i zugewiesen:

```
class X {
    private int i;
    X(int i) {
        this.i = i;
    }
    void f() {
        int i = 10;
        this.i += i;
    }
}
```

Innerhalb einer Methode bezeichnet this einen Wert, der das Objekt, für das die Methode aufgerufen wurde, referenziert. Der Typ des Schlüsselworts this ist X, wenn es in der Klasse X benutzt wird. Es darf nur im Rumpf einer Methode oder eines Konstruktors oder im Initialisierer einer Instanzvariablen stehen. Sinnvollere Beispiele für den Einsatz von this werden wir in den folgenden Abschnitten behandeln.

8.3 Instanz- und Klassenvariablen

Die Variablen min, sek und tsdSek werden – wie oben abgebildet – einmal pro Objekt bei seiner Erzeugung angelegt. Und man greift auf sie immer über ein bestimmtes Objekt zu; dabei wird die Objektreferenz durch . mit dem Variablennamen verknüpft.

Wie bei lokalen Variablen (6.1) besteht die Deklaration einer Variablen, die Klassenelement ist, aus optionalen Modifizierern, einer Typangabe und einem Bezeichner mit optionalem Initialisierer. Im Unterschied zu lokalen Variablen, die mittels final als symbolische Konstante spezifiziert werden können, sind hier auch noch die Modifizierer static und transient sowie einer der Zugriffsspezifizierer public, protected oder private zulässig. Wenn man eine Variable static deklariert, wird sie zur Klassenvariablen.

Dies bedeutet, daß es genau eine derartige Variable gibt, gleichgültig wieviele Objekte der Klasse existieren. Klassenvariablen werden beim Laden der Klasse erzeugt. Instanzvariablen sind Variablen, die nicht static deklariert wurden. Sie werden für jedes Objekt bei seiner Erzeugung angelegt.

Wird die Klasse Timer beispielsweise um eine Klassenvariable anzTicks erweitert, die immer die Anzahl der tick-Aufrufe enthalten soll,

```
class StatTimer {
   static long anzTicks = 0;
   private int min, sek, tsdSek;
   void stelle(int i, int j, int k) { ..... unverändert }
   void tick() {
      anzTicks++;
      ..... Rest unverändert
   }
   void zeigeAn() { ..... unverändert }
}
```

so sieht man, daß innerhalb der Klassendeklaration auf eine Klassenvariable wie auf eine Instanzvariable einfach mit ihrem Bezeichner zugegriffen werden kann. An der folgenden Anwendung (/OOPinJava/kapitel8/StatTimerTest.java) erkennt man weiterhin, daß von außerhalb der Klasse mittels einer Objektreferenz oder sinnvoller, weil eine Klassenvariable unabhängig von Objekten existiert, auch mit dem Klassennamen anstelle einer Referenz zugegriffen werden kann.

```
out.println("Anzahl ticks: " + StatTimer.anzTicks);          // Zugriff ohne Objekt
StatTimer s1 = new StatTimer(), s2 = new StatTimer();
for (int i = 0; i < 21500; i++)
   s1.tick();
for (int i = 0; i < 821500; i++)
   s2.tick();
out.println("Anzahl ticks: " + StatTimer.anzTicks + "\t"
  + s1.anzTicks + "\t" + s2.anzTicks);                        // oder Zugriff mit Objekt
```

Der Zugriff auf eine Klassenvariable über eine Objektreferenz ist zwar möglich, aber nicht zu empfehlen, da hier der Eindruck eines Objektbezugs erweckt wird, der bei Klassenvariablen nicht existiert. Die folgende Abbildung veranschaulicht den Sachverhalt nach Bearbeitung der obigen Anweisungen:

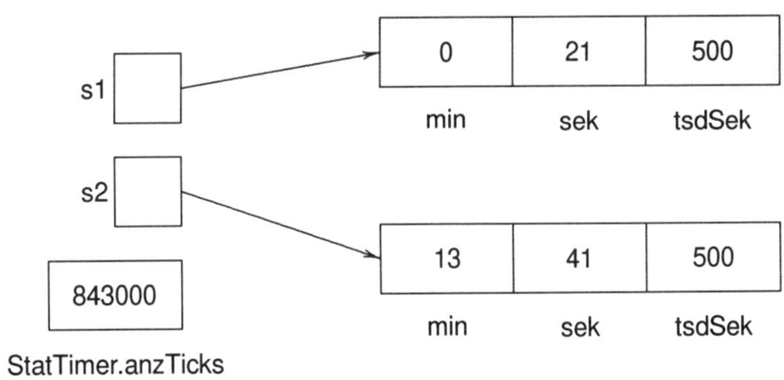

8.4 Die Initialisierung von Variablen

Eine Variablendeklaration kann einen *Initialisierer* enthalten. Ein Initialisierer ist ein Ausdruck oder – bei Feldtypen – eine Initalisiererliste. Er folgt nach dem Variablenbezeichner und dem Zuweisungsoperator =. Semantisch wird dies wie die Zuweisung des Werts des Ausdrucks an die deklarierte Variable bzw. – bei Feldtypen – der Werte der Elemente der Initalisiererliste an die Feldkomponenten behandelt (vgl. 5.4.12). Initialisiererwerte müssen zuweisbar an die deklarierten Variablen sein.

- Die Initialisierung von Klassenvariablen (also von static deklarierten Variablen), wird genau einmal, beim Initialisieren der Klasse nach dem Laden, vorgenommen.

- Instanzvariablen (also Variablen, die nicht static deklariert sind), werden jedesmal, wenn ein Objekt der Klasse dynamisch erzeugt wird, initialisiert.

Sind keine Initialisierer angegeben, werden die Standardwerte aus 4.8 benutzt. Im StatTimer-Beispiel hätten wir also einfach static long anzTicks; schreiben können, ohne daß sich dadurch etwas ändern würde.

Auch lokale Variablen können bei der Deklaration initialisiert werden. Die Initialisierung wird dann jedesmal, wenn die Deklarationsanweisung ausgeführt wird, vorgenommen; es gibt hier keine Standardinitialisierungen (vgl. 4.8 und 6.1).

Die folgenden Einschränkungen sind zu beachten:

- Der Initialisierer einer Instanzvariablen darf keine nachfolgend deklarierten Instanzvariablen (und auch nicht die gerade deklarierte Variable) enthalten. Zum Beispiel:

```
class X {
    double x = i;          // Fehler: Vorwärtsreferenz auf Instanzvariable
    int i = 5;
    int j = j + 1;         // Fehler: j wird hier deklariert
    double y = z;          // korrekt: Vorwärtsreferenz auf Klassenvariable
    static double z = -1.2345;
    .....
}
```

  Der Grund für die Einschränkung ist, daß die Initialisierungen in lexikalischer Reihenfolge („top-down“) vorgenommen werden und daher noch keine vernünftigen Initialisiererwerte feststehen.

- Der Initialisierer einer Klassenvariablen darf keine Instanzvariable enthalten. Diese existiert zum Zeitpunkt der Erzeugung der Klassenvariable noch nicht.

- Der Initialisierer einer Klassenvariablen darf keine nachfolgend deklarierten Klassenvariablen (und auch nicht die gerade deklarierte Variable) enthalten. Zum Beispiel:

```
class X {
   static double x = i;     // Fehler: Vorwärtsreferenz auf Klassenvariable
   static int i = 5;
   .....
}
```

  Auch hier ist die Reihenfolge der Initialisierungen für die Einschränkung verantwortlich.

8.5 Konstante Klassenelemente

Instanz- und Klassenvariablen können mit dem final-Modifizierer als symbolische Konstanten deklariert werden. In diesem Fall muß die Deklaration einen Initialisierer enthalten. Alternativ kann für final Instanzvariablen in jedem Konstruktor bzw. für final Klassenvariablen in einem static Initialisierer (siehe 8.10) genau eine Zuweisung vorgenommen werden. Im letzten Fall nennt man die Variablen wieder unspezifiziert final.

Der Wert derartiger „Variablen“ kann nach ihrer Initialisierung bzw. der ersten Zuweisung nicht mehr verändert werden. Im Beispiel

```
class Rechnung {
   static long nr = 0;
   final long nummer = ++nr;
   final Date datum = new Date();
   .....
}
```

(siehe /OOPinJava/kapitel8/Rechnung.java) sind die Nummer der Rechnung und das Rechnungsdatum als konstante Instanzvariablen deklariert, die bei der Erzeugung eines Rechnung-Objekts mit der nächsten Nummer bzw. dem aktuellen Datum initialisiert werden.

Es ist zu beachten, daß eine final Variable eines Referenztyps – wie oben die Instanzvariable datum – immer dasselbe Objekt referenziert, daß es aber möglich ist, das

Objekt (seinen Zustand) durch Methodenaufrufe zu verändern. Da Felder Objekte sind, trifft dies auch Felder zu. Wenn eine final Variable ein Feld referenziert, können die Feldkomponenten daher durch Operationen auf dem Feld modifiziert werden; die Variable verweist aber immer auf dasselbe Feld.

In vielen Fällen wird man keine objektspezifischen, sondern klassenspezifische Konstanten benötigen. Dann verwendet man die Modifizierer static und final gemeinsam. Die übliche Reihenfolge bei der Benutzung mehrerer Modifizierer ist public static final bzw. private static final. Im letzten Beispiel könnte die Aufnahme einer final Klassenvariable sinnvoll sein:

```
class Rechnung {
    .....
    static final double mwSt = 0.16;
}
```

8.6 Methoden

8.6.1 Methodendeklaration

Java-*Methoden* können nur innerhalb von Klassenrümpfen deklariert werden. Sie spezifizieren ausführbaren Code, der durch einen Methodenaufruf ausgeführt wird, bei dem eine feste Anzahl von Werten als Argumente übergeben werden. Eine Methodendeklaration besteht aus bis zu sechs Teilen (siehe Syntaxregeln 38–43):

- Optionalen Modifizierern, wie public, abstract, final usw., die wieder spezielle Attribute der Methode festlegen,
- dem Typ des Resultats, das bei einem Methodenaufruf berechnet wird,
- einem Bezeichner, mit dem die Methode benannt wird,
- der Liste der Methodenparameter, mit denen die Werte, die bei einem Aufruf zu übergeben sind, spezifiziert werden,
- einer optionalen throws-Klausel, die anzeigt, welche Ausnahmen durch einen Aufruf der Methode ausgeworfen werden können und
- dem Methodenrumpf, der – in { und } eingeschlossen – die Folge der Anweisungen enthält, die die Funktionalität der Methode beinhalten.

Als Typ des Resultats ist jeder Java-Typ zulässig. Darüber hinaus kann hier mittels void angezeigt werden, daß die Methode keinen Wert liefert. Bei Resultaten eines Feldtyps sind auch Schreibweisen wie int f()[] { ..... } als Äquivalent für int[] f() { ..... } zulässig; hiervon werden wir im folgenden keinen Gebrauch machen.

Der Name einer Methode kann auch als Name für eine Instanz- oder Klassenvariable verwendet werden – Java erkennt an der unterschiedlichen Syntax, ob auf eine Variable zugegriffen werden soll oder ein Methodenaufruf beabsichtigt ist.

Die *formalen Parameter* einer Methode werden (falls vorhanden) durch eine Liste von durch Kommas getrennten Typen und Bezeichnern spezifiziert. Die Parameter können final deklariert werden; dann ist jede Zuweisung an sie im Methodenrumpf ein Fehler.

8.6.2 Methodenaufruf

Ein *Methodenaufruf* ist ein elementarer Ausdruck, vgl. 5.4.1. Durch Abschluß mit einem ; wird der Aufruf zu einer Anweisung (genauer: einer Ausdrucksanweisung). Bei jedem Aufruf einer Methode werden die Parameter neu erzeugt und mit den Werten der aktuellen Argumente initialisiert, bevor mit der Ausführung des Methodenrumpfs begonnen wird. Die Parameter erhalten als Geltungsbereich den gesamten Methodenrumpf und werden ansonsten wie lokale Variablen behandelt; sie dürfen nicht durch Redeklarationen verdeckt werden. Die Argumente werden als reine Werte übergeben und können daher durch den Aufruf nicht modifiziert werden, Java kennt nur einen „call by value".

Ob die Veränderung eines Parameters innerhalb des Methodenrumpfs sich auf die aufrufende Methode auswirken kann, hängt davon ab, ob es sich bei seinem Typ um einen elementaren Typ oder einen Referenztyp handelt. Im Beispiel

```
// Parameter.java

import java.io.*;

class Parameter {
   static void m(int i, Zaehler z) {
      i++;
      z.inkrementiere();
   }
```

```
    public static void main(String[] args) {
        PrintWriter out = new PrintWriter(System.out, true);
        int a = 2;
        Zaehler b = new Zaehler();
        b.wert(2);
        out.println(a + "  " + b.wert());
        m(a, b);
        out.println(a + "  " + b.wert());
    }
}
```

wird vor dem Aufruf 2 2 ausgegeben. Beim Aufruf von m werden die Parameter i und z erzeugt, in i wird der Wert von a, also 2, in z wird die Referenz auf das Zaehler-Objekt b (die Adresse dieses Objekts) kopiert. Das Inkrementieren von i ändert lediglich den Parameterwert. Dagegen verweisen der Parameter z und die Instanzvariable b auf dasselbe Objekt. Dieses wird inkrementiert und nach dem Aufruf wird 2 3 ausgegeben. Das heißt, obwohl auch Referenzen als Wert übergeben werden und sich am Referenzwert nichts ändert, wird hier dennoch der Effekt eines „call by reference" erzielt. Die folgende Abbildung zeigt die Variablen und Parameter nach der Parameterinitialisierung und zu Beginn der Ausführung des Methodenrumpfs.

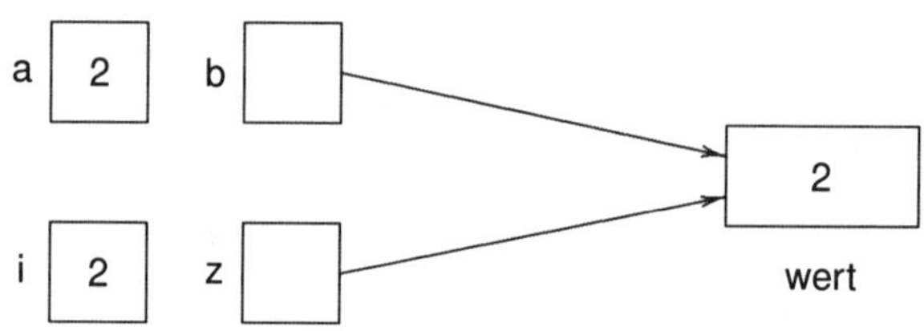

Nach der Ausführung des Methodenaufrufs werden die Parameter i und z vom Garbage-Collector zerstört.

Lokale Variablen und Parameter verdecken Instanz- oder Klassenvariablen gleichen Namens, im letzten Beispiel können wir daher auch

```
static void m(int a, Zaehler b) {
    a++;
    b.inkrementiere();
}
```

schreiben; für den Java-Compiler ist dies belanglos.

8.6.3 Die return-Anweisung

Eine return-Anweisung beendet die Ausführung einer Methode bzw. eines Konstruktors und verzweigt den Kontrollfluß zu der aufrufenden Methode bzw. zum aufrufenden Konstruktor. Sie hat die Gestalt:

Return-Anweisung:
return $Ausdruck_{opt}$;

In der Form return; darf sie nur in Methoden, die mit void als Ergebnis-„Typ" deklariert wurden oder in Konstruktoren (siehe 8.9) vorkommen. Der Methodenaufruf liefert dann keinen Wert. Falls eine Methode mit Ergebnistyp void keine return-Anweisung enthält, fügt javac implizt als letzte Anweisung ein return; ein.

Eine return-Anweisung mit Ausdruck darf nur in einer Methode stehen, die nicht mit void als Typ des Ergebnisses deklariert ist. Und umgekehrt muß eine Methode mit einem Ergebnistyp ungleich void mit einem expliziten return und der Rückgabe eines Werts beendet werden. Der Aufrufer setzt seine Aktivitäten dann mit der weiteren Auswertung des umgebenden Ausdrucks oder mit nächsten Anweisung fort. Bei einem return mit Ausdruck muß der Typ des Ausdrucks zuweisungskompatibel zum Ergebnistyp der Methode sein, und der Wert des Methodenaufrufs ist dann der Wert dieses Ausdrucks.

Beispiele für void deklarierte Methoden sind die drei Methoden der Timer-Klasse, bei denen es nicht auf eine Resultatsberechnung, sondern auf Seiteneffekte – das Setzen oder Ausgeben von Variablenwerten – ankommt. Ein Beispiel für eine Methode, die eine Referenz auf ein Objekt als Resultat liefert, ist liesAb aus der folgendermaßen erweiterten Timer-Klasse:

```
class LiesAbTimer {
   ..... alles unverändert wie in Timer
   int[] liesAb() {
      int[] werte = { min, sek, tsdSek };
      return werte;
   }
}
```

Man kann sie beispielsweise so aufrufen (vgl. /OOPinJava/kapitel8/LiesAbTimerTest.java):

```
LiesAbTimer lt = new LiesAbTimer();
lt.stelle(10, 23, 5);
int[] minSekTsd = lt.liesAb();
for (int i = 0; i < minSekTsd.length; i++)
   out.print(minSekTsd[i] + "\t");
```

Dieses Beispiel zeigt noch folgendes:

- Eine lokale Variable wie werte wird zerstört, wenn der Methodenrumpf ausgeführt ist.
- Ein Objekt, das in einer Methode erzeugt wurde und durch eine lokale Variable referenziert wird, wie das von werte referenzierte Feld, kann auch nach Beendigung der Methode noch existieren.
- Der Java-Garbage-Collector löscht nur Objekte, die nicht mehr referenziert werden. Im Beispiel liefert der Methodenaufruf die Referenz auf das neu konstruierte Feld und die Variable minSekTsd wird mit diesem Wert initialisiert. Das Feld mit den abgelesenen Werte existiert also bei der print-Ausgabe noch.

8.7 Instanz- und Klassenmethoden

Die Methoden stelle, tick, zeigeAn und liesAb des letzten Beispiels wurden immer für ein bestimmtes Objekt (lt, s1, s2 usw.) aufgerufen. Wenn eine Methode ohne explizite Objektreferenz aufgerufen wird, wie die Methode f im Beispiel auf S. 94, ergänzt Java implizit die Referenz this. Die Deklaration von Methode g wird also folgendermaßen umgesetzt:

```
void g() {
   .....
   this.f();
}
```

So wie es objekt- und klassenspezifische Variablen gibt, kann man auch den Objektbezug einer Methode dadurch auflösen, daß man sie static deklariert. Sie wird dadurch zur Klassenmethode. Dies bedeutet, daß die Methode nicht für ein bestimmtes Objekt, sondern unabhängig von Objekten aufgerufen wird. Wie bei Klassenvariablen benutzt man dann den Klassennamen anstelle einer Referenz. Instanzmethoden sind Methoden, die nicht static deklariert wurden.

Für Klassenmethoden gibt es eine Reihe von Restriktionen:

- Sie können nur auf Klassenvariablen ihrer Klasse zugreifen und das Schlüsselwort this nicht verwenden. Zum Beispiel:

```
class X {
   int x;
   static int y;
   static void f() { x++; }        // Fehler: x ist nicht static
   static void g() { y++; }        // korrekt: y ist static
   .....
}
```

  Der Grund für diese Einschränkungen ist offensichtlich: Wenn f nicht für ein bestimmtes Objekt aufgerufen wird, ist this undefiniert, und es nicht klar, in welchem Objekt die Instanzvariable x inkrementiert werden soll.

- Sie können nur Klassenmethoden ihrer Klasse aufrufen. Im Beispiel

```
class X {
   static void f1() { g(); }       // korrekt: g ist static
   static void f2() { h(); }       // Fehler: h ist nicht static
   static void g() { ..... }
   void h() { ..... }
   .....
}
```

  setzt Java den Aufruf von g wie X.g(); um. Der Aufruf von h scheitert hier, weil er eine Objektreferenz benötigt, über die eine static Methode aber nicht verfügt.

- Klassenmethoden können darüber hinaus nicht abstract deklariert werden, hierauf gehen wir in Abschnitt 9.7 ein.

Eine Klassenmethode können wir zwar mit einer expliziten Objektreferenz aufrufen und etwa im Parameter-Beispiel

```
Parameter p = new Parameter();
p.m(a, b);
```

schreiben. Dies dient aber nur der Verwirrung der Leser unseres Programms, da der Aufruf genauso wie Parameter.m(a, b); oder ein einfaches m(a, b); wirkt.

Ein Beispiel für eine Klasse, die nur static Variablen und Methoden deklariert, ist Math. Wir haben u.a. die Konstante PI und die Methoden random und sqrt dieser Klasse benutzt. Aus der Klasse Integer haben wir die Klassenmethoden parseInt und toHexString aufgerufen. in und out sind Klassenvariablen der Klasse System, die wir wiederholt bei der Deklaration von Ein- bzw. Ausgabeobjekten verwendet haben. Beide haben einen Referenztyp: in hat den Typ InputStream, out den Typ PrintStream. Schließlich ist main die Klassenmethode, die von der Java-VM für die initiale Klasse aufgerufen wird.

8.8 Überladene Methoden

Die Variablen, die wir als Elemente einer Klasse deklarieren, müssen verschiedene Namen erhalten, d.h. Deklarationen der Art

```
class X {
   int x = 10;
   double x = -1.11;        // Fehler: zweite Deklaration
   .....
}
```

sind nicht zulässig. Das gleiche trifft auch für eingebettete Klassen zu: ihre Namen müssen verschieden sein. Methoden können dagegen denselben Namen erhalten, zum Beispiel:

```
class X {
   void x(int i) { out.println(i); }
   void x(double d) { out.println(d); }
   .....
}
```

Voraussetzung ist hier lediglich, daß die *Signatur* der Methoden verschieden ist. Die Signatur einer Methode besteht aus dem Namen der Methode und der Anzahl sowie der (geordneten) Folge der Typen der formalen Parameter. Eine Klassendeklaration darf nicht mehr als eine Methode mit einer bestimmten Signatur enthalten. Es ist dabei nicht relevant, ob es sich um Klassen- oder Instanzmethoden handelt. Die Klassendeklaration

```
class Punkt {
    int  x, y;
    int verschiebe(int dx, int dy) { x += dx; y += dy; return dx*dx + dy*dy; }
    void verschiebe(int dx, int dy) { x += dx; y += dy; }          // Fehler
}
```

ist daher fehlerhaft. Der Grund hierfür ist, daß Java beim Aufruf einer Methode die tatsächlich auszuführende Methode anhand der Signatur ermittelt – weitere Informationen stehen beim Aufruf nicht zur Verfügung. Im letzten Beispiel wäre nicht klar, welche Methode bei einem Aufruf p.verschiebe(i, j) gemeint ist.

Es ist jedoch zulässig, daß eine Klasse mehrere Methoden mit demselben Namen, aber verschiedenen Signaturen enthält, wobei es sich um deklarierte oder geerbte Methoden handeln kann. Der Name der Methode ist dann *überladen*. Es wird auch kurz von *überladenen Methoden* gesprochen. Welche von mehreren in Frage kommenden Methoden beim Aufruf überladener Methoden ausgeführt wird, entscheidet der Compiler bereits beim Übersetzen anhand der aktuellen Argumente. Java untersucht alle Methoden (auch geerbte),

- die den entsprechenden überladenen Methodennamen tragen,
- deren Parameteranzahl mit der Argumentanzahl übereinstimmt,
- für die die Argumenttypen des Aufrufs durch elementare Typvergrößerungen oder Vergrößerungen von Referenztypen (also durch die Methodenaufruf-Konversionen aus 5.2.2) in die Parametertypen konvertierbar sind oder mit ihnen übereinstimmen und
- die zugreifbar sind. Die von den Modifizierern public, protected usw. abhängige Zugreifbarkeit besprechen wir in Abschnitt 10.3.

Unter diesen *aufrufbaren* Methoden wird dann die *spezifischste*, „am besten passendste" Methode dadurch ermittelt, daß Java alle Methodenpaare m(S1, ..., Sn) und m(T1, ..., Tn) miteinander vergleicht und m(T1, ..., Tn) aus der Liste der aufrufbaren Methoden streicht, wenn für alle j von 1 bis n eine Methodenaufruf-Konversion von Sj nach Tj existiert oder Sj gleich Tj ist.

Sofern dieser Prozeß die aufrufbaren Methoden nicht auf genau eine – die spezifischste – Methode reduziert, ist der Funktionsaufruf mehrdeutig und wird als Fehler diagnostiziert. Anderenfalls wird die spezifischste Methode ausgeführt. Im Beispiel

```
class X {
   static void m(double d) { ..... }
   static void m(int i) { ..... }
   public static void main(String[] args) {
      float x = 3.765f;
      X.m(x);
   }
}
```

wird m(double) ausgeführt, da m(int) nicht aufrufbar ist. m(double) ist dagegen aufrufbar, denn es existiert eine elementare Typvergrößerung von float nach double.

```
class Y {
   void m(double d) { ..... }
   void m(float f) { ..... }
   public static void main(String[] args) {
      long l = 3765;
      new Y().m(l);
   }
}
```

Hier sind beide Methoden aufrufbar. m(float) wird ausgeführt, da float durch elementare Typvergrößerung nach double konvertierbar ist, m(double) also ausscheidet.

```
class Z {
   void m(double d, int i)) { ..... }
   void m(int i, double d)) { ..... }
   public static void main(String[] args) {
      Z z = new Z();
      z.m(5, -5);
   }
}
```

In diesem Beispiel sind beide Methoden aufrufbar. Der Aufruf ist jedoch mehrdeutig, und die Klassendeklaration wird nicht übersetzt. Ein weiteres Beispiel findet man in /OOPinJava/kapitel8/Sort.java.

8.9 Die Konstruktion von Objekten

Objekte werden in Java immer dynamisch, also zur Laufzeit auf dem Heap erzeugt. Um das Speichermanagement müssen wir uns dennoch nicht kümmern, dies ist Aufgabe des Java-Garbage-Collectors, der dafür sorgt, daß nicht mehr referenzierte Objekte gelöscht werden (8.11).

Objekte werden typischerweise mit dem Schlüsselwort new in einem elementaren Ausdruck erzeugt. Diesen Weg haben wir in allen bisher betrachteten Beispielen gewählt und z.B. z = new Z(); geschrieben.

Es ist auch möglich, die völlig analog arbeitende Methode newInstance zusammen mit dem entsprechenden Klassenliteral einzusetzen, und stattdessen die Form z = (Z)Z.class.newInstance(); zu benutzen. Diese beiden Vorgehensweisen werden als *explizite* Objekterzeugung bezeichnet.

Darüber hinaus können Objekte *implizit* erzeugt werden, beispielsweise String-Objekte zur Aufnahme der Werte von Zeichenketten oder im Zusammenhang mit der Auswertung des Operators +, Felder, wenn eine Initialisiererliste angegeben ist, beliebige Objekte, wenn wir clone aufrufen usw.

In allen Fällen wird nach der Reservierung des benötigten Speicherplatzes und dem Eintrag der Standardwerte in die Instanzvariablen ein *Konstruktor* der entsprechenden Klasse aufgerufen. Dies ist eine spezielle Methode, die den Namen der Klasse trägt und keinen Ergebnistyp deklariert.

Konstruktoren sind keine Klassenelemente, werden demzufolge nicht vererbt und können weder verdeckt noch überschrieben werden (siehe 9.4). Konstruktoren können nicht static, abstract, final, native oder synchronized sein. In allen anderen Belangen, z.B. den Möglichkeiten, Zugriffsrechte zu spezifizieren, ihren Namen zu überladen oder Ausnahmen auszuwerfen, unterscheiden sie sich nicht von Methoden.

Falls wir die Klasse Timer mit zwei Konstruktoren versehen:

```
class Timer {
   private int min, sek, tsdSek;
   Timer() {
      min = sek = tsdSek = 0;
   }
   Timer(int min, int sek, int tsdSek) {
      this.min = min;
```

```
        this.sek = sek;
        this.tsdSek = tsdSek;
    }
    ..... sonst alles unverändert
}
```

wird bei einer Anwendung der Art

```
Timer t1 = new Timer();
Timer t2 = new Timer(10, 23, 5);
```

zur Erzeugung des ersten, von t1 referenzierten Objekts der erste Konstruktor Timer() aufgerufen, und das zweite Objekt wird mittels Timer(int, int, int) konstruiert.

Wenn wir eine Klasse X ohne Konstruktor deklarieren, erzeugt Java einen *Standardkonstruktor*, der die Form

```
X() { super(); }
```

hat. Auch ein von uns deklarierter Konstruktor ohne Parameterliste, wie oben der erste Timer-Konstruktor wird oft als Standardkonstruktor bezeichnet.

Der Rumpf eines Konstruktors kann mit einem expliziten Aufruf eines Konstruktors derselben Klasse beginnen (Schreibweise: this, gefolgt von einer Argumentliste) oder alternativ mit einem expliziten Aufruf eines Konstruktors einer direkten Superklasse (Schreibweise: super, gefolgt von einer Argumentliste).

Ein Konstruktoraufruf mittels this oder super muß immer die erste Anweisung eines Konstruktorrumpfs sein. Wenn kein expliziter Konstruktoraufruf vorkommt, fügt Java als erste Anweisung implizit super(); ein. Ansonsten unterscheidet sich ein Konstruktorrumpf nicht von einem Methodenrumpf. Das obige Timer-Beispiel kann man damit weiter modifizieren zu:

```
class KonstruktTimer {
private int min, sek, tsdSek;
    KonstruktTimer() {
        this(0, 0, 0);
    }
    KonstruktTimer(int min, int sek, int tsdSek) {
        this.min = min;
```

```
        this.sek = sek;
        this.tsdSek = tsdSek;
    }
    KonstruktTimer(String s) {
        int i = 0;
        min = 0;
        while (s.charAt(i) != '.')
            min = 10*min + s.charAt(i++) - '0';
        i++;
        sek = 10*(s.charAt(i++) - '0') + s.charAt(i++) - '0';
        i++;
        tsdSek = 100*(s.charAt(i++) - '0') + 10*(s.charAt(i++) - '0')
            + s.charAt(i++) - '0';
    }
    ..... stelle, tick, zeigeAn aus Timer
}
```

Ein Aufruf des Standardkonstruktors führt hier zu einem Aufruf von KonstruktTimer (int, int, int) mit der Argumentliste 0, 0, 0. Im zweiten und dritten Konstruktor fügt Java implizit ein super(); ein. Der dritte Konstruktor kann zur Übergabe einer Startzeit in der Form "m $\cdots$ m.ss.ttt" mit mindestens einem m benutzt werden. (s.charAt(i) liefert das Zeichen mit Index i im String-Objekt s. Eine Fehlerbehandlung ist hier noch zu ergänzen.)

Für die expliziten Aufrufe von Konstruktoren mittels this gilt die Einschränkung, daß sie keine Instanzvariablen oder -methoden verwenden dürfen. D.h.

```
class X {
    final int i = 10;
    final static int j = 10;
    int f() { return i; }
    X() { this(i); }                // Fehler: i ist Instanzvariable
    X(double d) { this(f()); }      // Fehler: f ist Instanzmethode
    X(String s) { this(j); }
    X(int a) { ..... }
}
```

Der Grund für diese Einschränkungen ist, daß das Objekt bei diesem Stadium der Initialisierung noch nicht weit genug konstruiert ist, um sicher auf Instanzvariablen oder -methoden zugreifen zu können. Die Klassenvariable j dagegen ist zum Zeitpunkt des Aufrufs this(j) längst erzeugt und initialisiert.

8.10 static Initialisierer

Es ist möglich, innerhalb einer Klasse static Initialisierer zu deklarieren. Dies sind Codeblöcke, die auf das Schlüsselwort static folgen:

Static-Initialisierer:
static *Block*

Diese Codeblöcke werden genau einmal ausgeführt, wenn die Klasse geladen wird. Die Initialisierung von Klassenvariablen und das Auswerten von static Initialisierern wird in der Reihenfolge vorgenommen, in der sie in der Klassendeklaration aufeinanderfolgen. Man kann static Initialisierer dazu verwenden, Klassenvariablen, die Felder (oder andere Container) sind, mit Werten zu versehen. Und unspezifiziert final deklarierte Klassenvariablen müssen auf diese Weise initialisiert werden (vgl. 8.5). Im folgenden Beispiel wird ein static Initialisierer eingesetzt, um ein Feld sin, das Klassenvariable ist (genauer: das von einer Klassenvariablen referenziert wird), direkt nach dem Laden der Klasse mit Werten zu versehen.

```
// StaticInit.java

import java.io.*;

class StaticInit {
   static final int ANZ_ELEM = 1000;
   static double[] sin = new double[ANZ_ELEM];
   static {
      double delta = Math.PI/((double)ANZ_ELEM);
      for (int i = 0; i < ANZ_ELEM; i++)
         sin[i] = Math.sin(delta*i);
   }
   public static void main(String[] args) {
      for (int i = 0; i < ANZ_ELEM; i += 10)
         new PrintWriter(System.out, true).println(i + "   " + StaticInit.sin[i]);
   }
}
```

Man erkennt bereits an diesem kleinen Beispiel, daß dieses Konzept kaum Bezug zu objektorientierten Techniken hat.

8.11 Objektzerstörung

Die Freigabe des für ein Objekt reservierten Speicherplatzes erfolgt automatisch durch den Java-*Garbage-Collector*. Hierbei handelt es sich um einen Thread niedriger Priorität, der die existierenden Objekte periodisch daraufhin überprüft, ob sie noch referenziert werden. Wenn keinerlei Referenzen auf ein Objekt mehr existieren, kann dieses zerstört und sein Speicherplatz anderweitig verwandt werden. Es gibt in Java somit keine Probleme mit Speicherlecks – auch Code wie im LiesAbTimer-Beispiel:

```
int[] liesAb() {
   int[] werte = { min, sek, tsdSek };
   return werte;
}
```

ist in Java völlig korrekt. Das von der Variablen werte referenzierte Feld wird erst dann gelöscht, wenn die VM nicht mehr auf es zugreifen kann.

Neben der reinen Speicherplatzfreigabe, die der Garbage-Collector vornimmt, kann es sein, daß Objekte Ein-/Ausgabeströme, Netzwerkverbindungen o.ä. repräsentieren und daher Systemressourcen in Anspruch nehmen. Die Freigabe von derartigen Ressourcen kann nicht von der Java-VM selbst übernommen werden – allenfalls bei ihrem Terminieren.

Mit der Methode finalize, die jede Klasse aus der gemeinsamen Superklasse Object erbt (siehe S. 22), steht jedoch eine Methode zur Verfügung, die wir für jede Klasse implementieren können und die aufgerufen wird, unmittelbar bevor ein Objekt gelöscht wird. finalize muß dazu in der folgenden Form deklariert werden:

```
protected void finalize() throws Throwable { ..... }
```

(Wir werden später sehen, daß anstelle von protected auch public als Zugriffsspezifizierer gewählt werden kann und daß die throws-Klausel entfallen kann. Es handelt es sich hier um das „Überschreiben" einer Methode.)

Ein sehr einfaches Beispiel, das zeigt, wie Java nicht mehr referenzierte Felder freigibt und zuvor finalize aufruft ist:

```
// Finalizer.java

import java.io.*;

class Finalizer {
   static int anz = 0;
   int nr;
   double[] doubFeld;
   PrintWriter out = new PrintWriter(System.out, true);
   Finalizer(int i) {
      doubFeld = new double[i];
      nr = ++anz;
      out.println("Feld " + nr + " konstruiert");
   }
   protected void finalize() throws Throwable {
      out.println("Feld " + nr + " zerstört");
   }
   public static void main(String[] args) {
      Finalizer ref;
      for (int i = 0; i < 25; i++) {
         ref = new Finalizer(100000);
         ref = null;
         System.gc();
      }
   }
}
```

In main werden hier fortlaufend Finalizer-Objekte erzeugt, deren Referenzen der lokalen Variablen ref zugewiesen werden. Jedes Finalizer-Objekt enthält zwei Instanzvariablen; in nr wird vom Konstruktor seine fortlaufende Nummer eingtragen, in doubFeld eine Referenz auf ein double[]-Objekt mit 100000 Komponenten, das ebenfalls vom Konstruktor erzeugt wird.

Die nächste Abbildung zeigt, wie bei jedem Schleifendurchlauf ein neuer Wert an ref zugewiesen wird, so daß die zuvor erzeugten Finalizer und die für sie erzeugten Felder nicht mehr referenziert werden können. Der Garbage-Collector kann sie daher beim folgenden Durchlauf bereits löschen. Da es keinerlei Garantie gibt, wann die VM den Garbage-Collector aktiviert, haben wir mit der Zuweisung ref = null versucht, dies zu beschleunigen. Zum selben Zweck ist mit System.gc() noch eine explizite Aufforderung an die VM aufgenommen worden, unbenutzte Objekte zu zerstören und den freiwerdenden Speicherplatz für andere Zwecke verfügbar zu machen. Diese Aufforderung kann ignoriert werden; ebenso steht es der VM frei, mehrere gc-Aufrufe zu einem zu bündeln.

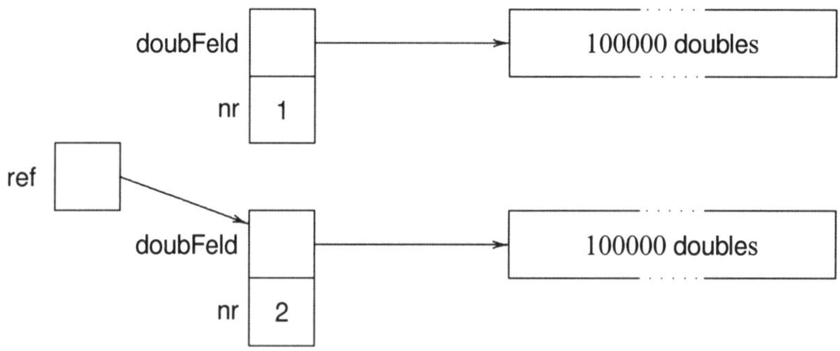

Das Beispiel zeigt noch folgendes: Die finalize-Methode wird für ein Objekt aufgerufen, bevor es gelöscht wird, die VM kann aber terminieren, bevor alle Objekte vom Garbage-Collector zerstört wurden. Im Beispiel werden zumeist einige der letzten Felder nicht mehr zerstört. Es ist in solchen Fällen Aufgabe des Betriebssystems, noch belegte Ressourcen freizugeben.

Es ist jedoch garantiert, daß finalize pro Objekt höchstens einmal aufgerufen wird, auch wenn man innerhalb des finalize-Rumpfs wieder neue Referenzen auf das zu zerstörende Objekt erzeugen sollte, etwa

```
Finalizer refNeu = this;
.....
```

wofür es kaum sinnvolle Gründe geben kann. Die Garbage-Collection dieses Objekts würde dadurch unter Umständen wieder verschoben.

8.12 Übungsaufgaben

1. Das folgende Programm zeigt die Zeitpunkte, zu denen Klassen- bzw. Instanzvariablen erzeugt und initialisiert werden an. Betrachten Sie die Ausgaben und überlegen Sie, wie es zu diesen Zeiten kommt. (System.currentTimeMillis() liefert die aktuelle Zeit in Millisekunden seit dem 1.1.1970.)

```
class Init {
   static PrintWriter out = new PrintWriter(System.out, true);
   static double x = zeit();
   double y = zeit();
   static double zeit() {
      out.println("Zeit: " + System.currentTimeMillis());
      return Math.random();
   }
   public static void main(String[] args) {
      new Init(); new Init(); new Init();
   }
}
```

2. Untersuchen Sie, wie es sich auf Ihrem System auswirkt, wenn Sie im Finalizer-Beispiel die Zuweisung ref = null oder den gc-Aufruf streichen.

3. Gegeben sei eine einfache Testklasse Sensor:

```
class Sensor {
   private PrintWriter out = new PrintWriter(System.out, true);
   private String name;
   Sensor(String name) { this.name = name; }
   void anzeige() {
      out.println("Sensor " + name + "   Wert: " + Math.random());
   }
}
```

   Vervollständigen Sie die Implementation der Klasse Konsole. Ein Konsole-Objekt soll mit bis zu drei Sensoren verbunden sein, und ein Aufruf der Methode anzeige soll die Anzeigefunktionen der verbundenen Sensoren aufrufen.

```
class Konsole {
   private final int ANZAHL;
   private Sensor[] sensor;
   Konsole(Sensor[] sensor) { ..... }
   void anzeige() { ..... }
}
```

   Testen Sie Ihre Implementation, indem Sie in einer Anwendung alle zwei Sekunden die Konsolanzeige aufrufen.

Benutzen Sie dazu den Aufruf Thread.sleep(2000), der die Anwendung für 2000 Millisekunden deaktiviert. Diese Methode wirft unter Umständen eine Ausnahme aus, daher muß main so deklariert werden:

```
public static void main(String[] args) throws InterruptedException { ..... }
```

4. Welche der Funktionsaufrufe in der Klasse Over sind zulässig? Was wird dann ausgegeben?

```
class Over {
    PrintWriter out = new PrintWriter(System.out, true);
    void f(long l) { out.println("f1"); }
    void f(float f) { out.println("f2"); }
    void f(int i, float f, float g) { out.println("f3"); }
    void f(double x, double y, double z) { out.println("f4"); }
    public static void main(String[] args) {
        Over ov = new Over();
        ov.f(2);
        ov.f(2.2);
        ov.f(2, 1, 0.0);
        ov.f(2, 1.2, 0.0);
    }
}
```

5. Entwickeln Sie die Deklarationen für zwei Klassen Bestellposition und Produkt, die im Zusammenhang mit der Implementation eines Programms zur Ausfertigung von Bestellungen benötigt werden. In Produkt sollen Nummer, Bezeichnung und Preis des Produkts gespeichert werden, in Bestellposition lediglich die bestellte Menge eines Produkts. Weiterhin ist in die Bestellposition eine Referenz auf das jeweils bestellte Produkt aufzunehmen. Schreiben Sie die Klassendeklarationen einschließlich geeigneter Konstruktoren und testen Sie sie in einer kleinen Anwendung.

Kapitel 9

Subklassen, Superklassen und Vererbung

Eines der zentralen Prinzipien der objektorientierten Programmierung ist die Wiederverwendung von Code. Die Wiederverwendung von Klassen, die wir selbst entwickelt und getestet oder in einer Klassenbibliothek gefunden haben, ist in Java dadurch möglich, daß wir in anderen Klassen Referenzen auf diese Typen verwenden und die entsprechenden Objekte erzeugen. Auf diese Weise haben wir schon mehrfach unsere Zaehler-Klasse aus dem ersten Kapitel benutzt.

Alternativ ist es möglich, eine neue Klasse als Subklasse einer anderen, bekannten Klasse zu deklarieren, so daß sie Verhalten (Code) und Zustandsinformationen (Variablen) von dieser Superklasse erbt. Ausgehend von einer gegebenen Klasse X können wir eine mit X verwandte Klasse Y so deklarieren, daß sie alle Methoden und Variablen von X erbt. Darüber hinaus können wir zusätzliche Methoden und Variablen zur Deklaration von X hinzufügen und alle Methodenrümpfe aus X in Y durch passendere Implementierungen ersetzen.

9.1 Vererbung

Eine Klasse Y wird zur *Subklasse* einer anderen Klasse X, indem man bei ihrer Deklaration die *Superklasse* X nach dem Schlüsselwort extends spezifiziert (siehe Abschnitt 8.1 und die Syntaxregeln 25, 26), zum Beispiel

```
class Y extends X { ..... }
```

Den Syntaxregeln kann man entnehmen, daß nur eine einzige Klasse hinter extends spezifiziert werden darf – Java unterstützt also keine multiple Vererbung, und die Klassen sind in einer Hierarchie mit gemeinsamer Wurzel Object angeordnet. Falls eine Klassendeklaration kein extends enthält, ergänzt Java implizit extends Object.

Eine Klasse Y ist *direkte* Subklasse einer Klasse X, wenn sie diese in ihrer Klassendeklaration angibt (Y extends X). Umgekehrt heißt X dann direkte Superklasse von Y. Wenn Y selbst Superklasse einer Klasse Z ist, heißt Z *indirekte* Subklasse von X, und X ist indirekte Superklasse von Z.

Beispielsweise wird mit der folgenden Klassendeklaration eine Klasse SignalTimer als direkte Subklasse von Timer deklariert.

```
class SignalTimer extends Timer {
   boolean aktiv;
   int minSig, sekSig, tsdSekSig;
   static final char SIGNAL = 7;
   void sigTick() {
      tick();
      if (aktiv)
         if (min == minSig && sek == sekSig && tsdSek == tsdSekSig) {
            PrintWriter out = new PrintWriter(System.out, true);
            out.print(SIGNAL);
            out.flush();
            aktiv = false;
         }
   }
}
```

Eine Klasse enthält neben den in ihr deklarierten Elementen (Klassen- und Instanzvariablen, Klassen- und Instanzmethoden, eingebettete nicht static Klassen) alle zugreifbaren Elemente ihrer direkten Superklasse als Elemente. Sie *erbt* diese Elemente. private Elemente, die nur innerhalb ihrer Klassendeklaration zugreifbar sind, werden also nicht vererbt. (Auf die Auswirkungen der Zugriffsmodifizierer public, protected und private wird in Abschnitt 10.3 genauer eingegangen.) Konstruktoren und static Initialisierer werden nicht vererbt. Sie sind keine Klassenelemente.

Im Beispiel erbt die SignalTimer-Klasse min, sek, tsdSek, stelle, tick und zeigeAn aus der Superklasse Timer und greift auf eine Reihe von diesen im Rumpf von sigTick zu.

Zusätzlich zu den geerbten Variablen sind eine boolesche Variable, die den Zustand aktiv/nicht aktiv anzeigt, drei int-Variablen, die den Zeitpunkt, zu dem der SignalTimer – falls aktiv – ein Signal abgeben soll, festhalten und eine char-Konstante, die das Signal enthält, deklariert. Das Signal wird zum gegebenen Zeitpunkt von der SignalTimer-Methode sigTick ausgegeben.

Vererbungsbeziehungen stellen wir im folgenden durch einen Pfeil, der die Richtung, in der vererbt wird, anzeigt, dar, z.B.:

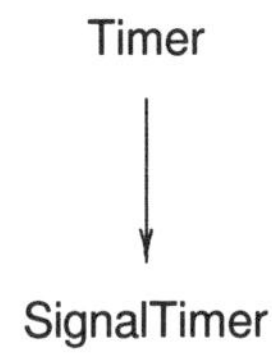

Eine erste Anwendung könnte beispielsweise so aussehen (vgl. /OOPinJava/kapitel9/SignalTimerTest.java):

```
SignalTimer s1 = new SignalTimer(), s2 = new SignalTimer();
s2.aktiv = s1.aktiv = true;
s1.tsdSekSig = 10;
s2.tsdSekSig = 750;
for (int i = 0; i < 1500; i++) {
   s1.sigTick();
   s2.sigTick();
}
```

Im Beispiel werden s1 und s2 aktiviert und so gestellt, daß sie beide ein Signal abgeben. Die von s1 oder s2 referenzierten Objekte haben im Speicher ein Layout der folgenden Form:

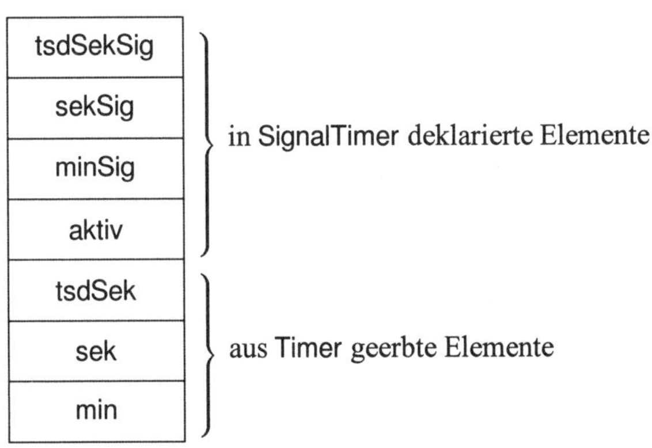

9.2 Verdeckte Variablen

In Abschnitt 8.2 hatten wir gesehen, daß Instanzvariablen von lokalen Variablen oder Methodenparametern verdeckt werden können und daß man mittels this dennoch auf sie zugreifen kann. Auf ähnliche Weise *verdecken* Klassen- oder Instanzvariablen einer Klasse Y auch Klassen- oder Instanzvariablen in einer Superklasse X, sofern sie denselben Namen tragen. Auf den Variablentyp kommt es hier nicht an.

Der Zugriff auf eine verdeckte Variable v ist dennoch möglich

- mittels X.v bei einer Klassenvariablen,
- mittels super.v bei einer Instanzvariablen und
- in beiden Fällen mittels expliziten Casts der Objektreferenz this.

Der Ausdruck super.v greift immer auf das Element v einer direkten Superklasse zu. Wenn man im Beispiel

```
class X {
   static byte a = 1;
   byte b = 2;
}

class Y extends X {
   static int a = 3;
   int b = 4;
}

class Z extends Y {
   static double a = 5;
   double b = 6;
   void drucke() {
      new PrintWriter(System.out, true).println(
         a + "\t" + Y.a + "\t" + X.a + "\n"
         + b + "\t" + super.b + "\t" + X.b + "\n"
         + a + "\t" + ((Y)this).a + "\t" + ((X)this).a + "\n"
         + b + "\t" + ((Y)this).b + "\t" + ((X)this).b);
   }
}
```

die Methode drucke für ein Z-Objekt aufruft, z.B. new Z().drucke(), wird die Ausgabe

```
5.0  3  1
6.0  4  2
5.0  3  1
6.0  4  2
```

erzeugt. Es ist offensichtlich, daß es sich hier nicht um besonders überzeugenden Code handelt.

Bei Methoden liegt die Situation anders. Eine Methode namens x verdeckt eine Klassen- oder Instanzvariable x weder in derselben Klasse noch in einer Superklasse.

Eine Methode namens x überlädt (8.8) eine Methode x in derselben Klasse oder in einer Superklasse, wenn sie eine andere Signatur hat. Der Fall derselben Signatur wird in Abschnitt 9.4 behandelt. Er ist innerhalb derselben Klassendeklaration nicht zulässig.

9.3 Umwandlungen von Referenztypen

Wenn Y Subklasse von X ist, können Referenzen auf Y bei Zuweisungen und Methodenaufrufen implizit in Referenzen auf X vergrößert werden (vgl. Abschnitte 5.1 und 5.2). Diese Typvergrößerung ist möglich, weil jedes Y-Objekt über dieselben (zugreifbaren) Elemente wie ein X-Objekt verfügt und somit von seinen Zuständen und von seinem Verhalten her gesehen ein X-Objekt ist. Im Normalfall kommen in der Subklasse zusätzliche Variablen und Methoden hinzu – ein Subklassenobjekt *weiß* und *kann* mehr als ein Superklassenobjekt. Im Beispiel

```
// UpCasts.java

class UpCasts {
  static void f(Timer t) {
    t.zeigeAn();
  }
  public static void main(String[] args) {
    Timer t = new Timer();
    SignalTimer s = new SignalTimer();
    s.stelle(2, 2, 571);
```

```
        f(t);
        f(s);                        // Typvergrößerung
        t = s;                       // Typvergrößerung
        t.stelle(1, 1, 25);
        f(t);
        f(s);                        // Typvergrößerung
    }
}
```

werden zwei Methodenaufrufkonversionen und eine Zuweisungskonversion vorgenommen, bei denen jeweils eine Referenz auf einen SignalTimer in eine Referenz auf ein Timer-Objekt umgewandelt wird. Durch die f-Aufrufe wird hier

```
00.00,000
02.02,571
01.01,025
01.01,025
```

ausgegeben. Die beiden letzten Ausgaben erklären sich dadurch, daß nach der Zuweisung t = s von t und s dasselbe Objekt referenziert wird. Die folgende Abbildung demonstriert diesen Sachverhalt nach dem Aufruf t.stelle(1, 1, 25).

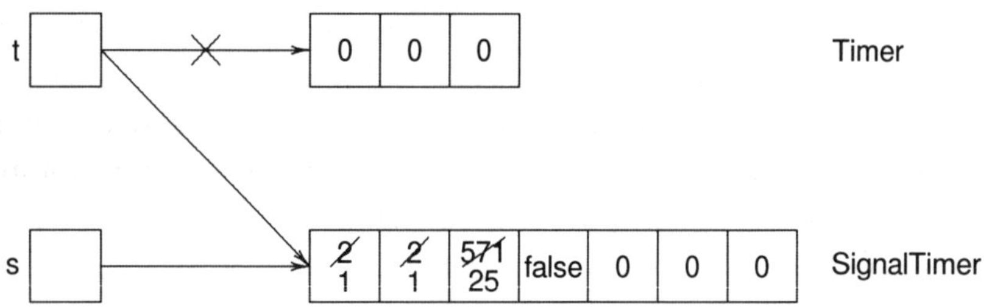

Derartige Typumwandlungen von der Subklasse zur Superklasse werden auch als „*Up-Casts*" bezeichnet, da in der Typhierarchie „nach oben" umgewandelt wird. Sie sind sicher, weil ein SignalTimer-Objekt alle zugreifbaren Elemente eines Timer-Objekts ebenfalls als Elemente hat. Wenn wir mittels t Methoden der Timer-Klasse aufrufen oder auf Timer-Variablen zugreifen, kann es nicht zu Laufzeitfehlern kommen. Da t mit dem Typ Timer deklariert ist, würde jedoch der Versuch, eine SignalTimer-Methode aufzurufen oder auf eine im SignalTimer deklarierte Variable zuzugreifen, z.B. t.sekSig = 10, nicht übersetzt. Im obigen Beispiel ist also der SignalTimer-Teil des von t referenzierten Objekts nicht relevant.

In Abschnitt 7.6 hatten wir besprochen, daß Feldtypen nur dann in andere Feldtypen konvertiert werden können, wenn ihre Komponenten einen zuweisungskompatiblen Referenztyp haben. Ein Beispiel für diese Möglichkeit liefert:

```
// Feldumwandlung.java

class Feldumwandlung {
   public static void main(String[] args) {
      Timer[] x = { new Timer(), new Timer(), new Timer() };
      SignalTimer[] y = {
         new SignalTimer(), new SignalTimer(),
         new SignalTimer(), new SignalTimer()
      };
      for (int i = 0; i < y.length; i++)
         y[i].stelle(15, 10*i, 100*i);
      x = y;
      for (int i = 0; i < x.length; i++)
         x[i].zeigeAn();
   }
}
```

Nach der Zuweisung x = y wird von x dasselbe Feld wie von y referenziert – dieses Feld enthält vier SignalTimer-Referenzen. x.length liefert jetzt den Wert vier.

Der umgekehrte Fall der Verkleinerung von Referenztypen erfordert einen expliziten Cast, den sogenannten „*Down-Cast*". Hier wird zur Laufzeit geprüft, ob die Referenz tatsächlich auf ein Objekt der Subklasse verweist; anderenfalls wird eine Ausnahme des Typs ClassCastException ausgeworfen. Zum Beispiel ist das Folgende korrekt implementiert:

```
// DownCasts.java

import java.io.*;

class DownCasts {
   public static void main(String[] args) {
      PrintWriter out = new PrintWriter(System.out, true);
      Timer t1 = new Timer(), t2 = new Timer();
```

```
        SignalTimer s1 = new SignalTimer(), s2 = new SignalTimer();
        s1.stelle(2, 2, 571);
        t1 = s1;
        s2 = (SignalTimer)t1;           // Typverkleinerung
        out.println(s2.aktiv);
    }
}
```

Da t1 nach der Zuweisung t1 = s1 eine Referenz auf ein SignalTimer-Objekt enthält, gelingt die Typumwandlung (SignalTimer)t1. Dies kann nicht beim Übersetzen, sondern nur zur Laufzeit von der VM geprüft werden, da der Compiler keinerlei Information darüber hat, welcher Referenzwert in t1 stehen wird. javac achtet jedoch darauf, daß im Cast-Operator eine Subklasse oder Superklasse des Operanden-Typs spezifiziert wird; im Beispiel würden (Zaehler)t1, (Double)t1 usw. nicht übersetzt.

Nach der Zuweisung an s2 enthalten t1, s1 und s2 eine Referenz auf denselben SignalTimer. Wenn wir das Programm mit

```
        s2 = (SignalTimer)t2;
        out.println(s2.aktiv);
```

fortsetzen, wird dies übersetzt, der Cast (SignalTimer)t2 führt aber zum Auswerfen einer ClassCastException und zum Abbruch des Programms, da in t2 zu diesem Zeitpunkt lediglich eine Referenz auf ein Timer-Objekt gespeichert ist. Die folgende Abbildung veranschaulicht mit dem strichlierten Pfeil den zur Laufzeit scheiternden Umwandlungsversuch:

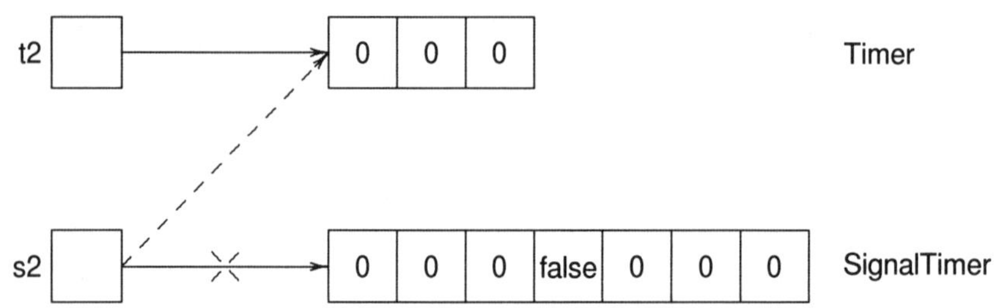

Die Ausnahme verhindert, daß in der nachfolgenden Anweisung auf die Variable aktiv zugegriffen wird, die in dem sonst von s2 referenzierten Timer-Objekt nicht vorhanden ist. Wie man derartige Ausnahmen abfangen und behandeln kann, wird in Kapitel 15 besprochen. Es bleibt an dieser Stelle noch festzuhalten, daß Java Down-Casts zur Compile- und zur Laufzeit auf Korrektheit untersucht.

9.4 Überschriebene Methoden

In Abschnitt 8.8 hatten wir das Überladen von Methoden, d.h. das Deklarieren von Methoden mit demselben Namen aber verschiedener Signatur behandelt. Methoden können nicht nur in derselben Klasse überladen werden, sondern auch alle geerbten Methoden sind aufrufbar und dürfen überladen sein.

Hier ist zu beachten, daß bei der Suche nach der spezifischsten Methode und dem Vergleich von Y.m(S1, ..., Sn) und X.m(T1, ..., Tn) die Methode X.m(T1, ..., Tn) nur dann aus der Liste der aufrufbaren Methoden gestrichen wird, wenn zusätzlich zu der Bedingung von S. 107 (Methodenaufruf-Konversion aller Sj nach Tj) auch eine Typvergrößerung von Y nach X zulässig ist. Wenn X und Y verschieden sind, bedeutet dies, daß Y Subklasse von X ist. Zum Beispiel wird hier

```
class X {
   long m() { return m(1); }
   long m(long l) { return 2*l; }
}

class Y extends X {
   int m(int i) { return 2 + i; }
   public static void main(String[] args) {
      PrintWriter out = new PrintWriter(System.out, true);
      Y y = new Y();
      long l = 3;
      out.println(y.m(3) + "  " + y.m(l));
   }
}
```

die Ausgabe 5 6 erzeugt, da beim ersten Aufruf X.m(long) gestrichen wird. Beim zweiten Aufruf ist dagegen nur X.m(long) aufrufbar.

Interessanter als dieses (statische) Überladen von Methoden aus Sub- und Superklassen ist das *Überschreiben* von Methoden in Subklassen und die damit mögliche Realisierung polymorpher Methodenaufrufe. Hierzu implementiert man in der Subklasse eine Methode mit derselben Signatur wie in einer Superklasse.

Wenn eine derartige Methode mittels einer Objektreferenz aufgerufen wird, geht Java beim Übersetzen wie in 8.8 vor und ermittelt die spezifischste Methode. Zur Laufzeit wird dann jedoch die Klasse des Objekts festgestellt, auf das die Referenz gerade verweist. Und beginnend mit dieser Klasse wird nun die Klassenhierarchie in Richtung der Superklassen abgesucht, bis die erste Methodendeklaration gefunden wird, die dieselbe Signatur (und zwangsläufig denselben Ergebnistyp) wie die spezifischste Methode hat. Diese *überschreibt* alle weiter oben deklarierten Methoden mit derselben Signatur, und sie wird ausgeführt.

Oder umgekehrt: Java beginnt in der Klasse, mit deren Typ die Objektreferenz deklariert ist, und sucht in Richtung des Typs des aktuell referenzierten Objekts die letzte überschreibende Methode. (Aus 4.6, 5.2.1 und 9.3 wissen wir, daß der aktuell referenzierte Typ nur Subklasse des deklarierten Typs sein kann.) Zum Beispiel:

```
// XYZ.java

import java.io.*;

class X {
   static PrintWriter out = new PrintWriter(System.out, true);
   void drucke() { out.println("X"); }
}

class Y extends X {
   void drucke() { out.println("Y"); }
}

class Z extends Y {
   void drucke() { out.println("Z"); }
}

class XYZ {
   public static void main(String[] args) {
      X[] ref = { new X(), new Z(), new X(), new Y() };
      for (int i = 0; i < ref.length; i++)
         ref[i].drucke();
   }
}
```

Hier werden X.drucke, Z.drucke, X.drucke und Y.drucke, also die „richtigen" Methoden ausgeführt. Der erste vom Compiler zu erledigende Schritt ist hier einfach: die spezifischste Methode hat die Signatur drucke(). Beim Aufruf ref[0].drucke() stellt die VM fest, daß der Ausdruck ref[0] den Typ X hat. Die Suche nach der aufzurufenden Methode drucke() beginnt also in der Klasse X und endet dort auch, da in ihr eine Methode mit dieser Signatur deklariert ist – X.drucke() wird ausgeführt. Analog beginnt die Suche beim Aufruf ref[1].drucke() in der Klasse Z usw. Die nächste Abbildung veranschaulicht die Situation, die die VM vorfindet:

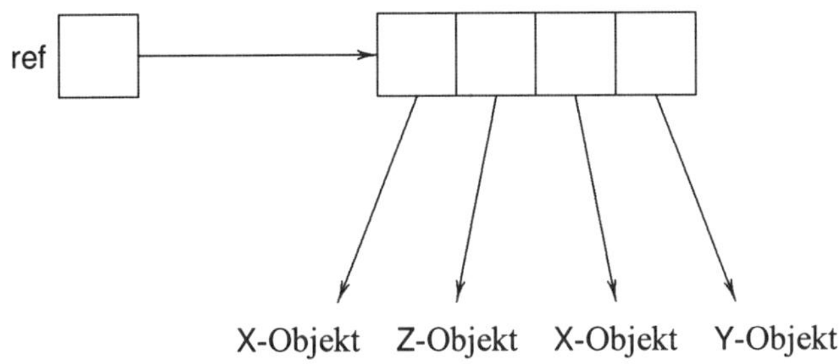

Eine Methode kann in allen Subklassen der Klasse, in der sie deklariert ist, überschrieben werden, sie muß es aber nicht. Zum Beispiel:

```
class A {
   static PrintWriter out = new PrintWriter(System.out, true);
   void drucke() { out.println("A"); }
}

class B extends A {
   void drucke() { out.println("B"); }
}

class C extends B { }

class ABC {
   public static void main(String[] args) {
      A[] ref = { new A(), new C(), new A(), new B() };
      for (int i = 0; i < ref.length; i++)
         ref[i].drucke();
   }
}
```

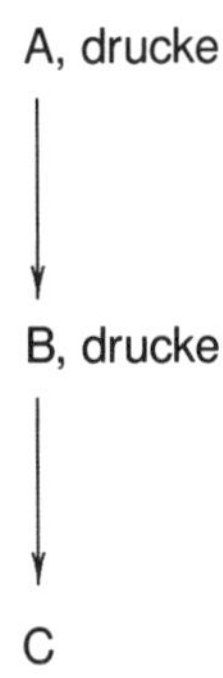

Jetzt werden A.drucke, B.drucke, A.drucke und B.drucke ausgeführt.

Im letzten Beispiel dieser Art resultieren die Aufrufe U.drucke, W.drucke, U.drucke und U.drucke:

```
class U {
   static PrintWriter out = new PrintWriter(System.out, true);
   void drucke() { out.println("U"); }
}

class V extends U { }

class W extends V {
   void drucke() { out.println("W"); }
}

class UVW {
   public static void main(String[] args) {
      U[] ref = { new U(), new W(), new U(), new V() };
      for (int i = 0; i < ref.length; i++)
         ref[i].drucke();
   }
}
```

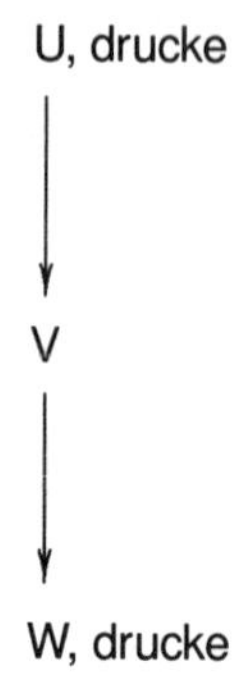

Eine wesentliche Tätigkeit beim Schreiben von Applets oder Anwendungen mit grafischer Benutzeroberfläche ist das Überschreiben von Methoden aus dem Java-API. In den ersten Beispielen in Kapitel 1 hatten wir actionPerformed aus ActionListener und init aus der Klasse Applet überschrieben, um spezielle Reaktionen auf Button-Ereignisse bzw. spezielle Initialisierungen zu implementieren.

Im folgenden, etwas sinnvolleren und ausführlicheren Beispiel wird ein Feld mit Referenzen auf Girokonten bzw. Festgeldkonten angelegt; diese Kontentypen haben eine gemeinsame Superklasse Kto.

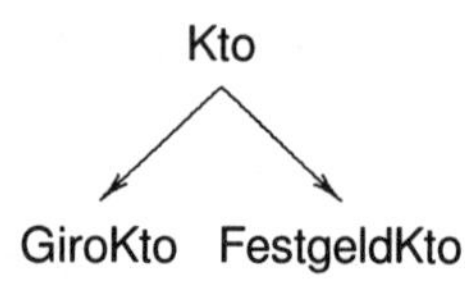


```
// Kto.java

import java.io.*;

class Kto {
   static PrintWriter out = new PrintWriter(System.out, true);
```

```
    String inhaber;
    long nummer;
    double stand, habenZins;
    Kto(String inhaber, long nummer, double stand, double habenZins) {
       this.inhaber = inhaber;
       this.nummer = nummer;
       this.stand = stand;
       this.habenZins = habenZins;
    }
    void info() { }
}
```

```
// GiroKto.java

class GiroKto extends Kto {
    private double sollZins, kreditLimit;
    GiroKto(String inhaber, long nummer, double stand, double habenZins,
          double sollZins, double kreditLimit) {
       super(inhaber, nummer, stand, habenZins);
       this.sollZins = sollZins;
       this.kreditLimit = kreditLimit;
    }
    GiroKto(String inhaber, long nummer, double stand, double habenZins,
          double sollZins) {
       this(inhaber, nummer, stand, habenZins, sollZins, 0.0);
    }
    GiroKto(String inhaber, long nummer, double stand, double habenZins) {
       this(inhaber, nummer, stand, habenZins, 13.5, 0.0);
    }
    GiroKto(String inhaber, long nummer, double stand) {
       this(inhaber, nummer, stand, 2.0, 13.5, 0.0);
    }
    void info() {
       out.println("\nInhaber: " + inhaber + "\tKto-Nr: " + nummer
          + "\nKto-Stand: " + stand + " DM" + "\nHabenzinsen: " + habenZins + " %"
          + "\tSollzinsen: " + sollZins + " %" + "\nLimit: " + kreditLimit + " DM");
```

```
  }
  // weitere Methoden: einzahlen, abheben, ...
}
```

```
// FestgeldKto.java

class FestgeldKto extends Kto {
  private int restLaufzeit;
  private boolean zinsBesteuerung;
  FestgeldKto(String inhaber, long nummer, double stand, double habenZins,
      int restLaufzeit, boolean zinsBesteuerung) {
    super(inhaber, nummer, stand, habenZins);
    this.restLaufzeit = restLaufzeit;
    this.zinsBesteuerung = zinsBesteuerung;
  }
  FestgeldKto(String inhaber, long nummer, double stand, double habenZins,
      int restLaufzeit) {
    this(inhaber, nummer, stand, habenZins, restLaufzeit, true);
  }
  void info() {
    out.println("\nInhaber: " + inhaber + "\tKto-Nr: " + nummer
      + "\nKto-Stand: " + stand + " DM" + "\nHabenzinsen: " + habenZins + " %"
      + "\tRestlaufzeit: " + restLaufzeit + " Monate\n"
      + ((zinsBesteuerung) ? "Zinsbesteuerung" : "keine Zinsbesteuerung"));
  }
  // weitere Methoden: auflösen, verlängern, ...
}
```

```
// KtoTest.java

class KtoTest {
  public static void main(String[] args) {
    Kto[] ktoFeld = new Kto[10000];
    ktoFeld[0] = new GiroKto("S. Lucas", 301087, 3020.15);
```

```
        ktoFeld[1] = new GiroKto("G. Schiek", 306361, 7812.64, 0.3);
        ktoFeld[2] = new FestgeldKto("F. Wild", 550001, 8500.0, 3.25, 3);
        Kto kto;
        for (int i = 0; i < ktoFeld.length; i++)
            if ((kto = ktoFeld[i]) != null)
                kto.info();
        ktoFeld[0] = new FestgeldKto("W. Müller", 551007, 30000.0, 3.35, 1);
        for (int i = 0; i < ktoFeld.length; i++)
            if ((kto = ktoFeld[i]) != null)
                kto.info();
    }
}
```

Das KtoFeld enthält hier Referenzen auf GiroKto- und FestgeldKto-Objekte. Es ist in Java problemlos möglich, derartige heterogene, dynamisch modifizierbare Container zusammenzustellen. Durch das Überschreiben von Methoden in den Subklassen können, wie im Beispiel an info demonstriert, polymorphe Aufrufe ohne weitere Vorkehrungen realisiert werden. Die Deklaration der info-Methode in der Superklasse ist hier notwendig, damit die Aufrufe kto.info() möglich sind.

9.4.1 static Methoden

Eine Klassenmethode kann in einer Subklasse durch eine Klassenmethode überschrieben werden, sofern sie nicht final spezifiziert wurde (siehe 9.5). Da Klassenmethoden, wenn man sie mit einer Objektreferenz – und nicht wie im Normalfall mit dem Klassennamen – aufruft, nur den Typ, mit dem die Referenz deklariert ist, auswerten, ergeben sich dabei keine polymorphen Aufrufe. Ohne konkrete Objekte gibt es auch keinen zur Laufzeit feststellbaren Typ und somit keine laufzeitabhängige Methodenauswahl.

```
// RST.java

import java.io.*;

class R {
    static PrintWriter out = new PrintWriter(System.out, true);
    static void drucke() { out.println("R"); }
}
```

```
class S extends R { }

class T extends S {
   static void drucke() { out.println("T"); }
}

class RST {
   public static void main(String[] args) {
      R[] ref = { new R(), new T(), new R(), new S() };
      for (int i = 0; i < ref.length; i++)
         ref[i].drucke();
   }
}
```

In diesem Beispiel wird daher viermal R.drucke aufgerufen.

Eine naheliegende Konsequenz ist, daß Klassenmethoden nicht durch Instanzmethoden überschrieben werden können, und daß umgekehrt auch Instanzmethoden nicht durch Klassenmethoden überschreibbar sind.

9.4.2 Methodenaufrufe mittels super

Wenn eine Methode mit dem Schlüsselwort super anstelle einer Objektreferenz aufgerufen wird, beginnt Java die Suche nach der auszuführenden Methode in der direkten Superklasse der Klasse, in der der Aufruf erfolgt und sucht die Vererbungshierarchie in Richtung der Superklassen ab. Dies kann man sinnvoll einsetzen, um rekursive Aufrufe derselben Methode zu verhindern oder um Codeduplizierung durch Auslagerung in die Superklassen zu vermeiden. Im Kto-Beispiel ist es zweckmäßig, den leeren Rumpf der Kto.info-Methode durch

```
class Kto {
   .....
   void info() {
      out.println("\nInhaber: " + inhaber + "\tKto-Nr: " + nummer
         + "\nKto-Stand: " + stand + " DM" + "\nHabenzinsen: " + habenZins + " %");
   }
}
```

zu ersetzen und entsprechend die Methodendeklarationen in den Subklassen zu vereinfachen (vgl. die java-Dateien im Verzeichnis /OOPinJava/kapitel9/kto2):

```
class GiroKto extends Kto {
  .....
  void info() {
    super.info();
    out.println("\tSollzinsen: " + sollZins + " %" + "\nLimit: " + kreditLimit + " DM");
  }
}

class FestgeldKto extends Kto {
  .....
  void info() {
    super.info();
    out.println("\tRestlaufzeit: " + restLaufzeit + " Monate\n"
      + ((zinsBesteuerung) ? "Zinsbesteuerung" : "keine Zinsbesteuerung"));
  }
}
```

Diese Technik ergänzt die in Abschnitt 9.2 besprochene Möglichkeit, durch super auf verdeckte Variablen in einer Superklasse zuzugreifen. Die Verwendung von super ist in diesem Zusammenhang jedoch äußerst sinnvoll und gängiger Java-Programmierstil.

Auf ähnliche Weise ruft man mittels super und einer nachfolgenden Argumentliste den Konstruktor einer direkten Superklasse auf. Diese Möglichkeit haben wir im Kto-Beispiel bereits eingesetzt. Den Syntaxregeln 51 und 52 kann man entnehmen, daß ein Konstruktoraufruf mittels super genauso wie der alternativ mögliche Aufruf eines überladenen Konstruktors mittels this die erste Anweisung innerhalb eines Konstruktorrumpfs sein muß.

9.5 final Methoden und Klassen

In Abschnitt 8.5 hatten wir gesehen, wie man aus Instanz- und Klassenvariablen durch ein vorangestelltes final symbolische Konstanten machen kann.

Auch Deklarationen von Instanz- und Klassenmethoden kann man mit dem Modifizierer final einleiten. Dies bewirkt, daß die Methode in Subklassen nicht mehr überschrieben werden kann. Zum Beispiel:

```
class Punkt {
   int xKoord, yKoord;
   final void verschiebe(int dx, int dy) { xKoord += dx; yKoord += dy; }
   .....
}

class FarbPunkt extends Punkt {
   Color c;
   void verschiebe(Punkt p) {
      xKoord += p.xKoord;
      yKoord += p.yKoord;
   }
   void verschiebe(int dx, int dy) { ..... }        // Fehler
   .....
}
```

Die erste FarbPunkt-Methode verschiebe hat hier eine andere Signatur als die in Punkt als final spezifizierte Methode, diese wird in der Subklasse also lediglich überladen. Der Versuch, verschiebe mit derselben Signatur zu überschreiben, ist jedoch ein Fehler.

Die Entwickler der Java-Klassenbibliothek haben eine Fülle von Methoden final deklariert. In der Regel handelt es sich dabei um hardwarenahe oder plattformspezifische Implementierungen, die z.B. das Laden von Klassen, das Schreiben von Bytes in einen Ausgabestrom, das Ablesen der Systemzeit usw. betreffen.

Das final-Spezifizieren einer Methode hat weiterhin den Effekt, daß einfache Methodenrümpfe „inline" umgesetzt werden können, da die bei polymorphen Aufrufen notwendige Laufzeitprüfung der Objektreferenz durch die VM entfällt und allein der Compiler entscheidet. Beispielsweise werden aus dem folgenden Code

```
Punkt[] p = new Punkt[100];
for (int i = 0; i < p.length; i++)  {
   p[i] = new Punkt();
   p[i].verschiebe(i, 2*i);
}
```

dieselben Bytecodes generiert, die wir erhalten, wenn wir anstelle der verschiebe-Aufrufe direkt

```
Punkt[] p = new Punkt[100];
for (int i = 0; i < p.length; i++) {
   p[i] = new Punkt();
   Punkt pi = p[i];
   pi.xKoord += i;
   pi.yKoord += 2*i;
}
```

schreiben und die für einen Methodenaufruf benötigten Vorbereitungen – Einrichten eines neuen Geltungsbereichs für die Parameter, Erzeugung der Parameter, Kopieren der Aufrufargumente in die Parameter, Verzweigung zum Methodenrumpf – umgehen. (Man kann diesen Effekt sehen, wenn man /OOPinJava/kapitel9/FinalTest.java mittels javac -O FinalTest.java übersetzt und das Resultat mit javap untersucht.) In der Regel ist der Aufwand für die Durchführung eines Methodenaufrufs nur bei den einfachsten Methoden höher als der Aufwand für die eigentliche Auswertung der Anweisungen des Methodenrumpfs. Kandidaten für Methoden, die man aus Effizienzgründen final deklariert, sind daher Methoden, deren Rumpf nur ein oder zwei einfache Anweisungen enthält.

Neben Methoden können auch Klassen als final deklariert werden, indem man den Modifizierer final vor class setzt. Dies bedeutet, daß die Klasse „komplett" ist und daß Spezialisierungen in Subklassen weder benötigt werden noch erwünscht sind. Der Versuch, von einer final Klasse eine Subklasse abzuleiten, ist ein Fehler. Und weiterhin sind alle Methoden einer final Klasse implizit final.

Eine Klasse wird man dann als final spezifizieren, wenn es sich um eine besonders gelungene Implementation für einen kritischen Problembereich handelt. Ein weiterer Grund könnten die oben angesprochenen Effizienzüberlegungen sein. Auch in der Java-Klassenbibliothek sind viele Klassen final deklariert, zum Beispiel java.lang.System, java.lang.Math, java.lang.String, java.net.DatagramPacket, java.net.InetAddress, java.net.URL, java.lang.Boolean, java.lang.Byte usw.

Wenn man mehrere Modifizierer benutzt, ist es Konvention zuerst die Zugreifbarkeit, dann den Klassen- oder Objektbezug und als letztes eine final Spezifizierung anzugeben, also public final class { ..... }, public final f() { ..... }, public static final g() { ..... } usw.

9.6 Die Konstruktion von Objekten

Wir sind nun in der Lage, die Regeln über das Konstruieren und Initialisieren von Objekten (vgl. 8.9) zu präzisieren:

Unmittelbar nach der Erzeugung des Objekts werden alle Instanzvariablen (einschließlich der Instanzvariablen in Superklassen) mit ihren Standardwerten initialisiert. Danach wird der Konstruktor aufgerufen, um das Objekt weiter zu initialisieren. Ein Konstruktor verfährt immer nach derselben Prozedur:

- Falls die erste Anweisung des Konstruktorrumpfs nicht von der Form this(...); oder super(...); ist, wird implizit super(); ergänzt. Nachdem dieser Standardkonstruktor der direkten Superklasse ausgeführt ist, werden alle in der Klasse mit Initialisierern deklarierten Instanzvariablen mit diesen Werten initialisiert. Danach werden die restlichen Anweisungen des Konstruktorrumpfs ausgeführt.
- Falls die erste Anweisung des Konstruktorrumpfs die Form super(...); hat, wird der entsprechende Konstruktor der direkten Superklasse aufgerufen. Nachdem er ausgeführt ist, wird wie oben nach dem impliziten super()-Aufruf verfahren (Initialisierung der Instanzvariablen, Ausführung der restlichen Anweisungen des Konstruktorrumpfs).
- Falls die erste Anweisung des Konstruktorrumpfs die Form this(...); hat, wird der entsprechende Konstruktor derselben Klasse aufgerufen. Danach werden die restlichen Anweisungen des Konstruktorrumpfs ausgeführt. Die Initialisierung der Instanzvariablen wurde in diesem Fall bereits durch einen anderen Konstruktor erledigt.

Wir betrachten als einfaches Beispiel die beiden Klassendeklarationen

```
class K {
   int k, l;
   K() { k = 1; l = 1; }
}

class L extends K {
   int m = 0xff00ff;
}
```

Die Erzeugung eines L-Objekts, z.B. durch new L() führt zu folgenden Aktivitäten:

1. Reservierung von Speicherplatz für drei ints,
2. Initialisierung von k, l und m mit dem int-Standardwert 0,
3. Aufruf des Konstruktors L(),
   (Java hat in L implizit den Standardkonstruktor L() { super(); } ergänzt)
4. Aufruf des Konstruktors K(),
   (Java hat dessen Rumpf implizit zu { super(); k = 1; l = 1; } modifiziert)
5. Aufruf des Konstruktors Object(),
   (dieser Konstruktor hat einen leeren Rumpf)
6. da keine Initialisierer für k und l angegeben sind, Ausführung des Rumpfs von K() und Zuweisung von 1 an k und l,
7. Initialisierung von m mit dem Wert 0xff00ff. Da L() keine weiteren Anweisungen enthält ist das Objekt damit fertig konstruiert.

Im Unterschied zu Konstruktoren werden finalize-Aufrufe von Java nicht so verkettet, daß ein finalize auch die finalize-Methoden der Superklassen aufruft. Dies hängt damit zusammen, daß man finalize wegen Javas automatischer Garbage-Collection nur selten benötigen wird.

Sofern man die „Finalizer“ rekursiv aufrufen will, überschreibt man finalize mit einer Implementation der Art:

```
protected void finalize() throws Throwable {
   ..... ggf. Freigabe von Ressourcen
   super.finalize();
}
```

finalize ist in der Superklasse Object() deklariert, vgl. die Abschnitte 3.1 und 8.11.

9.7 Abstrakte Methoden und Klassen

Bei der Deklaration von Vererbungsstrukturen kann es sein, daß man mit Superklassen und Subklassen sinnvolle Objekte erzeugen kann; dies war bei den Klassen Timer und SignalTimer der Fall. Andererseits ist es möglich, daß die Erzeugung von Instanzen einer Superklasse ausgeschlossen sein sollte, da mit ihr nur ein gemeinsames Konzept festgelegt wird, dessen verschiedene Ausprägungen in den Subklassen implementiert werden müssen; ein Beispiel hierfür ist die Klasse Kto aus Abschnitt 9.4.

Den zweiten Effekt kann man erzielen, indem man die Superklasse als *abstrakte Klasse* deklariert und ihrer Deklaration dazu den Modifizierer abstract voranstellt. Zum Beispiel:

```
abstract class Kto { ..... }

      .....
      ktoFeld[0] = new Kto();        // Fehler
      .....
```

Im Normalfall wird auch eine abstrakte Klasse Methodendeklarationen enthalten, damit diese in den Subklassen überschrieben werden können und polymorph aufrufbar sind. Sofern es nur darauf ankommt, einen „Einstiegspunkt" für Methodenaufrufe zu bieten, ohne daß für die Superklasse eine sinnvolle Implementation deklarierbar wäre, kann man auch eine Methode abstract spezifizieren und den Anweisungsblock wegfallen lassen (siehe Syntaxregel 47). Dies ist nur in einer abstrakten Klasse möglich. Bei der ersten Version des Kto-Beispiels wäre es sinnvoller gewesen statt void info() { } eine abstrakte Methode, also abstract void info(); zu deklarieren.

In einem neuen Beispiel gehen wir von einer Klasse VersVertrag aus, die Lebensversicherungsverträge modelliert, und deklarieren zwei Subklassen: Eine Lebensversicherung kann nur in einer der beiden spezifischeren Formen, als kapitalbildende Lebensversicherung oder als Risikolebensversicherung, abgeschlossen werden, nicht als „Versicherung an sich".

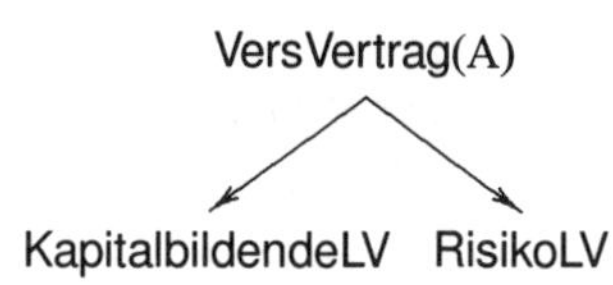


```
// VersNehmer.java

class VersNehmer {
   String name, anschrift;
   int gebJahr;
   VersVertrag vertrag;
   VersNehmer(String name, String anschrift, int gebJahr, VersVertrag vertrag) {
      this.name = name;
      this.anschrift = anschrift;
      this.gebJahr = gebJahr;
```

```
        this.vertrag = vertrag;
    }
    // weitere Methoden: Anschrift ändern, Rabatt berechnen, ...
}
```

```
// VersVertrag.java

abstract class VersVertrag {
    long nummer, summe;
    int beginn, dauer;
    VersNehmer nehmer;
    VersVertrag(long nummer, long summe, int beginn, int dauer, String name,
            String anschrift, int gebJahr) {
        nehmer = new VersNehmer(name, anschrift, gebJahr, this);
        this.nummer = nummer;
        this.summe = summe;
        this.beginn = beginn;
        this.dauer = dauer;
    }
    abstract double auszahlung();
    // weitere Methoden: Vertrag ändern, Beitrag berechnen, ...
}
```

```
// KapitalbildendeLV.java

class KapitalbildendeLV extends VersVertrag {
    static final int BEITR_SENKUNG = 0, VS_ERHOEHUNG = 1, ZINS_SAMM = 2;
    int ueberschussVerwendung;
    KapitalbildendeLV(long nummer, long summe, int beginn, int dauer,
            String name, String anschrift, int gebJahr, int ueberschussVerwendung) {
        super(nummer, summe, beginn, dauer, name, anschrift, gebJahr);
        this.ueberschussVerwendung = ueberschussVerwendung;
    }
    double auszahlung() { ..... komplexe Berechnung }
}
```

```
// RisikoLV.java

class RisikoLV extends VersVertrag {
   static final int FALLEND = 0, KONSTANT = 1;
   int leistung;
   RisikoLV(long nummer, long summe, int beginn, int dauer, String name,
         String anschrift, int gebJahr, int leistung) {
      super(nummer, summe, beginn, dauer, name, anschrift, gebJahr);
      this.leistung = leistung;
   }
   double auszahlung() { ..... komplexe Berechnung }
}
```

VersVertrag ist hier eine abstrakte Klasse, d.h. es können keine VersVertrag-Objekte angelegt werden. Referenzen auf eine abstrakte Klasse können dagegen deklariert werden. Sie müssen aber immer Objekte von Subklassen referenzieren. Zum Test des Beispiels erzeugen wir ein heterogenes Feld mit Versicherungsverträgen, in das wir konkrete Subklassenobjekte eintragen (vgl. /OOPinJava/kapitel9/VersVertragTest.java):

```
VersVertrag[] vv = new VersVertrag[100000];
vv[0] = new RisikoLV(123938, 250000, 1998, 5, "Stefan Bär", "Mannheim",
   1962, RisikoLV.FALLEND);
vv[1] = new KapitalbildendeLV(1182331, 80000, 1999, 25, "Katja Mann",
   "Ulm", 1967, KapitalbildendeLV.ZINS_SAMM);
vv[2] = new RisikoLV(239754, 120000, 1986, 15, "Helge Kruse", "Erlangen",
   1952, RisikoLV.KONSTANT);
VersVertrag vertrag;
for (int i = 0; i < vv.length; i++)
   if ((vertrag = vv[i]) != null)
      out.println("Vertrag: " + vertrag.nummer
         + "\t akt. Auszahlungsbetrag: " + vertrag.auszahlung());
```

Einige Regeln sind beim Einsatz von abstrakten Methoden und Klassen einzuhalten:

- Jede Klasse, die eine abstrakte Methode enthält, muß selbst abstract deklariert werden.
- Für die Subklasse einer abstrakten Klasse können Objekte erzeugt werden, wenn sie alle abstrakten Methoden ihrer Superklasse überschreibt, also eine Implementation für alle Methoden liefert.

- Wenn eine Subklasse einer abstrakten Klasse nicht alle abstrakten Methoden, die sie erbt, überschreibt, ist sie ebenfalls abstrakt und muß abstract spezifiziert werden.

- Konstruktoren sowie static, final oder private deklarierte Methoden können nicht abstract sein.

Sofern man eine reine *Prokollklasse* – das ist eine abstrakte Klasse, die nur abstrakte Methoden und keinen Konstruktor enthält – benötigt, ist zu prüfen, ob es nicht vorteilhafter ist, ein Interface (siehe Kapitel 11) zu benutzen.

Eine Klasse sollte nicht abstract deklariert werden, wenn man nur die Objekterzeugung verhindern will, weil die Klasse lediglich Klassenmethoden und -variablen enthält, wenn aber keine spezielleren Subklassen vorgesehen sind. In diesem Fall deklariert man einen einzigen Konstruktor ohne Parameter und spezifiziert ihn private. Diese Vorgehensweise wurde z.B. bei der Implementation von java.lang.Math gewählt:

```
public final class Math {
  private Math() { }
  ..... static Konstanten und Methoden
}
```

Bemerkung

Wird eine Methode in einer abtrakten Klasse nicht abstract deklariert, so erben Subklassen das Methodeninterface zusammen mit einer Standard-Implementation. Falls die Methode dagegen abstract deklariert ist, so wird nur das Methodeninterface vererbt. Die Implementation muß dann in einer Subklasse erfolgen.

9.8 Typinformationen zur Laufzeit

Wenn die VM eine Klasse lädt, wird für diese Klasse ein Class-Objekt angelegt, das eine große Auswahl an Informationen über die Klasse und ihre Objekte enthält.

Mit dem Aufruf der aus Object geerbten Methode getClass erhält man das Class-Objekt, das dem aktuellen Typ einer Referenz entspricht, vorausgesetzt, die Referenz ist nicht null.

Sofern man Klassen wiederverwendet, die nicht im Quellcode vorliegen, und deren Entwickler nicht für alle denkbaren Anwendungen durch Deklaration abstrakter Methoden Polymorphie ermöglichen (wie sollten sie auch), kann man sich mit dieser expliziten Typfeststellung behelfen. Soll etwa in Erweiterung der Kto-Beispiels durch ein Anwendungsprogramm die Anzahl der existierenden Festgeldkonten ermittelt werden, gehen wir so vor:

```
int anz = 0;
for (int i = 0; i < ktoFeld.length; i++)
   if (ktoFeld[i] != null && ktoFeld[i].getClass().getName().equals("FestgeldKto"))
      anz++;
Kto.out.println("Anzahl der Festgeldkonten: " + anz);
```

Die Methode getName liefert hier den Typ des referenzierten Objekts als String.

Ein weiteres Beispiel, das einen Eindruck über die Informationen vermitteln soll, die mit Class-Objekten erhältlich sind, ist Typinfo.java. Sogar Aufrufe von Methoden, deren Namen man nach einer solchen *Introspektion* erst auswählt oder einliest, sind möglich.

```
// Typinfo.java

import java.lang.reflect.*;

class Typinfo {
   public static void main(String[] args) {
      GiroKto kto = new GiroKto("S. Lucas", 301087, 3020.15);
      Class c = kto.getClass();
      Field[] variablen = c.getDeclaredFields();
      for (int i = 0; i < variablen.length; i++)
         Kto.out.println("Variable: " + variablen[i]);
      Method[] methoden = c.getDeclaredMethods();
      for (int i = 0; i < methoden.length; i++)
         Kto.out.println("Methode: " + methoden[i]);
      Constructor[] konstruktoren = c.getDeclaredConstructors();
      for (int i = 0; i < konstruktoren.length; i++)
         Kto.out.println("Konstruktor: " + konstruktoren[i]);
   }
}
```

getDeclaredFields, getDeclaredMethods und getDeclaredConstructors liefern jeweils ein Feld mit allen in der Klasse deklarierten Variablen, Methoden bzw. Konstruktoren – unabhängig davon, ob sie private, protected oder public spezifiziert sind. Wenn der interessierende Typ laufzeitunabhängig feststeht, kann man das in Abschnitt 4.5 erwähnte Klassenliteral verwenden. Das letzte Beispiel kann damit modifiziert werden zu Class c = GiroKto.class;.

9.9 Übungsaufgaben

1. Schreiben Sie eine verbesserte Version der SignalTimer-Klasse, indem Sie die die Variablen kapseln, Zugriffsfunktionen implementieren und Konstruktoren deklarieren.

2. Was wird hier ausgegeben und warum? Was ändert sich, wenn man die Deklaration von x(int) aus W entfernt?

```
class W {
   static PrintWriter out = new PrintWriter(System.out, true);
   void x(int i) { out.println("W.x(int)"); }
   void x(long l) { out.println("W.x(long)"); }
}

class V extends W {
   void x(int i) { out.println("V.x(int)"); }
}

class U extends V {
   void x(long l) { out.println("U.x(long)"); }
}

class Test {
   public static void main(String[] args) {
      W ref = new U();
      ref.x(5);
   }
}
```

3. Entwickeln Sie die Deklarationen für drei Klassen Tank, VorratsTank und ProduktTank. Tank soll abstrakte Superklasse von VorratsTank und ProduktTank sein, Informationen über Fassungsvermögen, Inhalt und Füllmenge speichern

und eine Methode status zum Anzeigen des Tankzustands enthalten. VorratsTank soll zusätzlich eine Methode zur Entnahme von Rohstoffen implementieren und status überschreiben. Analog soll ProduktTank zusätzlich eine Methode zur Aufnahme von Endprodukten implementieren und ebenfalls status überschreiben.

Schreiben Sie die Klassendeklarationen (einschließlich vernünftiger Konstruktoren) und testen Sie sie in einer kleinen Anwendung, die ein Tanklager mit Vorrats- und Produkttanks aufbaut.

4. Weshalb ist das, was bei den Methoden g ein Fehler ist, bei f möglich?

```
class X {
   static PrintWriter out = new PrintWriter(System.out, true);
   private int f() { out.println("X.f"); return 123; }
   int g() { out.println("X.g"); return 123; }
}

class Y extends X {
   double f() { out.println("Y.f"); return 1.23; }
   double g() { out.println("Y.g"); return 1.23; }
}
```

5. Warum wird das Folgende nicht übersetzt?

```
class X {
   static PrintWriter out = new PrintWriter(System.out, true);
   void m(int i) { out.println("X.m(int)"); }
}

class Y extends X {
   void m(long l) { out.println("Y.m(long)"); }
   public static void main(String[] args) {
      X x = new Y();
      x.m(5L);
   }
}
```

6. Betrachten Sie das VersVertragTest-Beispiel und machen Sie sich (ggf. mittels einer Zeichnung) klar, wie ein RisikoLV-Objekt konstruiert wird: Reihenfolge der Aufrufe, Konstruktion des VersNehmers usw.

7. Erzeugen Sie einige Timer- und SignalTimer-Objekte und geben Sie diese einfach mit println aus. Hierbei wird implizit die aus Object geerbte Methode toString (vgl. 3.1) aufgerufen, die den Klassennamen, gefolgt von einem Hashcode, der mit der Adresse, an der das Objekt gespeichert ist, zusammenhängt – z.B. Timer@9e3dbd20 – ausgibt.

   Fertigen Sie überschriebene toString-Versionen für beide Klassen an und rufen Sie im SignalTimer die Timer-Implementation auf.

8. Weshalb ist es sinnvoll, daß Konstruktoren sowie static, final oder private deklarierte Methoden nicht abstract sein können?

Kapitel 10

Pakete, Geltungsbereiche und Zugreifbarkeit

Eine Übersetzungseinheit ist die umfassendste Struktur, die man in Java spezifizieren kann. Sie enthält in der Regel den Quellcode für eine Klassen- oder Interfacedeklaration. Mehrere Klassendeklarationen sind möglich; siehe aber die unten (S. 159) angeführten Einschränkungen. Bei seinem Aufruf werden javac die Übersetzungseinheiten als Argumente übergeben, deren Java-Code er in Bytecodes übersetzen soll.

In einem *Paket* faßt man eine Gruppe zusammenarbeitender Klassen (genauer: ihre Übersetzungseinheiten) zusammen. Es entsteht dadurch ein neuer Geltungsbereich für die in dem Paket deklarierten Typen. Jede Java-Übersetzungseinheit gehört genau einem Paket an, das man durch eine Package-Deklaration spezifiziert.

10.1 Pakete

Bereits in Abschnitt 2.7 hatten wir gesehen, daß eine Übersetzungseinheit – abgesehen von Kommentaren und White-Space – aus einer optionalen Package-Deklaration, einer optionalen Folge von Import-Deklarationen und einer ebenfalls optionalen Folge von Typdeklarationen besteht (Syntaxregeln 15–22). Die Package-Deklaration legt den Namen des Pakets fest, dem die deklarierten Klassen oder Interfaces angehören sollen. Sie kann nur am Beginn einer Übersetzungseinheit stehen. Beispielsweise bewirkt

```
package classes.develop;

class SignalTimer extends Timer { ..... }
```

daß die Klasse SignalTimer dem Paket classes.develop angehört. classes.develop selbst ist wieder Element des Pakets classes, d.h. Pakete können hierarchisch organisiert werden. Eine derartige Strukturierung hat aber keinerlei Auswirkungen auf die Geltungsbereiche oder Zugriffsrechte, z.B. hat Code aus einem Paket kls.java genau dieselben Zugriffsrechte auf die Typen in classes wie Code aus classes.develop. Ebensowenig ist der Geltungsbereich der Namen in classes.develop im Geltungsbereich des Pakets classes enthalten.

Es hängt von der verwendeten Java-Entwicklungsumgebung ab, wie Java-Code, Bytecodes und Pakete gespeichert werden. Im einfachsten Fall wird – wie auch vom JDK – das Dateisystem benutzt. Und für das Abspeichern von Paketen in Dateien wird dann pro Paket bzw. Unterpaket ein Verzeichnis bzw. Unterverzeichnis angelegt, das mit dem entsprechenden Bezeichner aus dem Paketnamen benannt wird. Im obigen Beispiel würde SignalTimer.class in ./classes/develop gespeichert.

Darüber hinaus wird als eindeutiges Namensschema für Klassen, die internetweit zur Verfügung gestellt werden sollen, vorgeschlagen, Paketnamen mit dem in umgekehrter Reihenfolge geschriebenen Domainnamen zu beginnen und den obersten Paketnamen großzuschreiben, also etwa DE.scicomp.java.classes.develop.

Damit der Java-Compiler Pakete (ausgehend vom aktuellen Verzeichnis) in den gewünschten Verzeichnissen ablegt und diese gegebenenfalls vorher erzeugt, gibt man die Verzeichnisnamen beim Übersetzen mit an. Im Beispiel

```
// Pack.java

package classes.develop;

import java.io.*;

class Pack {
   void test() {
      new PrintWriter(System.out, true).println("Pack-Test");
   }
}
```

können wir javac in der Form javac -d . Pack.java aufrufen. Dies bewirkt, daß – sofern es noch nicht existiert – unterhalb des aktuellen Verzeichnisses ein Verzeichnis classes/develop angelegt wird und daß Pack.class dort abgelegt wird.

Ebenso ist die Angabe eines absoluten Pfades möglich:

javac -d /DE/scicomp/java Pack.java bewirkt, daß unterhalb von /DE/scicomp/java ein Verzeichnis classes/develop angelegt und Pack.class dort abgelegt wird. Bei Benutzung einer integrierten Entwicklungsumgebung (JBuilder, JavaWorkShop o.ä.) werden diese Verwaltungsaufgaben von dem Werkzeug mit übernommen bzw. können durch Menüs, die Projekteigenschaften spezifizieren, gesteuert werden.

Die Organisation von Klassen in Pakete bleibt nicht ohne Auswirkung auf die Geltungsbereiche der Klassen- und Elementnamen; ebenso werden die Zugriffsrechte tangiert. Zum Beispiel läßt sich das Folgende nicht übersetzen

```
// PackTesti.java

class PackTesti {
   public static void main(String[] args) {
      new Pack().test();        // Fehler
   }
}
```

weil der Klassenname Pack außerhalb seines Pakets nicht gilt und mit seinem Paketnamen *qualifiziert* werden muß. Trotz der Benutzung des kompletten Namens scheitert jedoch auch der nächste Versuch – diesmal an den fehlenden Zugriffsrechten.

```
// PackTestii.java

class PackTestii {
   public static void main(String[] args) {
      new classes.develop.Pack().test();        // Fehler
   }
}
```

Befindet sich das Testprogramm im selben Paket, ergeben sich keine Probleme:

```
// PackTest.java

package classes.develop;

class PackTest {
   public static void main(String[] args) {
      Pack p = new Pack();
```

```
        p.test();
    }
}
```

Nachdem wir mittels javac -d . PackTest.java übersetzt haben, laden wir diese Klasse durch java classes.develop.PackTest, also durch Angabe ihres vollständigen Namens.

Bei den Beispielen aus den Kapiteln 1–9 haben wir keine Package-Deklarationen eingesetzt. Die Klassen-Bytecodes werden dann in ein *unbenanntes Standardpaket* aufgenommen. Von Java-Systemen, die Pakete im Dateisystem abspeichern, wird der Einfachheit halber mit jedem Verzeichnis ein unbenanntes Paket assoziiert. Die Aufnahme von . in den CLASSPATH und die Benutzung von Standardpaketen ist daher für umfangreichere Projekte kaum empfehlenswert.

Im folgenden gehen wir genauer auf die Geltungsbereiche und Zugriffsrechte, die sich im Zusammenhang mit der Organisation von Klassen in Paketen ergeben, ein.

10.2 Geltungsbereiche

Pakete, Klassen, Interfaces, Variablen, Methoden, lokale Variablen und Parameter werden in Java durch eine Deklaration eingeführt. Unter dem Geltungsbereich des Namens eines solchen Gegenstands versteht man den Java-Code, in dem man ihn einfach durch seinen deklarierten Bezeichner ansprechen kann.

- Der Geltungsbereich eines Pakets hängt vom verwendeten Java-System ab. Für jeden Benutzer muß der Name des Standardpakets java, in dem die Unterpakete java.lang, java.io, java.util, java.net usw. enthalten sind, gelten. Neben dieser Mindestanforderung erwarten wir, daß in einem sinnvoll eingerichteten System auch die von uns selbst deklarierten Paketnamen gelten.

- Der Geltungsbereich eines Klassennamens besteht aus allen Klassen- und Interfacedeklarationen in allen Übersetzungseinheiten des Pakets, in dem der Name deklariert ist. (Dies ist der Grund dafür, daß im obigen Beispiel der Name Pack in PackTest.java gilt.) Ausgenommen sind die Namen eingebetteter Klassen, die den Klassenrumpf ihrer umgebenden Klasse als Geltungsbereich erhalten.

  Interfacenamen gelten wie Klassennamen in allen Klassen- und Interfacedeklarationen ihres Pakets.

Die Geltungsbereiche der übrigen Namen wurden – mit Ausnahme der Parameter von Ausnahme-Handlern – bereits diskutiert:

- Der Geltungsbereich eines Klassenelements ist der gesamte Rumpf der Klassendeklaration. Dabei spielt es keine Rolle, ob es sich um in der Klasse deklarierte oder um geerbte Elemente handelt (vgl. 8.1).

  Analog erhalten die Namen von Interfaceelementen als Geltungsbereich den Rumpf der Interfacedeklaration.

- Der Geltungsbereich einer lokalen Variablen ist der Rest des Blocks, in dem die Deklaration enthalten ist (vgl. 6.1).

- Der Geltungsbereich einer lokalen Variablen, die im *For-Init*-Teil einer for-Anweisung deklariert ist, ist der Rest der for-Anweisung (*Ausdruck*, *For-Update* und *Anweisung*, vgl. 6.5.3).

- Der Geltungsbereich eines Methoden- oder Konstruktorparameters ist der gesamte Methoden- bzw. Konstruktorrumpf (vgl. 8.6.2).

Einen Teil der aufgeführten Gegenstände kann man auch von außerhalb ihres Geltungsbereichs verwenden, wenn man einen qualifizierten Namen (vgl. S. 46) benutzt. Beispielsweise kann man Paket- mit Unterpaketnamen zusammensetzen, Paket- mit Klassen- oder Interfacenamen zusammensetzen, Klassen- oder Interfacenamen mit Elementnamen zusammensetzen bzw. Objektreferenzen und Elementnamen zusammensetzen. Zum Zusammenfügen der einzelnen Bezeichner wird jeweils ein . benutzt. Für alle diese Fälle haben wir in den letzten Abschnitten und Kapiteln bereits Beispiele gesehen. Lokale Variablen und Parameter sind von außerhalb ihres Geltungsbereichs nicht referenzierbar.

Zugriffe, z.B. Objekterzeugung, Methodenaufruf, Zuweisung usw. sind nur möglich, wenn man neben einem gültigen Namen auch die Zugriffsrechte besitzt.

10.3 Zugriffsrechte

Die Verwendung der Namen von Paketen, Klassen, Interfaces sowie Elementen von Klassen bzw. Interfaces wird vom Java-Compiler einer Zugriffskontrolle unterzogen; sofern der Zugriff gestattet ist, heißt der entsprechende Gegenstand *zugreifbar*.

Zugriffsrechte werden durch die Modifizierer public, protected und private bzw. die Standardeinstellungen gesteuert. Klassen können public oder ohne Modifizierer spezifiziert werden. Klassenelemente und Konstruktoren können public, protected, private oder ohne Modifizierer spezifiziert werden. Interfaces können public oder ohne Modifizierer spezifiziert werden; ihre Elemente sind implizit public, siehe Kapitel 11.

- Ob ein Paket zugreifbar ist, hängt vom verwendeten Java-System ab und wird nicht durch Java-Konstrukte gesteuert. Bei Benutzung des Dateisystems zur Paketorganisation kommt es auf die vergebenen Leseberechtigungen an. Diese Regelung klingt sehr schwammig; u.E. ist jedoch kaum eine andere Lösung vorstellbar, die nicht die Rechte der Systemverwalter beeinträchtigen würde.

  Die Zugreifbarkeit eines Pakets ist Grundvoraussetzung für die Zugreifbarkeit seiner Klassen und Interfaces.

- Wenn eine Klasse public deklariert ist, ist sie für jeden Java-Code zugreifbar, für den das Paket, dem sie angehört, zugreifbar ist.

  Wenn eine Klasse nicht public deklariert ist, erhält sie die Standardzugriffsrechte und ist nur noch für Java-Code aus demselben Paket, in dem sie enthalten ist, zugreifbar. (Das ZaehlerApplet aus Abschnitt 1.1 hatten wir public deklariert, damit es auch auf einem entfernten Rechner gestartet werden kann.)

  Analog gilt für public Interfaces, daß sie für sämtlichen Code, der auf ihr Paket zugreifen kann, zugreifbar sind. Ansonsten beschränkt sich ihre Zugreifbarkeit auf Code innerhalb ihres Pakets.

- Ein Element oder ein Konstruktor einer Klasse ist nur zugreifbar, wenn die Klasse zugreifbar ist. Weiterhin gilt:

  - public Elemente oder Konstruktoren sind für jeglichen Java-Code zugreifbar, für den ihre Klasse zugreifbar ist.

    Analoges gilt für die Zugreifbarkeit von Interfaceelementen, die implizit public sind: Sie sind zugreifbar, wenn das Interface zugreifbar ist.

  - private Elemente oder Konstruktoren sind nur innerhalb ihrer Klassendeklaration zugreifbar.

  - protected Elemente oder Konstruktoren sind innerhalb des Pakets, das die Deklaration ihrer Klasse enthält, zugreifbar.

    Weiterhin sind sie in Subklassen ihrer Klasse zugreifbar, sofern die Klasse selbst zugreifbar ist. Die Subklasse kann einem anderen Paket angehören.

- Ohne Verwendung von public, protected oder private sind Elemente und Konstruktoren nur innerhalb des Pakets, das die Deklaration ihrer Klasse enthält, zugreifbar. In diesem Fall spricht man von den *Standardzugriffsrechten.*

Es ist zu beachten, daß mittels protected die Zugreifbarkeit im Vergleich zu den Standardzugriffsrechten erweitert wird. Diese Möglichkeit wird von Klassenentwicklern bei der Implementation von Details in Klassen verwendet, die Kandidaten zur Subklassenbildung in anderen Paketen sind.

Im folgenden betrachten wir eine Reihe sehr einfacher und kurzer Beispiele, die die Vielfalt der Möglichkeiten, Zugriffsrechte zu vergeben, demonstrieren sollen.

```
// AB.java

class A {
   private int i;
   private void m() { ..... }
}

class B {
   void l() {
      A a = new A();
      a.i = 10;             // Fehler
      a.m();                // Fehler
   }
}
```

Die Klassen A und B gehören hier demselben unbenannten Standardpaket an. Die Zugriffe scheitern, weil i und m nur im Rumpf von Klasse A zugreifbar sind.

```
// X.java

package packi;

class X {
   protected int i;
   protected void m() { ..... }
}
```

```
// Y.java

package packi;

class Y {
   void l() {
      X a = new X();
      a.i = 10;
      a.m();
   }
}
```

Beide Klassen gehören dem Paket packi an. Die Zugriffe sind möglich, weil i und m für beliebigen Code in packi zugreifbar sind.

```
// Z.java

package packii;

class Z extends packi.X {        // Fehler
   void l() {
      i = 10;
      m();
   }
}
```

Hier scheitert bereits das Deklarieren der Subklasse Z, weil X einem anderen Paket angehört und der Klassenname somit nicht zugreifbar ist. Wenn man X jedoch zur public Klasse macht, ist die Deklaration von Z einschließlich der Zugriffe auf i und m korrekt.

```
// U.java

package neu;

public class U {
   public int i;
   public void m() { ..... }
}
```

```
// V.java

package alt;

class V {
   void l() {
      neu.U a = new neu.U();
      a.i = 10;
      a.m();
   }
}
```

Beide Klassendeklarationen gehören hier verschiedenen Paketen an. Die Zugriffe in V.l sind nur möglich, weil sowohl die Klasse U, als auch ihre Elemente public sind.

```
// R.java

package comp;

public class R {
   int i;
   void m() { ..... }
}
```

```
// S.java

package comp;

class S {
   void l() {
      R a = new R();
      a.i = 10;
      a.m();
   }
}
```

In diesem Beispiel gehören R und S dem Paket comp an. Die Klassen und ihre Elemente haben jeweils Standardzugriffsrechte. Daher sind die Zugriffe in S.l zulässig.

10.3.1 Zugriffsrechte und Vererbung

Beim Überschreiben von Methoden ist zu beachten, daß die überschreibende Methode die Zugriffsrechte der überschriebenen Methode nicht reduzieren darf. Das heißt, eine public Methode kann nur public überschrieben werden, eine protected Methode kann nur public oder protected überschrieben werden, und eine Methode ohne Modifizierer kann nicht private überschrieben werden. Zum Beispiel:

```
class X {
   int l() { ..... }
   public void m() { ..... }
   public int a = 5;
}

class Y extends X {
   protected int l() { ..... }
   void m() { ..... }        // Fehler
   int a = -5;
}
```

Die Einschränkung der Zugreifbarkeit der Variablen a ist hier unproblematisch, da die aus X geerbte Variable a verdeckt wird, in der Form super.a aber nach wie vor zugreifbar ist (9.2). Daß dies beim Überschreiben von Methoden nicht zulässig ist, hängt damit zusammen, daß Subtypen immer als Instanzen ihrer Supertypen einsetzbar sein sollen. Ihre Objekte müssen also zumindest das „können", was die Supertyp-Objekte können.

Die Bedingung liefert auch den Grund dafür, daß wir Methoden gelegentlich public deklarieren, auch wenn ihre Klasse nicht public ist, die Zugreifbarkeit auf die Methode also gar nicht verbessert wird. So hatten wir im ZaehlerFrame-Beispiel (Abschnitt 1.1) actionPerformed als public deklariert, obwohl die Klasse ButtonListener nicht public ist. Im ActionListener ist diese Methode jedoch public spezifiziert.

Zugriffsrechte werden von Java immer bereits beim Übersetzen geprüft, d.h. das folgende Beispiel ist fehlerhaft, obwohl die dynamisch aufzurufende Methode (M.drucke) public ist:

```
class K {
   static PrintWriter out = new PrintWriter(System.out, true);
```

```
    private void drucke() { out.println("K"); }
}

class L extends K {
    void drucke() { out.println("L"); }
}

class M extends K {
    public void drucke() { out.println("M"); }
}

class KLM {
    public static void main(String[] args) {
        K ref = new M();
        ref.drucke();
    }
}
```

Der Aufruf ref.drucke() wird hier nicht übersetzt, weil der Compiler bei seiner Suche nach der spezifischsten Methode keine aufrufbaren Methoden findet.

Bemerkung

Eine Übersetzungseinheit darf höchstens eine public Klasse enthalten. Wenn diese Klasse X heißt und das Dateisystem zum Abspeichern benutzt wird, muß sie in einer Datei X.java deklariert werden. Java gestattet jedoch auch das Speichern von Übersetzungseinheiten in einer Datenbank. Die Einschränkung auf eine public Klasse pro Übersetzungseinheit ist dann nicht relevant, sofern es eine Möglichkeit gibt, die Übersetzungseinheiten entsprechend auszulesen und in Dateien zu plazieren. Eine analoge Einschränkung gilt auch für public Interfacedeklarationen.

Die folgende Tabelle zeigt nochmals die Zugriffsmodifizierer für Klassenelemente und die resultierenden Zugriffsrechte, wobei die Grundvoraussetzung der Zugreifbarkeit der Klasse zu berücksichtigen ist.

Modifizierer	*Zugriff möglich aus*
private	Code in Klasse
–	Code in Paket
protected	Code in Paket und in Subklassen
public	sämtlicher Java-Code

10.4 Import-Deklarationen

Klassen innerhalb desselben Pakets können sich gegenseitig mit ihrem Bezeichner referenzieren – siehe den Zugriff auf den Bezeichner Pack in der PackTest-Deklaration in 10.1. Um Klassen in anderen Paketen lokalisieren zu können, wird jedoch ein qualifizierter Name benötigt. Im Beispiel

```
// QualifizierteNamen.java

class QualifizierteNamen {
  public static void main(String[] args) throws java.io.IOException {
    java.io.BufferedReader in =
      new java.io.BufferedReader(new java.io.InputStreamReader(System.in));
    java.io.PrintWriter out = new java.io.PrintWriter(System.out, true);
    out.print("a? ");
    out.flush();
    int a = Integer.parseInt(in.readLine());
    out.println("a = " + a);
  }
}
```

sind die Ein- bzw. Ausgabeklassen BufferedReader, InputStreamReader und PrintWriter sowie die Ausnahmeklasse IOException jeweils mit dem Namen ihres Pakets java.io qualifiziert. Zur Vereinfachung der Schreibweise bietet Java die Möglichkeit, Namen mit einer Import-Deklaration zu *importieren* und dann wieder einfach den Bezeichner zu benutzen.

Eine einzelne Import-Deklaration importiert einen einzelnen Typ (eine Klasse oder ein Interface), indem sein voll qualifizierter Name nach import angegeben wird. Dieser Typ muß in einem zugreifbaren Paket public deklariert sein. Das obige Beispiel können wir auch so implementieren:

```
// ImportierteNamen.java

import java.io.IOException;
import java.io.BufferedReader;
import java.io.InputStreamReader;
import java.io.PrintWriter;
```

```
class ImportierteNamen {
   public static void main(String[] args) throws IOException {
   BufferedReader in = new BufferedReader(new InputStreamReader(System.in));
      PrintWriter out = new PrintWriter(System.out, true);
      out.print("a? ");
      out.flush();
      int a = Integer.parseInt(in.readLine());
      out.println("a = " + a);
   }
}
```

Es ist auch möglich, alle public deklarierten Typen eines Pakets mit einer einzigen Import-Deklaration, die den Paketnamen mit * abschließt, zu importieren. Das Paket muß wieder zugreifbar sein. Unser Beispiel vereinfacht sich damit zu:

```
// KomplettImport.java

import java.io.*;

class KomplettImport {
   public static void main(String[] args) throws IOException {
      ..... wie oben
   }
}
```

Import-Deklarationen stehen in einer Übersetzungseinheit nach der Package-Deklaration (falls vorhanden) und vor den Klassen- oder Interfacedeklarationen. Java fügt die Import-Deklaration

```
import java.lang.*;
```

implizit in jeden zu übersetzenden Code ein. Dadurch wird der einfache Zugriff auf alle im Paket java.lang deklarierten Typen ermöglicht. Unter anderem sind die Klassen Class, Exception, Math, Object, String, System, Thread und die Hüllklassen Boolean, Character, Double usw. in diesem Paket enthalten.

Eine Import-Deklaration kann nur Klassen und Interfaces, aber keine Unterpakete importieren. Aus diesem Grund haben wir im ZaehlerFrame- und im ZaehlerApplet-Beispiel neben java.awt.* auch java.awt.event.* importiert. Daß nur die public Klassen und Interfaces eines Pakets importierbar sind, liegt daran, daß man nur auf diese außerhalb ihres Pakets zugreifen kann, sofern das Paket selbst zugreifbar ist (vgl. 10.3).

Es ist offensichtlich, daß beim Importieren Namenskonflikte auftreten, wenn man mehrere Pakete importiert, die einen Typ desselben Namens deklarieren. In diesem Fall muß man auf die voll qualifizierten Namen zurückgreifen. (Ebenso handelt man sich einen Namenskonflikt ein, wenn man eine Klasse X in ein Paket X aufnehmen will.)

Zum Abschluß dieses Kapitels wollen wir im letzten Abschnitt noch darauf hinweisen, daß Import-Deklarationen keinerlei Code in eine Übersetzungseinheit importieren. Java wird nur darüber informiert, wo sich die Deklarationen von Klassen oder Interfaces befinden, die in der jeweiligen Übersetzungseinheit referenziert aber nicht deklariert werden.

10.5 Die Suche nach class-Dateien

Wenn der Java-Compiler beim Übersetzen auf einen Typbezeichner trifft, sucht er die Bytecodes für die Klasse oder das Interface in den class-Dateien in allen Verzeichnissen, die im CLASSPATH aufgeführt sind bzw. den Verzeichnissen jeder zip-Datei, die im CLASSPATH spezifiziert ist. Falls wir mit

```
/java/jdk1.2/lib/classes.zip:/OOPinJava/kapitel10
```

oder der entsprechenden Einstellung für Win 95/NT arbeiten, wird Pack.class bei der Übersetzung von PackTesti.java in den Verzeichnissen /java/jdk1.2/lib und in /OOPinJava/kapitel10 gesucht (und nicht gefunden, vgl. 10.1).

Enthält die Übersetzungseinheit eine Package-Deklaration, wird ihr Paketname in einen relativen Pfadnamen umgewandelt und an die mit dem CLASSPATH spezifizierten Verzeichnisse angefügt. Im PackTest-Beispiel wird Pack.class folglich in /java/jdk1.2/lib/classes/develop und in /OOPinJava/kapitel10/classes/develop gesucht (und dort auch gefunden, vgl. 10.1).

Darüber hinaus erweitert jede Import-Deklaration die Suche nach einer class-Datei, indem auch diese Paketnamen umgewandelt und zusammen mit den CLASSPATH-Verzeichnissen noch zusätzlich betrachtet werden. Beim Übersetzen von KomplettImport.java würde die Datei BufferedReader.class beispielsweise in /java/jdk1.2/lib,

/OOPinJava/kapitel10, /java/jdk1.2/lib/java/io, /OOPinJava/kapitel10/java/io sowie aufgrund des impliziten Imports von java.lang.* noch in /java/jdk1.2/lib/java/lang und in /OOPinJava/kapitel10/java/lang gesucht. Da die Suche in /java/jdk1.2/lib/java/io erfolgreich ist, wird sie dort abgebrochen.

Völlig analog sucht auch der Java-Interpreter beim Laden von class-Dateien in den Verzeichnissen, die im CLASSPATH aufgeführt sind. Die Ergänzung um relative Pfade, die Paketnamen entsprechen, ist hier nicht notwendig, weil javac beim Übersetzen alle Typbezeichner durch ihre vollständig qualifizierten Namen ersetzt. Dies kann man gut beobachten, wenn man PackTest.class mittels javap -c classes.develop.PackTest untersucht.

10.6 Übungsaufgaben

1. Betrachten Sie die beiden folgenden Klassen, die in derselben Übersetzungseinheit deklariert sind:

   ```
   class Transaktion {
      Betrag x;
      void fuehreDurch() { }
   }

   class Betrag {
      int dm;
      int pfg;
   }
   ```

   Plazieren Sie die Klassen in getrennte Pakete, so daß sie nach wie vor auf alle Variablen und Methoden zugreifen können. Nennen Sie das erste Paket buchungen, das zweite waehrungen.

2. Modifizieren Sie die Pack-Deklaration so, daß die Klasse mit ihrer Methode test für beliebigen Java-Code zugreifbar ist. Entfernen Sie PackTest aus dem Paket classes.develop und nehmen Sie die Klasse in das unbenannte Standardpaket eines anderen Verzeichnisses auf (z.B. /OOPinJava/tests). Bringen Sie das Testprogramm wieder zum Laufen.

Statt bei derartigen Tests ständig die Umgebungsvariable CLASSPATH zu verändern, kann man javac und java mit der Option -classpath Suchpfade für jeweils einen Aufruf übergeben. Zum Beispiel:

```
javac -classpath /java/jdk1.2/lib/classes.zip:/OOPinJava/tests PackTest.java
```

Untersuchen Sie diese Möglichkeit bei verschiedenen Beispielen dieses Kapitels.

3. Die beiden folgenden Übersetzungseinheiten seien gegeben:

```
// SortAlgo.java

package uebungen.kap10.klassen;

public abstract class SortAlgo {
   public abstract void sortiere(Sortierbar[] x);
}
```

```
// Sortierbar.java

package uebungen.kap10.klassen;

public abstract class Sortierbar {
   public abstract boolean kleiner(Sortierbar y);
   public abstract String toString();
}
```

Schreiben Sie Deklarationen mit konkreten SortAlgo- und Sortierbar-Klassen. Implementieren Sie z.B. das *Sortieren durch Vertauschen.*

Testen Sie Ihre Klassen in einer Anwendung, in der ein Feld mit Sortierbar-Objekten erzeugt und sortiert wird. Keine Ihrer Klassen soll eine Package-Deklaration enthalten. Legen Sie die Quellen SortAlgo.java und Sortierbar.java – so wie es die JDK-Entwickler praktizieren – in einem gesonderten Verzeichnis, z.B. ./uebungen/kap10/quellen ab.

(SortAlgo und Sortierbar sind beides Klassen, für die besser ein Interface eingesetzt werden sollte, siehe Aufgabe 4 in Kapitel 11.)

Kapitel 11

Interfaces

In Abschnitt 9.7 hatten wir gesehen, daß es sinnvoll sein kann, eine Klasse wie Kto oder VersVertrag abstrakt zu deklarieren, wenn sie als Superklasse für eine Vererbungsstruktur vorgesehen ist und eine oder mehrere ihrer Methoden nur in Subklassen sinnvoll implementierbar sind.

In der Praxis treten auch Fälle auf, in denen in der Superklasse keinerlei Variablen benötigt werden und keine Methodenimplementationen (außer einem leeren Rumpf { }) von Interesse sind. Die Klasse wird dann zur *Protokollklasse* oder *rein abstrakten* Klasse. Zum Beispiel:

```
public abstract class Eingabe {
   public abstract boolean liesBoolean() throws IOException;
   public abstract char liesChar() throws IOException;
   .....
}
```

In einer derartigen Situation ist zu prüfen, ob es nicht sinnvoller ist, ein *Interface* anstelle der Klasse zu deklarieren.

Das Interface ist neben Feldern und Klassen der dritte Java-Referenztyp. Interfaces können wie Klassen in Super- und Subtypen gegliedert werden. Darüber hinaus kann eine Klasse ein Interface *implementieren*, indem in ihrer Deklaration alle Interfacemethoden überschrieben werden. Im Unterschied zur Klassenvererbung kann eine Klasse mehrere direkte Superinterfaces haben; ein weiterer Unterschied ist das Fehlen eines gemeinsamen Superinterfaces analog zu Object. Interfaces liefern somit eine unabhängig zur Klassenvererbungshierarchie existierende Vererbungsstruktur.

Variablen eines Interfacetyps können als Wert Referenzen auf Objekte von Klassen enthalten, die das Interface implementieren. Zwischen Sub- und Superinterfaces sowie Klassen und den Interfaces, die sie implementieren, sind implizite Typvergrößerungen und explizite Typverkleinerungen möglich – siehe Anhang C.

Ein Interface selbst kann, wie eine abstrake Klasse, nicht instanziert werden.

11.1 Interfacedeklarationen

Mit einer *Interfacedeklaration* spezifiziert man einen neuen Referenztyp. Den Syntaxregeln 53–59 kann man entnehmen, daß die Deklaration aus bis zu fünf Teilen bestehen kann:

- Den optionalen Modifizierern public und abstract,
- dem Schlüsselwort interface,
- einem Bezeichner, mit dem das Interface benannt wird,
- einem optionalen extends mit nachfolgender Angabe einer Liste von Superinterfaces und
- dem Interfacerumpf, der – in { und } eingeschlossen – die Deklarationen einer beliebigen Anzahl von Variablen und Methoden enthält.

Der Geltungsbereich eines Interfacenamens ist, wie bei Klassennamen, das gesamte Paket, in dem das Interface deklariert ist (vgl. 10.2). Dies bedeutet, daß Interfaces und Klassen im selben Paket verschiedene Namen erhalten müssen.

Ein Interface ist implizit abstract spezifiziert, die Benutzung des abstract Modifizierers erübrigt sich hier also. Analog zu Klassen werden die Zugriffsrechte durch eine public Spezifikation so beeinflußt, daß das Interface dann überall dort zugreifbar ist, wo das Paket, in dem es enthalten ist, zugreifbar ist (vgl. 10.3).

Der Geltungsbereich der Elemente eines Interfaces ist – wie bei Klassen – der gesamte Interfacerumpf. Bei den Zugriffsrechten ist zu beachten, daß alle Interfaceelemente implizit public sind; außerhalb ihres Pakets sind sie also genau dann zugreifbar, wenn das Interface public spezifiziert ist (und das Paket zugreifbar ist).

11.2 Interfaceelemente

Neben den Elementen (Methoden und Variablen), die in seinem Rumpf deklariert sind, hat ein Interface alle aus direkten Superinterfaces geerbten Methoden und Variablen als Elemente. Ausgenommen hiervon sind verdeckte Variablen und überschriebene Methoden, die nicht vererbt werden.

11.2.1 Interfacemethoden

Alle in einem Interface deklarierten Methoden sind implizit abstract, d.h. bei ihrer Deklaration werden lediglich Ergebnistyp und Signatur der Methode festgelegt, und der Methodenrumpf entfällt. Darüber hinaus sind Interfacemethoden implizit public, und die Angabe dieses Modifizierers erübrigt sich somit.

Eine Interfacemethode darf nicht static spezifiziert werden (static Methoden können nicht abstrakt sein, vgl. 9.7). Sie darf auch nicht final spezifiziert werden – dies würde das Überschreiben unterbinden, was ja gerade beabsichtigt ist. Zum Beispiel ist

```
// Eingabe.java

package einaus;

import java.io.IOException;

public interface Eingabe {
   boolean liesBoolean() throws IOException;
   char liesChar() throws IOException;
   long liesLong() throws IOException;
   double liesDouble() throws IOException;
   String liesString() throws IOException;
}
```

ein Interface, in dem eine Reihe von Methoden zum Lesen von Werten elementarer Datentypen deklariert sind. Auf die Bedeutung der mit throws IOException spezifizierten Ausnahme, die die Methoden bei ihrem Aufruf möglicherweise auswerfen, gehen wir erst in Kapitel 15 ein.

Interfaces müssen, bevor man sie verwenden kann, wie Klassen in Bytecodes übersetzt werden. In unserem Beispiel empfiehlt es sich, falls man mit dem JDK arbeitet, die Quellen wieder in einem eigenen Verzeichnis, z.B. /OOPinJava/kapitel11/src, abzulegen und Compiler und Interpreter dann in /OOPinJava/kapitel11 zu starten. Mittels javac -d . src/Eingabe.java erzeugt man Eingabe.class und speichert die Bytecodes im Unterverzeichnis einaus. (Interessierte können sich das Resultat mit javap -c einaus/Eingabe ansehen.)

11.2.2 Interfacevariablen

Neben abstrakten Methoden können im Rumpf einer Interfacedeklaration auch Variablen deklariert werden. Diese sind implizit public, static und final, es handelt sich also um klassenspezifische symbolische Konstanten. Die Verwendung der Modifizierer ist zulässig, aber überflüssig. Für alle Variablen muß man bei ihrer Deklaration einen Initialisierer angeben.

Passend zum Eingabe-Interface können wir ein Ausgabe-Interface so deklarieren:

```
// Ausgabe.java

package einaus;

public interface Ausgabe {
   char BS = '\b', HT = '\t', LF = '\n', FF = '\f', CR = '\r';
   int STD_BREITE = 10;
   void schreibe(boolean b);
   void schreibe(boolean b, int breite);
   void schreibe(char c);
   void schreibe(char c, int breite);
   .....
}
```

An den zweiten Parameter kann hier jeweils die Breite des benötigten Ausgabeformats übergeben werden.

11.3 Die Implementation von Interfaces

Bei der Deklaration einer Klasse kann festgelegt werden, daß die Klasse ein oder mehrere Interfaces *implementiert*; vgl. 8.1 und die Syntaxregeln 27 und 28. Hierzu gibt man die Namen dieser Interfaces durch Kommas getrennt vor dem Klassenrumpf an und leitet diese Liste mit dem Schlüsselwort implements ein.

Im Unterschied zu Superklassen sind jetzt mehrere direkte Superinterfaces zulässig. Die deklarierte Klasse erbt alle Methoden und Konstanten aus den direkten Superinterfaces, die sie implementiert.

Für alle in den implementierten Superinterfaces enthaltenen Methoden (dort deklariert oder selbst von anderen Superinterfaces geerbt) muß die Klasse eine Implementation liefern, es sei denn, sie ist abstrakte Klasse. Zum Beispiel:

```
// StandardEingabe.java

package einaus;

import java.io.*;

public class StandardEingabe implements Eingabe {
   private static BufferedReader in
      = new BufferedReader(new InputStreamReader(System.in));
   public boolean liesBoolean() throws IOException {
      return Boolean.valueOf(in.readLine()).booleanValue();
   }
   public char liesChar() throws IOException {
      return in.readLine().charAt(0);
   }
   public long liesLong() throws IOException {
      return Long.parseLong(in.readLine());
   }
   public double liesDouble() throws IOException {
      return Double.valueOf(in.readLine()).doubleValue();
   }
   public String liesString() throws IOException {
      return in.readLine();
   }
}
```

Wir legen auch diese Datei in /OOPinJava/kapitel11/src ab und übersetzen sie mit javac -d . src/StandardEingabe.java. Hierzu ist javac in /OOPinJava/kapitel11 aufzurufen. Auch die folgende Anwendung wird in diesem Verzeichnis gespeichert, wie üblich übersetzt (javac StandardEingabeTest.java) und wie gewohnt gestartet (java StandardEingabeTest).

```
// StandardEingabeTest.java

import java.io.*;
import einaus.*;

class StandardEingabeTest {
   public static void main(String[] args) throws IOException {
      PrintWriter out = new PrintWriter(System.out, true);
      StandardEingabe ein = new StandardEingabe();
      out.print("l (long): ");
      out.flush();
      long l = ein.liesLong();
      .....
   }
}
```

Eine andere Implementation des Eingabe-Interfaces, z.B. für die Eingabe mit Barcode-Scannern, könnte so aussehen:

```
package einaus;

import java.io.*;

public class ScannerEingabe implements Eingabe {
   public boolean liesBoolean() throws IOException { }
   public byte liesChar() throws IOException { }
   public long liesLong() throws IOException { }
   public double liesDouble() throws IOException { }
   public String liesString() throws IOException {
      ..... Scanner ablesen
   }
}
```

Da das Scannerprogramm nur Zeichenketten liefert, sind hier alle Methodenrümpfe mit Ausnahme von liesString leer.

Weil eine Methode die Zugriffsrechte einer überschriebenen Methode nicht einschränken darf (10.3.1), müssen sämtliche Methoden, die Interfacemethoden implementieren, grundsätzlich public spezifiziert werden. Die Beispielklasse Y im nächsten Abschnitt zeigt, daß die Implementation einer Interfacemethode auch aus einer Superklasse geerbt werden kann.

11.4 Sub- und Superinterfaces

Interfaces können in Sub-/Supertyp-Beziehungen stehen, wobei auch hier wieder – wie bei Klassen – das Schlüsselwort extends benutzt wird. Im Gegensatz zur Vererbung bei Klassen ist es jetzt jedoch zulässig, mehrere Superinterfaces zu deklarieren (Syntaxregel 54).

Die nach extends aufgeführten Interfaces sind die *direkten Superinterfaces* des deklarierten Interfaces. Umgekehrt heißt das deklarierte Interface direktes Subinterface. Ein Interface erbt alle Konstanten seiner direkten Superinterfaces, ebenso alle Methoden mit Ausnahme derjenigen, die es überschreibt. Zum Beispiel erbt K hier die Methoden g und h:

```
interface I { void g(); }

interface J { void h(); }

interface K extends I, J {
   void f();
}
```

Eine Klasse, die ein Interface implementiert, muß auch alle geerbten Methoden implementieren. Wenn ein Klasse also das Interface K implementiert, muß sie zumindest die Methoden f, g und h als Elemente haben. Ob diese Methoden durch Deklaration oder Vererbung Klassenelement sind oder werden, spielt keine Rolle. Im Beispiel

```
class X {
   public void h() { ..... }
   public void i() { ..... }
}

interface L { void i(); }
```

```
class Y extends X implements K, L {
   public void f() { ..... }
   public void g() { ..... }
}
```

muß Y die Methoden f, g, h und i implementieren. Die Implementation von h und i wird dabei aus X geerbt.

Einen derartigen Sachverhalt stellt man in der Regel mit gestrichelten Linien, die die implements-Beziehungen repräsentieren, dar, z.B.

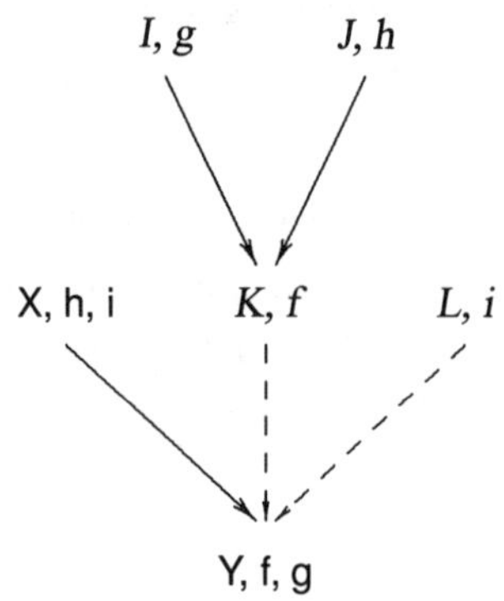

Zur besseren Unterscheidung wird für Interfaces oft ein anderer Schrifttyp (hier kursiv) benutzt.

Die Vererbungsstruktur (extends) zwischen Interfaces ist unabhängig von der zwischen Klassen; miteinander verknüpft werden die beiden Konzepte durch die implements-Beziehungen zwischen Klassen und Interfaces.

11.5 Mehrdeutigkeiten

Dadurch, daß eine Klasse mehrere Interfaces implementieren kann bzw. ein Interface mehrere Superinterfaces haben kann, ist es möglich, daß verschiedene Elemente gleichen Namens vererbt werden.

- Wenn es sich dabei um Variablen handelt, muß der Zugriff in der Subklasse bzw. im Subinterface qualifiziert erfolgen, ansonsten ist die Deklaration fehlerhaft. Zum Beispiel:

```
interface A { int a = 5; }
interface B { float a = -1.25f; }
class C { byte a = -12; }

interface T1 extends A, B {
   double t = a;      // Fehler
   double x = A.a;
   double y = B.a;
}
class T2 implements A, B {
   double t = a;      // Fehler
   double x = A.a;
   double y = B.a;
}
class T3 extends C implements A, B {
   double t = a;      // Fehler
   double x = A.a;
   double y = B.a;
   double z = super.a;
}
```

- Für Methoden liegt der Fall noch einfacher, solange man keine Ausnahmebehandlung (Kapitel 15, S. 276) berücksichtigt:
  - Bei gleicher Signatur überschreibt die Methode in der Subklasse oder im Subinterface die Methode in der Superklasse bzw. im Superinterface. Zum Beispiel kann a hier für S2- und S3-Objekte aufgerufen werden:

```
interface D { void a(int i); }
interface E { void a(int i); }
class F {
   public void a(int i) { ..... }
}

interface S1 extends D, E { void a(int i); }
class S2 implements D, E {
   public void a(int i) { ..... }
}
class S3 extends F implements D, E { }
```

– Im Fall verschiedener Signaturen wird überladen und gegebenfalls mit anderen Deklarationen zusätzlich überschrieben. Zum Beispiel kann a hier für R2- und R3-Objekte aufgerufen werden:

```
interface U { void a(int i); }
interface V { void a(double d); }
class W {
    public void a(double d) { ..... }
}

interface R1 extends U, V { void a(int i); }
class R2 implements U, V {
   public void a(int i) { ..... }
   public void a(double d) { ..... }
}
class R3 extends W implements U, V {
   public void a(int i) { ..... }
}
```

– Wie immer ist der Versuch, mit gleicher Signatur, aber unterschiedlichem Ergebnistyp zu überschreiben, ein Fehler.

- Methoden und Variablen werden aufgrund der unterschiedlichen Syntax beim Aufruf bzw. Zugriff unterschieden; hier kann es nicht zu Problemen kommen.

An den letzten Beispielen erkennt man, daß es, aus Gründen der Programmklarheit und -verständlichkeit, nur sinnvoll ist, zu überschreiben oder zu überladen, wenn vergleichbare Funktionalität auch gleich benannt werden soll bzw. wenn mit denselben Referenzvariablen Objekte auf verschiedenen Ebenen der Klassenhierarchie polymorph anzusprechen sind.

Zum Abschluß dieses Abschnitts betrachten wir ein umfangreicheres Beispiel, an dem das sinnvolle Überschreiben von Interfacemethoden sowie die Möglichkeit, Objektreferenzen implizit in Referenzen auf Interfaces umzuwandeln und diese dann für polymorphe Aufrufe zu nutzen, demonstriert werden kann.

Dieses Beispiel zeigt, wie eine Getriebe von einem Schaltpult aus gesteuert wird. Die Steuerung wird über die Interfacemethode fuehreAus vorgenommen, die in den Klassen Hoch, Herunter, Leerlauf und Aus, die das Interface implementieren, überschrieben ist. Bei der Initialisierung des aktion-Felds werden diese Klassentypen jeweils in den Interfacetyp Methode konvertiert.

```
// Getriebe.java

class Getriebe {
   private final short ANZ_GAENGE = 5;
   private short gang;
   Getriebe() { gang = 0; }
   void hoch() { if (gang < ANZ_GAENGE) ++gang; }
   void herunter() { if (gang > 0) --gang; }
   void leerlauf() { gang = 0; }
   int gang() { return gang; }
}
```

```
// Pult.java

import java.io.*;

interface Methode { void fuehreAus(Getriebe g); }

class Pult {
   private Getriebe g;
   private String[] anzeige = {
      "0. Ausschalten", "1. Hochschalten", "2. Herunterschalten", "3. Leerlauf"
   };
   private Methode[] aktion = {
      new Aus(), new Hoch(), new Herunter(), new Leerlauf()
   };
   private BufferedReader in =
      new BufferedReader(new InputStreamReader(System.in));
   private PrintWriter out = new PrintWriter(System.out, true);
   Pult(Getriebe g) throws IOException {
      this.g = g;
      schalte();
   }
   int waehle() throws IOException {
      out.println("Gang: " + g.gang());
      for (int i = 0; i < anzeige.length; i++)
```

```
            out.println(anzeige[i]);
        out.print("\nAktion waehlen: ");
        out.flush();
        return Integer.parseInt(in.readLine());
    }
    void schalte() throws IOException {
        int auswahl = 0;
        while ((auswahl = waehle()) != 0)
            aktion[auswahl].fuehreAus(g);
    }
    public static void main(String[] args) throws IOException {
        new Pult(new Getriebe());
    }
}

class Hoch implements Methode {
    public void fuehreAus(Getriebe g) { g.hoch(); }
}

class Herunter implements Methode {
    public void fuehreAus(Getriebe g) { g.herunter(); }
}

class Leerlauf implements Methode {
    public void fuehreAus(Getriebe g) { g.leerlauf(); }
}

class Aus implements Methode {
    public void fuehreAus(Getriebe g) { }
}
```

11.6 Interfaces aus der Java-Bibliothek

In der Java-Bibliothek ist eine Reihe von Interfaces deklariert, die zum Teil von den Anwendern zu implementieren sind und zum Teil bereits in Java-Bibliotheksklassen implementiert wurden.

Im Paket java.lang findet man z.B. die Interfaces Cloneable und Runnable, mit deren Implementation das Anfertigen von tiefen Kopien (Klonen) komplexerer Objekte bzw. das asynchrone Ausführen von Methoden in eigenen Threads ermöglicht wird.

java.util enthält das Observer-Interface:

```
public interface Observer {
    void update(Observable o, Object arg);
}
```

Dieses ist zur Implementation des „Observer/Observable"-Musters vorgesehen, bei dem ein oder mehrere Observer-Objekte ein Observable-Objekt auf Veränderungen seines Zustands überwachen. Siehe hierzu Übungsaufgabe 3.

In java.awt.event sind Listener-Interfaces deklariert, mit denen man Listener-Objekte implementiert, die auf die Ereignisse in einer grafischen Benutzeroberfläche problemspezifisch reagieren. Im ZaehlerFrame und im ZaehlerApplet (Kapitel 1) hatten wir beispielsweise das ActionListener-Interface implementiert. Das Listener-Konzept wird in Abschnitt 13.6 ausführlich diskutiert.

Im Zusammenhang mit dem Serialisieren, bei dem man Objekte in Byte-Folgen umwandelt, damit sie in Dateien gespeichert oder über das Netz versandt werden können, ist das Serializable-Interface aus java.io zu „implementieren". Es hat die Form

```
public interface Serializable { }
```

erfordert also keinerlei Implementationsaktivitäten, sondern dient lediglich als Markierung (siehe Abschnitt 16.6).

Verschiedene Container-Klassen (z.B. Vector oder Hashtable) enthalten Methoden die Enumeration-Objekte liefern. Dieses Interface, das aus java.util stammt, ist folgendermaßen deklariert:

```
public interface Enumeration {
    boolean hasMoreElements();
    Object nextElement() throws NoSuchElementException;
}
```

Ein Objekt einer Klasse, die dieses Interface implementiert, enthält typischerweise eine Reihe von Elementen, die man „enumerieren" kann. Die Methode nextElement soll jeweils das nächste Element liefern; mit hasMoreElements kann man testen, ob noch weitere Elemente vorhanden sind – nur in diesem Fall ist das Resultat true. Statt das Interface selbst zu implementieren, betrachten wir es am Beispiel der Klassenmethode System.getProperties, die das plattformabhängige Properties-Objekt eines Java-Systems liefert. Mit der Instanzmethode propertyNames erhält man hiermit die Namen der gefundenen Systemeigenschaften als Enumeration.

```
// EnumTest.java

import java.io.*;
import java.util.*;

class EnumTest {
   public static void main(String[] args) {
      PrintWriter out = new PrintWriter(System.out, true);
      Enumeration e = System.getProperties().propertyNames();
      while (e.hasMoreElements())
         out.println(e.nextElement());
   }
}
```

Der explizite Cast vom Typ Object, den nextElement liefert, zum Typ String wird hier nicht benötigt, weil print und println ihn in ihrem Methodenrumpf enthalten.

Bemerkung

Es ist zum Abschluß dieses Kapitels noch einmal deutlich darauf hinzuweisen, daß Interfacemethoden genau wie abstrakte Methoden in abstrakten Klassen als Einstiegspunkte für Methodenaufrufe in Klassen, die das Interface implementieren, nutzbar sind und daß eine Interfacemethode die Deklaration aller Methoden mit derselben Signatur in allen Superinterfaces überschreibt.

11.7 Übungsaufgaben

1. Machen Sie sich klar, wie der Aufruf aktion[auswahl].fuehreAus(g) im Pult/Getriebe-Beispiel ausgeführt wird.

2. Das Cloneable-Interface ist in java.lang folgendermaßen deklariert:

   ```
   public interface Cloneable { }
   ```

Es dient lediglich dazu, in Klassen, die es implementieren, darauf hinzuweisen, daß die aus Object geerbte Methode clone überschrieben wird.

Vervollständigen Sie die Klasse Matrix, so daß tiefe Kopien angefertigt werden, und schreiben Sie eine kleine Test-Anwendung.

```
class Matrix implements Cloneable {
   private double[][] x;
   Matrix(int m, int n) {
      x = new double[m][n];
   }
   public Object clone() {
      ..... Matrix kopieren
   }
   void drucke(String s) {
      out.println(s);
      ..... Matrixelemente ausdrucken
   }
   .....
}
```

3. Bei einer Implementation des „Observer/Observable"-Musters haben ein oder mehrere Observer-Objekte ein Observable-Objekt auf Veränderungen seines Zustands zu überwachen.

   In der Klasse Observable, die wie das Observer-Interface in java.util deklariert ist, ist die Kommunikation zwischen dem Observable-Objekt und seinen Observern dadurch vorbereitet, daß u.a. Methoden addObserver, setChanged und notifyObservers implementiert sind.

   Ein einfaches Beispiel ist die Klasse Wuerfel, deren Methode wuerfeln pro Sekunde einen Würfelwurf simuliert.

```
// Wuerfel.java

import java.util.*;

class Wuerfel extends Observable {
   void wuerfeln() {
      for (;;) {
```

```
                int num = (int)(Math.random()*6 + 1);
                if (num == 6) {
                    setChanged();
                    notifyObservers();
                }
                try {
                    Thread.sleep(1000);
                } catch (InterruptedException ex) { }
            }
        }
    }
```

Jedesmal, wenn eine Sechs gewürfelt wird, teilt das Wuerfel-Objekt dies seinen Observern (falls vorhanden) über den notifyObservers-Aufruf mit und ruft bei diesen update auf. Voraussetzung ist dabei ein vorangehender setChanged-Aufruf.

Die Observer-Methode update ist so zu implementieren, daß sie die Aktivitäten ausführt, die gewünscht sind, wenn sich der Zustand des Observable-Objekts geändert hat. Schreiben Sie eine Klasse Anzeige, die das Observer-Interface implementiert. Ignorieren Sie dabei die beiden update-Parameter und geben Sie lediglich einen Text aus.

Testen Sie Ihre Implementation in einer kleinen Anwendung. Damit eine Anzeige a einen Würfel w observiert, ist ein Aufruf w.addObserver(a) erforderlich. Experimentieren Sie auch mit mehreren Observern, die unterschiedliche Ausgaben erzeugen.

(Hinweis: notifyObservers() ruft bei den Observern update(this, null) auf, notifyObservers(x) ruft update(this, x) auf, wobei x Referenz auf ein beliebiges Objekt ist.)

4. Lösen sie die SortAlgo/Sortierbar-Aufgabe aus Kapitel 10 unter Verwendung von zwei Interfaces.

Kapitel 12

Eingebettete Klassendeklarationen

Innerhalb einer Klassendeklaration kann man nicht nur Variablen und Methoden, sondern auch andere Klassen deklarieren. Es sind hier drei Fälle zu unterscheiden: innere Klassen, anonyme Klassen sowie static deklarierte Klassen.

12.1 Innere Klassen

Eine *innere* Klasse ist eine Klasse, die als Element einer Klasse oder in einem Block innerhalb einer Klasse deklariert ist. Es kann sich dabei um beliebige Blöcke, z.B. den Rumpf einer Methode oder einen Block in einer if-Anweisung handeln. Die innere Klasse erhält als Geltungsbereich den Rumpf der Klasse, in die sie eingebettet ist, bzw. den Block. Wir betrachten als erstes, noch sehr abstraktes Beispiel das Folgende:

```
class U {
   void m(final double y) {
      if (x > 0.0 && y != 0) {
         class V {
            void drucke() {
               System.out.println("log(" + x + ")/(" + y + ") = " + Math.log(x)/y);
            }
         }
         V v = new V();
         v.drucke();
      }
   }
```

```
        private PrintWriter out = new PrintWriter(System.out, true);
        private double x;
        U(double x) {
            this.x = x;
        }
    }
```

Die Klasse V ist hier im (dunkel schattierten) Block der if-Anweisung innerhalb des Rumpfs der Methode m aus Klasse U deklariert. Wenn man m nun für ein U-Objekt aufruft, z.B.

```
U u1 = new U(2.7), u2 = new U(0.1);
u1.m(1.1);
u2.m(0.1);
```

erhält man als Ausgabe

```
log(2.7)/(1.1) = 0.9029561572820758
log(0.1)/(0.1) = -23.025850929940454
```

(vgl. /OOPinJava/kapitel12/InnereKlasse.java). Offenbar kann die Methode drucke ohne weitere Qualifizierung auf die Variablen out, x und y außerhalb ihres Geltungsbereichs zugreifen. Genauer gilt: Code in einer inneren Klasse kann auf alle Variablen und Methoden einer umgebenden Klasse, auf alle lokalen final Variablen eines umgebenden Blocks und auf alle final Parameter eines umgebenden Methodenrumpfs zugreifen. Eine Ausnahme bilden innere Klassen, die in einem Block innerhalb einer static Methode deklariert sind – hier geht der Zugriff auf die umgebende Klasse verloren. Die final-Restriktion ist im wesentlichen in der vereinfachten Umsetzung des Konzepts durch javac begründet, auf die wir unten (S. 183) kurz eingehen werden.

Auf die Instanzvariablen und Methoden einer umgebenden Klasse greift das Objekt einer inneren Klasse über die *umgebende Instanz* zu. Da ein Objekt einer inneren Klasse nur in einer Methode oder einem Konstruktor einer umgebenden Klasse erzeugt werden kann, ist die umgebende Instanz das Objekt, für das diese Methode oder dieser Konstruktor aufgerufen wurde. Die umgebende Instanz einer inneren Klasse V, die in eine Klasse U eingebettet ist, kann man explizit durch U.this referenzieren. Im Beispiel ist auch

```
if (U.this.x > 0.0 && y != 0) .....
```

möglich, und mit dieser Art Qualifizierung sind wieder Zugriffe auf verdeckte Variablen realisierbar.

Bei der Erzeugung eines Objekts einer inneren Klasse V in einer Methode einer umgebenden Klasse U schreibt man einfach new V() und stellt damit das Objekt, für das die Methode aufgerufen wurde, als umgebende Instanz zur Verfügung. Java legt hier implizit eine Referenz auf die umgebende Instanz sowie Speicherplatz für lokale Variablen oder Parameter an. Im Beispiel stellt sich die Situation beim Aufruf u1.m(1.1) so dar:

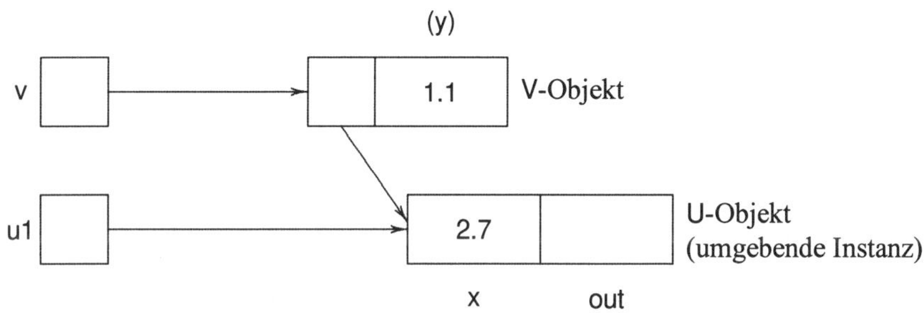

Man kann dies mittels javap 'U1V' untersuchen. Java ersetzt den Standardkonstruktor von V durch einen Konstruktor mit zwei Parametern des Typs U bzw. double. Die Bytecodes für die innere Klasse V stehen in U1V.class. Damit wird der Grund für die oben angesprochene final-Restriktion klar; die Kopien der Parameter oder lokalen Variablen (im Beispiel y) müßten, falls man ihre Modifikation zuließe, mit ihren Originalen, die ja noch an anderer Stelle im Speicher stehen, synchronisiert werden.

Objekte einer inneren Klasse V können nie ohne umgebende Instanz erzeugt werden. Mehrere Objekte einer inneren Klasse können dieselbe umgebende Instanz haben; im obigen Beispiel ergibt sich dies, wenn wir den Rumpf von m erweitern zu V v = new V(), w = new V(); .....

Einen sinnvolleren und typischen Einsatz innerer Klassen zeigt eine überarbeitete Version des Pult/Getriebe-Beispiels aus Abschnitt 11.5. Hier kann die „Oberflächen"-Klasse Pult verbessert werden, indem man die Steuerungsklassen als innere Klassen in Pult einbettet. Diese werden dann aus dem Paket-Geltungsbereich in den Geltungsbereich Pult aufgenommen. Da sie auf die Variablen der umgebenden Klasse zugreifen können, erübrigt sich der Getriebe-Parameter in der Methode fuehreAus, und das Beispiel erhält folgende Gestalt (vgl. /OOPinJava/kapitel12/innen/Pult.java):

```
class Pult {
   ..... Variablen g, anzeige, aktion, in, out unverändert
```

```
    Pult(Getriebe g) throws IOException {
        this.g = g;
        schalte();
    }
    void schalte() throws IOException {
        int auswahl = 0;
        while ((auswahl = waehle()) != 0)
            aktion[auswahl].fuehreAus();
    }
    int waehle() throws IOException {
        out.println("Gang: " + g.gang());
        for (int i = 0; i < anzeige.length; i++)
            out.println(anzeige[i]);
        out.print("\nAktion waehlen: ");
        out.flush();
        return Integer.parseInt(in.readLine());
    }
    public static void main(String[] args) throws IOException {
        new Pult(new Getriebe());
    }
    class Hoch implements Methode {
        public void fuehreAus() { g.hoch(); }
    }
    class Herunter implements Methode {
        public void fuehreAus() { g.herunter(); }
    }
    class Leerlauf implements Methode {
        public void fuehreAus() { g.leerlauf(); }
    }
    class Aus implements Methode {
        public void fuehreAus() { }
    }
    interface Methode { void fuehreAus(); }
}
```

Es ist wichtig, festzuhalten, daß die Klasse Getriebe von diesen Änderungen nicht tangiert wird, d.h. aus den Veränderungen der Benutzerschnittstelle resultiert kein Änderungsbedarf bei dieser problemspezifischen Klasse.

Auch in unseren ersten Beispielen ZaehlerFrame und ZaehlerApplet hatten wir eine innere Klasse, den ButtonListener, eingesetzt. Das Pult-Beispiel zeigt weiterhin, daß nicht nur Klassen, sondern auch Interfaces als innere Interfaces in eine Klassendeklaration aufgenommen werden können. Von außerhalb ihres Geltungsbereichs kann man auf sie dann voll qualifiziert, im Beispiel also mit dem Namen Pult.Methode zugreifen.

Innere Klassen können als abstract oder final spezifiziert werden. Da man innere Klassen aber sinnvollerweise nicht zum Deklarieren größerer Vererbungshierarchien verwenden wird, ist diese Modifikationsmöglichkeit kaum von Belang.

12.2 Anonyme Klassen

Wenn man das letzte Beispiel betrachtet, sieht man, daß die Klassen Aus, Hoch, Herunter und Leerlauf nur ein einziges Mal – bei der Deklaration des aktion-Felds – zur Konstruktion je eines Objekts benutzt werden.

Sofern es sich, wie im Beispiel, um Klassen handelt, die Subtyp einer Klasse oder eines Interfaces sind, gestattet es Java, die Klasse auch ohne Namen *anonym* zu deklarieren und gleichzeitig ein Objekt zu erzeugen. Dazu spezifiziert man den Supertyp und den Klassenrumpf nach dem Schlüsselwort new, zum Beispiel:

```
new Methode() {
   public void fuehreAus() {
      g.hoch();
   }
};
```

Der Ausdruck erzeugt dann genau ein Objekt der anonymen Klasse und liefert eine Referenz auf dieses Objekt. Eine derartige Konstruktion kann überall dort stehen, wo ein elementarer Java-Ausdruck stehen kann. Wenn der nach new spezifizierte Typ ein Klassentyp ist, wird ein Objekt einer anonymen Klasse erzeugt, die Subklasse dieser Klasse ist; wenn ein Interface spezifiziert ist, wird ein Objekt einer anonymen Klasse erzeugt, die dieses Interface implementiert. Wenn es sich bei dem Supertyp um eine Klasse handelt, ist es möglich, wie bisher eine beliebige Anzahl von Argumenten deren Konstruktor zu übergeben.

Die Klasse Pult läßt sich mit dieser Technik weiter vereinfachen zu:

```
class Pult {
   private Getriebe g;
   private String[] anzeige = {
      "0. Ausschalten", "1. Hochschalten", "2. Herunterschalten", "3. Leerlauf"
   };
   private Methode[] aktion = {
      new Methode() { public void fuehreAus() { } },
      new Methode() { public void fuehreAus() { g.hoch(); } },
      new Methode() { public void fuehreAus() { g.herunter(); } },
      new Methode() { public void fuehreAus() { g.leerlauf(); } }
   };
   private BufferedReader in =
      new BufferedReader(new InputStreamReader(System.in));
   private PrintWriter out = new PrintWriter(System.out, true);
   Pult(Getriebe g) throws IOException { ..... unverändert }
   void schalte() throws IOException { ..... unverändert }
   int waehle() throws IOException { ..... unverändert }
   public static void main(String[] args) throws IOException {
      new Pult(new Getriebe());
   }
   interface Methode {
      void fuehreAus();
   }
}
```

(Vgl. /OOPinJava/kapitel12/anonym/Pult.java.) Man sieht, daß es so möglich ist, eine Fülle von Funktionalität auf knappem Raum zu bündeln und den Code nicht mit kaum oder gar nicht benötigten Namen zu überfrachten. Ähnlich haben wir in main einfach new Pult(new Getriebe()); geschrieben und nicht Getriebe g = new Getriebe(); Pult p = new Pult(g);. Es ist aber klar, daß anonyme Klassen nur sinnvoll bei Superklassen oder Interfaces mit wenigen Codezeilen einsetzbar sind, da das Resultat sonst nicht mehr lesbar ist. Weiterhin ist zu beachten, daß Java auch für anonyme Klassen class-Dateien, im Beispiel Pult$1.class, Pult$2.class usw. anlegt, die beim Archivieren von Projekten (siehe Abschnitt 13.3) mit gepackt werden müssen.

Wir werden anonyme Klassen im folgenden sehr oft bei der Konstruktion von Benutzerschnittstellen (siehe die Beispiele in 13.5–13.7) und bei der Erzeugung von Threads (siehe Kapitel 17.1) einsetzen.

12.3 Eingebettete static Klassen

Es ist möglich, eine eingebettete Klasse als static Element einer Klasse zu deklarieren. In Analogie zu Variablen und Methoden, die dann keinen Bezug mehr zu einem Objekt haben und zur Klassenvariable oder Klassenmethode werden, ist eine derartige Klasse nicht mehr innere Klasse und für ihre Objekte existiert keine umgebende Instanz mehr. Klassen mit Paket-Geltungsbereich und eingebettete static Klassen werden auch als *top-level* Klassen bezeichnet.

Objekte einer top-level Klasse können nur auf ihre eigenen Variablen und Methoden (und auf die aus Superklassen geerbten) zugreifen. Das Einbetten verfolgt hier nur den Zweck, eine Klasse Y, deren Objekte nur in einer Klasse X, in der sie als Elemente auftreten, benötigt werden, aus dem Paket-Geltungsbereich in den Geltungsbereich der Klasse X einzubringen. Im folgenden Beispiel ist Position als top-level Klasse in Bestellung eingebettet. Diese Einbettung ist sinnvoll, da Bestellpositionen nur innerhalb von Bestellungen benötigt werden.

```
class Bestellung {
   private final static int maxPos = 20;
   private static int aktNr;
   int nummer;
   Date datum;
   Position[] pos = new Position[maxPos];
   Bestellung() {
      nummer = ++aktNr;
      datum = new Date();
   }
   void fuegePosAn(Position p) { ..... }
   void loeschePos(Position p) { ..... }
   static class Position {
      String produkt;
      int menge;
      Position(String produkt, int menge) {
         this.produkt = produkt;
         this.menge = menge;
      }
   }
}
```

Bei der Verwendung von eingebetteten top-level Klassen ist zu beachten, daß diese – außer beim Zugriff mit einer Referenz auf ein konkretes Klassenobjekt der umgebenden Klasse – nur static Variablen und Methoden der umgebenden Klasse verwenden können. Zum Beispiel:

```
class X {
   private int xi;
   private static int i;
   static class Y {
      int yi;
      Y() { yi = i; }
      void f(X refX) { yi = refX.xi; }
      void g() { yi = xi; }                  // Fehler
   }
}
```

Der Grund für diese Einschränkung ist, daß Objekte der eingebetteten Klasse ohne die umgebende Klasse erzeugt werden können, wenn man wie bei einer static Variablen oder Methode den voll qualifizierten Namen benutzt und im Beispiel etwa

```
X.Y a;
```

schreibt. Ein Aufruf a.g() wäre hier sinnlos, da in a keine Variable xi existiert. Auf static Variablen und Methoden der umgebenden Klasse, die unabhängig von Objekten existieren, kann dagegen zugegriffen werden, wobei die innere Klasse alle Zugriffsrechte besitzt. Zwischen einer umgebenden Klasse X und den static Elementen einer eingebetten Klasse Y gibt es ebenso alle Zugriffsmöglichkeiten – sofern man vollständig qualifiziert zugreift.

Wie wir gesehen haben, enthält eine umgebende Klasse X allein dadurch, daß in ihr eine eingebette Klasse Y deklariert wird, noch kein Y-Objekt. Werden Instanzen der eingebetteten Klasse als Elemente der umgebenden Klasse deklariert, so greift man auf deren Elemente genauso mit mehrfacher Verwendung von . zu, wie bei Elementen einer Klasse im Paket-Geltungsbereich, also etwa

```
Bestellung b = new Bestellung();
b.fuegePosAn(new Bestellung.Position("Tallowate", 25));
out.println(b.pos[0].menge);
```

Zum Abschluß dieses Abschnitts ist noch zu bemerken,

- daß top-level Klassen nur in top-level Klassen (und nur als Element, nicht in einem Block) eingebettet werden können,
- daß neben static sämtliche anderen Modifizierer (public, protected, private, abstract, final) in ihrer üblichen Bedeutung (vgl. Kapitel 10) benutzt werden können und
- daß nur top-level Klassen (und Interfaces) static Variablen oder Methoden deklarieren können.

12.4 Übungsaufgaben

1. Gehen Sie von der folgenden, leicht modifizierten Version des Wuerfel-Beispiels (Übungsaufgabe 3, Kapitel 11) aus:

```
class Wuerfel extends Observable {
   Wuerfel() {
      addObserver(new Anzeige());
      wuerfeln();
   }
   void wuerfeln() {
      ..... unverändert
   }
   public static void main(String[] args) {
      new Wuerfel();
   }
}

class Anzeige implements Observer {
   ..... unverändert
}
```

   (a) Bringen Sie das Beispiel wieder zum Laufen und testen Sie es.

   (b) Schreiben Sie das Beispiel so um, daß Anzeige innere Klasse in Wuerfel wird.

(c) Modifizieren Sie das Beispiel weiter, so daß Anzeige innere Klasse im Wuerfel-Konstruktor wird.

(d) Schreiben eine weitere Version, in der anstelle von Anzeige eine anonyme Klasse benutzt wird.

2. Implementieren Sie ein Testprogramm, in dem eine anonyme Subklasse der Klasse

```
class X {
   int i, j;
   X(int i, int j) {
      this.i = i;
      this.j = j;
   }
}
```

zusammen mit einem X-Objekt erzeugt wird. Sorgen Sie dafür, daß i und j bei der Objektkonstruktion die Werte 5 bzw. -5 erhalten.

Kapitel 13

Das Abstract Window Toolkit, Applets und Frames (Teil I)

In Java können wir stand-alone Anwendungen schreiben, die zum Starten lediglich den Java-Interpreter benötigen. Auf der anderen Seite ist es möglich, Applets zu implementieren, die innerhalb eines Web-Browsers gestartet werden. Mit der HTML-Markierung <applet> kann man Verweise auf Applets in eine Web-Seite einbetten. Wenn diese Seite in den Browser geladen wird, lädt der Browser ebenfalls das Applet (vom selben Server, von dem die Seite geladen wurde) und startet das Applet lokal mit seinem eingebauten Java-Interpreter. Je nach Bedarf werden weitere class-Dateien oder Image- oder Audio-Dateien vom Server geladen, wozu u.U. jedesmal eine neue Verbindung aufgebaut werden muß; dies hängt von der von Server und Browser verwendeten HTTP-Version ab. Der Prozeß läßt sich mit Java-Archiven beschleunigen (siehe Abschnitt 13.3).

Der Browser stellt für Applets eine komplette Infrastruktur (Fenster, Grafik-Kontext, Ereignisverarbeitung) zur Verfügung, erzeugt für jedes Applet ein Objekt und ruft die entsprechenden Initialisierungsroutinen auf.

Wir können eine Klasse so implementieren, daß sie alternativ als Applet und als stand-alone Anwendung eingesetzt werden kann. Bei Applets sind einige schwerwiegende Einschränkungen zu beachten, die aus Sicherheitsaspekten (Laden über das Internet) eingeführt wurden – sie laufen im „Sandkasten".

- Applets können auf dem Dateisystem des Hosts, auf dem der Browser läuft, nicht lesen oder schreiben.

- Applets können nur mit dem Server, von dem sie geladen wurden, kommunizieren und keine Verbindungen zu anderen Servern aufbauen.
- Applets können auf dem Hosts, auf dem der Browser läuft, keine Programme starten.

Je nach verwendetem Browser kann es sein, daß man erweiterte Zugriffsmöglichkeiten konfigurieren kann; dies ist z.B. beim appletviewer, bei Netscapes Navigator und beim HotJava-Browser der Fall. Darüber hinaus ist es möglich, mittels javakey und jar Applets zu *signieren* und auf der Browser-Seite die Schlüssel der Applets, die von einer zuverlässigen Quelle kommen (*trusted applets* sind), zu kontrollieren.

13.1 Applets: Deklaration und wichtigste Aktivitäten

Eine Applet-Klasse erzeugt man als Subklasse der Klasse Applet, die im Paket java.applet enthalten ist. Damit das Applet überall instanziert werden kann, muß die Klasse public spezifiziert werden. Zum Beispiel:

```
public class TestApplet extends java.applet.Applet { ..... }
```

Im Unterschied zu stand-alone Anwendungen, bei denen die VM lediglich die Klassenmethode main aufruft, wird vom Browser nach dem Laden ein Objekt der Applet-Klasse erzeugt. Für dieses Objekt werden dann implizit die folgenden Methoden aufgerufen, die alle in Applet deklariert sind und problemspezifisch überschrieben werden können.

init
Diese Methode wird vom Browser aufgerufen, nachdem das Applet zum ersten Mal geladen wurde (auch nach erneutem Laden mittels *Reload*). Sie hat eine ähnliche Aufgabe wie der Konstruktor in einer Anwendung. Zum Beispiel erzeugt man hier benötigte kooperierende Objekte, nimmt Initialisierungen vor, lädt Fonts oder Grafiken usw. Die Deklaration in der Klasse Applet ist:

```
public void init() { }
```

start
Diese Methode wird unmittelbar nach init aufgerufen. Weiterhin wird sie jedesmal erneut aufgerufen, wenn die Seite, auf der sich das Applet befindet, vom Browser erneut gelesen wird. Die Deklaration in der Klasse Applet ist:

```
public void start() { }
```

stop
Diese Methode wird unmittelbar vor destroy aufgerufen. Weiterhin wird sie jedesmal aufgerufen, wenn die Seite, auf der sich das Applet befindet, verlassen wird. stop und start arbeiten typischerweise zusammen und unterbrechen ressourcenbelegende Aktivitäten eines Applets, während es nicht zu sehen ist. Die Deklaration in der Klasse Applet ist:

```
public void stop() { }
```

destroy
Diese Methode wird aufgerufen, bevor das Applet-Objekt gelöscht wird. Im Unterschied zu finalize ist destroy speziell für Applets verfügbar und wird nach stop aufgerufen. Die Deklaration in der Klasse Applet ist:

```
public void destroy() { }
```

paint
Diese Methode wird aufgerufen, wenn eine Komponente (hier speziell das Applet) feststellt, daß sie sich erneut oder zum ersten Mal zeichnen muß, z.B. wenn sich etwas am darzustellenden Inhalt geändert hat oder ein anderes Fenster über den Browser bewegt wird. Die Deklaration in der Superklasse Component ist:

```
public void paint(Graphics g) { }
```

Der Aufruf wird von einem AWT-Thread durch einen repaint-Aufruf ausgelöst, kann aber von uns auch jederzeit durch ein explizites repaint() angefordert werden. Bei der Ausführung eines repaint-Aufrufs ermittelt die zu zeichnende Komponente ihren *Grafik-Kontext*. Dabei handelt es sich um den Bereich des Bildschirmspeichers, in den die Komponente zeichnen darf, mit den entsprechenden Methoden zu seiner Manipulation. Er wird durch ein Graphics-Objekt g repräsentiert.

Dann wird beim AWT ein Aufruf update(g) angefordert. Das AWT wickelt diese Aufrufe nicht synchron ab, sondern kann, je nach Häufigkeit des Eintreffens von repaint-Anforderungen, mehrere repaint-Aufrufe zu einem einzelnen update(g) zusammenfassen. In der Standardimplementation bewirkt update einfach ein

Übermalen der Komponente mit der aktuellen Hintergrundfarbe, gefolgt von dem Aufruf paint(g). Auf diese komplexen Sachverhalte werden wir im Abschnitt 19.3.2 des Kapitels über Imageverarbeitung detailliert eingehen.

Für das Folgende sollte lediglich klar sein, daß wir paint zwar oft überschreiben werden, aber den Aufruf in der Regel dem AWT überlassen oder durch repaint anfordern.

Ein Einfachst-Applet, das die Reihenfolge dieser Methodenaufrufe demonstriert, ist

```
// TextApplet.java

import java.applet.Applet;
import java.awt.*;
import java.io.*;

public class TextApplet extends Applet {
   private Font f = new Font("Serif", Font.BOLD, 36);
   private PrintWriter out = new PrintWriter(System.out, true);
   public void init() {
      out.println("init");
      setBackground(Color.blue);
      setForeground(Color.yellow);
      setFont(f);
   }
   public void start() {
      out.println("start");
   }
   public void paint(Graphics g) {
      out.println("paint");
      g.drawString("OOP in Java", 10, 40);
   }
   public void stop() {
      out.println("stop");
   }
   public void destroy() {
      out.println("destroy");
   }
}
```

Das Applet zeigt lediglich einen String mittels drawString an. Um es im appletviewer oder einem Browser zu starten, kann man die HTML-Datei /OOPinJava/kapitel13/TextApplet.html benutzen.

Der Methode drawString werden als zweites und drittes Argument die x- und y-Koordinaten des Startpunkts des ersten Zeichens, bezogen auf seine *Grundlinie*, übergeben. Alle derartigen Angaben, auch width und height, werden für Applets in Pixeln gemessen. Die folgende Abbildung veranschaulicht den Sachverhalt:

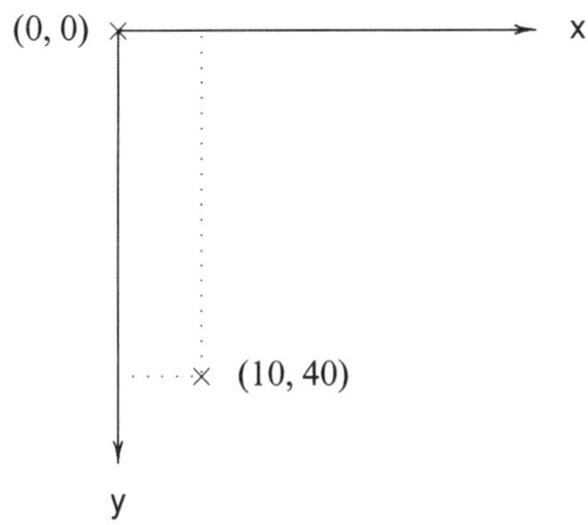

Damit man die Reihenfolge der impliziten Aufrufe verfolgen kann, wurden noch die println-Aufrufe eingefügt. Die Aufrufe von start bzw. stop sieht man beispielsweise, wenn man zum Applet-Code blättert. Die paint-Aufrufe sieht man, wenn man das Applet verdeckt oder die Browser-Größe verändert. (Je nach Browser sind dazu noch Vorkehrungen zu treffen, z.B. muß bei Netscape im Communicator-Menü Java Console gewählt werden, und bei HotJava ist hotjava_g zustarten (Win 95/NT) bzw. im View-Menü Show Console einzustellen (Solaris).)

13.2 Applet-Parameter

Ähnlich zur Möglichkeit, der Methode main mit ihrem String[]-Parameter Kommandozeilen-Argumente zu übergeben, kann man auch an Applets benannte Werte – jetzt aus der HTML-Datei – übergeben, um so die Applet-Benutzung flexibler gestalten zu können und wiederholtes Übersetzen zu vermeiden.

Man verwendet dazu auf der HTML-Seite die <param>-Markierung innerhalb von <applet> ..... </applet>. Beispielsweise stellt man mittels

```
<applet code = ParamApplet ..... >
<param name = text value = "OOA/D Teil I">
<param name = rot value = 0>
<param name = grün value = 255>
<param name = blau value = 255>
</applet>
```

dem ParamApplet die Werte "OOA/D Teil I", 0, 255 und 255 für die Parameter text, rot, grün und blau zur Verfügung.

Im Applet-Code greift man mit der Methode getParameter auf die Werte zu. getParameter erwartet als Argument einen String, der mit einem nach name spezifizierten Parameternamen in der HTML-Datei übereinstimmt. Wird ein derartig benannter Parameter gefunden, liefert getParameter dessen Wert als String, ansonsten ist das Resultat null. Zum Beispiel:

```
// ParamApplet.java

import java.applet.Applet;
import java.awt.*;

public class ParamApplet extends Applet {
   private Font f = new Font("Serif", Font.BOLD + Font.ITALIC, 36);
   private String s;
   public void init() {
      setBackground(Color.blue);
      if ((s = getParameter("text")) == null)
         s =  "OOP in Java";
      String r = getParameter("rot"), g = getParameter("grün"),
         b = getParameter("blau");
      Color c;
      if (r == null || g == null || b == null)
         c = Color.yellow;
      else
         c = new Color(Integer.parseInt(r), Integer.parseInt(g), Integer.parseInt(b));
      setForeground(c);
      setFont(f);
   }
```

```
    public void paint(Graphics g) {
        g.drawString(s, 10, 40);
    }
}
```

Man sieht, daß die von getParameter gelesenen Werte oft noch in die benötigten Datentypen umgewandelt werden müssen. Zum Testen des Applets mit verschiedenen Parameterwerten kann man die HTML-Datei /OOPinJava/kapitel13/ParamApplet.html benutzen.

Auf die draw-Methoden, Farben und Fonts gehen wir in Kapitel 19 genauer ein.

13.3 Java-Archive

Zum Starten eines Applets haben wir bisher in der vom Web-Browser zu ladenden HTML-Seite die initiale Klasse in der <applet>-Markierung mittels code = ... spezifiziert. Nachdem die entsprechende Klasse geladen ist und das Applet erzeugt und gestartet wurde, werden im Normalfall weitere Objekte und Klassen benötigt, deren class-Dateien dann ebenfalls geladen werden müssen. Hierzu wird je nach Server- und Browser-Version jedesmal eine neue Verbindung vom Browser zum Server aufgebaut und die entsprechende Datei angefordert. Selbst bei unserem ersten einfachen ZaehlerApplet-Beispiel sind bereits ZaehlerApplet.html, ZaehlerApplet.class, Zaehler.class, die innere Klasse ZaehlerApplet$ButtonListener.class und u.U. noch der Quellcode ZaehlerApplet.java zu laden.

Der Zeitaufwand für den jeweiligen Verbindungsaufbau kann erheblich reduziert werden, wenn man ein *Java-Archiv* benutzt. In ein Java-Archiv kann man neben Klassen- auch Audio- und Image-Dateien aufnehmen. Sinnvollerweise packt man alle zu einem Applet gehörenden Dateien in ein Archiv. Dazu verwendet man das jar-Tool, dessen Syntax analog zum Unix tar-Kommando entwickelt wurde.

Für das ZaehlerApplet geben wir dazu beispielsweise

```
jar cvf Zaehler.jar ZaehlerApplet.class Zaehler.class
    'ZaehlerApplet$ButtonListener.class' ZaehlerApplet.java
```

ein. Es ensteht dadurch das Archiv Zaehler.jar, dessen Inhalt wir uns mit

```
jar tvf Zaehler.jar
```

ansehen und das wir mit

```
jar xvf Zaehler.jar
```

wieder auspacken können.

Um ein Archiv in einer HTML-Seite zu spezifizieren, benutzt man den Parameter archive in der <applet>-Markierung. Zum Beispiel:

```
<applet code = ZaehlerApplet archive = Zaehler.jar width = 250 height = 70>
</applet>
```

Nach ZaehlerApplet.html wird dann nur noch Zaehler.jar geladen. Der Browser separiert das Archiv in seine Komponenten und sucht neue Klassen oder Audio- bzw. Image-Dateien zuerst lokal. Es ist nach wie vor erforderlich, das zu startende Applet mit dem code-Parameter zu spezifizieren.

13.4 AWT-Komponenten

Moderne Benutzerschnittstellen werden seit 10-15 Jahren aus *Komponenten* (sog. “Gadgets” oder “Widgets”) zusammengesetzt. Und in letzter Zeit setzt sich das Komponentenkonzept in der Systementwicklung generell durch. Dort versteht man unter Komponenten Gruppen kooperierender Objekte, mit klar definierter Schnittstelle zum Rest des Systems, Ereignisverarbeitung, Persistenzfähigkeit, Introspektion und Layout-Unterstützung.

Die folgende Abbildung zeigt einen Ausschnitt aus dem Paket java.awt. Abstrakte Klassen sind hier mit einem (A) markiert. Die Superklasse Component enthält die für alle konkreten Komponenten wichtigen Methoden zum Festlegen der Größe der Komponente, zum Setzen von Vorder- und Hintergrundfarbe, Schriftgröße und -art sowie zum Zeichnen der Komponente (repaint, update und paint).

Alle Komponenten können auf Benutzer- oder Systemaktivitäten reagieren und Ereignisse generieren und versenden. Um die Ereignisse problemspezifisch auswerten zu können, ist darüber hinaus eine Reihe von add-Methoden deklariert, mit denen man Objekte zum Empfang von Ereignissen bei einer Komponente als Empfänger (Listener) *registrieren* lassen kann.

Im Anschluß an die Abbildung haben wir die wichtigsten Component-Methoden in einer Tabelle zusammengestellt. Weitere Informationen kann man in der API-Dokumentation des JDK, die sich unterhalb von jdk1.2/docs/api befindet, nachlesen.

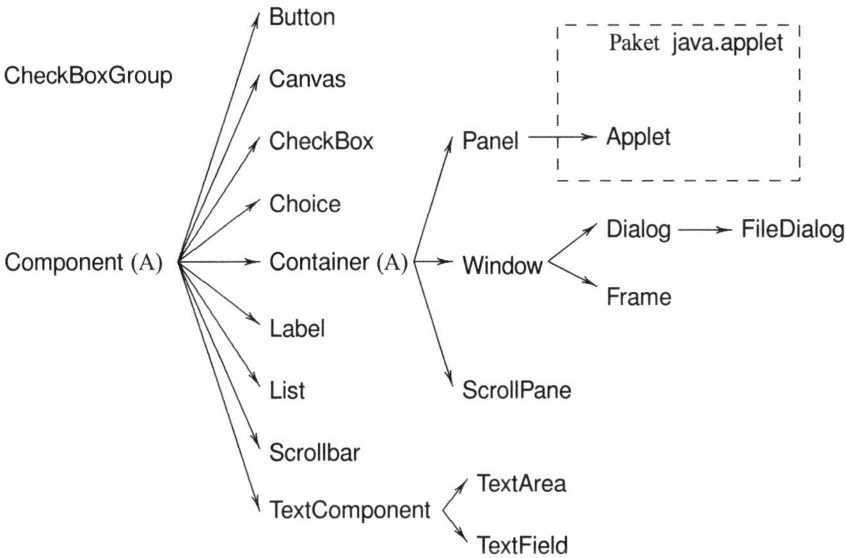

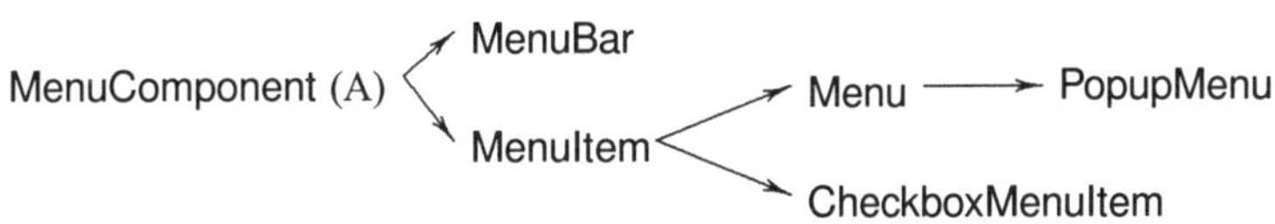

Methode	*Bedeutung*
getPreferredSize()	„natürliche“ Komponenten-Größe als Dimension
setBackground(Color)	Hintergrundfarbe setzen
setEnabled(boolean)	Komponente aktivieren oder deaktivieren
setFont(Font)	Schriftart einstellen
setForeground(Color)	Vordergrundfarbe setzen
setSize(int, int)	Breite und Höhe setzen
setVisible(boolean)	Komponente zeigen oder verdecken
repaint()	update-Anforderung an AWT
paint(Graphics)	Komponente neu zeichnen
update(Graphics)	Reaktion des AWT auf repaint

Passend zu setEnabled und setVisible sind zwei Methoden isEnabled bzw. isVisible deklariert, passend zu den übrigen setXYZ-Methoden jeweils eine getXYZ-Methode. Mit diesen Methoden kann man den aktuellen Zustand der Komponente untersuchen. Bevor wir erste Beispiele implementieren, besprechen wir kurz die einzelnen oben abgebildeten Klassen und ihre Aufgaben.

Button und Scrollbar
sind Komponenten, deren einzige Aufgabe es ist, Ereignisse auszulösen. Im ZaehlerFrame/ZaehlerApplet-Beispiel hatten wird bereits Button-Objekte eingesetzt. Scrollbars dienen zur Anzeige verschiedener Teile einer Grafik, eines Textes usw. Eine einfachere Alternative zur Benutzung von Scrollbalken bietet die ScrollPane-Klasse, bei der man das Scrollen nicht selbst implementieren muß.

Canvas
ist eine einfache Zeichenoberfläche ohne besonderes vordefiniertes Aussehen. Canvas-Objekte kann man zur Darstellung von Bilddateien verwenden.

Checkbox
ist eine Klasse, die eine Reihe von Wahlmöglichkeiten anbietet, die per Klick auf die entsprechenden Boxen selektiert werden. Mit einem CheckboxGroup-Objekt kann kann man die Wahl zur Exklusiv-Oder-Auswahl gruppieren ("Radio Buttons").

Choice
dient wie Checkbox zur Auswahl aus einer Liste, die Wahlmöglichkeiten werden aber nur beim Aktivieren des Choice-Objekts angezeigt.

Label
ist eine einfache Klasse, mit der man einen einzeiligen Text auf dem Bildschirm positionieren kann.Man verwendet sie in der Regel zum Markieren eines Eingabefeldes (vgl. das ZaehlerFrame/ZaehlerApplet-Beispiel).

List
ist ein Mittelding zwischen Checkbox und Choice; hier kann man die Anzahl der anzuzeigenden Wahlmöglichkeiten festlegen und durch die Liste scrollen. Es ist möglich, mehrere Gegenstände zu selektieren.

TextField und TextArea
setzt man ein, um einzeilige bzw. mehrzeilige Texte zu lesen oder anzuzeigen (vgl. das ZaehlerFrame/ZaehlerApplet-Beispiel).

Menu und PopupMenu
unterstützen die übliche Menüauswahl. Während Menüs derzeit nur am Rahmen eines Frame-Objekts angebracht werden können, sind Popup-Menüs mit jeder Komponente assoziierbar.

Eine besondere Stellung in der Komponentenhierarchie nehmen Container ein. Sie stellen eine rechteckige Fläche zur Verfügung, in der andere Komponenten dargestellt werden können. Zur Aufnahme von Komponenten in Container benutzt man die Methode add. Da ein Container eine spezielle Komponente ist, können Container andere Container enthalten, die wieder andere Container enthalten können usw. Jeder Container kann eine eigene paint-Methode überschreiben. In der folgenden Tabelle sind einige häufig benötigte Container-Methoden zusammengestellt.

Methode	*Bedeutung*
add(Component)	Komponente in den Container aufnehmen
getInsets()	Größe des Container-Rands als Insets
getPreferredSize()	„natürliche" Container-Größe als Dimension
paint(Graphics)	paint bei allen Komponenten aufrufen
remove(Component)	Komponente aus Container entfernen
removeAll()	alle Komponenten entfernen
setLayout(LayoutManager)	Layout-Manager einstellen
validate()	Container neu arrangieren

Auch die Container-Klassen und ihre Aufgaben sollen in einer ersten Übersicht kurz vorgestellt werden:

Panel
ist ein konkreter Container ohne besondere Eigenschaften. Er dient zur Aufnahme von Komponenten und als Superklasse des Applets.

Window
ist ein Fenster ohne Rahmen und Menüleiste. In der Regel setzt man keine eigenständigen Window-Objekte ein, sondern Objekte seiner Subklassen.

Dialog und FileDialog
sind Komponenten, die Benutzereingaben erwarten. Man kann sie *modal* erzeugen, so daß vor der Eingabe keine anderen Benutzeraktivitäten möglich sind. Ein FileDialog-Objekt dient zur einfachen Interaktion mit dem Dateisystem; es kann ohne besondere Maßnahmen nicht in Applets benutzt werden (S. 191).

Frame
ist ein Fenster mit Titel, Rahmen, Menüleiste und systemspezifischer Funktionalität zum Minimieren, Maximieren oder Schließen. Den Titel übergibt man dem Konstruktor Frame(String); der Standardkonstruktor ruft this("") auf. Oberflächen für stand-alone Anwendungen konstruiert man oft in einem Frame.

Die Anordnung von Komponenten in ihren Containern wird durch Layout-Manager gesteuert. Jede Komponente hat einen voreingestellten Standard-Layout-Manager, der durch einen Aufruf von setLayout modifiziert werden kann.

13.5 AWT-Ereignisse

Java verarbeitet Ereignisse nach dem *Delegations-Prinzip*: Jede Komponente kann als Ereignis-*Quelle* verschiedene Ereignisse erzeugen. Und jedes Objekt – nicht nur eine Komponente – kann als *Empfänger* von Ereignissen auftreten. Somit ist eine klare Trennung von GUI-Implementierung und Ereignisverarbeitung möglich.

Damit ein Objekt Ereignisse empfangen kann, muß es sich bei der potentiellen Quelle als Listener registrieren lassen. Ein Ereignis wird an alle registrierten Objekte versandt, die Reihenfolge, in der Empfängerobjekte benachrichtigt werden, ist jedoch nicht festgelegt.

AWT-Ereignisse werden von den AWT-Komponenten in vielen Situationen – z.B. als Reaktion auf Benutzeraktivitäten wie Mausklick, Tastatureingabe, Menüauswahl – konstruiert. Sie sind Event-Objekte, die in der folgenden Vererbungshierarchie angeordnet sind.

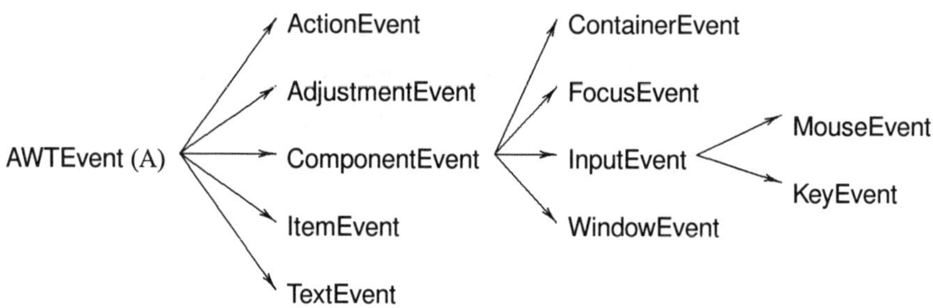

AWTEvent ist eine abstrakte Klasse, die dem Paket java.awt angehört und selbst Subklasse von java.util.EventObject ist. Alle anderen abgebildeten Klassen stammen aus java.awt.event. Die wichtigste Methode, die EventObject an ihre Subklassen vererbt, ist getSource, die die Ereignisquelle (als Object) liefert.

Die von ComponentEvent abgeleiteten Ereignisklassen werden als *low-level* Ereignisse ohne unmittelbar naheliegende Bedeutung, die übrigen als *semantische* Ereignisse bezeichnet. Beim Aufbau einer Benutzerschnittstelle arbeitet man bevorzugt mit semantischen Ereignissen.

Im Paket java.awt.event stehen zur Ereignisverarbeitung Listener-Interfaces zur Verfügung. Sie sind alle Sub-Interfaces von java.util.EventListener. Für jeden Ereignistyp existiert ein entsprechender Listener-Typ, also ActionListener, AdjustmentListener, ItemListener usw. Um bestimmte Ereignisse zu erhalten, erzeugt man Listener-Objekte und registriert diese bei der Komponente, die das Ereignis auslöst, an dem man interessiert ist. Hierzu ist für jeden Listener-Typ eine Methode addXYZListener deklariert. Passend dazu gibt es jeweils eine removeXYZListener-Methode. Die Klasse, in der addXYZListener und removeXYZListener deklariert sind, ist die Klasse, die das XYZEvent erzeugen kann. Die folgende Tabelle gibt einen vollständigen Überblick:

Komponente	*Ereignis*
Button	ActionEvent
Checkbox	ItemEvent
CheckboxMenuItem	ItemEvent
Choice	ItemEvent
List	ActionEvent ItemEvent
MenuItem	ActionEvent
Scrollbar	AdjustmentEvent
TextComponent	TextEvent
TextField	ActionEvent
Component	ComponentEvent FocusEvent KeyEvent MouseEvent
Container	ContainerEvent
Window	WindowEvent

In Button ist also addActionListener(ActionListener) deklariert, in Checkbox findet man addItemListener(ItemListener) usw.

Darüber hinaus enthält Component Deklarationen von addMouseMotionListener und removeMouseMotionListener, mit denen man einen MouseMotionListener, der auf spezielle Mausereignisse reagiert, bei der Komponente registrieren kann.

Nur Ereignisse, für die ein Listener-Objekt registriert ist, werden von der Quelle an diesen Empfänger weitergeleitet; alle übrigen Ereignisse werden ignoriert. Verantwortlich für das Behandeln des Ereignisses ist dann das Listener-Objekt, wozu die

Methoden zur Ereignisverarbeitung aus seinem Interface problemspezifisch zu überschreiben sind. Es ist möglich, eine Komponente mit mehreren Listenern zu verbinden.

Das folgende Applet zeigt eine einfache Implementation eines MouseListeners. Lediglich die Methode mousePressed ist mit einem nicht leeren Rumpf überschrieben. Alle Ereignisse, außer dem Drücken eines Maus-Button werden daher ignoriert. Beim Drücken eines Maus-Buttons wird vom Applet ein MouseEvent-Objekt erzeugt und durch einen Aufruf der Methode mousePressed an den MausBearbeiter versandt. mousePressed haben wir so überschrieben, daß an allen Stellen, an denen bisher Mausereignisse registriert wurden, ein grüner Punkt gezeichnet wird.

```
// PunkteApplet.java

import java.applet.*;
import java.awt.*;
import java.awt.event.*;

public class PunkteApplet extends Applet {
   private final int MAX_PUNKTE = 1000;
   private int[][] punkte = new int[MAX_PUNKTE][2];
   private int anzPunkte = 0;
   public void init() {
      setBackground(Color.yellow);
      setForeground(Color.green);
      addMouseListener(new MausBearbeiter());
   }
   public void paint(Graphics g) {
      for (int i = 0; i < anzPunkte; i++)
         g.fillOval(punkte[i][0] - 5, punkte[i][1] - 5, 10, 10);
   }
   class MausBearbeiter implements MouseListener {
      public void mousePressed(MouseEvent e) {
         if (anzPunkte < MAX_PUNKTE) {
            punkte[anzPunkte][0] = e.getX();
            punkte[anzPunkte++][1] = e.getY();
            repaint();
         }
      }
```

```
        public void mouseClicked(MouseEvent e) { }
        public void mouseReleased(MouseEvent e) { }
        public void mouseEntered(MouseEvent e) { }
        public void mouseExited(MouseEvent e) { }
    }
}
```

Nach einigen Mausereignissen und deren Behandlung sieht das Applet beispielsweise so aus:

Es ist interessant, in allen MausBearbeiter-Methoden das empfangene MouseEvent-Objekt e mittels println(e) auszugeben. Hier erhalten wir Ausgaben der Art

```
MouseEvent[MOUSE_PRESSED,(179,100),mods=0,clickCount=1]
MouseEvent[MOUSE_RELEASED,(183,134),mods=16,clickCount=0]
MouseEvent[MOUSE_CLICKED,(141,141),mods=16,clickCount=1]
```

die einen Eindruck von der mit einem Mausereignis versandten Information – über den Namen des Ereignisses, seine Koordinaten, den gedrückten Knopf und die Anzahl der Klicks – vermitteln. Auf diese können wir auch über die Methodenaufrufe getID (geerbt aus AWTEvent), getX, getY, getModifiers (geerbt aus InputEvent) und getClickCount zugreifen.

In der folgenden Tabelle ist für alle low-level Listener-Interfaces festgehalten, welche Methoden eine Klasse, die den Listener implementiert, überschreiben muß:

Methode	*Bedeutung*
MouseListener	
mousePressed(MouseEvent)	Maus-Button gedrückt
mouseReleased(MouseEvent)	Maus-Button losgelassen
mouseEntered(MouseEvent)	Maus in Komponente bewegt
mouseExited(MouseEvent)	Maus aus Komponente bewegt
mouseClicked(MouseEvent)	Press und Release an derselben Position
MouseMotionListener	
mouseMoved(MouseEvent)	Maus bewegt
mouseDragged(MouseEvent)	Maus mit gedrücktem Knopf bewegt
KeyListener	
keyTyped(KeyEvent)	Taste gedrückt und losgelassen
keyPressed(KeyEvent)	Taste gedrückt
keyReleased(KeyEvent)	Taste losgelassen
ComponentListener	
componentResized(ComponentEvent)	Größe der Komponente verändert
componentMoved(ComponentEvent)	Position der Komponente verändert
componentShown(ComponentEvent)	Komponente sichtbar gemacht
componentHidden(ComponentEvent)	Komponente verdeckt
ContainerListener	
componentAdded(ContainerEvent)	Komponente hinzugefügt
componentRemoved(ContainerEvent)	Komponente entfernt
FocusListener	
focusGained(FocusEvent)	Tastatur-Fokus erhalten
focusLost(FocusEvent)	Tastatur-Fokus verloren
WindowListener	
windowActivated(WindowEvent)	Fenster aktiviert
windowClosed(WindowEvent)	Fenster wurde geschlossen
windowClosing(WindowEvent)	Fenster wird geschlossen
windowDeactivated(WindowEvent)	Fenster deaktiviert
windowDeiconified(WindowEvent)	Icon zu Fenster verändert
windowIconified(WindowEvent)	Fenster ikonifiziert
windowOpened(WindowEvent)	Fenster wurde geöffnet

Da alle diese Listener mehrere Methoden deklarieren, von denen, wie in unserem letzten Beispiel, möglicherweise nur wenige mit einem nicht leeren Rumpf zu implementieren sind, bietet Java auch zugehörige fertige Adapter-Klassen an, die wir anstelle der Listener einsetzen können und in denen nur die interessierenden Methoden zu überschreiben sind. Ein Adapter ist eine abstrakte Klasse, die ein Interface implementiert und nur dessen Methoden mit leeren Rümpfen enthält. Das obige PunkteApplet-Beispiel läßt sich dadurch in zweifacher Hinsicht vereinfachen. Zum einen benutzen wir anstelle des MouseListeners einen MouseAdapter; zum anderen erscheint es jetzt sinnvoll, eine anonyme Klasse einzusetzen:

```
public class PunkteApplet extends Applet {
   ..... Rest unverändert
   public void init() {
      setBackground(Color.yellow);
      setForeground(Color.green);
      addMouseListener(new MouseAdapter() {
         public void mousePressed(MouseEvent e) {
            ..... unverändert
         }
      });
   }
}
```

(Siehe OOPinJava/kapitel13/punkte2/PunkteApplet.java.)

Im nächsten Beispiel verbinden wir ein Applet mit dem Objekt einer Klasse, die sowohl den MouseListener (über einen MouseAdapter) als auch den MouseMotionListener implementiert. Wenn ein Mausknopf gedrückt wird, werden die aktuellen Mauskoordinaten in startX und startY gespeichert; während die Maus mit gedrücktem Knopf bewegt wird, wird von den Startkoordinaten zu den dann aktuellen Koordinaten endX und endY eine Linie gezeichnet.

```
// LinienApplet.java

import java.applet.*;
import java.awt.*;
import java.awt.event.*;
```

```
public class LinienApplet extends Applet {
   private int startX, startY, endX, endY;
   public void init() {
      MausListener lis = new MausListener();
      addMouseListener(lis);
      addMouseMotionListener(lis);
      setBackground(Color.lightGray);
      setForeground(Color.red);
   }
   public void paint(Graphics g) {
      g.drawLine(startX, startY, endX, endY);
   }
   class MausListener extends MouseAdapter implements MouseMotionListener {
      public void mousePressed(MouseEvent e) {
         startX = e.getX();
         startY = e.getY();
      }
      public void mouseDragged(MouseEvent e) {
         endX = e.getX();
         endY = e.getY();
         repaint();
      }
      public void mouseMoved(MouseEvent e) { }
   }
}
```

Da wir hier zwei addListener-Aufrufe benötigen, haben wir das MausListener-Objekt mit einem Namen versehen.

Als letztes Beispiel für die Verarbeitung von low-level Ereignissen implementieren wir einen KeyListener. Bei der Verarbeitung von Tastaturereignissen ist es wichtig, zu wissen, daß zu jeder Taste ein Tastencode ("key code") gehört, den man mittels getKeyCode als int erhält. Ein Programm, das mit diesen Codes arbeitet, sollte man nicht auf den int-Werten, sondern den Klassenkonstanten VK_0, ..., VK_9, VK_A, ..., VK_Z, VK_F1, ..., VK_F12, VK_SHIFT, VK_ALT usw. der Klasse KeyEvent – den "virtual keys" – aufbauen, siehe die Klassendeklaration in jdk1.2/src/java/awt/event.

Neben dem Tastencode enthält ein KeyEvent-Objekt auch das Unicode-Zeichen, das zu einer gedrückten Taste oder Tastenkombination gehört. getKeyChar liefert dieses

Zeichen als char; z.B. 'a', wenn VK_A gedrückt wurde und 'A', wenn VK_A zusammen mit VK_SHIFT gedrückt wurde. Falls zu einer Taste kein Zeichen gehört, wie etwa im Fall VK_CONTROL, ergibt sich als Resultat CHAR_UNDEFINED mit Wert '\uffff'.

```
// TastenApplet.java

import java.applet.*;
import java.awt.*;
import java.awt.event.*;

public class TastenApplet extends Applet {
   private char zeichen = KeyEvent.CHAR_UNDEFINED;
   private int x, y;
   public void init() {
      setBackground(Color.pink);
      setForeground(Color.blue);
      setFont(new Font("SansSerif", Font.BOLD, 36));
      x = getSize().width/2 - 8;
      y = getSize().height/2 + 8;
      addKeyListener(new KeyAdapter() {
         public void keyPressed(KeyEvent e) {
            zeichen = e.getKeyChar();
            repaint();
         }
         public void keyReleased(KeyEvent e) {
            zeichen = ' ';
            repaint();
         }
      });
   }
   public void paint(Graphics g) {
      if (zeichen != KeyEvent.CHAR_UNDEFINED)
         g.drawString(String.valueOf(zeichen), x, y);
   }
}
```

Damit das Applet wie beabsichtigt läuft, muß man in der Regel einmal außerhalb des Browser-Toolbars auf die Seite klicken; es erhält dadurch den Tastatur-*Fokus* und kann auf Tastatureingaben reagieren. (Nach dem Starten hat das Textfeld zur URL-Eingabe den Fokus.) Im Beispiel wird dann jede Taste, die einem Zeichen entspricht, angezeigt, solange sie gedrückt ist. Die Anzeige wird gelöscht, wenn keine Taste gedrückt ist.

Bevor wir mit den semantischen Ereignissen und ihren Listenern fortfahren, sollen hier noch zwei Methoden aufgeführt werden, die neben getSource, getID und getModifiers von Interesse sein können: getWhen liefert für InputEvents den Zeitpunkt, zu dem das Ereignis eingetreten ist (auf Millisekundenbasis als long). Und getWindow liefert für WindowEvents das Fenster, das das Ereignis ausgelöst hat.

Bei Aufbau von grafischen Benutzerschnittstellen, der Gegenstand des nächsten Abschnitts ist, verwendet man seltener low-level Ereignisverarbeitung, sondern setzt Komponenten mit für diesen Zweck bereits vorbereiteter Semantik ein. In der folgenden Tabelle sind die semantischen Listener-Interfaces und ihre Methoden zur Ereignisverarbeitung aufgeführt.

Methode	*Bedeutung*
ActionListener	
actionPerformed(ActionEvent)	Mausklick auf Button Doppelklick auf List-Gegenstand Auswahl eines Menu-Eintrags Return-Taste in TextField gedrückt
ItemListener	
itemStateChanged(ItemEvent)	Checkbox umgeschaltet Auswahl eines CheckboxMenuItems Auswahl eines Choice-Gegenstands List-Gegenstand de/-selektiert
AdjustmentListener	
adjustmentValueChanged(AdjustmentEvent)	Einstellung eines Scrollbalkens modifiziert
TextListener	
textValueChanged(TextEvent)	Text in TextArea oder TextField modifiziert

Es ist zu beachten, daß alle mit der Komponenten/Ereignisse-Tabelle von S. 203 verknüpften Methoden public sind und somit an Subklassen vererbt werden. Zum Beispiel erben alle Komponenten, also auch Button, Canvas usw. addComponentListener-, addFocusListener-,... von Component. Dialog und Frame erben addWindowListener von Window. Alle Container, z.B. Panel und Frame, erben addContainerListener. Mit der Fähigkeit, einen XYZListener zu registrieren, ist gleichzeitig die Fähigkeit, XYZEvents zu erzeugen und zu versenden, verbunden.

13.6 Komponenten für Benutzerschnittstellen (Teil I)

In diesem Abschnitt werden einige erste, einfache Beispiele zum Aufbau von Benutzeroberflächen mit Label-, TextField-, Button-, Checkbox- und Choice-Objekten diskutiert.

13.6.1 Label

Mit einem Label kann man einen einfachen Text auf einer Komponente positionieren. Die Klasse hat drei Konstruktoren: Label(), Label(String) und Label(String, int). Der zweite Konstruktor erwartet den Label-Text als Argument, der dritte zusätzlich ein Argument zur Positionierung. Hierzu benutzt man die Klassenkonstanten Label.LEFT, Label.CENTER bzw. Label.RIGHT. Standardeinstellungen sind "" bzw. Label.LEFT. Den Text kann man mittels getText bzw. setText lesen bzw. verändern. Ein einfaches Beispiel ist /OOPinJava/kapitel13/LabelTest.java.

13.6.2 TextField

Mit einem TextField kann man einzeilige Texteingaben lesen. Die Klasse hat vier Konstruktoren: TextField(), TextField(int), TextField(String) und TextField(String, int). Mit dem int-Argument wird die Breite des Textfelds, mit dem String ein voreingestellter Eingabetext spezifiziert. Standardeinstellungen sind 0 bzw. "".

Wichtige Methoden sind setEchoChar, mit der man die Eingabe durch ein Echo-Zeichen verdecken kann, sowie setText und setEditable, die beide aus TextComponent geerbt sind. Dazu passend stehen getEchoChar, getText und isEditable zur Verfügung. Die eingestellte Breite wird nur dann auch vernünftig abgebildet, wenn man eine Schrift mit fester Buchstabenbreite, wie MonoSpaced, einstellt. Eine erste Anwendung zeigt /OOPinJava/kapitel13/TextFieldTest.java.

13.6.3 Checkbox und CheckboxGroup

Ein Checkbox-Objekt besteht aus einer Marke und einer Box, mit der man den Zustand des Objekts ein- und ausschalten kann. Die Klasse hat vier Konstruktoren: Checkbox(), Checkbox(String), Checkbox(String, boolean), Checkbox(String, boolean, CheckboxGroup). Mit dem String spezifiziert man jeweils die Marke, mit dem boolean-Wert den Schalterzustand. Der letzte Konstruktor dient zum Erzeugen von Checkbox-Gruppen mit Exklusiv-Oder-Auswahl. Die Standardeinstellungen sind "", false und null.

Wichtige Methoden sind getLabel, getState, setLabel und setState, mit denen man den Markentext und den Schalterwert lesen bzw. verändern kann. Ein einfaches Beispiel ist /OOPinJava/kapitel13/CheckboxTest.java.

Mit einer CheckboxGroup kann man Checkbox-Objekte zu einer Gruppe von "Radio Buttons" zusammenfassen. Es kann dann zu jedem Zeitpunkt nur noch eines von ihnen eingeschaltet sein; der Druck auf einen Schalter schaltet jeden anderen eingeschalteten Schalter aus. Die Klasse hat nur einen Standardkonstruktor. Zum Erzeugen einer Checkbox-Gruppe konstruiert man ein CheckboxGroup-Objekt und spezifiziert dieses bei der Konstruktion der Checkbox-Objekte. Zum Beispiel:

```
// CheckboxGroupTest.java

import java.applet.*;
import java.awt.*;

public class CheckboxGroupTest extends Applet {
   public void init() {
      setLayout(new GridLayout(5, 1));
      CheckboxGroup c = new CheckboxGroup();
      add(new Checkbox("HP", false, c));
      add(new Checkbox("IBM", false, c));
      add(new Checkbox("Mac", false, c));
      add(new Checkbox("Sun", true, c));
      add(new Checkbox("Intel"));
   }
}
```

Die mit HP, IBM, Mac und Sun markierten Checkbox-Objekte sind jetzt zu einer Gruppe zusammengefaßt, aus der immer genau ein Objekt eingeschaltet ist. Wie die nächste Abbildung zeigt, wird dies auch durch eine geänderte Schalterdarstellung verdeutlicht.

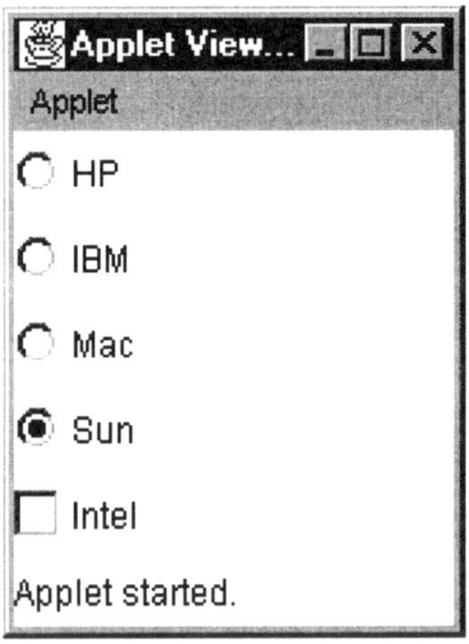

13.6.4 Choice

Choice-Objekte sind Pop-up-Listen mit Gegenständen, von denen jeweils einer ausgewählt werden kann. Die aktuelle Auswahl wird dann angezeigt. Die Klasse hat lediglich einen Standardkonstruktor. Wichtige Methoden sind add(String) (zum Einfügen in die Auswahlliste), getItemCount (zum Feststellen der Listenlänge), sowie getSelectedIndex und getSelectedItem, die den Index bzw. den Text des gerade gewählten Gegenstands liefern. Auf den Text, der sich an einem bestimmten Index in der Liste befindet, kann man auch mit getItem(int) zugreifen. Die Indizierung beginnt wie üblich bei Null. Zum Entfernen von Einträgen aus der Liste sind remove(String) und removeAll deklariert. Ein erstes Beispiel, bei dem die Auswahl einfach mit println angezeigt wird, ist /OOPinJava/kapitel13/ChoiceTest.java.

13.6.5 Button

Für die Button-Klasse stehen zwei Konstruktoren, Button() und Button(String) zur Verfügung. Der String-Parameter dient zur Aufnahme des Button-Textes; voreingestellt ist "". Weiterhin sind zwei Methoden getLabel und setLabel(String), die den angezeigten Button-Text liefern bzw. setzen, deklariert. Zum Beispiel:

```
public class ButtonTest extends Applet {
   public void init() {
      add(new Button("Blau"));  add(new Button("Grün"));
      add(new Button("Orange"));  add(new Button("Rot"));
      add(new Button("Gelb"));  add(new Button("Grau"));
   }
}
```

13.7 Ereignisverarbeitung

In diesem Abschnitt wird diskutiert, welche Ereignisse die in 13.6.2–13.6.5 behandelten Komponenten erzeugen können und wie man sie empfangen und verarbeiten kann. Dazu beginnen wir mit dem letzten Beispiel, dem ButtonTest-Applet, das so modifiziert werden soll, daß die jeweils angeklickte Farbe zur Hintergrundfarbe wird.

Der Tabelle auf S. 203 kann man entnehmen, daß Buttons neben den von Component geerbten Ereignissen ActionEvents generieren können. Erzeugung und Versand des Ereignisses werden durch das *Aktivieren* des Buttons ausgelöst – gleichgültig ob mit Mausdruck oder mit Tab- und Space-Taste. Zuständig hierfür ist ein AWT-Thread.

Zur Behandlung eines ActionEvent-Objekts benötigen wir einen ActionListener und Kenntnis über seine Methoden. Die Interface-Tabelle auf S. 210 enthält hierzu – wie bei allen semantischen Ereignissen und Listenern – genau einen Eintrag. Wir sehen, daß actionPerformed(ActionEvent) zu überschreiben ist. Für das obige Beispiel gibt es hierzu mehrere Möglichkeiten; z.B. könnten wir für jedes Button-Objekt eine eigene Listener-Klasse deklarieren und bei jedem Button „seinen" Listener registrieren. Einfacher, und auch bei Anwendungen mit noch mehr Buttons einsetzbar, ist ein Ansatz, bei dem ein einzelnes, für alle Button-Objekte zuständiges Listener-Objekt konstruiert wird. Zum Beispiel:

```
// ButtonEvent.java

import java.applet.*;
import java.awt.*;
import java.awt.event.*;

public class ButtonEvent extends Applet {
   private Button blau, gruen, orange, rot, gelb, grau;
```

```
    public void init() {
        add(blau = new Button("Blau"));
        blau.addActionListener(new ButtonListener(Color.blue));
        add(gruen = new Button("Grün"));
        gruen.addActionListener(new ButtonListener(Color.green));
        add(orange = new Button("Orange"));
        orange.addActionListener(new ButtonListener(Color.orange));
        add(rot = new Button("Rot"));
        rot.addActionListener(new ButtonListener(Color.red));
        add(gelb = new Button("Gelb"));
        gelb.addActionListener(new ButtonListener(Color.yellow));
        add(grau = new Button("Grau"));
        grau.addActionListener(new ButtonListener(Color.gray));
    }
    class ButtonListener implements ActionListener {
        private Color col;
        ButtonListener(Color col) {
            this.col = col;
        }
        public void actionPerformed(ActionEvent e) {
            setBackground(col);
            repaint();
        }
    }
}
```

Bei den setBackground-Aufrufen ist zu beachten, daß für eine Komponente, die bereits sichtbar ist, wie das ButtonEvent-Applet nach seiner Konstruktion, ein repaint-Aufruf benötigt wird, damit die Komponente sich mit ihrer geänderten Hintergrundfarbe neu zeichnet. Analoges gilt für setForeground.

Als weiteres Beispiel greifen wir das TextFieldTest-Applet auf. Die Komponenten-Tabelle (S. 203) zeigt, daß Textfelder, neben den von Component geerbten low-level Ereignissen, ActionEvents und TextEvents (geerbt von TextComponent) generieren können. Der Interface-Tabelle auf S. 210 entnehmen wir weiter, daß TextEvents durch das Eintippen eines Zeichens in das Textfeld, ActionEvents durch die Return-Taste ausgelöst werden und daß die zugehörenden textValueChanged bzw. actionPerformed sind.

Wie im letzten Beispiel implementieren wir einen ActionListener, der hier nach Eingabe des Paßworts aktiv wird:

```
// TextEvent.java

import java.applet.*;
import java.awt.*;
import java.awt.event.*;

public class TextEvent extends Applet {
   private TextField login, passwd;
   public void init() {
      setFont(new Font("Monospaced", Font.PLAIN, 12));
      setLayout(new GridLayout(2, 2));
      add(new Label("Login", Label.RIGHT));
      add(login = new TextField(30));
      add(new Label("Password", Label.RIGHT));
      add(passwd = new TextField());
      passwd.setEchoChar('*');
      passwd.addActionListener(new ActionListener() {
         public void actionPerformed(ActionEvent e) {
            String l = login.getText(), p = passwd.getText();
            if (l.equals("Anonymous") && p.equals("!avaJ")) {
               removeAll();
               add(new TextArea("Login erfolgreich", 5, 50));
               validate();
            }
         }
      });
   }
}
```

Die Anweisung p = passwd.getText() könnten wir ebenso durch p = e.getActionCommand() ersetzen, weil der im Textfeld eingegebene Text im ActionEvent enthalten ist. Wenn Benutzername und Paßwort stimmen, wird im Beispiel die alte Oberfläche durch ein TextArea-Objekt ersetzt. Damit diese auch angezeigt wird, muß validate für den Container (hier das Applet) aufgerufen werden.

Zum Abschluß dieses Abschnitts sei nochmals daran erinnert (S. 199), daß alle Komponenten zur Interaktion mit den Benutzern aktiviert oder deaktiviert werden können, indem man für sie setEnabled(true) bzw. setEnabled(false) aufruft. Die Voreinstellung ist true. Zum Test kann man den Aufruf setEnabled(false) oder ((Button)e.getSource()).setEnabled(false) in die Methode actionPerformed des ButtonEvent-Beispiels aufnehmen. Im ersten Fall friert die gesamte Komponente ein, im letzten Fall wird der jeweils gedrückte Button deaktiviert.

13.8 Layout-Manager

Die Anordnung von Komponenten in einem Container wird von einem *Layout-Manager* kontrolliert und hängt damit, neben der Reihenfolge der add-Aufrufe, vor allem von diesem Manager ab. Bei den bisherigen Beispielen haben wir oft ein GridLayout eingesetzt, bei dem die Komponenten in einer Matrix zeilenweise von links nach rechts arrangiert werden. Die Anzahl der Zeilen und Spalten wird beim Erzeugen des Layout-Managers spezifiziert.

Java stellt noch weitere Manager zur Verfügung: FlowLayout, BorderLayout, CardLayout und GridBagLayout. FlowLayout ist der für Panel-Objekte, also auch für Applets voreingestellte Manager, BorderLayout ist Standard für Window-Objekte, also auch für Frames. Die beiden übrigen Manager werden hier nicht behandelt. Einen anderen als den Standardmanager stellt man durch einen Aufruf von setLayout (aus Container) ein.

13.8.1 Das FlowLayout

Der einfachste Layout-Manager ist der FlowLayout-Manager. Er ist der für Applets voreingestellte Manager. Ein FlowLayout fügt Komponenten der Reihe nach von links nach rechts in den Container ein. Wenn eine Komponente nicht mehr in die „Zeile" paßt, wird links eine Zeile tiefer fortgefahren. Diesen Effekt kann man gut beobachten, wenn man in der HTML-Seite für das ButtonEvent-Applet verschiedene width-Werte zwischen 30 und 350 einträgt oder das appletviewer-Fenster abwechselnd vergrößert bzw. verkleinert.

Innerhalb einer Zeile werden die einzelnen Komponenten zentriert, es sei denn, man gibt bei der Konstruktion des Managers etwas anderes an, z.B.

```
setLayout(new FlowLayout(FlowLayout.LEFT))
```

Auch FlowLayout.RIGHT oder FlowLayout.CENTER können hier spezifiziert werden. Die Klasse hat noch einen dritten Konstruktor, FlowLayout(int, int, int), bei dem man im zweiten und dritten Argument den horizontalen bzw. vertikalen Abstand zwischen den Komponenten einstellen kann. Dabei wird, wie bei allen für Applets interessierenden Größenangaben, in Pixeln gemessen.

13.8.2 Das BorderLayout

Window-Objekte, also insbesondere Frames, werden standardmäßig mit dem BorderLayout erzeugt. Dieser Manager unterteilt seinen Container in fünf Gebiete, wie es in der folgenden Abbildung dargestellt ist.

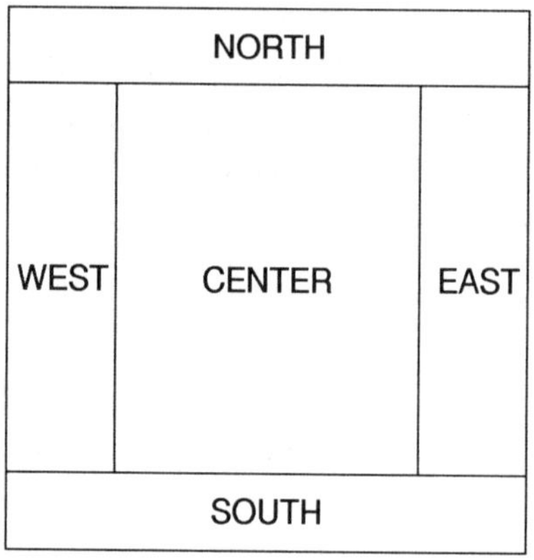

Im Unterschied zu den übrigen Managern muß hier beim add-Aufruf noch spezifiziert werden, in welchem Gebiet die Komponente einzufügen ist; es kommt nicht auf die Reihenfolge der Aufrufe an. Zum Beispiel:

```
public class BorderTest extends Applet {
   public void init() {
      setLayout(new BorderLayout());
      add(new Button("Blau"), BorderLayout.NORTH);
      add(new Button("Grün"), BorderLayout.SOUTH);
      add(new Button("Orange"), BorderLayout.WEST);
      add(new Button("Rot"), BorderLayout.EAST);
      add(new Button("Gelb"), BorderLayout.CENTER);
   }
}
```

Falls man kein Gebiet spezifiziert, wird implizit BorderLayout.CENTER benutzt. Wie man dem Applet ansieht, nehmen die Komponenten nur soviel Raum in Anspruch, wie sie benötigen, der Rest wird der CENTER-Region zugeordnet. Wenn weniger als fünf Komponenten benutzt werden, wird der freigebliebene Raum auf die angrenzenden Gebiete verteilt.

Die Klasse hat noch einen zweiten Konstruktor, BorderLayout(int, int), bei dem man mit den beiden Argumenten den horizontalen bzw. vertikalen Abstand zwischen den Komponenten einstellen kann.

13.8.3 Das GridLayout

Bei den bisherigen Beispielen haben wir schon oft ein GridLayout eingesetzt. Beim Erzeugen des Managerobjekts gibt man hier die Anzahl der Zeilen und Spalten an, in die der Container zu unterteilen ist. Für die einzelnen Komponenten wird dann jeweils derselbe Raum reserviert. Eine der beiden Angaben kann 0 sein, was „soviel wie nötig" bedeutet. Durch aufeinanderfolgende add-Aufrufe werden die Komponenten von links nach rechts und zeilenweise von oben nach unten hinzugefügt.

Auch einem GridLayout kann man einen horizontalen und vertikalen Pixelabstand vorgeben, man ruft den Konstruktor dann mit vier Argumenten auf. Siehe z.B. /OOPinJava/kapitel13/GridTest.java.

13.8.4 Kombinationen

Sofern man in einen Container andere Container aufnimmt, kann man Layout-Manager beliebig kombinieren. Üblicherweise verwendet man für jeden benötigten Manager ein eigenes Panel-Objekt. Das folgende Applet zeigt beispielhaft, wie man mit dieser Technik auf einfache Weise komplexere, ansprechende Benutzeroberflächen erzeugen kann.

```
// LayoutMix.java

import java.applet.*;
import java.awt.*;

public class LayoutMix extends Applet {
   public void init() {
```

```
        setLayout(new BorderLayout());
        add(new Label("Hier den Text eingeben", Label.CENTER),
           BorderLayout.NORTH);
        add(new TextArea(), BorderLayout.CENTER);
        Panel e = new Panel(), s = new Panel(), ne = new Panel();
        s.add(new Button("Speichern"));
        s.add(new Button("Löschen"));
        s.add(new Button("Hilfe"));
        add(s, BorderLayout.SOUTH);
        ne.setLayout(new GridLayout(0, 1));
        ne.add(new Button("Formatieren"));
        ne.add(new Button("Rechtschreibung"));
        ne.add(new Button("Optionen"));
        e.add(ne);
        add(e, BorderLayout.EAST);
    }
}
```

Der Applet-Container wird mit einem BorderLayout gemanagt. Im Norden ist lediglich ein Label-Objekt plaziert.

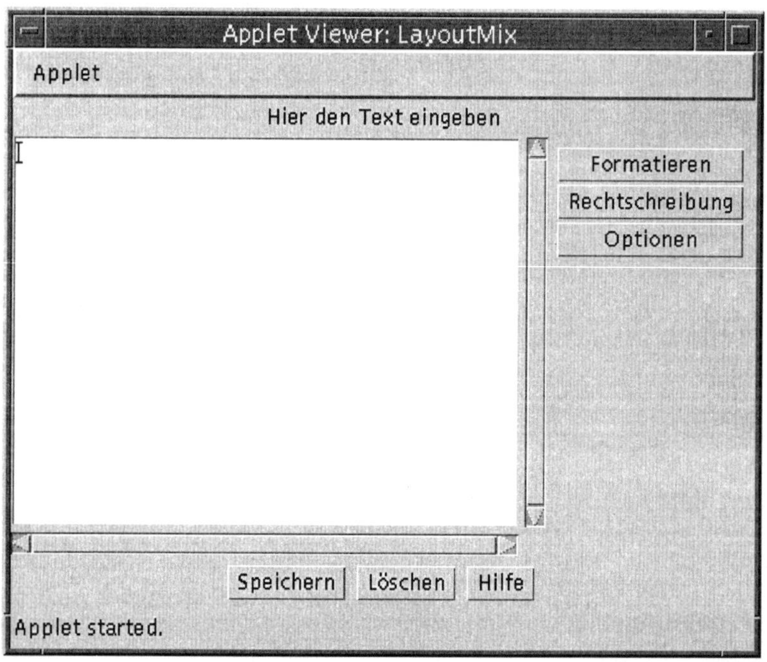

In das Zentrum ist ein TextArea-Objekt eingetragen worden. Im Süden befindet sich ein Panel-Objekt s, das in seinem FlowLayout drei Buttons enthält. Im Osten befindet sich ein Panel-Objekt e, das selbst wieder ein Panel mit einem einspaltigen GridLayout und drei Buttons aufnimmt. Der Westen des Applets bleibt leer.

13.9 Von Applets zu Frames

Benutzerschnittstellen für stand-alone Anwendungen können wir ähnlich wie die für Applets entwickeln. Es stehen dieselben Komponenten zur Verfügung, und auch die Ereignisverarbeitung wird analog implementiert. Der wesentliche Unterschied ist der, daß nun als Container ein Frame-Objekt anstelle eines Applets einzusetzen ist.

Dies hat einige Konsequenzen: Zum einen können die Methoden start, stop und destroy nicht mehr überladen werden, da sie in der Klasse Applet deklariert sind – sie werden in stand-alone Anwendungen auch nicht benötigt. Auch die Methode init steht nicht mehr zur Verfügung. Die hier üblicherweise enthaltenen Objekterzeugungen, Initialisierungen, Listener-Registrierungen usw. nimmt man in den Konstruktor auf. Die in der HTML-Datei enthaltenen Größenangaben müssen mit einem setSize-Aufruf gesetzt werden. Andere Werte können als Kommandozeilen-Argumente übergeben werden. Weiterhin ist zu beachten, daß ein Frame, im Unterschied zum Applet, standardmäßig mit einem BorderLayout-Manager arbeitet. Schließlich muß das Frame-Objekt mit einem setVisible-Aufruf sichtbar gemacht werden, da „top-level" Komponenten wie z.B. ein Frame nach ihrer Erzeugung noch nicht sichtbar sind. Alle anderen enthaltenen Komponenten sind direkt nach ihrer Erzeugung sichtbar.

Als erstes Beispiel greifen wir das TastenApplet auf und modifizieren es zu einer stand-alone Anwendung:

```
// TastenFrame.java

import java.awt.*;
import java.awt.event.*;

class TastenFrame extends Frame {
    private char zeichen = KeyEvent.CHAR_UNDEFINED;
    private int x, y;
    TastenFrame() {
        setBackground(Color.pink);
```

```
            setForeground(Color.blue);
            setFont(new Font("SansSerif", Font.BOLD, 36));
            setSize(200, 100);
            x = getSize().width/2 - 8;
            y = getSize().height/2 + 8;
            addKeyListener(new KeyAdapter() {
                public void keyPressed(KeyEvent e) {
                    zeichen = e.getKeyChar();
                    repaint();
                }
                public void keyReleased(KeyEvent e) {
                    zeichen = ' ';
                    repaint();
                }
            });
            setVisible(true);
        }
        public void paint(Graphics g) {
            if (zeichen != KeyEvent.CHAR_UNDEFINED)
                g.drawString(String.valueOf(zeichen), x, y);
        }
        public static void main(String[] args) {
            new TastenFrame();
        }
    }
```

Wir sehen als weiteren Unterschied zur Applet-Version, daß hier die Anwendung dafür verantwortlich ist, daß ein Objekt der Frame-Klasse erzeugt wird. Positiv ist zu vermerken, daß Frames sofort den Tastatur-Fokus besitzen. Es fällt weiterhin auf, daß sich das Fenster über die Menüleiste nicht schließen läßt. Hierzu benötigen wir einen WindowListener, den man typischerweise wie folgt

```
    addWindowListener(new WindowAdapter() {
        public void windowClosing(WindowEvent e) {
            e.getWindow().dispose();
            System.exit(0);
        }
    });
```

als anonymen WindowAdapter mit einer überschriebenen windowClosing-Methode bereitstellt. (Siehe OOPinJava/kapitel13/taste2/TastenFrame.java.)

Bei Frame-Objekten, die als Container andere Komponenten enthalten und nicht, wie im letzten Beispiel, lediglich als Zeichenfläche für ein überschriebenes paint dienen, wird man anstelle des setSize-Aufrufs bevorzugt die Methode pack einsetzen. pack stellt die Fenstergröße so ein, daß die Komponenten ihre „bevorzugte“ Größe erhalten. Die Methode ist in der Klasse Window deklariert und ruft selbst die Component-Methode getPreferredSize auf. Als Beispiel schreiben wir eine stand-alone Version des TextEvent-Applets.

```
// TextFrame.java

import java.awt.*;
import java.awt.event.*;

class TextFrame extends Frame {
   private TextField login, passwd;
   TextFrame() {
      setFont(new Font("Monospaced", Font.PLAIN, 12));
      ..... wie in TextEvent.init
      passwd.setEchoChar('*');
      passwd.addActionListener(new ActionListener() {
         public void actionPerformed(ActionEvent e) {
            String l = login.getText(), p = passwd.getText();
            if (l.equals("Anonymous") && p.equals("!avaJ")) {
               removeAll();
               add(new TextArea("Login erfolgreich", 5, 50));
               validate();
               pack();
            }
         }
      });
      addWindowListener(new WindowAdapter() { ..... wie oben });
      pack();
      setVisible(true);
   }
```

```
    public static void main(String[] args) {
        new TextFrame();
    }
}
```

Zum Abschluß dieses Abschnitts soll noch gezeigt werden, wie man eine Klasse so implementieren kann, daß sie sowohl als Applet als auch als stand-alone Anwendung lauffähig ist. Hierzu greifen wir nochmals das PunkteApplet auf und fügen eine Methode main in die Klassendeklaration ein. In main müssen die entsprechenden Objekte erzeugt werden; weiterhin wird ein init-Aufruf benötigt:

```
// PunkteFramplet.java

import java.applet.*;
import java.awt.*;
import java.awt.event.*;
import java.io.*;

public class PunkteFramplet extends Applet {
    private final int MAX_PUNKTE = 1000;
    private int[][] punkte = new int[MAX_PUNKTE][2];
    private int anzPunkte = 0;
    public void init() {
        setBackground(Color.yellow);
        setForeground(Color.green);
        addMouseListener(new MouseAdapter() {
            ..... wie in PunkteApplet
        });
    }
    public void paint(Graphics g) {
            ..... wie in PunkteApplet
    }
    public static void main(String[] args) {
        if (args.length < 2) {
            new PrintWriter(System.out, true).println("Starten in der Form: "
                + "java PunkteFramplet \"breite\" \"höhe\"");
            return;
        }
```

```
            Frame f = new Frame("Das Punkte-Framplet");
            PunkteFramplet pf = new PunkteFramplet();
            pf.init();
            f.add(pf);
            f.addWindowListener(new WindowAdapter() { ..... wie oben });
            f.setSize(Integer.parseInt(args[0]), Integer.parseInt(args[1]));
            f.setVisible(true);
        }
    }
```

Wenn wir das PunkteFramplet als Applet, also in einem Browser starten, wird die Methode main ignoriert. Umgekehrt wird bei einem Aufruf der Art java PunkteFramplet 300 300 in main die Methode init aufgerufen.

13.10 Insets

Das Paket java.awt deklariert eine einfache Klasse Insets, die lediglich vier public zugreifbare int-Werte top, left, bottom und right verwaltet. Bei der Konstruktion eines Insets-Objekts müssen die Werte in dieser Reihenfolge spezifiziert werden.

Interessant wird die Klasse im Zusammenhang mit dem Layout von Komponenten in einem Container, weil in Container eine Methode getInsets deklariert ist, die ein Layout-Manager implizit aufruft, um festzustellen, welchen Rand er oben, links, unten und rechts auf seiner verfügbaren Fläche freilassen muß. Auf diesem Rand können keine Komponenten positioniert werden. Der Rand kann jedoch von paint genutzt werden, z.B. sind alle drawXYZ-Methoden verwendbar. Ebenso werden alle low-level Ereignisse registriert. Typischerweise überschreibt man getInsets einfach wie folgt:

```
public Insets getInsets() {
    return new Insets(10, 20, 30, 40);
}
```

wobei anstelle von (10, 20, 30, 40) die benötigten Werte einzutragen sind. Zum Testen nehmen wir beispielsweise die Deklaration

```
public Insets getInsets() {
    int i = Integer.parseInt(getParameter("Rand"));
    return new Insets(i, i, i, i);
}
```

in das BorderTest-Applet aus Abschnitt 13.8.2 auf und experimentieren mit verschiedenen Parameterwerten, also <param name = Rand value = ...>, in der entsprechenden HTML-Datei. Für die Rand-Werte 0, 5, 10 erhalten wir die folgenden Applets:

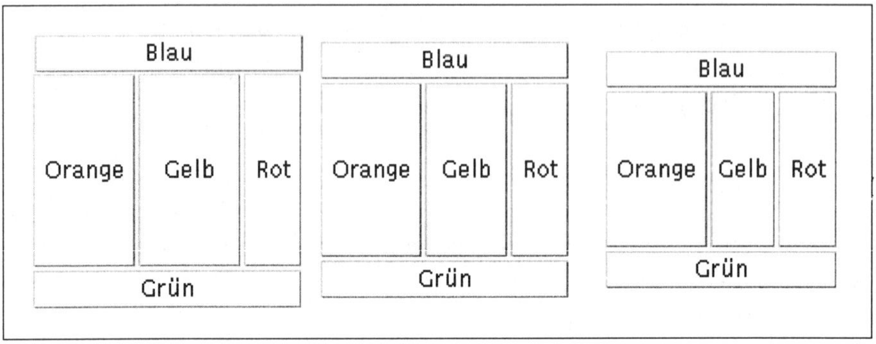

(Siehe OOPinJava/kapitel13/border2/BorderTest.java.)

Verschiedene Komponenten haben voreingestellte Insets, die abhängig von der Plattform und vom Layout-Manager sind. Zum Beispiel hat ein Frame die Insets 24, 5, 5, 5 (unter Solaris) bzw. 23, 4, 4, 4 (unter Win 95/NT). Der breite obere Rand des Frames ist der Grund dafür, daß die Anzeige der gedrückten Taste beim TastenFrame im Vergleich zum TastenApplet nicht zentriert erscheint; Applets haben 0, 0, 0, 0 als Insets (siehe Übungsaufgabe 10).

13.11 Focus

Viele Ereignisse, z.B. das Drücken eines Buttons, das Bewegen eines Scrollbars usw., selektieren ihren Empfänger selbständig. Tastaturereignisse (KeyEvents) sind dagegen nicht an eine spezielle Komponente in einer Benutzeroberfläche gerichtet.

Damit eine Komponente auf Tastatureingaben reagiert, muß sie den *Tastatur-Fokus* besitzen. Der Fokus-Besitz ist Voraussetzung dafür, daß sie KeyEvents und FocusEvents generieren kann.

Nur jeweils eine Komponente eines Containers kann zu einem bestimmten Zeitpunkt den Fokus haben. Sie zeigt dies durch eine Veränderung ihres Aussehens an, z.B. durch Umrandung, Wechsel des Cursors vom Default- zum I-Cursor usw. Mit den Tab- und Shift-Tab-Tasten kann man den Fokus von einer aktivierten Komponente zur nächsten verlagern und umgekehrt. Die Reihenfolge, in der Komponenten so den Fokus erhalten, entspricht der Reihenfolge, in der man sie mittels add in ihren umgebenden

Container eingefügt hat. Dies kann man mit sämtlichen Beispielen dieses Abschnitts testen. Um eine Bedienung ohne Maus zu ermöglichen, müssen die Komponenten mit KeyListener-Objekten oder passenden semantischen Listenern verbunden werden.

Komponenten können den Fokus auch explizit durch einen Aufruf der Methode requestFocus anfordern. Dies ist jedoch nicht bei allen Komponenten möglich; beispielsweise haben Canvas- und Panel-Objekte ohne besondere Vorkehrungen von unserer Seite (siehe Übungsaufgabe 11) kein Interesse am Fokus. Mittels isFocusTraversable kann man feststellen, ob eine Komponente in der Lage ist, den Tastatur-Fokus zu erhalten. Der Aufruf liefert dann true und ansonsten false. Im letzteren Fall bleibt ein requestFocus-Aufruf ohne Wirkung.

13.12 Übungsaufgaben

1. Machen Sie sich klar, daß man auch mehrere Listener desselben Typs an einer Komponente registrieren kann. Erweitern Sie beispielsweise das PunkteApplet um einen zweiten MouseListener, der die Punkt-Koordinaten auf System.out ausgibt.

2. Statt eine eigenständige oder innere MouseListener-Klasse zu deklarieren, könnten wir das PunkteApplet auch so implementieren:

   ```
   public class PunkteApplet extends Applet implements MouseListener { ..... }
   ```

   Testen Sie eine derartige Implementation und überlegen Sie sich Vor- und Nachteile dieses Ansatzes.

3. Drucken Sie in einer der beiden Listener-Methoden des TastenApplet-Beispiels das KeyEvent aus und untersuchen Sie die mit ihm versandte Information.

4. Weshalb sind die Variablen out und c im ChoiceTest-Beispiel final deklariert?

5. Untersuchen Sie durch Einfügen einer println-Anweisung, wie im TastenFrame-Beispiel paint implizit aufgerufen wird, wenn der Frame durch andere Fenster verdeckt wird oder nach Ikonifizierung wiederhergestellt wird.

6. Schreiben Sie ein Applet, das das DynamicallyScaleable-Interface implementiert.

```
interface Scaleable {
   int TINY = 1, SMALL = 2, MEDIUM = 3, BIG = 4, LARGE = 5, HUGE = 6;
   void setSize(int size);
}

interface DynamicallyScaleable extends Scaleable {
   void changeSize(int size);
}
```

Das Applet soll einmal pro Sekunde „seine Größe ändern“. Stellen Sie das einfach dadurch dar, daß in etwa folgendes passiert

```
public void changeSize(int sc) {
   setSize(sc);
   repaint();
}
public void paint(Graphics g) {
   g.draw3DRect(10, 10, rectSize, rectSize, false);
}
```

wobei hier mit rectSize die aktuelle Größe gemeint ist.

7. Entwerfen und testen Sie eine Benutzeroberfläche für das Schaltpult aus Abschnitt 12.2. Die Oberfläche soll als Frame implementiert sein und folgendes Aussehen haben:

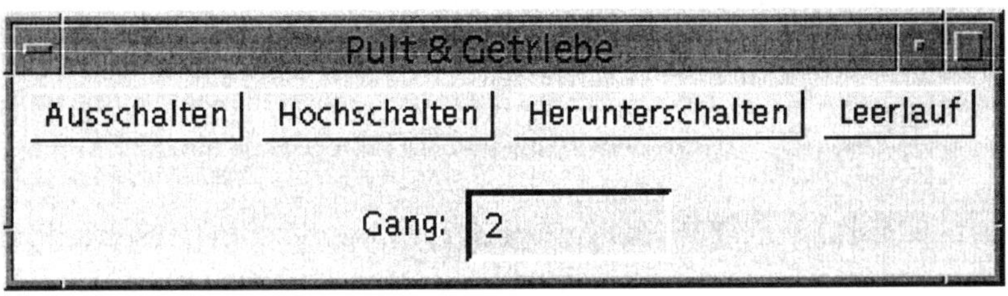

8. Welche Ereignisse können von einem Label erzeugt werden? Schreiben Sie eine Testanwendung.

9. Schreiben Sie ein Applet mit einigen Button-Objekten. Wenn die Maus auf einen Button bewegt wird, soll er sich farblich von den anderen Buttons unterscheiden.

10. Zentrieren Sie die Anzeige des Zeichens im TastenFrame-Beispiel durch Benutzung der Insets-Werte. Hier muß man beachten, daß nicht garantiert ist, daß die richtigen Insets bereits im Konstruktor feststehen. Üblicherweise ruft man getInsets beim ersten paint-Aufruf auf. Zum Beispiel:

```
public void paint(Graphics g) {
   if (!layoutKomplett) {
      Insets ins = getInsets();
      x = .....
      y = .....
      setSize(200 + ins.left + ins.right, 100 + ins.top + ins.bottom);
      layoutKomplett = true;
   }
   if (zeichen != KeyEvent.CHAR_UNDEFINED)
      g.drawString(String.valueOf(zeichen), x, y);
}
```

    Hier ist layoutKomplett eine Instanzvariable, die mit false zu initialisieren ist.

11. Damit eine Komponente, wie z.B. das TastenApplet, Interesse daran haben soll, den Tastatur-Fokus zu akzeptieren, ist folgendes erforderlich:

    (a) Die aus Component geerbte Methode isFocusTraversable ist so zu überschreiben, daß sie true liefert. Also

    ```
    public boolean isFocusTraversable() {
       return true;
    }
    ```

    (b) Es ist ein MouseListener zu implementieren, der bei mousePressed oder mouseClicked einen requestFocus-Aufruf vornimmt.

    (c) Der MouseListener ist bei der Komponente zu registrieren.

    Versehen Sie das TastenApplet auf diese Weise mit dem Fokus.

12. Wie jede public deklarierte Component-Methode können wir auch die Methode getPreferredSize, die die „natürliche" Größe einer Komponente festlegt, überschreiben. Benutzen Sie das ButtonTest-Applet und ersetzen Sie das new Button("Blau") durch new PrefButton("Blau"), wobei PrefButton eine Subklasse von Button ist. getPreferredSize ist folgendermaßen zu deklarieren:

```
public Dimension getPreferredSize() {
   .....
   return new Dimension(breite, hoehe);
}
```

Überschreiben Sie die Methode in der Klasse PrefButton, so daß der Button doppelt so breit und hoch ist wie sonst üblich.

Kapitel 14

Grundlegende Klassen

In diesem Abschnitt behandeln wir eine Reihe von Klassen aus den Paketen java.lang, java.util und java.text, die man in nahezu jeder Anwendung benötigt, und die in vorangehenden Beispielen zum Teil auch schon eingesetzt wurden. Es sei nochmals daran erinnert (vgl. 10.4), daß Java in jede Übersetzungseinheit implizit ein

```
import java.lang.*;
```

einfügt.

14.1 Die Klasse String

Java verwendet String-Objekte zur Aufnahme von Zeichenfolgen, die sich zur Laufzeit nicht verändern können. Es gibt also keine Methoden zur Änderung des String-Inhalts, jedoch einige wenige Methoden, die, ausgehend von einem existierenden String-Objekt, ein neues, modifiziertes String-Objekt liefern. Strings sind eng mit Zeichenketten verwandt; Java wandelt jede Zeichenkette implizit in ein String-Objekt um und benutzt die Zeichenkette dann als Referenz auf dieses Objekt. Typischerweise wird man Strings zur Übergabe von Zeichenketten an Methoden oder umgekehrt zur Rückgabe eines Zeichenketten-Resultats einsetzen. Wenn eine Methode Zeichenfolgen manipulieren soll, benutzt man StringBuffer-Objekte.

Zur Erzeugung von String-Objekten steht eine Reihe von Konstruktoren zur Verfügung. Zum Beispiel:

```
String s = "String1", t = new String("String2");
```

```
char[] a = { 'S', 't', 'r', 'i', 'n', 'g', '3' };
byte[] b = { 83, 116, 114, 105, 110, 103, 52 };
String u = new String(a), v = new String(b), w = new String(v);
```

Wenn Java beim Übersetzen feststellt, daß mehrere String-Objekte denselben Inhalt enthalten würden, wird nur ein Objekt erzeugt und mehrfach referenziert. Im obigen Beispiel ergibt sich deshalb

```
out.println("String1" == s);            // true
out.println(w == v);                    // false
```

(Mittels == werden die Referenzwerte verglichen.) Zum Vergleich des Inhalts von String-Objekten benutzt man die Methoden equals oder equalsIgnoreCase, bzw. wenn die lexikaliische Anordnung von Interesse ist, die Methode compareTo, die im Fall der Gleichheit 0 liefert. Falls der erste String vor dem zweiten kommt, ergibt sich ein Wert kleiner null und ansonsten ein Wert größer null:

```
out.println(s.compareTo(t));            // -1
out.println(v.compareTo(t));            // 2
```

Mittels startsWith bzw. endsWith kann man feststellen, ob ein String mit einem bestimmten Teil-String beginnt bzw. endet; indexOf liefert den Index an dem ein Teil-String zum erstenmal vorkommt, bzw. -1, wenn er nicht enthalten ist.

```
out.println(s.startsWith("Str"));       // true
out.println(s.startsWith("http:"));     // false
out.println(u.indexOf("ing"));          // 3
out.println(u.indexOf("ink"));          // -1
```

Methoden, die ausgehend von einem String-Objekt einen neuen String liefern (genauer: ein neues String-Objekt konstruieren und eine Referenz auf dieses liefern), sind toLowerCase, toUpperCase, replace und substring.

replace(char, char) ersetzt im gesamten String das erste Argument durch das zweite Argument. substring ist mit einem bzw. zwei int-Parametern überladen und liefert einen Teil-String, der mit dem durch das erste Argument spezifizierten Index beginnt und ggf. durch den zweiten Index beendet wird. Zum Beispiel:

```
out.println(w.replace('4', '5'));       // STRING4
out.println(w.toUpperCase());           // String5
```

```
out.println(w.substring(2, 5));                // rin
```

Dieses letzte Beispiel zeigt noch zweierlei: In dem von w referenzierten String (mit dem Inhalt "String4") hat sich durch die Methodenaufrufe nichts geändert, es wurden vielmehr drei neue String-Objekte erzeugt, die direkt nach der Ausgabe gelöscht werden können. Weiterhin erkennt man, daß das erste bzw. zweite substring-Argument inklusiv bzw. exklusiv wirken.

Die Methode length liefert die Anzahl der Zeichen in einem String, charAt(i) liefert das (i + 1)-te Zeichen, und toCharArray konstruiert ein Zeichenfeld, das gerade die im String gespeicherten Zeichen als Komponenten hat:

```
out.println(s.charAt(s.length() - 1));         // 1
out.println(s.toCharArray().length);           // 7
```

Etwas mehr Flexibilität als toCharArray bietet getChars(int, int, char[], int). Mit dieser Methode kopiert man Zeichen aus einem String in ein char-Feld, wobei das erste bzw. zweite Argument den Index im String ab dem bzw. bis zu dem (ausschließlich) kopiert wird, bezeichnen. Das letzte Argument ist der Index ab dem die Zeichen im Feld eingetragen werden. Nach s.getChars(1, 3, a, 0) enthält a beispielsweise die Zeichen t, r, r, i, n, g, 3.

Zum Abschluß soll noch die Klassenmethode valueOf behandelt werden. Sie ist für sämtliche elementaren Datentypen mit Ausnahme von byte und short sowie mit dem Parameter Object überladen und liefert die String-Repräsentation des Arguments. Im Fall von valueOf(Object x) ist das Resultat "null", wenn eine Nullreferenz übergeben wird, ansonsten ergibt sich x.toString(). Zum Beispiel:

```
out.println(String.valueOf(new java.util.Date()));
// Sun Mar 8 07:49:03 GMT+02:00 1998
```

Das Pendant zu diesen Aufrufen, also das Erzeugen von Werten elementarer Datentypen ausgehend von ihrer String-Repräsentation, wird über die Hüllklassen Boolean, Byte usw. abgewickelt (siehe Abschnitt 14.5).

```
boolean x = Boolean.valueOf("true").booleanValue();
byte y = Byte.valueOf("23").byteValue();
```

Die obigen Codefragmente sind im Beispielprogramm /OOPinJava/kapitel14/Strings.java zusammengefaßt.

Die nachfolgende Tabelle enthält einen Überblick über die wichtigsten Methoden der Klasse String.

Methode	*Bedeutung*
charAt(int)	Liefert das Zeichen an der spezifizierten Position
compareTo(String)	Vergleicht mit dem Argument
endsWith(String)	Prüft, ob der String mit dem Argument endet
equals(Object)	Vergleicht mit dem Argument
equalsIgnoreCase(String)	Vergleicht, ignoriert Groß/Kleinschreibung
getChars(int, int, char[], int)	Kopiert Zeichen in ein char-Feld
indexOf(int)	Sucht nach erstem Vorkommen eines Zeichens
indexOf(String)	Sucht nach erstem Vorkommen des Arguments
length()	Liefert die Länge des Strings
replace(char, char)	Ersetzt überall erstes durch zweites Argument
startsWith(String)	Prüft, ob der String mit dem Argument beginnt
substring(int)	Liefert Teil-String ab spezifizierter Position
substring(int, int)	Liefert Teil-String zwischen spezifiz. Positionen
toCharArray()	Liefert String als char-Feld
toLowerCase()	Liefert String in Kleinbuchstaben
toUpperCase()	Liefert String in Großbuchstaben
valueOf(Object)	Liefert String-Repräsentation des Arguments

14.2 Die Klasse StringBuffer

Ein StringBuffer-Objekt ist ein Objekt, das eine unbegrenzte Anzahl modifizierbarer Zeichen aufnehmen kann und das Hinzufügen von Zeichenketten effizient implementiert. Bei einer String-Anwendung wie im folgenden Beispiel:

```
public class X extends Applet implements ActionListener {
   TextField txt;
   String alleEingaben = "";
   .....
   public void actionPerformed(ActionEvent e) {
      alleEingaben += txt.getText();
   }
}
```

würde mit jeder Eingabe (Return) im Textfeld txt aus dem alten von alleEingaben referenzierten String-Objekt und dem aktuellen Textfeld-Inhalt ein neuer String erzeugt, und die alten Strings würden zur Garbage-Collection freigegeben. Hier ist es sinnvoller, einen StringBuffer einzusetzen.

Die StringBuffer-Klasse stellt im wesentlichen zwei Methoden zur Verfügung, die für sämtliche elementaren Datentypen mit Ausnahme von byte und short sowie mit den Parametern Object und String überladen sind.

> append
> fügt die String-Repräsentation des Arguments an das Ende des StringBuffers an.
>
> insert
> fügt die String-Repräsentation des zweiten Arguments in den StringBuffer ein. Der Index, ab dem eingefügt werden soll, wird mit dem ersten Argument als int-Wert spezifiziert.

Im obigen Beispiel wäre es somit sinnvoller, die Variable alleEingaben mit dem Typ StringBuffer zu deklarieren und die Zuweisung in actionPerformed durch alleEingaben.append(txt.getText()); zu ersetzen.

Neben dem Standardkonstruktor, der einen leeren Puffer erzeugt, hat die Klasse zwei weitere Konstruktoren StringBuffer(String) und StringBuffer(int), mit denen man den Puffer mit einer Zeichenkette initialisieren bzw. mit einer vorgegebenen Länge leer erzeugen kann. Wie in der String-Klasse stehen die Methoden charAt und length zur Verfügung. Darüber hinaus können wir aus einem StringBuffer-Objekt durch den Aufruf von toString das entsprechende String-Objekt erzeugen.

Die Methoden append und insert liefern als Resultat jeweils this, ihre Aufrufe können somit verkettet werden. Java selbst verwendet StringBuffer-Objekte und diese Technik, wenn Zeichenketten mit dem Operator + zu verknüpfen sind. Zum Beispiel wird eine Ausgabe

```
int i = 5;
out.println("Wert " + i);
```

in folgender Form realisiert:

```
out.println(new StringBuffer().append("Wert ").append(i).toString());
```

Einzelne Zeichen eines StringBuffers kann man mit der Methode setCharAt modifizieren. /OOPinJava/kapitel14/StringBuffers.java liefert einige Beispiele.

14.3 Die Klasse Math

java.lang.Math ist eine public und final deklarierte Klasse, die neben den symbolischen Konstanten E (e) und PI (π) eine Reihe von Klassenmethoden enthält, die in der folgenden Tabelle auszugsweise zusammengestellt sind.

Methode	*Bedeutung*
abs(double x) abs(float x) abs(int x) abs(long x)	Betrag von x ($\|x\|$)
acos(double x)	$\arccos(x)$
asin(double x)	$\arcsin(x)$
atan(ouble x)	$\arctan(x)$
ceil(double x)	kleinste ganze Zahl $\geq x$ ($\lceil x \rceil$)
cos(double x)	$\cos(x)$
exp(double x)	e^x
floor(double x)	größte ganze Zahl $\leq x$ ($\lfloor x \rfloor$)
log(double x)	$\ln(x)$
pow(double x, double y)	x^y
random()	liefert Zufallszahl in $[0, 1)$
round(double x) round(float x)	rundet nach long rundet nach int
sin(double x)	$\sin(x)$
sqrt(double x)	$\sqrt{x}$
tan(double x)	$\tan(x)$

Zusätzlich stehen noch die zweiparametrigen Methoden max und min zur Verfügung, die jeweils für int-, long-, float- und double-Werte überladen sind.

14.4 Die Klasse DecimalFormat

Im Paket java.text ist eine Klasse DecimalFormat deklariert, mit der man numerische Werte in formatierte Strings umwandeln kann. DecimalFormat ist Subklasse der abstrakten Klasse NumberFormat, die selbst wieder Subklasse der abstrakten Klasse Format ist. Das Ausgabeformat kann man festlegen, indem man dem Konstruktor eine Zeichenkette übergibt, die sich aus folgenden Zeichen zusammensetzen kann.

Zeichen	*Bedeutung*
#	Ziffer, führende Nullen werden nicht angezeigt
0	Ziffer, führende Nullen werden als 0 angezeigt
,	das landesspezifische Gruppierungssymbol für Vorkommastellen (bei uns also Punkt)
.	das landesspezifische Trennsymbol zwischen Vor- und Nachkommastellen (bei uns also Komma)
%	Darstellung als Prozentzahl (nach Multiplikation mit 100)
xyz	andere Zeichen werden direkt in den resultierenden String übernommen

Das Formatieren besteht nun aus den folgenden Schritten:

1. Es wird ein Format-Objekt konstruiert.
2. Für dieses Format-Objekt wird die Methode format aufgerufen, die in NumberFormat folgendermaßen überladen ist:

   ```
   public final String format(double number) { ..... }
   public final String format(long number) { ..... }
   ```

   Der zu formatierende Wert wird also beim Aufruf als Argument übergeben. Mit den bei Methodenaufrufen implizit durchgeführten elementaren Typvergrößerungen sind somit alle numerischen Typen formatierbar.
3. Das Resultat ist der formatierte String, der nun weiterverwendet werden kann (z.B. println oder setText).

Ein einfaches Beispiel ist:

```
// ZahlenFormat.java

import java.io.*;
import java.text.*;

class ZahlenFormat {
  public static void main(String[] args) {
    PrintWriter out = new PrintWriter(System.out, true);
    DecimalFormat f1 = new DecimalFormat("Wert: 000,000.00000"),
```

```
        f2 = new DecimalFormat("Wert: ###,###.#####");
      double x = 12.345;
      out.println(f1.format(x) + "\n" + f2.format(x));
    }
  }
```

Diese Anweisungen erzeugen die Ausgabe

```
Wert: 000.012,34500
Wert: 12,345
```

Alternativ zur Formatangabe beim Konstruktoraufruf kann man auch den Standard-Konstruktor verwenden und die Methoden setMinimumIntegerDigits und setMinimum-FractionDigits sowie die entsprechenden setMaximum-Methoden, die DecimalFormat aus NumberFormat erbt, aufrufen. Mit ihnen stellt man die minimale oder maximale Anzahl der Vor- bzw. Nachkommastellen ein. Eine Möglichkeit, mit diesen Methoden führende Nullen und Gruppierungspunkte durch Leerzeichen zu ersetzen, zeigt das Beispiel /OOPinJava/kapitel14.BlankFormat.java.

14.5 Hüllklassen für elementare Datentypen

Es wurde bereits mehrfach erwähnt, daß für jeden elementaren Datentyp eine Hüllklasse deklariert ist. Diese Klassen Boolean, Byte, Character, Double, Float, Integer, Long und Short sind alle ähnlich aufgebaut: Sie haben zwei Konstruktoren, die ein Objekt aus einem entsprechenden elementaren Wert oder aus seiner String-Darstellung erzeugen. Sie haben eine Klassenmethode valueOf, die aus einem String ein Objekt mit dem spezifizierten Wert konstruiert. Und sie deklarieren jeweils eine Instanzmethode booleanValue, byteValue usw., mit der man den Objektinhalt wieder als elementaren Wert erhält. Beispielsweise erzeugt man durch

```
Double x = new Double(1.234),
   y = new Double("1.234"),
   z = Double.valueOf("1.234");
```

drei Double-Objekte mit demselben Inhalt. Die erste Form ist am effizientesten.

Mit Ausnahme von Character sind alle Hüllklassen, die zu numerischen Typen gehören, Subklasse der abstrakten Klasse Number und implementieren zusätzlich zu ihrer jeweils spezifischen xyzValue-Methode alle die Methoden byteValue, doubleValue, floatValue, intValue, longValue und shortValue, die die entsprechend konvertierten Werte liefern. Character ist auch bezüglich der Objektkonstruktion eine Ausnahme; es gibt keinen Konstruktor Character(String), sondern sinnvollerweise Character(char).

Ein wichtiges Einsatzgebiet der Hüllklassen ist die Umwandlung von Eingaben aus Textfeldern oder von Konsoleingaben in numerische Werte. Zum Beispiel liefern

```
double d = Double.valueOf(txt.getText()).doubleValue();
d = new Double(txt.getText()).doubleValue();
```

denselben d-Wert. Auch valueOf erzeugt intern ein Double-Objekt.

Für die „ganzzahligen" Klassen Integer, Long, Short und Byte stehen zu diesem Zweck auch die Klassenmethoden parseInt, parseLong, parseShort bzw. parseByte zur Verfügung. Die drei folgenden Anweisungen sind wieder äquivalent:

```
int i = Integer.valueOf(txt.getText()).intValue();
i = new Integer(txt.getText()).intValue();
i = Integer.parseInt(txt.getText());
```

Wegen der kürzeren Schreibweise bevorzugen wir die parse-Methoden.

Für Integer und Long sind darüber hinaus Klassenmethoden toHexString und toOctalString deklariert, die die Hexadezimal- oder Oktaldarstellung eines int- oder long-Wertes als String liefern. Diese Darstellungsmöglichkeit hatten wir in Kapitel 5 bereits mehrmals genutzt.

Bei der Konstruktion eines Objekts ausgehend von einem String kann es zum Auswerfen einer Ausnahme kommen. So führt

```
int i = new Integer("l2345");          // l2345 statt 12345
```

auf eine NumberFormatException, weil der String nicht in eine int-Zahl umgewandelt werden kann.

Hüllklassen dienen nur zur Aufnahme von elementaren Werten in ein Objekt. Es sind keine Methoden zur Modifikation des Objektinhalts implementiert. Zur Manipulation numerischer Werte mit beliebiger Genauigkeit sind in java.math zwei Klassen BigDecimal und BigInteger als Subklassen von Number deklariert. Es gibt mehrere

Konstruktoren, u.a. BigInteger(String), BigDecimal(BigInteger), BigDecimal(double) und BigDecimal(String). Der String im letzten Konstruktor darf keinen Exponenten und keine Endung (vgl. S. 26) enthalten. Zusätzlich zu den von Number geerbten Methoden existiert eine Reihe von Operator-Methoden, u.a. abs, add, subtract, multiply, divide, negate, die ein neues Objekt mit dem berechneten Wert liefern. Das folgende Beispiel, bei dem es sich um eine Neuimplementation des DoubleTest-Beispiels aus Kapitel 3 handelt

```
// BigNums.java

import java.io.*;
import java.math.*;

class BigNums {
   public static void main(String[] args) {
      PrintWriter out = new PrintWriter(System.out, true);
      BigDecimal x = new BigDecimal(Math.PI*1e300);
      final BigDecimal zehn = new BigDecimal(10.0);
      for (int i = 0; i < 10; i++) {
         out.println("x = " + x);
         x = x.multiply(zehn);
      }
   }
}
```

demonstriert die im Vergleich zu double höhere Präzision bei der Verwendung von BigDecimal-Objekten.

14.6 Die Klassen Date und DateFormat

In Date-Objekten werden Zeitpunkte in der Darstellung „Millisekunden seit dem 1.1.1970" gespeichert. Eine Alternative zu dieser veralteten Notation stellen die Calendar-Objekte aus Abschnitt 14.7 dar. Der Date-Standardkonstruktor stellt Datum und Uhrzeit auf den aktuellen Zeitpunkt ein. Ein zweiter Konstruktor hat die Signatur Date(long) und erwartet ein Millisekunden-Argument.

Es sind nur wenige Methoden deklariert, z.B. after und before, die mit einem anderen Datum vergleichen sowie getTime und setTime, die das Datum liefern bzw.

setzen – jeweils als long. Die Klasse Date gehört dem Paket java.util an. Eine erste Einfachstanwendung ist:

```
// DateTest.java

import java.io.*;
import java.util.*;

class DateTest {
  public static void main(String[] args) {
    PrintWriter out = new PrintWriter(System.out, true);
    Date d1 = new Date(1), d2 = new Date();
    if (d1.after(d2))
      out.println("Fehler");
    out.println(d1);
    out.println(d2);
  }
}
```

Zur anwendungsspezifischen Formatierung von Date-Objekten benutzen wir die Klassen DateFormat oder SimpleDateFormat. SimpleDateFormat ist Subklasse der abstrakten Klasse DateFormat, die wieder Subklasse von java.text.Format ist. Auch wenn DateFormat abstrakte Klasse ist, kann man doch mit Hilfe ihrer Klassenmethoden eine Fülle von Ausgabeformaten erzeugen und durch Aufruf der nicht abstrakten Methode format einsetzen. Die folgende Tabelle gibt eine Übersicht. Dabei ist zu beachten, daß der Typ des Ergebnisses jeweils DateFormat ist, daß getXYZInstance jedoch immer eine Referenz auf ein konkretes SimpleDateFormat-Objekt liefert.

Klassenmethode	*Bedeutung*
getDateInstance() getDateInstance(int)	Ausgabe des Datums
getTimeInstance() getTimeInstance(int)	Ausgabe der Uhrzeit
getDateTimeInstance() getDateTimeInstance(int, int)	Ausgabe von Datum und Uhrzeit

Beim Aufruf ohne Argumente wird hier ein länderspezifisches Standardformat eingestellt; an die int-Parameter kann man die Klassenkonstanten SHORT, MEDIUM,

LONG oder FULL übergeben. Für getDateTimeInstance können somit 16 Format-Kombinationen eingestellt werden.

Das Formatieren wird wie bei den numerischen Typen in Abschnitt 14.4 vorgenommen:

1. Es wird ein Format-Objekt konstruiert – jetzt nicht über einen Konstruktoraufruf, sondern mittels einer DateFormat-Klassenmethode.
2. Für dieses Format-Objekt wird die Methode format aufgerufen, die in DateFormat folgendermaßen deklariert ist:

   ```
   public final String format(Date date) { ..... }
   ```

   Das zu formatierende Datum wird also beim Aufruf als Argument übergeben.
3. Das Resultat ist ein formatierter String, der nun weiterverwendet werden kann (z.B. println oder setText).

Das nächste Beispiel vermittelt einen Eindruck von der Fülle an Formatierungsmöglichkeiten, indem jeweils Datum und Uhrzeit in drei unterschiedlich ausführlichen Formaten ausgegeben werden (siehe /OOPinJava/kapitel14/DateFormate.java).

```
Date d = new Date();
DateFormat[] forms = {
   DateFormat.getDateInstance(),
   DateFormat.getDateInstance(DateFormat.SHORT),
   DateFormat.getDateInstance(DateFormat.FULL),
   DateFormat.getTimeInstance(),
   DateFormat.getTimeInstance(DateFormat.SHORT),
   DateFormat.getTimeInstance(DateFormat.FULL)
};
for (int i = 0; i < forms.length; i++)
   out.println(forms[i].format(d));
```

Für die meisten Problembereiche werden die hier vorgestellten Möglichkeiten ausreichen. Mit der Klasse SimpleDateFormat kann man darüber hinaus weitere Formate erzeugen, wenn man den Konstruktor benutzt und ihm eine Zeichenkette übergibt, in der der auszugebende Text mit ' eingeklammert ist und die übrigen Zeichen das Ausgabeformat von Datum und Uhrzeit festlegen. Die folgende Tabelle gibt nur einen Auszug.

Symbol	*Bedeutung*	*Langform*	*Kurzform*
y	Jahr	yyyy (4 Ziffern)	yy (2 Ziffern)
M	Monat	MMMM (Text)	MM (2 Ziffern) oder M (1 oder 2 Ziffern)
E	Wochentag	EEEE (Text)	EE (2 Buchstaben)
d	Tag des Monats	dd (2 Ziffern)	d (1 oder 2 Ziffern)
H	Stunden	HH (2 Ziffern)	H (1 oder 2 Ziffern)
m	Minuten	mm (2 Ziffern)	m (1 oder 2 Ziffern)
s	Sekunden	ss (2 Ziffern)	s (1 oder 2 Ziffern)
S	Millisekunden	SSS (3 Ziffern)	–

Zum Beispiel wird durch die Anweisungen

```
Date d = new Date();
SimpleDateFormat sf =
   new SimpleDateFormat("'Es ist 'EEEE', der 'd'-te 'MMMM', 'H'.'mm' Uhr '");
out.println(sf.format(d));
```

eine Ausgabe der Form Es ist Freitag, der 17-te Juli, 19.25 Uhr erzeugt. (Siehe /OOPinJava/kapitel14/SimpleDateFormate.java.)

Die Abbildung zeigt nochmals die Vererbungsbeziehungen der wichtigsten Format-Klassen aus java.text:

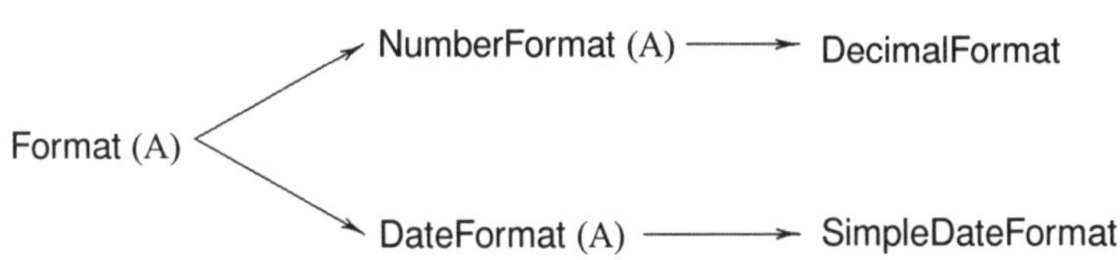

14.7 Calendar-**Klassen**

Calendar ist eine abstrakte Klasse aus dem Paket java.util, mit der man Zeitpunkte in Jahren, Monaten, Tagen, Stunden usw. spezifizieren kann. Von Calendar kann man spezielle Klassen, z.B. einen chinesischen Kalender, ableiten; derzeit ist im JDK eine konkrete Subklasse GregorianCalendar implementiert.

Calendar stellt eine Klassenmethode getInstance zur Verfügung, mit der man ein konkretes Kalenderobjekt – bei uns einen GregorianCalendar – mit aktuellem Datum und aktueller Uhrzeit erzeugt. Über getTime erhält man das entsprechende Date-Objekt, d.h. eine erste Anwendung könnte so aussehen:

```
Calendar c = Calendar.getInstance();
DateFormat f = DateFormat.getDateTimeInstance(DateFormat.FULL,
   DateFormat.MEDIUM);
out.println(f.format(c.getTime()));
```

Zum Einstellen anderer Datums- und Zeitangaben stehen verschiedene set-Methoden zur Verfügung. Beispielsweise

stellt set(int, int, int) Jahr, Monat und Tag ein,

stellt set(int, int, int, int, int) Jahr, Monat, Tag, Stunden und Minuten ein,

stellt set(int, int, int, int, int, int) Jahr, Monat, Tag, Stunden, Minuten und Sekunden ein.

Beim Setzen der Monatsangabe muß man beachten, daß die Zählung mit 0 (Januar) beginnt. Fehler lassen sich vermeiden, wenn man an dieser Stelle die Klassenkonstanten JANUARY, ..., DECEMBER benutzt. Weiterhin kann es Probleme mit betriebssystemseitig falsch eingestellten Zeitzonen geben. Diese kann man beheben, indem man die richtige Zeitzone mit einem Aufruf von setTimeZone explizit einstellt. Zum Beispiel:

```
// CalendarTest.java

import java.io.*;
import java.text.*;
import java.util.*;

class CalendarTest {
   public static void main(String[] args) {
      PrintWriter out = new PrintWriter(System.out, true);
      Calendar c = Calendar.getInstance();
      c.setTimeZone(TimeZone.getTimeZone("ECT"));  // MEZ
      c.set(1789, Calendar.JULY, 14);               // oder c.set(1789, 6, 14);
      DateFormat f = DateFormat.getDateTimeInstance(DateFormat.FULL,
         DateFormat.MEDIUM);
```

```
        out.println(f.format(c.getTime()));
        c.set(1998, Calendar.MARCH, 11, 8, 30);
        out.println(f.format(c.getTime()));
    }
}
```

Für alle set-Methoden ist ein entsprechender Konstruktor in der Klasse GregorianCalendar implementiert, d.h. es ist auch ein Aufruf

```
c = new GregorianCalendar(1998, Calendar.MARCH, 11, 8, 30);
```

möglich. Im Unterschied zu set werden beim Konstruktoraufruf alle nicht spezifizierten Werte auf 0 gesetzt. Weiter ist zu berücksichtigen, daß jetzt ein neues Objekt erzeugt und von c referenziert wird und daß folglich u.U. erneut setTimeZone aufzurufen ist.

14.8 Länderspezifische Einstellungen mittels Locale

Objekte der Klasse Locale repräsentieren eine bestimmte geographische, politische oder kulturelle Region. Man kann sie dazu verwenden, die Darstellung von Datum und Zeit, Zahlenwerten oder Texten von AWT-Komponenten an eine spezifische Region anzupassen. Locale ist im Paket java.util deklariert.

Sofern man keine eigenen Locale-Objekte erzeugt, wird das *Standard*-Locale benutzt, das die VM von ihrem Host-Betriebssystem übernimmt. Die Standardeinstellung kann man sich z.B. so ansehen:

```
Locale l = Locale.getDefault();
out.println("Sprache: " + l.getDisplayLanguage()
    + "\nLand: " + l.getDisplayCountry());
```

Locale-Objekte konstruiert man, indem man dem Konstruktor zwei Strings, einen Sprachcode, der aus zwei kleingeschriebenen Buchstaben besteht, sowie einen Ländercode, der aus zwei großgeschriebenen Buchstaben besteht, übergibt.

```
new Locale("de", "AT");          // Deutsch, Österreich
new Locale("de", "CH");          // Deutsch, Schweiz
new Locale("de", "DE");          // Deutsch, Deutschland
```

```
new Locale("en", "CA");          // Englisch, Kanada
new Locale("en", "GB");          // Englisch, Großbritannien
new Locale("en", "US");          // Englisch, USA
```

Hier sind die Abkürzungen aus dem "ISO Language Code" bzw. "ISO Country Code" zulässig. Wenn man als zweites Argument lediglich "" übergibt, wird nur die Sprache spezifiziert.

In der Klasse Locale sind darüber hinaus verschiedene Konstanten enthalten, die man alternativ verwenden kann, z.B. Locale.ENGLISH, Locale.FRENCH, Locale.GERMAN usw., mit denen eine Sprache und Locale.UK, Locale.FRANCE, Locale.GERMANY usw., mit denen Sprache und Land festgelegt werden – siehe die Übersicht in Anhang F.

Um ein Datum mit einem Format, das nicht dem Standardformat entspricht, auszugeben, ruft man die Methoden getDateInstance, getTimeInstance bzw. getDateTimeInstance aus Abschnitt 14.6 mit einem Locale-Objekt als zusätzlichem, letztem Argument auf. Das Beispiel

```
// LocaleDate.java

import java.io.*;
import java.text.*;
import java.util.*;

class LocaleDate {
   public static void main(String[] args) {
      PrintWriter out = new PrintWriter(System.out, true);
      Date d = new Date();
      Locale[] locs = { Locale.US, Locale.FRANCE, Locale.ITALY };
      DateFormat[] forms = new DateFormat[locs.length];
      for (int i = 0; i < locs.length; i++)
         forms[i] = DateFormat.getDateInstance(DateFormat.FULL, locs[i]);
      for (int i = 0; i < forms.length; i++)
         out.println(forms[i].format(d));
   }
}
```

liefert das aktuelle Datum in drei länderspezifischen Schreibweisen.

Analog kann man Zahlenwerte mit einem NumberFormat länderspezifisch ausgeben, wenn man zuvor die Klassenmethoden getNumberInstance, getCurrencyInstance bzw. getPercentInstance mit einem Locale-Argument aufgerufen hat. Diese Aufrufe liefern jeweils konkrete DecimalFormat-Objekte. Die folgende Anwendung demonstriert die vorhandenen Möglichkeiten.

```
// LocaleVal.java

import java.io.*;
import java.text.*;
import java.util.*;

class LocaleVal {
   public static void main(String[] args) {
      PrintWriter out = new PrintWriter(System.out, true);
      int anzahl = 1100;
      double preis = 3178.29, mwst = 0.16;
      Locale[] locs = { Locale.US, Locale.FRANCE, Locale.ITALY };
      NumberFormat[][] forms = new NumberFormat[3][locs.length];
      for (int j = 0; j < locs.length; j++) {
         forms[0][j] = NumberFormat.getNumberInstance(locs[j]);
         forms[1][j] = NumberFormat.getCurrencyInstance(locs[j]);
         forms[2][j] = NumberFormat.getPercentInstance(locs[j]);
      }
      for (int j = 0; j < locs.length; j++)
         out.println(forms[0][j].format(anzahl) + "\t"
            + forms[1][j].format(preis) + "\t" + forms[2][j].format(mwst));
   }
}
```

Als Ausgabe erhalten wir hier:

```
1,100   $3,178.29     16%
1 100   3 178,29 F    16%
1.100   L. 3.178,29   16%
```

Alternativ zur Übergabe eines Locale-Arguments bei einem getXYZInstance-Aufruf können wir auch das Standard-Locale mittels setDefault modifizieren. Das letzte Beispiel erhält dann die Gestalt

```
Locale[] locs = { Locale.US, Locale.FRANCE, Locale.ITALY };
for (int j = 0; j < locs.length; j++) {
  Locale.setDefault(locs[j]);
  out.println(NumberFormat.getNumberInstance().format(anzahl) + "\t"
    + NumberFormat.getCurrencyInstance().format(preis) + "\t"
    + NumberFormat.getPercentInstance().format(mwst));
}
```

(Siehe /OOPinJava/kapitel14/DefaultLocale.java.) Diese Vorgehensweise wird man aber nur selten wählen, da hier eine Region fest als Standard-Locale eingetragen wird, wogegen eine intelligente Implementation sich selbst an die jeweilige Umgebung anpassen sollte – siehe im folgenden Unterabschnitt die Möglichkeiten, die ein ResourceBundle bietet. Die Standardeinstellungen des Host-Betriebssystems werden durch setDefault nicht modifiziert.

Nicht nur die Zeit-, Zahlen- und Textausgaben einer Anwendung oder eines Applets können Locale-spezifisch gestaltet werden, sondern jede einzelne Komponente kann durch die Methode setLocale modifiziert werden – dazu passend ist in der Klasse Component auch eine Methode getLocale deklariert. Im nächsten Beispiel werden drei TextFelder zur länderspezifischen Ausgabe der Uhrzeit (einmal pro Sek.) benutzt:

```
// LocaleTime.java

import java.awt.*;
import java.awt.event.*;
import java.text.*;
import java.util.*;

class LocaleTime extends Frame {
  private Label[] labs = {
    new Label("Berlin", Label.RIGHT),
    new Label("London", Label.RIGHT),
    new Label("San Francisco", Label.RIGHT)
  };
  private TextField[] texts = new TextField[labs.length];
  private DateFormat[] forms = new DateFormat[labs.length];
  LocaleTime() {
    super("Lokale Zeiten");
```

```
        setLayout(new GridLayout(3, 2, 3, 3));
        Locale[] locs = { Locale.GERMANY, Locale.UK, Locale.US };
        for (int i = 0; i < labs.length; i++) {
            add(labs[i]);
            texts[i] = new TextField(10);
            texts[i].setLocale(locs[i]);
            texts[i].setEditable(false);
            add(texts[i]);
            forms[i] = DateFormat.getTimeInstance(DateFormat.MEDIUM,
                texts[i].getLocale());
        }
        addWindowListener(new WindowAdapter() { ..... wie bisher });
        pack();
        setVisible(true);
    }
    public Insets getInsets() {
        return new Insets(33, 8, 8, 8);
    }
    public static void main(String[] args) throws InterruptedException {
        LocaleTime l = new LocaleTime();
        for (;;) {
            for (int i = 0; i < l.labs.length; i++)
                l.texts[i].setText(l.forms[i].format(new Date()));
            Thread.sleep(1000);
        }
    }
}
```

Mit diesem Code haben wir die folgende Oberfläche erzeugt.

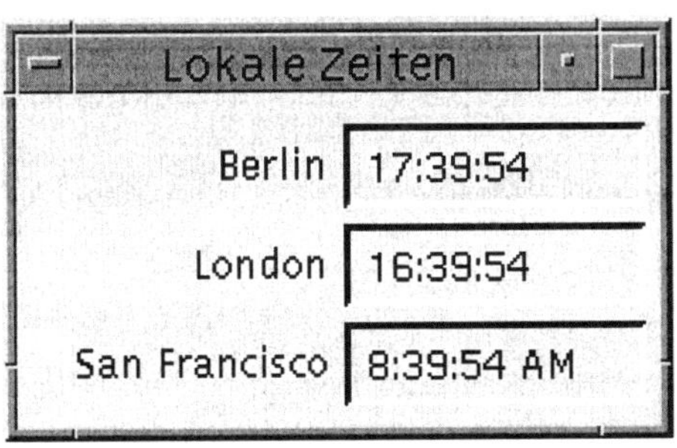

Es ist zu beachten, daß der Standardaufruf getTimeInstance(DateFormat.MEDIUM) hier nicht ausreicht, da die Format-Objekte forms nichts über die bei den zugehörigen TextFeldern eingestellten Locales wissen.

14.8.1 Internationalisierung mit ResourceBundles

Interessanter als – wie im letzten Beispiel – mehrere Komponenten mit verschiedenen Locale-Objekten einzusetzen, ist es, eine komplette Anwendung oder ein Applet dadurch zu *internationalisieren*, daß man länderspezifische Ressourcen, sogenannte ResourceBundles, deklariert. Der problembezogene Quellcode muß dabei nicht modifiziert werden.

Die Informationen für eine Ressource XYZ kann man auf zwei verschiedene Weisen zur Verfügung stellen:

- In länderspezifischen Subklassen der abstrakten Klasse java.util.ListResourceBundle. Die Klassen müssen dann XYZ (Standard), XYZ_de, XYZ_de_DE, XYZ_en usw. heißen.
- In länderspezifischen Dateien, die die Ressourcen als Name/Wert-Paare enthalten. Diese Dateien müssen dann XYZ.properties (Standard), XYZ_de.properties, XYZ_de_DE. properties, XYZ_en.properties usw. heißen.
- Beide Ansätze können auch kombiniert werden.

Im ersten Fall muß die Subklasse ein Feld des Typs Object[][] deklarieren, in dessen Komponenten Namen (als Strings) und Werte (als Objekte beliebigen Typs) eingetragen werden. Weiterhin ist eine Implementation für die abstrakte Methode getContents anzufertigen, die eine Referenz auf das Ressourcenfeld liefert.

Zum Zugriff auf eine Ressource XYZ konstruiert man mittels der Klassenmethode ResourceBundle.getBundle("XYZ") ein ResourceBundle-Objekt und ruft für dieses getObject mit dem Namen des benötigten Werts auf. Ressourcenwerte werden als Object geliefert und müssen noch konvertiert werden. Sofern auch die Werte vom Typ String sind, ruft man einfach getString auf. ResourceBundle ist abstrakte Superklasse von ListResourceBundle, deklariert aber getObject und getString komplett mit ihrer Implementation.

Das Beispiel IntlButtons.java zeigt, wie man mit dieser Technik eine internationale Version des ButtonEvent-Applets aus Abschnitt 13.7 implementieren kann.

```
// IntlButtons.java

import java.applet.*;
import java.awt.*;
import java.awt.event.*;
import java.util.*;

public class IntlButtons extends Applet {
   private Button blau, gruen, orange, rot, gelb, grau;
   public void init() {
      ResourceBundle b = ResourceBundle.getBundle("ButtonTexte");
      add(blau = new Button(b.getString("blau")));
      blau.addActionListener(new ButtonListener(Color.blue));
      add(gruen = new Button(b.getString("gruen")));
      gruen.addActionListener(new ButtonListener(Color.green));
      .....
      add(grau = new Button(b.getString("grau")));
      grau.addActionListener(new ButtonListener(Color.gray));
   }
   class ButtonListener implements ActionListener { ..... wie bisher }
}
```

Am getBundle-Aufruf kann man erkennen, daß wir hier auf eine Ressource namens "ButtonTexte" zugreifen wollen. Und die getString-Aufrufe zeigen, daß mit der Ressource String-Werte für die Namen "blau", "gruen", . . . , "grau" bereitgestellt werden sollen. Wenn wir Ressourcen-Klassen verwenden, haben diese also die folgende Gestalt, wobei es auf die Anordnung der Zeilen im texte-Feld nicht ankommt:

```
// ButtonTexte.java

import java.util.*;

public class ButtonTexte extends ListResourceBundle {
   public Object[][] getContents() {
      return texte;
   }
   static final Object[][] texte = {
      { "blau", "Blau" },
```

```
            { "gruen", "Grün" },
            { "orange", "Orange" },
            { "rot", "Rot" },
            { "gelb", "Gelb" },
            { "grau", "Grau" }
        };
    }
```

```
// ButtonTexte_fr.java

import java.util.*;

public class ButtonTexte_fr extends ListResourceBundle {
    public Object[][] getContents() {
        return texte;
    }
    static final Object[][] texte = {
        { "blau", "Bleue" },
        { "gruen", "Vert" },
        { "rot", "Rouge" },
        { "gelb", "Jaune" },
        { "grau", "Gris" }
    };
}
```

Die Ressourcen, also die texte-Felder, sind hier static final deklariert, da sie nur einmal und ohne Modifikationsmöglichkeit benötigt werden.

Wenn das Applet nun beispielsweise in einem Locale("de", "DE") gestartet wird, so sucht getBundle zunächst nach ButtonTexte_de_DE, dann, falls diese Klasse nicht gefunden wird, nach ButtonTexte_de und schließlich nach ButtonTexte. Die erste der class-Dateien, die gefunden wird – im Beispiel also ButtonTexte.class –, dient als Ressource. Wenn wir in einem Locale("fr", "FR") starten, wird analog nach ButtonTexte_fr_FR, ButtonTexte_fr und ButtonTexte gesucht. Wir können dies simulieren, indem wir unter Solaris die entsprechende Umgebungsvariable setzen: setenv LC_ALL fr bzw. unter Windows die Ländereinstellungen in der Systemsteuerung ändern.

Damit die Ressourcen-Klassen gefunden werden, müssen sie, auch wenn sie sich im selben Paket wie das Applet oder die Anwendung befinden, public deklariert sein.

Es ist in allen Fällen sinnvoll, eine Standard-Ressource, wie oben die Klasse ButtonTexte, zur Verfügung zu stellen, da getBundle eine Ausnahme des Typs MissingResourceException auswirft, wenn keinerlei Ressourcen gefunden werden (siehe hierzu Kapitel 15). Am obigen Beispiel erkennt man auch, daß fehlende Informationen, z.B. der Wert für den Namen "orange", der in ButtonTexte_fr fehlt, aus der Standard-Ressource entnommen werden.

Wir fahren nun mit der zweiten Möglichkeit fort und stellen Ressourcen in Dateien zusammen. Die Dateinamen müssen sich dann aus dem Ressourcennamen und den Länderkennungen zusammensetzen und die Endung properties haben. Namen und Werte werden hier als Strings spezifiziert und mit = verknüpft. Im Beispiel haben die Ressourcen-Dateien also die folgende Gestalt (wobei es auch hier auf die Anordnung der Zeilen nicht ankommt):

```
// ButtonTexte.properties

blau = Blau
gruen = Grün
orange = Orange
rot = Rot
gelb = Gelb
grau = Grau
```

```
// ButtonTexte_en_GB.properties

blau = Blue
gruen = Green
orange = Orange
rot = Red
gelb = Yellow
grau = Gray
```

Analog zur Suche bei Ressourcen-Klassen sucht getBundle beim Start mit einem Locale("en", "GB") zunächst nach ButtonTexte_en_GB.properties, dann, falls diese Datei nicht gefunden wird, nach ButtonTexte_en.properties und, falls dies auch scheitert, nach ButtonTexte.properties. Die erste der Dateien, die gefunden wird, dient als Ressourcen-Datei. Wenn keine Ressourcen-Datei verfügbar ist, wird eine MissingResourceException ausgeworfen.

Wenn sowohl Ressourcen-Klassen als auch Ressourcen-Dateien verfügbar sind, wird immer zunächst nach der Klasse, dann nach der Datei gesucht.

Beim Vergleich beider Möglichkeiten stellt man fest, daß beide Ressourcentypen von Applets genutzt werden können, wobei die Locale-Einstellung des Browser-Hosts entscheidend ist. Weiterhin bringt der Datei-Ansatz bei der Programmentwicklung erhebliche Zeitersparnis mit sich. Der Vorteil der Ressourcen-Klassen wurde bereits oben erwähnt und soll noch an einem Einfachstbeispiel demonstriert werden: Als Werte sind nicht nur Strings, sondern beliebige Objekte benutzbar.

```
// ResFrame.java

import java.awt.*;
import java.util.*;

class ResFrame extends Frame {
   ResFrame() {
      super(" ");
      ResourceBundle res = ResourceBundle.getBundle("FrameObjekte");
      add((Button)res.getObject("but"));
      setBackground((Color)res.getObject("col"));
      pack();
      setVisible(true);
   }
   public static void main(String[] args) {
      new ResFrame();
   }
}
```

Die Ressource heißt hier "FrameObjekte"; sie muß ein Button-Objekt namens "but" und ein Color-Objekt namens "col" enthalten. Zum Beispiel:

```
// FrameObjekte.java

import java.awt.*;
```

```
import java.util.*;

public class FrameObjekte extends ListResourceBundle {
   public Object[][] getContents() { return contents; }
   static final Object[][] contents = {
      { "but", new Button("Button") },
      { "col", Color.lightGray }
   };
}
```

```
// FrameObjekte_de_DE.java

import java.awt.*;
import java.util.*;

public class FrameObjekte_de_DE extends ListResourceBundle {
   public Object[][] getContents() { return contents; }
   static final Object[][] contents = {
      { "col", Color.cyan },
      { "but", new Button("Schaltfläche") }
   };
}
```

14.9 Die Klassen Vector und Hashtable

14.9.1 Vector

In Kapitel 7 haben wir gesehen, wie man Felder fester Länge erzeugt und wie man mit dem Indexoperator auf ihre Komponenten zugreift. Ähnlich kann man in einem Vector eine geordnete Liste von Komponenten speichern. Im Unterschied zu einem Feld paßt sich hier aber die Größe des Vectors dynamisch an die Komponentenanzahl an. Und der Typ der Komponenten ist auf Referenztypen beschränkt. Es gibt also beispielsweise weder int- noch double-Vektoren.

Einen Vector kann man mit dem Standardkonstruktor erzeugen; Komponenten fügt man dann mittels addElement (am Ende) oder insertElementAt (an einer bestimmten Position) ein. Zum Beispiel:

```
int anz = 15;
Vector rnd = new Vector();
for (int i = 0; i < anz; i++)
   rnd.addElement(new Integer((int)(anz*Math.random())));
rnd.insertElementAt(new Integer(anz), 5);
```

Der Vektor enthält nach der for-Anweisung 15 Zufallszahlen zwischen 0 und 14. Dann wird als sechste Komponente die Zahl 15 als Integer-Objekt eingefügt, und die übrigen Komponenten werden um eine Stelle verschoben. Wie üblich erhält die erste Komponente den Index 0.

Zum Zugriff auf die einzelnen Feldkomponenten stehen die Methoden elementAt sowie firstElement und lastElement zur Verfügung. Da ein Vector seine Komponenten als Referenzen auf die Superklasse Object speichert, sind hier explizite Konversionen auf den ursprünglichen Typ nötig:

```
Integer j = (Integer)rnd.firstElement(), k = (Integer)rnd.elementAt(5),
   l = (Integer)rnd.lastElement();
```

Ob ein Vector ein bestimmtes Objekt enthält, kann man mit contains nachprüfen. Und zur Feststellung der Position, an der ein Objekt zum erstenmal vorkommt, kann man die Methode indexOf benutzen:

```
boolean b = rnd.contains(new Integer(20));     // false
int x = rnd.indexOf(k);                        // 5
```

Wenn ein Objekt nicht gefunden wird, liefert indexOf den Wert -1.

Für das Entfernen von Komponenten sind drei Methoden deklariert: removeElement, removeElementAt und removeAllElements. Zum Beispiel entfernt

```
rnd.removeElementAt(5);
```

die sechste Komponente aus rnd und verschiebt die folgenden Komponenten eine Stelle nach links.

Die jeweils aktuelle Anzahl der Komponenten in einem Vector kann man mit einem size-Aufruf feststellen. Eine Möglichkeit zur Iteration über alle Vektorkomponenten ist dann

```
for (int i = 0; i < rnd.size(); i++)
   out.print((Integer)rnd.elementAt(i) + " ");
```

Alternativ hierzu kann man die Methode elements aufrufen, die ein Enumeration-Objekt liefert (vgl. Abschnitt 11.6), und dann die für Enumerationen typische while-Schleife implementieren:

```
Enumeration e = rnd.elements();
while (e.hasMoreElements())
   out.print((Integer)e.nextElement() + " ");
```

Die obigen Codefragmente sind im Beispielprogramm /OOPinJava/kapitel14/Vectors.java zusammengefaßt.

Wenn sich ein Vector aufgrund von addElement-Aufrufen vergrößern muß, wird die Größe nicht immer um eins, sondern um eine bestimmte Anzahl von Komponenten inkrementiert. Die jeweils verfügbare Kapazität kann man durch die Methode capacity feststellen.

Die Startkapazität eines Vektors bzw. die Startkapazität und die Anzahl der Komponenten, um die inkrementiert wird, kann man mit den Konstruktoren Vector(int) bzw. Vector(int, int) festlegen. Während das Einfügen von Komponenten (add, insert) einen Vector bei Bedarf vergrößert, führt das Entfernen (remove) nicht automatisch zur Verkleinerung; hierzu kann explizit trimToSize aufgerufen werden. Siehe das Beispielprogramm /OOPinJava/kapitel14/VectorSize.java.

Eine Übersicht über die besprochenen Methoden liefert die folgende Tabelle.

Methode	*Bedeutung*
addElement(Object)	Fügt das Objekt am Ende des Vectors ein
capacity()	Liefert die verfügbare Kapazität
contains(Object)	Prüft, ob das Argument im Vector enthalten ist
elementAt(int)	Liefert das Objekt an der spezifizierten Position
elements()	Liefert ein Enumeration-Objekt zur Iteration
firstElement()	Liefert die erste Komponente
indexOf(Object)	Sucht nach erstem Vorkommen des Arguments
insertElementAt(Object, int)	Fügt das Objekt an der spezifizierten Position ein – nachfolgende Objekte werden verschoben
isEmpty()	Prüft, ob der Vektor leer ist
lastElement()	Liefert die letzte Komponente
removeAllElements()	Entfernt alle Komponenten
removeElement(Object)	Entfernt Argument, wo es zum 1. Mal vorkommt
removeElementAt(int)	Entfernt Komponente an der spezifiz. Position
size()	Liefert die aktuelle Anzahl der Komponenten
trimToSize()	Paßt die Kapazität der aktuellen Größe an

14.9.2 Hashtable

Mit einem Hashtable-Objekt kann man eine Tabelle von Name/Wert-Paaren verwalten und analog zu einer Funktionswerttabelle über den Namen auf den Wert zugreifen. Der Zugriff auf die Werte ist in der Regel erheblich effizienter implementiert, als bei einer vergleichbaren Konstruktion mit einem Vector, der Paare – z.B. zweikomponentige Felder – als Komponenten enthält. Java selbst verwendet Hashtables, um die Object-Felder in den ListResourceBundles aus Abschnitt 14.8.1 zu speichern. Sowohl die Namen, die in diesem Zusammenhang auch als *Schlüssel* bezeichnet werden, als auch die Werte werden als Object-Referenzen gespeichert.

Einträge fügt man mittels put in die Tabelle ein. Dabei ist der Schlüssel jeweils das erste Argument von put. Zum Beispiel:

```
Hashtable cols = new Hashtable();
cols.put("Weiß", new Color(255, 255, 255));
cols.put("Hellgrau", new Color(192, 192, 192));
cols.put("Rot", new Color(255, 0, 0));
```

Jeder Schlüssel darf nur einmal in der Tabelle vorkommen – für die Werte gilt diese

Restriktion nicht. Sofern man put für denselben Schlüssel erneut aufruft, wird der alte Eintrag überschrieben und put liefert den alten Wert als Resultat. Ansonsten wird null zurückgegeben. Das heißt

```
cols.put("Rot", new Color(255, 10, 10));        // java.awt.Color[r=255,g=0,b=0]
cols.put("Pink", new Color(255, 175, 175));     // null
```

Zum Zugriff auf die Tabelleneinträge benutzt man die Methode get, wobei als Argument der Schlüssel zu spezifizieren ist. get liefert dann den entsprechenden Wert als Resultat bzw. null, wenn kein Eintrag mit dem angegebenen Schlüssel existiert.

```
Color a = (Color)cols.get("Rot"),               // java.awt.Color[r=255,g=10,b=10]
   b = (Color)cols.get("Schwarz");              // null
```

Ob ein Hashtable einen Eintrag mit einem bestimmten Schlüssel enthält, kann man mit containsKey nachprüfen. Zum Beispiel:

```
boolean b = cols.containsKey("Schwarz");        // false
```

Für das Entfernen von Einträgen ist eine Methode remove deklariert, der man als Argument wieder den Schlüssel übergeben muß. Sofern ein Eintrag mit diesem Schlüssel existiert, wird er entfernt, und Java liefert den Wert als Ergebnis. Ansonsten ist das Resultat null:

```
cols.remove("Pink");                            // java.awt.Color[r=255,g=175,b=175]
```

Zur Iteration über alle Tabelleneinträge existieren zwei Methoden, die beide ein Enumeration-Objekt liefern. keys verwendet man um auf alle Schlüssel zuzugreifen, mit elements ist der Zugriff auf alle Werte möglich. Zum Beispiel:

```
for (Enumeration e = cols.elements(); e.hasMoreElements(); ) {
   Color c = (Color)e.nextElement();
   .....
}
```

Die obigen Codefragmente sind im Beispielprogramm /OOPinJava/kapitel14/HashTest.java zusammengefaßt.

Wie bei Vector gibt es neben dem Standardkonstruktor zwei weitere Konstruktoren Hashtable(int) und Hashtable(int, float). Mit dem int-Argument wird wieder die

Startkapazität festgelegt. Das float-Argument ist ein „Auslastungsfaktor“ zwischen 0 und 1; falls die Anzahl der Einträge das Produkt aus aktueller Kapazität und Auslastungsfaktor überschreitet, wird die Tabelle vergrößert und für die folgenden Zugriffe optimiert (“rehash”). Dies bedeutet, daß größere Auslastungsfaktoren den vorhandenen Speicher effizienter nutzen, daß dann aber auch die Zugriffszeiten steigen werden. Hier kann man versuchen, für die spezielle Anwendung günstige Werte einzustellen. Die jeweils aktuelle Anzahl der Schlüssel in einem Hashtable liefert ein Aufruf der Methode size.

14.10 Die Klasse System

Damit Java-Entwickler implementationsunabhängig auf die Ressourcen ihres Computersystems zugreifen können, wurde die Klasse System in java.lang aufgenommen. Die Klasse ist final und hat einen private Konstruktor, d.h. es können keine System-Objekte erzeugt werden. Sämtliche in System deklarierten Variablen und Methoden sind static.

Zwei Variablen, die wir seit Kapitel 1 ständig benutzt haben, sind in und out. in ist eine Klassenvariable, die ein InputStream-Objekt referenziert; sie ist mit der „Standardeingabe“, also typischerweise mit der Tastatur oder einem anderen Eingabegerät, das für das Host-Betriebssystem spezifiziert ist, verknüpft. Entsprechend ist out eine Klassenvariable des Referenztyps PrintStream, die mit der „Standardausgabe“ assoziiert ist. Ergänzend ist err eine PrintStream-Variable, bei deren Verwendung Ausgaben auf dem Standardausgabegerät angezeigt werden, auch wenn die Standardausgabe umgelenkt wurde (in eine Datei, auf den Drucker o.ä.).

Eine System-Methode, die wir seit Abschnitt 13.9 ebenfalls häufig verwendet haben, ist exit. Ein exit-Aufruf benötigt ein int-Argument; er terminiert die VM und übergibt sein Argument als *Status-Code* an das Betriebssystem. Traditionellerweise zeigt ein Status-Code ungleich 0 einen Abbruch aufgrund von Fehlern an.

Auch die Methode arraycopy, mit der man einen bestimmten Bereich aus einem Feld in ein anderes Feld kopieren kann, haben wir bereits früher eingesetzt (vgl. 7.5). Diese Methode wurde in die Klasse System aufgenommen, weil sie systemspezifisch bezüglich der Effizienz des Kopiervorgangs optimiert werden kann.

Eine weitere Methode, die auf die Systemressourcen zugreift, ist currentTimeMillis. Sie liefert die aktuelle Zeit, gemessen in Millisekunden seit dem 1. Januar 1970,

0 Uhr. Der Typ des Ergebnisses ist long. Diese Methode wird beispielsweise vom Standardkonstruktor der Date-Klasse aufgerufen (vgl. Abschnitt 14.6).

Einen Überblick über wichtige Eigenschaften des benutzten Systems kann man sich mit getProperties verschaffen. Der Aufruf liefert ein Properties-Objekt; das ist ein spezielles Hashtable-Objekt, bei dem Schlüssel und Werte als Strings abgelegt sind; wir hatten es im EnumTest-Beispiel in Abschnitt 11.6 schon einmal benutzt. Für jedes Java-System müssen zumindest die folgenden Angaben definiert sein.

Schlüssel	*Bedeutung*
"java.version"	Versionsnummer
"java.vendor"	Name des Systemherstellers
"java.vendor.url"	URL des Systemherstellers
"java.home"	Installationsverzeichnis
"java.class.version"	Klassenversionsnummer
"java.class.path"	CLASSPATH
"os.name"	Name des Betriebssystems
"os.arch"	Betriebssystem-Architektur
"os.version"	Betriebssystem-Version
"file.separator"	Dateiseparator (z.B. "/" oder "\")
"path.separator"	Pfadseparator (z.B. ":" oder ";")
"line.separator"	Zeilenende-Zeichen (z.B. "\n" oder "\r\n")
"user.name"	Account-Name des Benutzers
"user.home"	Home-Verzeichnis des Benutzers
"user.dir"	aktuelles Arbeitsverzeichnis des Benutzers

Auf sämtliche Properties-Einträge kann man, wie in Abschnitt 14.9.2 gezeigt, mittels keys oder elements zugreifen. Sofern man einfach alle Eigenschaften auflisten will, verwendet man die Methode list aus der Klasse Properties. list erwartet ein PrintStream-Objekt als Argument und gibt die Ergebnisse dort aus. Zum Beispiel:

```
System.getProperties().list(System.out);
```

Auf den Wert eines bestimmten Schlüssels greift man mit getProperty zu, etwa

```
String os = System.getProperty("os.name");
if (os.equals("SunOS"))
    .....
```

```
else if (os.equals("Linux"))
  .....
else if (os.startsWith("Windows"))
  .....
```

Zum Abschluß dieses Abschnitts soll nochmals daran erinnert werden, daß mit System.gc() die Möglichkeit besteht, den Java-Garbage-Collector explizit aufzurufen. Diese Möglichkeit wird man u.U. dann nutzen, wenn man den Garbage-Collector durch java -noasyncgc ..... deaktiviert hat, weil eine Anwendung so zeitkritisch ist, daß die für die asynchronen gc-Aufrufe benötigte Zeit anderweitig benötigt wird. Die expliziten Aufrufe fügt man dann an weniger kritischen Stellen ein.

14.11 Übungsaufgaben

1. Die Klasse BigDecimal hat auch einen Konstruktor BigDecimal(BigInteger val, int scale), mit dem man eine Zahl mit dem Wert val$\times 10^{-\mathtt{scale}}$ erzeugt und die Genauigkeit auf scale Nachkommastellen festlegt. Schreiben Sie ein Programm, das die beiden Zahlen $x = 10^{-1000}$ und $y = 10^{-1000}$ addiert und ausgibt.

2. Machen Sie sich klar, daß man ein Java-Programm auch mit mehreren ResourceBundle-Objekten ausstatten kann. Erweitern Sie beispielsweise den ResFrame um eine zweite Ressource, in der Breite und Höhe des Buttons spezifiziert werden.

   Zur Darstellung von Breite und Höhe einer Komponente können Sie die Klasse java.awt.Dimension einsetzen, die zwei public zugreifbare int-Variablen width und height deklariert. Die Klasse verfügt u.a. über einen Konstruktor Dimension(int, int).

3. Kann man die Ressourcen-Klassen ButtonTexte, ButtonTexte_fr usw. auch als eingebettete Klassen in die Klasse IntlButtons aufnehmen? Diskutieren Sie Vor- und Nachteile.

4. Verändern Sie das PunkteApplet, so daß eine beliebige Anzahl von Punkten gespeichert wird. Benutzen Sie dazu die Klasse Vector. Zur Darstellung von (x, y)-Koordinaten können Sie die Klasse java.awt.Point einsetzen, die zwei int-Werte x und y als public zugreifbare Instanzvariablen deklariert. Die Klasse verfügt u.a. über einen Konstruktor Point(int, int).

5. Die String-Methode indexOf ist auch in der Form

    ```
    public int indexOf(int ch, int fromIndex) { ..... }
    ```

   deklariert. Sie liefert dann den Index, an dem das Zeichen ch im String zum erstenmal vorkommt, wobei die Suche ab dem Index fromIndex (einschließlich) beginnt. Kommt ch nicht vor, wird wie üblich -1 geliefert.

   Benutzen Sie die Methode, um eine Anwendung zu schreiben, in der der Inhalt eines TextField-Objekts darauf untersucht wird, wie oft 'e' insgesamt in ihm vorkommt.

6. (a) Schreiben Sie eine Anwendung FreieTage, die die Daten der im gesamten Bundesgebiet freien Feier- und Gedenktage 1998 in einem Hashtable verwaltet. Die Eingabe von java FreieTage Tag der Deutschen Einheit soll beispielsweise zur Ausgabe von 3.10.1998 führen, die Eingabe von java FreieTage Karfreitag zur Ausgabe von 10.4.1998 usw.

   (b) Versehen Sie FreieTage mit einer Benutzeroberfläche; verwenden Sie z.B. ein Choice-Objekt.

Kapitel 15

Ausnahmebehandlung

15.1 Einleitung

Zur Laufzeit eines Applets oder einer Anwendung können *Ausnahmen* eintreten – das sind außergewöhnliche Bedingungen, die es nicht gestatten, im Code normal fortzufahren. Beispielsweise soll aus einer Datei gelesen werden, die nicht gefunden wird, soll auf ein Feldelement zugegriffen werden, das nicht existiert, sollen Objekte erzeugt werden, obwohl nicht mehr genug Speicherplatz verfügbar ist, soll eine Verbindung zu einem Server aufgebaut werden, der unbekannt ist, usw.

In derartigen Fällen erzeugt Java in der Methode, in der die Ausnahme aufgetreten ist, ein Throwable-Objekt und *wirft es aus.* Zum Beispiel wird in der Methode main des folgenden Programms die Variable i mit einem int-Wert initialisiert, wenn man als erstes Kommandozeilen-Argument eine ganze Zahl spezifiziert.

```
// Ausnahmen.java

import java.io.*;

class Ausnahmen {
   public static void main(String[] args) {
      PrintWriter out = new PrintWriter(System.out, true);
      int i = Integer.parseInt(args[0]);
      out.println("i = " + i);
   }
}
```

Bei einem anderen Argument, z.B. x123, bricht die VM jedoch mit einer Ausnahme des Typs NumberFormatException ab. Und wenn man beim Aufruf des Interpreters kein Argument angibt, tritt eine ArrayIndexOutOfBoundsException ein.

In diesen beiden Fällen werden die Throwable-Objekte von der VM erzeugt und ausgeworfen. Ebenso ist es möglich, im Code einer Methode selbst Ausnahmeobjekte zu erzeugen und auszuwerfen (siehe Abschnitt 15.5). Zur Behandlung von Ausnahmen schreibt man einen oder mehrere *Ausnahme-Handler*, die die Ausnahmen *abfangen* und geeignet auf sie reagieren. Falls, wie im ersten Beispiel, kein Handler deklariert ist, verwendet Java einen *Standard-Handler*, der den Typ der Ausnahme und die Methodenaufrufe, die zu der Ausnahme geführt haben, ausgibt. Bei einem kommandozeilen-basierten Programm wird danach die VM terminiert; bei einem Applet oder Frame arbeitet die VM weiter, die Oberfläche kann sich aber in einem inkonsistenten Zustand befinden.

15.2 Ausnahmetypen

Die folgende Abbildung zeigt, wie die Java-Ausnahmen aus dem überall zugreifbaren Paket java.lang in einer Typhierarchie mit der gemeinsamen Superklasse Throwable organisiert sind. Throwable hat zwei Subklassen, Exception und Error.

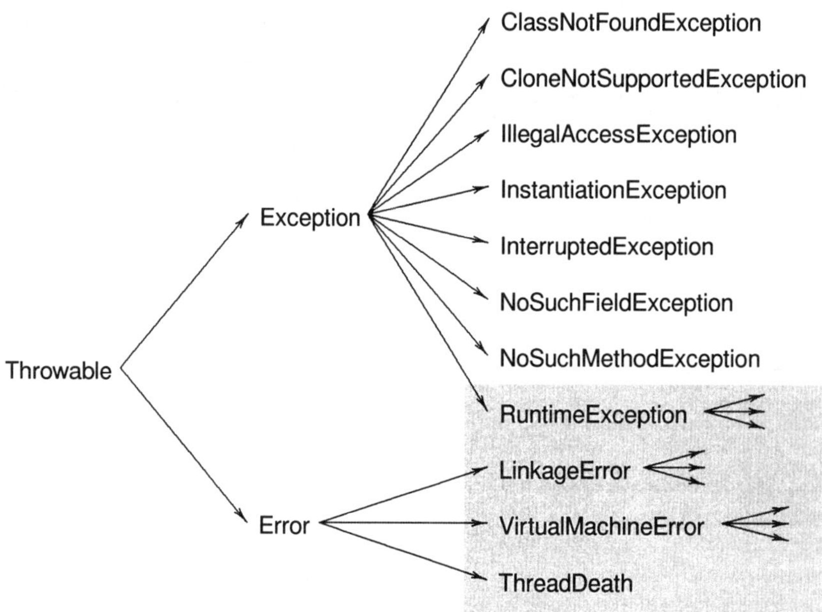

Ausnahmen des Typs Error sind normalerweise katastrophal und nicht vernünftig zu behandeln. Einige Beispiele für LinkageError-Subklassen sind AbstractMethodError (Aufruf einer abstrakten Methode), NoSuchFieldError (Zugriff auf eine nicht deklarierte Variable) oder NoSuchMethodeError (Zugriff auf eine nicht deklarierte Methode). Diese Fehler entstehen, wenn man mehrere kooperierende Klassen implementiert hat und eine Klassendeklaration modifiziert, ohne die übrigen Klassen neu zu übersetzen. Subklassen von VirtualMachineError sind OutOfMemoryError, StackOverFlowError, InternalError und UnknownError (Fehler mit nicht feststellbarer Ursache); hier ist zur Laufzeit keine sinnvolle Fehlerbeseitigung möglich.

Ausnahmen des Typs RuntimeException sind Laufzeitfehler, wie z.B. eine Division durch Null (ArithmeticException), der Zugriff auf ein Objekt mittels einer Nullreferenz (NullPointerException) oder – wie im ersten Beispiel – der Versuch, eine ungeeignete String-Eingabe als int zu interpretieren (NumberFormatException), bzw. mit einem zu großen oder zu kleinen Index auf eine Feldkomponente zuzugreifen (ArrayIndex-OutOfBoundsException).

Laufzeitfehler können in nahezu jeder Methode auftreten, und der Versuch, sie alle abzufangen und zu behandeln, kann aufwendiger als der mögliche Nutzen sein. Java verlangt daher nicht, daß RuntimeExceptions abgefangen werden. Es steht Programmierern jedoch frei, dies zu tun. Das gleiche gilt für Ausnahmen vom Error-Typ. Error- und RuntimeException-Ausnahmen werden daher auch als *ungeprüft* ("unchecked") bezeichnet – der Compiler überwacht ihre Behandlung nicht. Alle anderen Ausnahmen, auch Ausnahmen, die wir selbst von Throwable ableiten, werden von Java überwacht. Die ungeprüften Ausnahmen sind in der Abbildung durch die Schattierung hervorgehoben.

Neben den hier kurz vorgestellten Ausnahmen aus java.lang gibt es noch über hundert weitere Ausnahmeklassen in anderen Paketen. Bei den meisten handelt es sich dabei um geprüfte Ausnahmen, deren Behandlung javac erzwingt.

15.3 Die Behandlung von Ausnahmen

Javas Standard-Ausnahmehandler gibt den Typ der Ausnahme und die Reihenfolge der Methodenaufrufe, die zu dem Ausnahmezustand geführt haben (den "Stack frame") aus und terminiert bei Programmen ohne grafische Benutzeroberfläche die VM. Sofern es sinnvoll ist, auf mögliche Ausnahmezustände problemspezifischer zu reagieren, bringt man die kritischen Codeteile in den Block einer try-Anweisung ein. Eine try-

Anweisung besteht aus einem auf das Schlüsselwort try folgenden Block, einer Folge von catch-Klauseln und einem optionalen finally-Block.

> *Catch-Klausel:*
> catch (*Formaler-Parameter*) *Block*
>
> *Finally:*
> finally *Block*

Indem man Anweisungen in den Block einer try-Anweisung aufnimmt, zeigt man an, daß alle in diesem Block eintretenden Ausnahmen geeignet behandelt werden sollen. catch-Klauseln werden auch als *Ausnahme-Handler* bezeichnet. Den Syntaxregeln 91–94 entnehmen wir, daß Ausnahme-Handler direkt auf den try-Block folgen müssen und daß mindestens ein Handler oder ein finally-Block deklariert werden muß. Der formale Parameter einer catch-Klausel muß als Typ Throwable oder eine Subklasse von Throwable haben; sein Geltungsbereich ist der Block des Ausnahme-Handlers. Wir erweitern das erste Beispiel nun um einen Ausnahme-Handler:

```
// Catch.java

import java.io.*;

class Catch {
   public static void main(String[] args) {
      PrintWriter out = new PrintWriter(System.out, true);
      try {
         int i = Integer.parseInt(args[0]);
         out.println("i = " + i);
      } catch (NumberFormatException e) {
         out.println("Als Kommandozeilen-Argument wird ein int-Wert benötigt");
      }
   }
}
```

Bei der Auswertung einer try-Anweisung wird zunächst der try-Block ausgeführt. Dabei verfährt Java nach folgendem Schema:

> Wenn der try-Block ausgeführt werden kann, ohne daß eine Ausnahme ausgeworfen wird, ist die try-Anweisung beendet. Im obigen Beispiel ist dies der Fall,

wenn man die VM mittels java Catch -123 startet. Hier werden sämtliche auf try folgende Handler ignoriert, und Java fährt mit der Anweisung nach dem letzten Handler fort (falls vorhanden).

Wenn während der Ausführung des try-Blocks eine Ausnahme ausgeworfen wird, sucht Java den ersten Handler, an dessen Parameter das Ausnahme-Objekt zugewiesen werden kann. Hierbei sind alle Methodenaufruf-Konversionen aus Abschnitt 5.2.2 möglich. An den Parameter dieses Handlers wird dann das Ausnahme-Objekt zugewiesen, sein Block wird ausgeführt und die try-Anweisung ist beendet – die Ausnahme wurde abgefangen und behandelt. Im obigen Beispiel wird so verfahren, wenn man java Catch xyz eingibt.

Sofern es keinen Handler mit einem zuweisungskompatiblen Parameter gibt, wird die Suche nach einem passenden Handler im nächsten umgebenden try-Block rekursiv fortgesetzt usw. Wenn auf diese Weise kein Handler für die ausgeworfene Ausnahme gefunden wird, setzt die VM ihren Standard-Ausnahmehandler ein. Diesen Effekt können wir im Fall java Catch beobachten.

Da es möglich ist, mehrere Handler auf einen try-Block folgen zu lassen, können Ausnahmen unterschiedlichen Typs auch unterschiedlich behandelt werden. Zum Beispiel können wir die ArrayIndexOutOfBoundsException, die wir bei einem Start des Catch-Programms ohne Kommandozeilen-Argument erhalten, zusätzlich zur NumberFormatException abfangen (siehe /OOPinJava/kapitel15/MultiCatch.java):

```
try {
   int i = Integer.parseInt(args[0]);
   out.println("i = " + i);
} catch (ArrayIndexOutOfBoundsException e) {
   out.println("Aufruf in der Form java MultiCatch <int-Wert>");
} catch (NumberFormatException e) {
   out.println("Als Kommandozeilen-Argument wird ein int-Wert benötigt");
}
```

Da Java die Handler in der Reihenfolge, in der sie nach dem try-Block stehen, untersucht, ist es nicht möglich, einen Handler für eine Superklasse vor einem Handler für eine Subklasse einzutragen. Dies würde verhindern, daß der Handler für die Subklasse jemals erreicht wird.

Weil alle Ausnahmeklassen Subklasse von Throwable sein müssen, kann man mittels catch (Throwable e) beliebige Ausnahmen abfangen. Falls vorhanden, muß ein derartiger Handler sinnvollerweise der letzte Handler einer try-Anweisung sein. Unser

Programm ist dann auch in der Lage, schwerwiegende Fehler, etwa Linkage-Fehler oder Fehler in der VM abzufangen (siehe /OOPinJava/kapitel15/CatchAll.java und Übungsaufgabe 3):

```
try {
   int i = Integer.parseInt(args[0]);
   out.println("i = " + i);
} catch (ArrayIndexOutOfBoundsException e) {
   out.println("Aufruf in der Form java MultiCatch <int-Wert>");
} catch (NumberFormatException e) {
   out.println("Als Kommandozeilen-Argument wird ein int-Wert benötigt");
} catch (Throwable e) {
   e.printStackTrace();
}
```

Alle Ausnahme-Objekte, auch diejenigen, die wir selbst deklarieren und auswerfen, erhalten von ihrer Superklasse Throwable automatisch die Information über die Methodenaufrufe, die zu der Ausnahme geführt haben. Man kann diese durch den Aufruf von printStackTrace ausgeben. Im obigen Beispiel haben wir auf diese Weise einfach den Standard-Handler imitiert.

Anschließend an den letzten Handler oder anstelle von Handlern kann eine try-Anweisung einen finally-Block enthalten. Dieser Block kann zur Freigabe von Ressourcen (Schließen von Dateien oder Datenbanken, Terminieren von Netzwerkverbindungen, Beenden von Threads usw.) benutzt werden, die eine Methode vor dem Auswerfen einer Ausnahme belegt hat. Es ist garantiert, daß der finally-Block ausgeführt wird, bevor die try-Anweisung beendet wird. Dies gilt unabhängig davon, ob

- keine Ausnahme ausgeworfen wird,
- der try-Block durch ein explizites return verlassen wird,
- eine Ausnahme ausgeworfen und durch einen der Handler abgefangen wird oder
- eine Ausnahme ausgeworfen und durch keinen der Handler abgefangen wird.

Die Regeln ergänzen das auf S. 268–269 besprochene Schema. /OOPinJava/kapitel15/Finally.java gibt ein Beispiel für jeden der vier möglichen Fälle.

try-Anweisungen können in andere try-Anweisungen eingebettet werden. Dies kann dadurch geschehen, daß der Code einer try-Anweisung lexikalisch in den try-Block einer anderen try-Anweisung aufgenommen wird, z.B.

```
try {
   try {
      int[] x = new int[Integer.parseInt(args[0])];
   } catch (NumberFormatException e) {
      out.println("Innen: " + e);
   }
} catch (Throwable e) {
   out.println("Aussen: " + e);
}
```

In bezug auf die Auswertung der try-Anweisungen erreicht man denselben Einbettungseffekt, wenn man eine Methode, die eine try-Anweisung enthält, im try-Block einer anderen try-Anweisung aufruft, z.B.

```
static void meth(String a) {
   try {
      int[] x = new int[Integer.parseInt(a)];
   } catch (NumberFormatException e) {
      out.println("Innen: " + e);
   }
}
public static void main(String[] args) {
   try {
      meth(args[0]);
   } catch (Throwable e) {
      out.println("Aussen: " + e);
   }
}
```

Die Wirkung ist in beiden Fällen die gleiche: Wenn in einer inneren try-Anweisung kein Handler für eine bestimmte Ausnahme gefunden wird, setzt Java die Suche bei den Handlern der nächsten umgebenden try-Anweisung fort – wobei auch try-Block und Handler einer aufrufenden Methode „umgebend“ für die aufgerufene Methode sind. Bleibt diese Suche nach einem passenden Handler erfolglos, so wird der Standard-Handler benutzt.

In den letzten beiden Beispielen (/OOPinJava/kapitel15/BlockInBlock.java bzw. /OOP-inJava/kapitel15/BlockInMeth.java) fängt der innere Handler nicht in ints konvertierbare Strings, z.B. "12x45" ab, alles andere wird vom äußeren Handler behandelt.

15.4 Die throws-Klausel

Sofern es möglich ist, daß im Rumpf einer Methode oder eines Konstruktors Ausnahmen ausgeworfen werden, die nicht innerhalb der Methode oder des Konstruktors durch Deklaration eines entsprechenden Handlers behandelt werden, muß dies mit einer throws-Klausel, die nach der Parameterliste steht, angezeigt werden (vgl. hierzu 8.6.1). Hiervon ausgenommen sind wieder die ungeprüften Ausnahmen, also die Typen Error, RuntimeException und ihre Subtypen.

Eine throws-Klausel besteht aus dem Schlüsselwort throws und einer Liste von Typen, die alle Throwable oder Subtypen von Throwable sein müssen. Wir hatten sie, ohne darauf weiter einzugehen, in den letzten Kapiteln schon vereinzelt einsetzen müssen – z.B. beim Einlesen von Werten mittels readLine oder beim sleep-Aufruf. (Es konnten IOExceptions bzw. InterruptedExceptions eintreten.)

Die folgende Anwendung, mit der festgestellt werden soll, an welcher Stelle der Ausnahmehierarchie sich eine Klasse befindet, wird beispielsweise nicht übersetzt, weil die Methode forName, eine geprüfte Ausnahme, nämlich ClassNotFoundException, auswerfen kann. forName wird mit einem String-Argument aufgerufen und liefert das Class-Objekt (vgl. 9.8) zu einer so benannten Klasse oder wirft die Ausnahme aus, falls die Klasse Java nicht bekannt ist – z.B. weil wir uns bei der Eingabe verschrieben haben. Der Aufruf cs.isAssignableFrom(ct) liefert true, wenn cs Superklasse oder Superinterface von ct ist:

```
// Hierarchie.java

import java.io.*;

class Hierarchie {
   static PrintWriter out = new PrintWriter(System.out, true);
   static boolean superKlasse(Class cs, String t) {
      Class ct = Class.forName(t);
      if (!cs.isAssignableFrom(ct))
         return false;
      out.println(t + " ist Subklasse von " + cs);
      return true;
   }
   public static void main(String[] args) {
      if (args.length == 0) {
```

```
            out.println("Starten mittels java Hierarchie <qualifizierter Klassenname>"
                + "\n(Z.B. java.io.FileNotFoundException)");
            return;
        }
        String s = args[0];
        if (superKlasse(java.lang.Throwable.class, s))
            if (superKlasse(java.lang.Exception.class, s)) {
                if (superKlasse(java.lang.RuntimeException.class, s))
                    ;
            }
            else if (superKlasse(java.lang.Error.class, s))
                ;
    }
}
```

Auch wenn man die Methodendeklaration von superKlasse ändert zu

```
static boolean superKlasse(Class cs, String t) throws ClassNotFoundException {
    .....
}
```

wird Hierarchie.java noch nicht übersetzt, weil superKlasse in main aufgerufen wird und auch dort kein Handler deklariert ist, der ClassNotFoundExceptions abfangen kann. Hier ist also ebenfalls eine Modifikation erforderlich:

```
public static void main(String[] args) throws ClassNotFoundException { ..... }
```

Sofern wir Hierarchie.class zusammen mit der durch javadoc erzeugten Dokumentation ausliefern, erkennen Anwender auf Anhieb, daß die Verwendung der Klasse bzw. der Aufruf von superKlasse zum Auswerfen einer Ausnahme, die nicht RuntimeException ist, führen kann. Auf die möglichen Probleme können wir noch deutlicher hinweisen, wenn wir beide Methoden mittels @exception markieren (siehe Übungsaufgabe 4).

Starten wir das Programm mit java Hierarchie java.lang.ArithmeticException, so erhalten wir als Ausgabe

```
java.lang.ArithmeticException ist Subklasse von class java.lang.Throwable
java.lang.ArithmeticException ist Subklasse von class java.lang.Exception
java.lang.ArithmeticException ist Subklasse von class java.lang.RuntimeException
```

und im Fall java Hierarchie java.io.IOException ergibt sich beispielsweise

```
java.io.IOException ist Subklasse von class java.lang.Throwable
java.io.IOException ist Subklasse von class java.lang.Exception
```

15.5 Ausnahmen explizit auswerfen

Neben den Ausnahmen, die die VM selbst auswirft, oder die von Methoden oder Konstruktoren der Java-Klassenbibliothek ausgeworfen werden, können wir in unserem eigenen Code Ausnahmen auswerfen, indem wir throw-Anweisungen benutzen. Eine throw-Anweisung besteht einfach aus dem Schlüsselwort throw und einem nachfolgenden Ausdruck, dessen Auswertung eine Variable oder einen Wert des Typs Throwable oder einer Subklasse von Throwable liefert.

Typischerweise wird man keine der Ausnahmen aus java.lang oder anderen Java-Paketen auswerfen, sondern problemspezifisch eigene Ausnahmeklassen als Subklasse von Throwable oder Exception herleiten. Für beide Klassen ist neben einem Standardkonstruktor auch ein Konstruktor mit einem String-Parameter deklariert. Auf die bei der Objektkonstruktion übergebene Zeichenkette kann man später mit der Methode getMessage zugreifen. Im folgenden Beispiel ist die Ausnahmeklasse Wochenende als eingebettete top-level Klasse implementiert:

```
// Throw.java

import java.io.*;
import java.util.*;

class Throw {
   static PrintWriter out = new PrintWriter(System.out, true);
   void test() throws Wochenende {
      int tag = Calendar.getInstance().get(Calendar.DAY_OF_WEEK);
      if (tag == Calendar.SUNDAY)                 // 1
         throw new Wochenende("Sonntag");
      if (tag == Calendar.SATURDAY)               // 7
         throw new Wochenende("Samstag");
      out.println("Heute geöffnet.");
   }
```

```
    public static void main(String[] args) {
        try {
            new Throw().test();
        } catch (Wochenende ex) {
            out.println(ex.getMessage() + "s geschlossen.");
        }
    }
    static class Wochenende extends Exception {
        Wochenende(String text) { super(text); }
    }
}
```

Wenn sich beim test-Aufruf für die Variable tag der Wert 1 (Sonntag) oder 7 (Samstag) ergibt, wird ein Wochenende-Objekt konstruiert und sofort ausgeworfen. Die Information über den Grund der Ausnahme wird der aufrufenden Methode als String übergeben. Da test eine throw-Anweisung enthält, ist die Methode mit einer throws-Klausel deklariert. In main wird der test-Aufruf in einem try-Block vorgenommen, der einen Handler für die Wochenende-Ausnahme bereitstellt; eine throws-Klausel ist deshalb nicht notwendig.

Die hier gezeigte Exception-Klasse ist sehr einfach strukturiert. Es ist jedoch jederzeit möglich, aufwendigere Ausnahmeklassen zu implementieren, die weitere Informationen enthalten und u.U. eigene Methoden deklarieren.

15.6 Überschriebene Methoden und throws-Klauseln

Eine throws-Klausel gehört nicht zur Signatur einer Methode oder eines Konstruktors, trägt also nicht zum Überladen bei. Beim Überschreiben einer Methode in einer Subklasse oder einem Subinterface ist zu beachten, daß eine throws-Klausel keine zusätzlichen Ausnahmen spezifizieren darf und daß die Ausnahmen in Subklasse oder -interface zuweisungskompatibel zu denen der throws-Klausel aus Superklasse oder -interface sein müssen. (Subklassenobjekte *können* mehr als Superklassenobjekte). Im Beispiel

```
class W {
    void f() throws IOException, InterruptedException { ..... }
    void g() { ..... }
}
```

```
class U extends W {
    void f() throws FileNotFoundException { ..... }
    void g() throws NoSuchMethodException { ..... }        // Fehler
}
```

ist die in U überschriebene Version von W.f korrekt, weil FileNotFoundException eine Subklasse von IOException ist. Die Deklaration von g ist jedoch fehlerhaft, da in U versucht wird, eine zusätzliche Ausnahme NoSuchMethodException auszuwerfen.

Wir sind nun auch in der Lage, die in Abschnitt 11.5 noch nicht vollständig behandelte Auflösung von Mehrdeutigkeiten bei der Implementation von Interfacemethoden zu diskutieren: Bei gleicher Signatur überschreibt die Methode in der Subklasse oder im Subinterface die Methode in den Superinterfaces, wobei die Grundregel „keine zusätzlichen Ausnahmen“ zu beachten ist. In einer Situation wie

```
class X extends Exception { ..... }
class Y extends Exception { ..... }

interface I { void m() throws X; }
interface J { void m() throws Y; }

class Z implements I, J {
    public void m() throws X, Y { }      // Fehler
    public void m() throws X { }         // Fehler
    public void m() throws Y { }         // Fehler
    public void m() { ..... }
}
```

kann also die überschreibende Methode m nicht beide Ausnahmen X und Y auswerfen; dies würde sowohl an I.m als auch J.m scheitern. Auch das alleinige Auswerfen von X bzw. Y ist nicht möglich, da es einen Konflikt mit der Deklaration von J.m bzw. I.m bedeuten würde. Die einzige Möglichkeit besteht im Behandeln beider Ausnahmen und dem Verzicht auf eine throws-Klausel.

Bei den meisten bisher betrachteten Beispielen wurde in einem Ausnahme-Handler lediglich ein Text ausgegeben, der die aufgetretene Ausnahmesituation beschreibt. Zum Abschluß dieses Kapitels soll noch ein Beispiel untersucht werden, in dem etwas sinnvollere Handler implementiert sind. Das Beispiel zeigt darüber hinaus, wie eine

Ausnahme in ihrem Handler nochmals ausgeworfen werden kann und demonstriert mehrfach geschachtelte try-Anweisungen.

In ReThrow.java wird eine simple Oberfläche zum Einlesen eines Paßworts erzeugt. Die Benutzereingabe erfolgt im Textfeld text, das mit einem ActionListener verknüpft ist. Wenn das richtige Paßwort eingegeben ist, wird eine Anwendung gestartet. Hier starten wir einfach das Pult/Getriebe-Beispiel von S. 186.

```
// ReThrow.java

import java.awt.*;
import java.awt.event.*;
import java.io.*;

class ReThrow extends Frame {
   TextField text;
   final int MAX = 5;
   int anz = 0;
   ReThrow() {
      super(" ");
      setLayout(new GridLayout(2, 1));
      setFont(new Font("Monospaced", Font.PLAIN, 14));
      add(new Label("Zum Starten Passwort eingeben"));
      add(text = new TextField(20));
      text.setEchoChar('*');
      text.setBackground(Color.darkGray);
      text.setForeground(Color.white);
      pack();
      text.addActionListener(new ActionListener() {
         public void actionPerformed(ActionEvent e) {
            login();
         }
      });
      setVisible(true);
   }
   public static void main(String[] args) {
      new ReThrow();
   }
```

```
    void login() {
        ++anz;
        try{
            try {
                if (!(text.getText().equals("Passwort")))
                    throw new PasswdEx();
                dispose();
                start();
            } catch (PasswdEx ex) {
                if (anz == MAX)
                    throw ex;
                text.setEditable(false);
                text.setText("");
                try {
                    Thread.sleep(1000*anz);
                } catch (InterruptedException ign) { }
                text.setEditable(true);
            }
        } catch (PasswdEx ex) {
            new PrintWriter(System.out, true).println("Login gescheitert");
            System.exit(0);
        }
    }
    void start() {
        try {
            new Pult(new Getriebe());
        } catch (IOException ign) { }
        System.exit(0);
    }
    class PasswdEx extends Exception { }
}
```

Bei Eingabe eines falschen Paßworts wird eine PasswdEx-Ausnahme konstruiert und ausgeworfen. Im Handler wird nun, je nach Anzahl der bisherigen Versuche, das Textfeld für eine bestimmte Zeit deaktiviert. Dann kann wieder ein Paßwort eingegeben werden. Nach fünf Fehlversuchen wird die abgefangene Ausnahme ex in ihrem Handler erneut ausgeworfen. Im äußeren Handler wird dann das Programm beendet. Die von readLine bzw. sleep möglicherweise ausgeworfenen Ausnahmen des Typs IOException bzw. InterruptedException ignorieren wir mit leeren Handlern.

15.7 Übungsaufgaben

1. Was ist hier falsch?

```
class Fehler { }

class Test {
  public static void main(String[] args) {
    throw new Fehler();
  }
}
```

2. Testen Sie, wie im folgenden Programm eine Ausnahme des Typs ClassCast-Exception ausgeworfen und abgefangen wird.

```
class Super { }
class Sub extends Super { }

class Test {
  public static void main(String[] args) {
    Super x = new Super();
    try {
      Sub y = (Sub)x;
    } catch (Exception e) {
      e.printStackTrace();
    }
  }
}
```

3. Nehmen Sie in die try-Anweisung des Beispielprogramms CatchAll eine Anweisung auf, die einen LinkageError produzieren kann und beobachten Sie, wie dann der Throwable-Handler aktiv wird. Fügen Sie zum Beispiel die Konstruktion eines Zaehler-Objekts ein

```
try {
   int i = Integer.parseInt(args[0]);
   out.println("i = " + i);
   new Zaehler().wert(i);
}
```

und löschen Sie nach dem Übersetzen und vor dem Interpreteraufruf die Datei Zaehler.class.

4. (a) Untersuchen Sie, welche HTML-Informationen javadoc aus dem Programm Hierarchie.java generiert.

   (b) Markieren Sie die Methode superKlasse mit

```
/**
 * @exception ClassNotFoundException
 * wenn die mit t spezifizierte Klasse nicht gefunden wird
*/
```

   und verfolgen Sie die Wirkung. Nehmen Sie eine analoge Markierung für main vor.

5. Schreiben Sie ein Applet, das – wie abgebildet – zwei int-Werte einliest und dann deren Quotient berechnet und anzeigt.

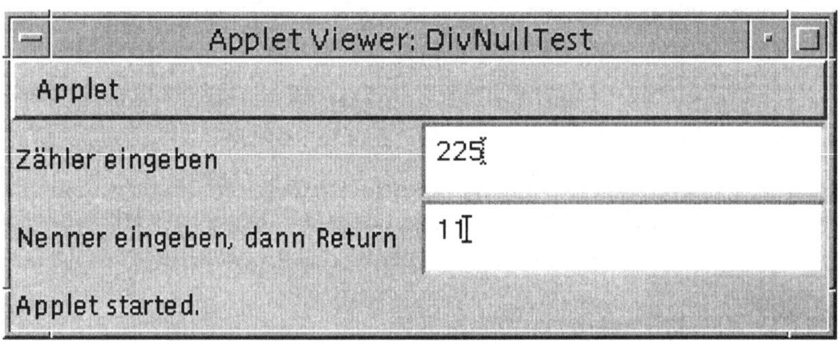

Zeigen Sie das Resultat einfach mittels showStatus(String) in der Statuszeile des Browsers oder appletviewers an. Deklarieren Sie eine Ausnahmeklasse zur Behandlung einer versuchten Division durch null und werfen Sie ggf. ein entsprechendes Ausnahmeobjekt aus. Geben Sie bei der Ausnahmebehandlung die Ausnahmebeschreibung (getMessage) in der Statuszeile aus.

6. Starten Sie im Programm ReThrow bei erfolgreicher Paßworteingabe nicht die Kommandozeilen-Version des Pult/Getriebe-Beispiels, sondern verwenden Sie die Benutzeroberfläche aus Aufgabe 7, Kapitel 13.

Kapitel 16

Ein- und Ausgabeströme

16.1 Einleitung

Ein- und Ausgaben basieren in Java auf dem "Stream"-Konzept. Ein Ausgabestrom ist ein Kommunikationskanal, der ein Programm mit einer *Datensenke* verbindet, und umgekehrt ist ein Eingabestrom eine Verbindung von einer *Datenquelle* zu einem Programm. Als Quellen und Senken können Terminal- oder Konsolfenster, Dateien, Client- oder Serverprogramme usw. auftreten. Daten fließen durch Stream-Objekte immer unidirektional, wenn man sowohl Ein- als auch Ausgaben vornehmen will, werden also zwei Streams benötigt.

Im Paket java.io werden zwei sehr ähnliche Klassenhierarchien zur byte- bzw. zeichenorientierten Ein- und Ausgabe zur Verfügung gestellt. Die folgende Abbildung zeigt die Klassen zum Lesen bzw. Schreiben von Bytes; abstrakte Klassen sind wieder mit einem (A) markiert:

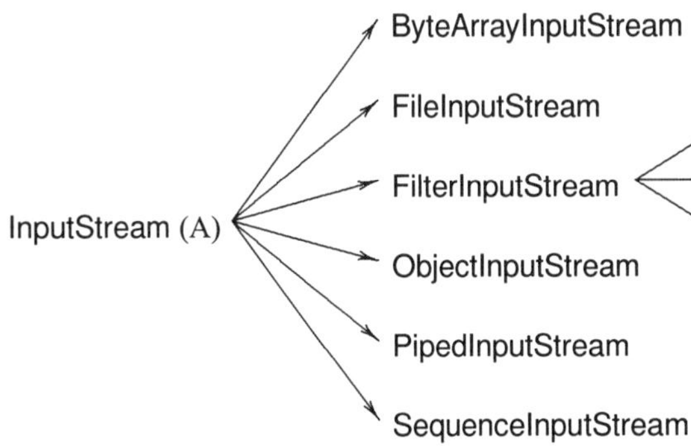

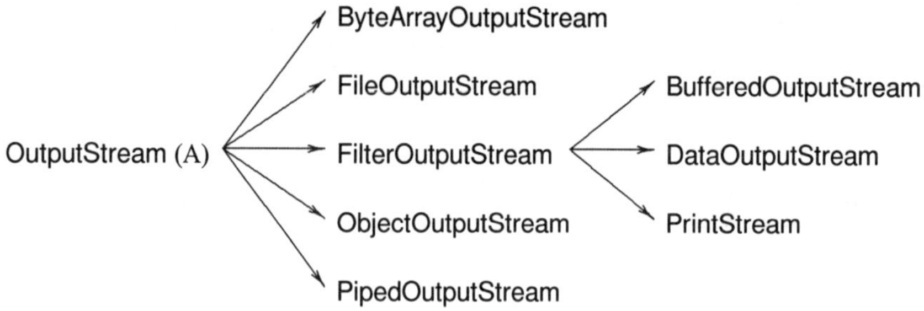

Aus der Fülle der hier verfügbaren Klassen werden wir ObjectInputStreams und ObjectOutputStreams zum Speichern von Objekten und DataInputStreams und DataOutputStreams zum Speichern elementarer Werte in Dateien benutzen. In beiden Fällen werden auch noch FileInputStreams und FileOutputStreams zum Dateizugriff benötigt. Java selbst verwendet spezielle Input- und OutputStream-Objekte zur Manipulation von Bild- und Tondateien sowie ObjectInput- und ObjectOutputStream-Objekte zur Übergabe von Argumenten bzw. Resultaten beim Aufruf entfernter Methoden (siehe hierzu Kapitel 21).

Die nächste Abbildung zeigt die Klassen zur zeichenorientierten Ein- und Ausgabe. Da wir Benutzerein- und -ausgaben in der Regel unter Verwendung der AWT-Klassen über eine grafische Benutzerschnittstelle abwickeln (siehe Kapitel 13 und 18), werden wir diese Klassen im wesentlichen zur Dateimanipulation und zur Ausgabe von Debug-Informationen bei der Programmentwicklung einsetzen. BufferedReader und PrintWriter haben wir bisher schon sehr oft benutzt, ohne genauer auf ihre Methoden einzugehen.

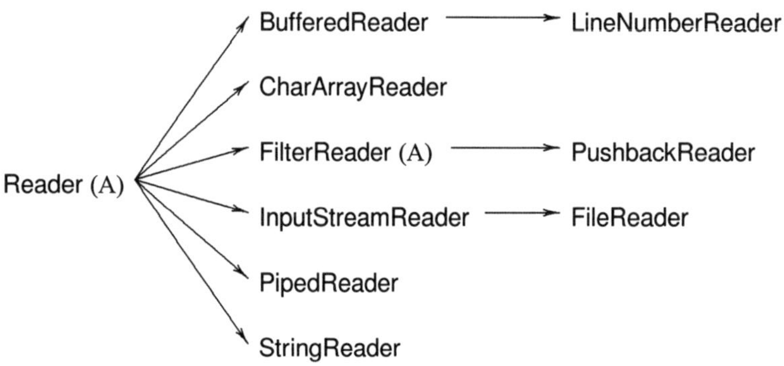

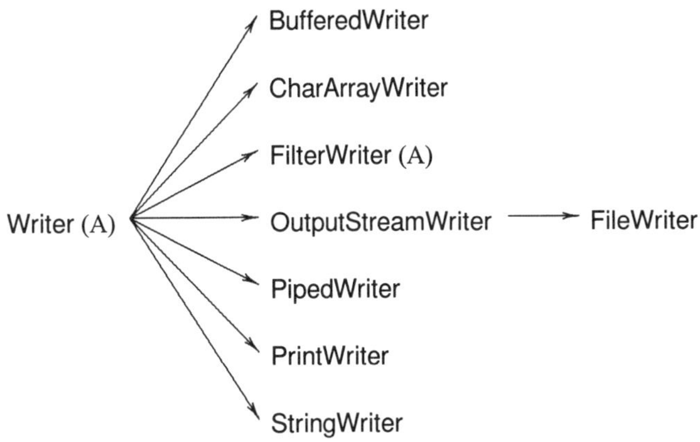

16.2 Byteorientierte Ein- und Ausgabe

In den abstrakten Superklassen InputStream und OutputStream ist die Basisfunktionalität zum Lesen bzw. Schreiben von Bytes zusammengestellt. Die Methode read liest Bytes aus dem Eingabestrom, und entsprechend schreibt write Bytes in den Ausgabestrom. Für OutputStreams ist weiterhin flush zum Leeren eines Ausgabepuffers deklariert. Und für beide Klassen steht close zum Schließen des Ein- oder Ausgabestroms und zur Freigabe aller mit ihm assoziierten Systemressourcen zur Verfügung.

Die InputStream- und OutputStream-Subklassen zur byteorientierten Ein- und Ausgabe sind hauptsächlich beim Serialisieren von Objekten (siehe 16.6) und bei der Speicherung von Werten elementarer Typen in Dateien (siehe 16.4) von Interesse. Wir betrachten an dieser Stelle nur ein kleines Beispiel, das die Klassen DataOutputStream und DataInputStream benutzt.

Mit einem DataOutputStream-Objekt kann man sämtliche elementaren Datentypen in ihrer systemunabhängigen Binärdarstellung in einen Ausgabestrom schreiben. Die Klasse verfügt neben den aus OutputStream geerbten Methoden über einen Konstruktor DataOutputStream(OutputStream), der den Datenstrom zu einem konkreten OutputStream-Objekt erzeugt. Und mit den Methoden writeBoolean, writeByte, ..., writeDouble kann man die elementaren Datentypen schreiben; sie rufen ihrerseits write bei dem OutputStream auf. Alle Methoden werfen IOExceptions aus, falls ein Ausgabefehler auftritt.

Im folgenden Beispiel übergeben wir dem DataOutputStream-Konstruktor das PrintStream-Objekt System.out.

```
// ByteAus.java

import java.io.*;

class ByteAus {
  public static void main(String[] args) throws IOException {
    DataOutputStream dos = new DataOutputStream(System.out);
    dos.writeByte(45);
    dos.writeFloat(781.0352f);
    dos.flush();
  }
}
```

Durch die write-Aufrufe werden hier zunächst 2d und dann die vier Bytes 44434241 ausgegeben. Zur Kontrolle können wir die Ausgabe in eine Datei umlenken, z.B.durch java ByteAus > test, und diese dann mit einem Dumptool oder Hex-Editor betrachten. Auf der Standardausgabe werden die entsprechenden ASCII-Zeichen, also -DCBA, angezeigt. Da nicht allen Bytes druckbare Zeichen entsprechen, ist eine derartige Ausgabe nicht besonders sinnvoll – vgl. etwa die Wirkung von dos.writeLong(123456).

DataInputStream ist die zu DataOutputStream gehörende Eingabeklasse. Sie enthält einen Konstruktor DataInputStream(InputStream), der den Datenstrom zu einem konkreten InputStream-Objekt erzeugt und Methoden readBoolean, readByte, ..., readDouble, mit denen man die elementaren Datentypen lesen kann. Diese Methoden delegieren das Lesen an die read-Methode des InputStreams; sie warten jeweils, bis ausreichende Eingabedaten vorliegen. Wenn ein EOF-Zeichen gelesen wird, werfen sie eine EOFException aus. Bei sonstigen Eingabefehlern wird ein Objekt der Superklasse IOException ausgeworfen. Das zu den obigen Ausgaben passende Eingabeprogramm ist dann:

```
// ByteEin.java

import java.io.*;

class ByteEin {
  public static void main(String[] args) throws IOException {
    DataInputStream dis = new DataInputStream(System.in);
    byte b = dis.readByte();
```

```
            float f = dis.readFloat();
            .....
        }
    }
```

Wenn wir hier die VM mit java ByteEin < test starten, enthalten b bzw. f nach den read-Aufrufen die Werte 45 bzw. 781.0352. Dieselbe Wirkung erzielen wir durch Eingabe von -DCBA über die Tastatur.

Offenbar sind die beiden Klassen DataInputStream und DataOutputStream aber eher zur Kommunikation mit Dateien geeignet, als zur Terminalein- und -ausgabe. Wir werden in Abschnitt 16.4 nochmals auf sie zurückkommen.

16.3 Zeichenorientierte Ein- und Ausgabe

Sämtliche Klassen zur Zeichenausgabe sind Subklassen der abstrakten Klasse Writer. In Writer sind Methoden write(int) zur Ausgabe eines einzelnen Zeichens sowie write(String) und write(char[]) zur Ausgabe der Zeichen eines Strings bzw. eines char-Felds deklariert. Alle drei Methoden rufen intern die in Writer lediglich abstrakt deklarierte Methode write(char[], int, int) auf. Mit ihr werden Zeichen aus einem char-Feld ausgegeben, wobei das zweite und dritte Argument die Startposition, ab der ausgegeben werden soll, und die Anzahl der auszugebenden Zeichen spezifizieren. Weiterhin stehen flush, zum Leeren eines Ausgabepuffers, und close, zum Schließen des Ausgabestroms, zur Verfügung. Sie sind ebenfalls abstrakt, also ohne zu vererbende Standardimplementation deklariert. Alle aufgeführten Methoden können IOExceptions auswerfen, falls ein Ausgabefehler auftritt.

Die elementare konkrete Klasse zur Ausgabe von Zeichen ist die OutputStreamWriter-Klasse. Sie repräsentiert einen Zeichenstrom, sendet die Ausgabe aber an einen byteorientierten Ausgabestrom, da viele Dateisysteme derzeit noch keine Codierung mittels Unicodes vornehmen. Die Klasse hat folglich einen Konstruktor OutputStreamWriter(OutputStream). In der OutputStreamWriter-Implementation von write(char[], int, int) werden die auszugebenden Unicode-Zeichen zunächst mit einem plattformspezifischen CharToByteConverter in Bytes konvertiert, und die Ausgabe der Bytes erfolgt dann durch write-Aufrufe für das OutputStream-Objekt. Auch flush und close werden an den zugrundeliegenden OutputStream delegiert, wobei in close ein flush-Aufruf erfolgt. Für Klassenbenutzer sind diese Aktivitäten nicht erkennbar. Im Beispielprogramm

```
// CharAus.java

import java.io.*;

class CharAus {
   public static void main(String[] args) throws IOException {
      int i = 12;
      double d = 2.79;
      OutputStreamWriter osw = new OutputStreamWriter(System.out);
      osw.write(i + "\n" + d + "\n");
      osw.flush();
   }
}
```

verwenden wir als konkreten OutputStream wieder System.out und rufen write zur Ausgabe der Zeichenkette auf. Der flush-Aufruf ist hier erforderlich, da lediglich 8 Zeichen auszugeben sind, die Standard-Puffergröße aber in der Regel sehr viel größer ist. Und nur bei ihrem Überschreiten wird flush implizit aufgerufen (vgl. Übungsaufgabe 2). Dagegen bewirkt ein close-Aufruf bei OutputStreamWriter-Objekten lediglich die Freigabe des OutputStreams zur Garbage-Collection und kann hier entfallen.

Analog zu Writer ist Reader eine abstrakte Klasse, die Superklasse aller anderen Klassen zur Zeicheneingabe ist. In Reader ist eine Methode read, die ein Zeichen liest und als int-Wert liefert, sowie read(char[]) zum Lesen von Zeichen in ein char-Feld deklariert. Beide Methoden rufen intern die abstrakte Methode read(char[], int, int) auf, mit der Zeichen in ein Zeichenfeld gelesen werden, wobei das zweite Argument wieder die Startposition spezifiziert, ab der das Feld gefüllt werden soll. Das dritte Argument ist die maximal zu lesende Zeichenanzahl. Die letzten beiden Methoden liefern als Resultat die tatsächlich gelesene Zeichenanzahl. Alle read-Methoden warten, bis ausreichende Eingabedaten vorliegen; wenn ein EOF-Zeichen gelesen wird, liefern sie -1 als Resultat. Schließlich ist close zum Schließen des Eingabestroms deklariert. Sämtliche genannten Methoden können IOExceptions auswerfen, falls ein Eingabefehler auftritt.

Passend zu OutputStreamWriter ist InputStreamReader eine Klasse, die einen Zeichenstrom repräsentiert, der seine Daten von einem byteorientierten Eingabestrom erhält. Die Klasse hat also einen Konstruktor InputStreamReader(InputStream), der die Beziehung zu einem Byteeingabestrom etabliert. read(char[], int, int) ist so implementiert, daß das Einlesen zunächst read-Aufrufe beim InputStream-Objekt verursacht und die gelesenen Bytes dann mit einem ByteToCharConverter in Unicode-Zeichen umwandelt. close schließt den zugrundeliegenden InputStream. Mit dem nächsten Programm können wir die von CharAus ausgegebenen Zeichen wieder lesen:

```
// CharEin.java

import java.io.*;

class CharEin {
   public static void main(String[] args) throws IOException {
      InputStreamReader isr = new InputStreamReader(System.in);
      StringBuffer buf = new StringBuffer();
      char c;
      while ((c = (char)isr.read()) != '\n')
         buf.append(c);
      int i = Integer.parseInt(buf.toString());
      buf = new StringBuffer();
      while ((c = (char)isr.read()) != '\n')
         buf.append(c);
      double d = Double.valueOf(buf.toString()).doubleValue();
      .....
   }
}
```

Sofern man Aus- und Eingabe über eine Datei abwickelt, z.B. java CharAus > test und java CharEin < test erhalten i und d die korrekten Werte. Bei der Tastatureingabe unter Win 95/NT bricht CharEin jedoch im parseInt-Aufruf mit einer NumberFormatException ab. Diese Betriebssysteme liefern beim Druck auf die Return-Taste zwei Zeichen, nämlich '\r' gefolgt von '\n'. Nach der Eingabe von 12 steht dann in buf die Zeichenkette "12\r". Das Problem ließe sich mit einer Konstruktion wie in Abschnitt 14.10, also

```
if (System.getProperty("os.name").startsWith("Windows"))
   .....
```

lösen. Einfacher ist jedoch die Verwendung von BufferedWriter- und BufferedReader-Objekten, die wir im folgenden behandeln.

Jeder einzelne read-Aufruf für einen InputStreamReader und jedes write bei einem OutputStreamWriter führt zum Aufruf des entsprechenden Konverters nach dem Lesen bzw. vor dem Schreiben eines Bytestroms. Das Puffern dieser Daten kann insbesondere dann zu erheblichen Effizienzsteigerungen führen, wenn sie über ein Netzwerk oder ein Dateisystem zu übertragen sind. Für derartige Zwecke setzt man die Klassen BufferedWriter und BufferedReader ein.

Die Klasse BufferedWriter hat zwei Konstruktoren, die jeweils einen konkreten Writer, dessen Ausgabe gepuffert werden soll, als Argument erwarten. Beim zweiten Konstruktor kann mit einem nachfolgenden int-Argument noch die zu verwendende Puffergröße spezifiziert werden. Zusätzlich zu den für alle Writer verfügbaren write-Methoden existiert eine Methode newLine, mit der plattformspezifische Zeilenende-Zeichen (z.B. '\n', '\r' oder "\r\n") geschrieben werden. write-Aufrufe speichern ihre Ausgabe nun zunächst in einem char-Puffer und leiten sie erst dann an den Writer weiter, wenn der Puffer gefüllt ist oder explizit flush aufgerufen wird. Die Ausgabe von Beispiel CharAus wird so gepuffert:

```
// BufAus.java

import java.io.*;

class BufAus {
  public static void main(String[] args) throws IOException {
    int i = 12;
    double d = 2.79;
    OutputStreamWriter osw = new OutputStreamWriter(System.out);
    BufferedWriter bw = new BufferedWriter(osw);
    bw.write(String.valueOf(i));
    bw.newLine();
    bw.write(String.valueOf(d));
    bw.newLine();
    bw.flush();
  }
}
```

Die folgende Abbildung demonstriert, wie die write-Aufrufe für das BufferedWriter-Objekt über den OutputStreamWriter an einen konkreten OutputStream – hier einen PrintWriter – delegiert werden.

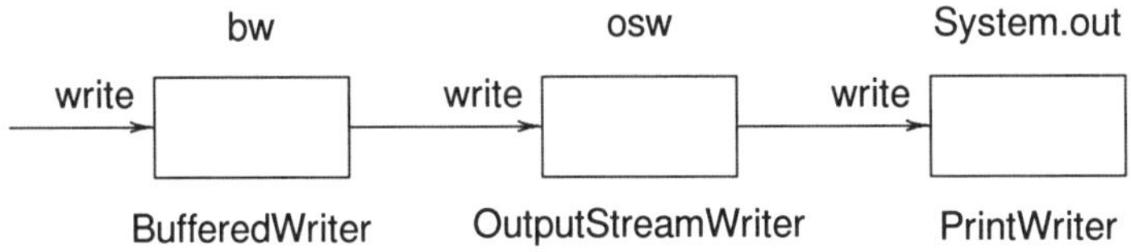

Das Pendant zum gepufferten Schreiben ist der BufferedReader. Diese Klasse haben wir schon sehr häufig zum Lesen von Konsoleingaben eingesetzt. Sie hat zwei Konstruktoren, die einen Reader bzw. einen Reader und die Angabe einer Puffergröße erwarten. Neben den vom Reader geerbten Methoden read und close ist eine Methode readLine deklariert, die eine Eingabezeile liest und als String liefert – Zeilenende-Zeichen werden dabei gelesen, aber nicht in das Resultat eingefügt. Dieses ist null, falls EOF gelesen wird. Das Einlesen von Werten wird durch readLine sehr vereinfacht. Zum Beispiel lesen wir die Ausgabe von BufAus wieder mit

```
BufferedReader br =
   new BufferedReader(new InputStreamReader(System.in));
int i = Integer.parseInt(br.readLine());
double d = Double.valueOf(br.readLine()).doubleValue();
```

(siehe /OOPinJava/kapitel16/BufEin.java). Wenn man die Daten aus einer Datei liest, ist es unerheblich, welche Zeilenende-Zeichen beim Schreiben benutzt wurden.

Zum Abschluß dieses Abschnitts wollen wir noch die Klasse PrintWriter betrachten, die wir ebenfalls schon oft eingesetzt haben. Ein PrintWriter schreibt Zeichen in einen Ausgabestrom und stellt dazu die bekannten Writer-Methoden write, flush und close zur Verfügung. Darüber hinaus sind überladene Methoden print und println deklariert, mit denen Werte elementarer Typen und Strings ausgegeben werden können. Auch die String-Repräsentation beliebiger Objekte kann gedruckt werden, da print(Object) und println(Object) deklariert sind. Im Unterschied zu print fügt println das plattformspezifische Zeilenende an die ausgegebenen Zeichen an. Auch ein einfacher Aufruf println() ohne Argument ist möglich. Anders als write werfen print und println keine Ausnahmen aus.

Die Klasse hat vier Konstruktoren PrintWriter(Writer), PrintWriter(Writer, boolean), PrintWriter(OutputStream) und PrintWriter(OutputStream, boolean). Mit dem optionalen zweiten Argument kann durch Übergabe von true erreicht werden, daß jedes println den Ausgabepuffer leert. Voreingestellt ist false – der Puffer wird dann nur durch explizites flush geleert. Sofern man ein byteorientiertes OutputStream-Objekt (wie z.B. System.out) als erstes Argument spezifiziert, erzeugt Java implizit einen OutputStreamWriter und einen BufferedWriter, so daß die auszugebenden Zeichen gepuffert und konvertiert werden. Unter Verwendung eines PrintWriters vereinfacht sich das BufAus-Beispiel zu:

```
int i = 12;
double d = 2.79;
PrintWriter pw = new PrintWriter(System.out, true);
pw.println(i);
pw.println(d);
```

Die Konversionen mittels String.valueOf und die newLine-Aufrufe können also entfallen. BufferedReader und PrintWriter sind die beiden Klassen, die wir auch in Zukunft sehr häufig zur Ein- und Ausgabe von Zeichen benutzen werden.

Im nächsten Abschnitt werden die Klassen FileReader und FileWriter behandelt. Die übrigen Reader und Writer sollen hier nur kurz erwähnt werden.

CharArrayReader und CharArrayWriter
setzt man ein, um aus einem char-Feld zu lesen bzw. in ein char-Feld zu schreiben. Die Wirkungsweise ist vergleichbar mit arraycopy.

StringReader und StringWriter
unterstützen das Lesen bzw. Schreiben aus einem String bzw. in einen StringBuffer. Die Wirkungsweise ist vergleichbar mit getChars bzw. append.

PipedReader und PipedWriter
sind Klassen zur Implementation einer „Pipe". Ein PipedReader muß mit einem PipedWriter verbunden werden und umgekehrt. Pipes können zur Kommunikation zwischen Threads verwendet werden.

LineNumberReader
ist eine Klasse, die mit der Methode getLineNumber die Nummer der aktuell gelesenen Zeile liefert.

PushbackReader
gestatten es, ein Zeichen (testweise) zu lesen und dann mittels unread wieder in den Eingabestrom zurückzuschreiben, so daß es nochmals gelesen werden kann.

16.4 Ein- und Ausgabe mit Dateien

Zur byteorientierten Ein- und Ausgabe mit Dateien benutzt man die Klassen FileInputStream und FileOutputStream. FileOutputStream hat mehrere Konstruktoren, mit denen man eine zur Ausgabe zu öffnende Datei als String oder als File-Objekt (siehe 16.5) spezifizieren kann. Mit true als Wert für ein optionales zweites boolean-Argument werden Ausgaben am Ende einer bereits existierenden Datei angefügt. Bei Übergabe von false oder der Verwendung der Standardeinstellung wird bei jedem Öffnen der aktuelle Dateiinhalt gelöscht. Sofern die Datei noch nicht existiert, wird sie durch den Konstruktoraufruf angelegt. Alle Konstruktoren können IOExceptions oder SecurityExceptions auswerfen, z.B. wenn keine Schreibberechtigung vorliegt oder wenn ein unsigniertes Applet versucht, auf dem lokalen Dateisystem zu schreiben. Mit einem expliziten close-Aufruf kann man die Datei schließen; ansonsten wird sie implizit geschlossen, wenn die VM finalize für das FileOutputStream-Objekt aufruft, weil es gelöscht wird.

Da für FileOutputStreams nur write-Methoden zum Schreiben von einzelnen Bytes oder von byte-Feldern deklariert sind, benutzt man einen FileOutputStream in der Regel zusammen mit einem DataOutputStream. Zum Beispiel:

```
// FileAus.java

import java.io.*;

class FileAus {
   public static void main(String[] args) throws IOException {
      FileOutputStream fos = new FileOutputStream("bytes");
      DataOutputStream dos = new DataOutputStream(fos);
      dos.writeByte(45);
      dos.writeFloat(781.0352f);
      dos.writeLong(123456);
      dos.close();
   }
}
```

Hier wird eine Datei bytes angelegt bzw., falls sie bereits existiert, zum Überschreiben geöffnet. Dann werden die drei Werte in ihrer systemunabhängigen Darstellung (insgesamt 13 Bytes) in die Datei geschrieben. Der close-Aufruf für das Objekt dos leert den Ausgabepuffer und ruft close für das Objekt fos auf, schließt also die Datei.

Die Eingabe elementarer Werte aus einer Datei nimmt man entsprechend mit einem FileInputStream-Objekt vor. Es stehen wieder Konstruktoren mit einem String- bzw. File-Parameter zur Spezifizierung der Eingabedatei zur Verfügung. Weiterhin sind read zum Lesen von Bytes sowie close deklariert. Zweckmäßigerweise benutzen wir einen FileInputStream zusammen mit einem DataInputStream. Die vom letzten Beispielprogramm geschriebenen Daten können wir so wieder einlesen:

```
// FileEin.java

import java.io.*;

class FileEin {
   public static void main(String[] args) {
      PrintWriter out = new PrintWriter(System.out, true);
      try {
         DataInputStream dis =
            new DataInputStream(new FileInputStream("bytes"));
         byte b = dis.readByte();
         float f = dis.readFloat();
         long l = dis.readLong();
         out.println(b + "   " + f + "   " + l);
      } catch (FileNotFoundException e) {
         out.println("Datei \"bytes\" nicht gefunden");
      } catch (IOException e) {
         e.printStackTrace();
      }
   }
}
```

Zur zeichenorientierten Ein- und Ausgabe mit Dateien sind die Klassen FileReader und FileWriter konzipiert. Sie sind Subklassen von InputStreamReader bzw. OutputStreamWriter und können daher zusammen mit den in Abschnitt 16.3 behandelten BufferedReader- und PrintWriter-Klassen benutzt werden. Die Klassen deklarieren lediglich Konstruktoren und keine weiteren Methoden, da sie nur für derartige Nutzung durch leistungsfähigere Reader und Writer konzipiert sind.

Die zu öffnenden Dateien können wieder als String bzw. als File spezifiziert werden; beim FileWriter kann mit true als zweitem Argument an eine bereits vorhandene Ausgabedatei angefügt werden. Zum Beispiel:

```
// PrintAus.java

import java.io.*;

class PrintAus {
   public static void main(String[] args) {
      byte b = 45;
      float f = 781.0352f;
      long l = 123456;
      PrintWriter pw = null, stdout = new PrintWriter(System.out, true);
      try {
         pw = new PrintWriter(new FileWriter("chars"));
         pw.println(b);
         pw.println(f);
         pw.println(l);
      } catch (IOException e) {
         stdout.println(e);
      } finally {
         if (pw != null)
            pw.close();
      }
   }
}
```

Jetzt werden die Daten des FileAus-Beispiels als Zeichen ausgegeben. Das Beispiel zeigt auch eine sinnvolle Anwendung des in Abschnitt 15.3 besprochenen finally-Blocks: Nur wenn das FileWriter- und das PrintWriter-Objekt erzeugt werden konnten, wird close für pw aufgerufen. Dieser Aufruf zieht dann wiederum einen close-Aufruf für den FileWriter und damit das Schließen der Datei chars nach sich.

16.5 Die Klasse File

Die oben bei der Konstruktion von FileInputStream-, FileOutputStream-, FileReader- und FileWriter-Objekten bereits erwähnte Klasse File liefert eine Reihe von Informationen über Dateien oder Verzeichnisse und gestattet es, einfache Operationen, wie z.B. das Löschen oder Umbenennen von Dateien vorzunehmen. Ein File-Objekt wird mit einem String konstruiert, der den Namen einer Datei oder eines Verzeichnisses absolut oder relativ zum aktuellen Verzeichnis, in dem die VM gestartet wird, enthält. Zum Beispiel:

```
File fabs = new File("/OOPinJava/kapitel16"),     // Verzeichnis, absoluter Pfad
   frel = new File("FileAus.java"),               // Datei, relativer Pfad
   fakt = new File(".");                          // aktuelles Verzeichnis
```

Der File-Konstruktor versucht noch nicht, auf das Dateisystem zuzugreifen; es werden deshalb in keinem Fall IOExceptions ausgeworfen. Die folgende Tabelle enthält einen Auszug aus den für File-Objekte aufrufbaren Methoden.

Methode	*Resultat*	*Bedeutung*
canRead	boolean	Kann Datei/Verzeichnis gelesen werden?
canWrite	boolean	Kann Datei/Verzeichnis geschrieben werden?
delete	boolean	Löscht Datei/Verzeichnis
exists	boolean	Existiert Datei/Verzeichnis?
isDirectory	boolean	Wird ein Verzeichnis referenziert?
isFile	boolean	Wird eine Datei referenziert?
lastModified	long	Letzter Änderungszeitpunkt von Datei/Verzeichnis
length	long	Dateigröße in Bytes
list	String[]	Feld mit den Verzeichniseinträgen
mkdir	boolean	Legt Verzeichnis an
renameTo	boolean	Benennt Datei/Verzeichnis um

Der von lastModified gelieferte Wert basiert auf den „Millisekunden seit dem 1.1.1970" und ist nur zum Vergleich von Änderungszeitpunkten brauchbar. Bei einem renameTo-Aufruf ist der neue Name als File-Argument zu übergeben. delete, mkdir und renameTo liefern als Resultat true, wenn das Löschen, Anlegen bzw. Umbenennen erfolgreich war, ansonsten false. Das nächste Beispielprogramm zeigt die Anwendung einiger File-Methoden:

```
// FileTest.java

import java.io.*;

class FileTest {
   public static void main(String[] args) throws IOException {
      PrintWriter out = new PrintWriter(System.out, true);
```

```
        if (args.length == 0) {
            out.println("Starten mittels java FileTest <Datei/Verzeichnisname>");
            return;
        }
        File f = new File(args[0]);
        if (!f.exists() || !f.canRead()) {
            out.println("Datei/Verzeichnis \"" + f + "\" nicht gefunden");
            return;
        }
        if (f.isDirectory()) {
            out.println("Inhalt von Verzeichnis \"" + f + "\":");
            String[] datei = f.list();
            for (int i = 0; i < datei.length; i++)
            out.println(datei[i]);
        } else {
            out.println("Inhalt von Datei \"" + f + "\":");
            FileReader reader = new FileReader(f);
            int i;
            while ((i = reader.read()) != -1)
                out.print((char)i);
            out.flush();
        }
    }
}
```

16.6 Das Serialisieren von Objekten

Die Klassen ObjectOutputStream und ObjectInputStream ermöglichen es, Objekte zu *serialisieren*. Darunter versteht man die Möglichkeit, den Zustand eines Objekts – also seine Variablenwerte – systemunabhängig in Bytes umzuwandeln bzw. wieder zurückzutransformieren, um das Objekt zu rekonstruieren (*deserialisieren*). Die Byterepräsentation von Objekten kann man dann in Dateien speichern, um eine sehr elementare Art von *Objektpersistenz* zu erreichen; eine weitere sinnvolle Einsatzmöglichkeit ist der Versand über das Netz an andere Java-Programme (siehe Kapitel 21).

Zum Serialisieren von Objekten benutzt man ein ObjectOutputStream-Objekt und ruft dessen Methode writeObject auf. Die Klasse ObjectOutputStream hat einen Konstruktor, der als Argument einen konkreten OutputStream erwartet. Um Objekte persistent zu machen, verwendet man üblicherweise einen FileOutputStream. Wie das folgende Beispiel zeigt, stehen zusätzlich Methoden writeBoolean, writeByte, ..., writeDouble zum Schreiben elementarer Datentypen zur Verfügung. Auch close und flush sind deklariert, wobei close implizit flush aufruft und dann den OutputStream schließt. Alle Methoden und der Konstruktor können IOExceptions auswerfen, falls ein Ausgabefehler auftritt.

```
// SerialAus.java

import java.io.*;

class SerialAus {
   public static void main(String[] args) throws IOException {
      ObjectOutputStream oos =
         new ObjectOutputStream(new FileOutputStream("objs"));
      oos.writeObject("\"Minus 5\"");
      oos.writeInt(-5);
      oos.close();
   }
}
```

Im Beispiel werden ein String-Objekt sowie ein int-Wert serialisiert und in der Datei objs gespeichert.

Zum Lesen von Objekten ruft man entsprechend readObject bzw. bei elementaren Werten readBoolean, readByte usw. für einen ObjectInputStream auf. readObject liefert das gelesene Objekt als Object, hier ist also noch ein Cast zum entsprechenden Typ erforderlich. Konstruktor und Methoden von ObjectInputStream können wieder IOExceptions auswerfen; die Methode readObject wirft darüber hinaus eine ClassNotFoundException aus, wenn Java die Klasse des zu lesenden Objekts nicht kennt – z.B. weil die benötigte class-Datei gelöscht oder verschoben wurde. Wir können das mit SerialAus serialisierte String-Objekt und die int-Zahl so wieder deserialisieren (siehe /OOPinJava/kapitel16/SerialEin.java):

```
ObjectInputStream ois = new ObjectInputStream(new FileInputStream("objs"));
String s = (String)ois.readObject();
int i = ois.readInt();
ois.close();
```

Als zweites, etwas komplexeres Beispiel greifen wir das TextApplet aus Abschnitt 13.1 auf, modifizieren es zum Frame und erweitern diesen um eine WindowListener, der in windowClosing nicht nur das Fenster zerstört, sondern es vorher in einer Datei ablegt.

```
// PersistFrame.java

import java.awt.*;
import java.awt.event.*;
import java.io.*;

class PersistFrame extends Frame {
   PersistFrame() {
      setBackground(Color.blue);
      setForeground(Color.yellow);
      setFont(new Font("Serif", Font.BOLD, 36));
      addWindowListener(new WinSerializer());
      setSize(250, 100);
      setVisible(true);
   }
   public void paint(Graphics g) {
      g.drawString("OOP in Java", 10, 40 + getInsets().top);
   }
   static class WinSerializer extends WindowAdapter {
      public void windowClosing(WindowEvent e) {
         try {
            ObjectOutputStream oos =
               new ObjectOutputStream(new FileOutputStream("frame"));
            oos.writeObject(e.getWindow());
            oos.close();
         } catch(IOException ign) { }
         e.getWindow().dispose();
         System.exit(0);
      }
   }
   public static void main(String[] args) {
      new PersistFrame();
   }
}
```

Wenn man nun das Frame-Objekt rekonstruiert, z.B. durch

```
ObjectInputStream ois =
   new ObjectInputStream(new FileInputStream("frame"));
PersistFrame f = (PersistFrame)ois.readObject();
ois.close();
f.setVisible(true);
f.repaint();
```

so stellt man fest, daß zwar Farben, Font und die Frame-Größe stimmen, daß das Frame-Objekt aber nicht mehr auf das Schließen des Fensters reagiert. Dies liegt daran, daß ein Frame-Objekt zwar eine Instanzvariable windowListener des Referenztyps WindowListener von der Superklasse Window erbt, daß Java aber nur Objekte serialisiert, für deren Typ dies sinnvoll möglich ist. Bei einem Listener- oder Adapter-Objekt ist eine Speicherung des Zustands „Warten auf Event" jedoch kaum von Nutzen. Auch Sicherheitsaspekte können das Serialisieren verhindern. Um das Beispiel zum Laufen zu bringen, fügen wir nach dem close-Aufruf noch f.addWindowListener(new PersistFrame.WinSerializer()); ein. (Siehe /OOPinJava/kapitel16/FrameEinAus.java.)

Formal ist ein Objekt dann serialisierbar, wenn seine Klasse das Serializable-Interface aus dem Paket java.io implementiert. Es handelt sich hierbei um ein Interface ohne Methoden oder Variablen, das lediglich als Markierung eingesetzt wird:

```
public interface Serializable { }
```

In Anhang E ist eine Zusammenstellung der Klassen aus der Java-Bibliothek gegeben, die serialisierbar sind. In diesem Zusammenhang ist es wichtig, zu beachten, daß auch alle Subklassen serialisierbarer Klassen wieder serialisierbar sind. Dies trifft auch für die Klassen zu, die wir selbst als Implementation von Serializable deklarieren. Alternativ zum Nachschlagen im Anhang kann man die Serialisierbarkeit eines Objekts x mittels x instanceof Serializable untersuchen.

Das PersistFrame-Objekt im letzten Beispiel ist serialisierbar, weil Component das Serializable-Interface implementiert und ein Frame eine spezielle Komponente ist.

Durch einen writeObject-Aufruf werden die nur diejenigen Variablen eines Objekts serialisiert, die weder static noch transient deklariert sind. Daß static spezifizierte Variablen einer Klasse X nicht serialisiert werden, ist naheliegend, da sie als Klassenvariablen nicht zum Objektzustand gehören und auch nicht in den einzelnen Objekten gespeichert sind. Sofern noch keine X-Objekte existieren, wird eine Klassenvariable beim ersten readObject-Aufruf für ein X-Objekt initialisiert. Dabei wird wie üblich der Standardwert oder, falls vorhanden, der Initialisierer verwendet.

Daß transient deklarierte Variablen nicht serialisiert werden, ist ebenfalls sinnvoll, da die Deklaration explizit verlangt, daß sie spätestens beim Terminieren der VM gelöscht werden. Transiente Variablen kann man einsetzen, um die Probleme mit nicht serialisierbaren Typen zu umgehen. In der AWT-Klasse Window ist der Listener beispielsweise so deklariert:

```
transient WindowListener windowListener;
```

Bei der Ausführung von readObject erhalten transiente Variablen ihren Standardwert; windowListener hat dann also den Wert null und muß noch, wie oben gezeigt, mit einem neuen WinSerializer verbunden werden.

Der Versuch, für ein Objekt writeObject aufzurufen, scheitert mit einer NotSerializableException, wenn seine Klasse nicht serialisierbar ist oder wenn es selbst wieder nicht serialisierbare Objekte enthält, die weder static noch transient deklariert sind.

16.6.1 Persistenz durch Erreichbarkeit

Wenn Java Objekte serialisiert, die andere serialisierbare Objekte referenzieren, werden diese ebenfalls serialisiert, auf Referenzen auf weitere serialisierbare Objekte untersucht usw. Umgekehrt werden beim Lesen mittels readObject auch alle referenzierten persistenten Objekte wiederhergestellt. Bei der Umsetzung dieser *Persistenz durch Erreichbarkeit* achtet Java darauf, daß ein Objekt nur einmal serialisiert wird, auch wenn es von mehreren persistenten Objekten referenziert wird.

Im folgenden Beispiel haben wir zwei Klassen Hersteller und Produkt deklariert, zwischen denen eine bidirektionale Objektverbindung existiert: jeder Hersteller kann 0, 1, 2, ... Produkte herstellen und jedes Produkt kann von einer beliebigen Anzahl von Herstellern produziert werden.

```
// Produkt.java

import java.io.*;
import java.util.*;
```

```
class Produkt implements Serializable {
   String name;
   Vector hergestelltVon = new Vector();
   Produkt(String name) { this.name = name; }
}
```

```
// Hersteller.java

import java.io.*;
import java.util.*;

class Hersteller implements Serializable {
   String name;
   Vector produziert = new Vector();
   Hersteller(String name) { this.name = name; }
   void verbinde(Produkt p) {
      produziert.addElement(p);
      p.hergestelltVon.addElement(this);
   }
   void drucke() {
      ..... Ausgabe der hergestellten Produkte
   }
}
```

Wenn man nun zwei Hersteller- und drei Produkt-Objekte erzeugt, so daß sie wie abgebildet miteinander verbunden sind

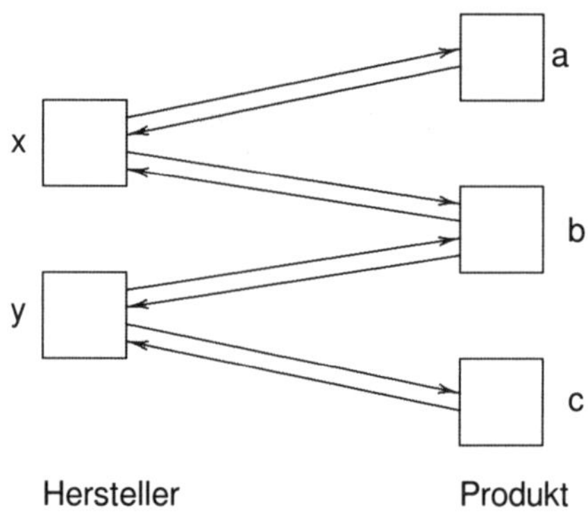

und dann Produkt b serialisiert, werden automatisch auch beide Hersteller-Objekte und über diese die beiden Produkte a und c serialisiert. Nach dem Wiedereinlesen von b sind dann alle fünf Objekte deserialisiert. Das folgende Programm demonstriert diese Wirkungen:

```
// PersTest.java

import java.io.*;
import java.util.*;

class PersTest {
  public static void main(String[] args) throws Exception {
    if ("schreiben".equals(args[0])) {
      Hersteller x = new Hersteller("SciCom"), y = new Hersteller("AdTech");
      Produkt a = new Produkt("JavaReady"),
        b = new Produkt("CoffeineDirect"), c = new Produkt("Jav2Men");
      x.verbinde(a);
      x.verbinde(b);
      y.verbinde(b);
      y.verbinde(c);
      ObjectOutputStream os =
        new ObjectOutputStream(new FileOutputStream("produktion"));
      os.writeObject(b);
      os.close();
    } else if ("lesen".equals(args[0])) {
      ObjectInputStream is =
        new ObjectInputStream(new FileInputStream("produktion"));
      Produkt b = (Produkt)is.readObject();
      is.close();
      Enumeration e = b.hergestelltVon.elements();
      while (e.hasMoreElements())
        ((Hersteller)e.nextElement()).drucke();
    }
  }
}
```

Zum Schreiben bzw. Lesen der Objekte startet man es mit java PersTest schreiben bzw. java PersTest lesen. Da jeder Hersteller mit Produkt b verbunden ist und auch die

Produkte a und c über x bzw. y mit b verbunden sind, erzielen wir dieselbe Wirkung auch durch Speichern und Lesen eines beliebigen anderen Herstellers oder Produkts.

16.6.2 Klassenspezifische Versionen von writeObject und readObject

Bei vielen Problemstellungen wird das standardmäßig mittels writeObject und readObject mögliche Serialisieren ausreichen, bei dem alle Variablen behandelt werden, die nicht static oder transient deklariert sind. Es ist aber auch möglich, die Deklaration einer serialisierbaren Klasse so zu erweitern, daß neben dem Schreiben oder Lesen zusätzliche Operationen ausgeführt werden. Java prüft beim Ausführen von writeObject bzw. readObject nach, ob in der Klasse des betreffenden Objekts eine Methode writeObject bzw. readObject deklariert ist und führt diese gegebenenfalls anstelle der Standardoperation aus.

Die speziellen Ein- und Ausgabemethoden müssen die Form

```
private void readObject(ObjectInputStream ois)
   throws IOException, ClassNotFoundException { ..... }
private void writeObject(ObjectOutputStream oos) throws IOException { ..... }
```

haben. Es ist grundsätzlich empfehlenswert, im Methodenrumpf als erstes defaultReadObject bzw. defaultWriteObject aufzurufen, um den serialisierbaren Objektzustand zu lesen bzw. zu schreiben, bevor man zusätzliche Informationen liest oder schreibt. Als Beispiel betrachten wir eine stark vereinfachte Version der Kto- und GiroKto-Klassen aus Abschnitt 9.4.

```
// KtoEinAus.java

import java.io.*;

class Kto implements Serializable {
   static PrintWriter out = new PrintWriter(System.out, true);
   Kto(String inhaber, long nummer, double stand) {
      out.println("Kto konstruiert");
   }
   private void writeObject(ObjectOutputStream stream) throws IOException {
      stream.defaultWriteObject();
      out.println("Kto geschrieben");
   }
```

```
    private void readObject(ObjectInputStream stream)
            throws IOException, ClassNotFoundException {
        stream.defaultReadObject();
        out.println("Kto gelesen");
    }
}

class GiroKto extends Kto {
    GiroKto(String inhaber, long nummer, double stand, double sollZins) {
        super(inhaber, nummer, stand);
        out.println("GiroKto konstruiert");
    }
    private void writeObject(ObjectOutputStream stream) throws IOException {
        stream.defaultWriteObject();
        out.println("GiroKto geschrieben");
    }
    private void readObject(ObjectInputStream stream)
            throws IOException, ClassNotFoundException {
        stream.defaultReadObject();
        out.println("GiroKto gelesen");
    }
}

class KtoEinAus {
    public static void main(String[] args) {
        GiroKto x = new GiroKto("S. Lucas", 301087, 3020.15, 13.5);
        try {
            ObjectOutputStream os =
                new ObjectOutputStream(new FileOutputStream("ktos"));
            os.writeObject(x);
            os.flush();
            ObjectInputStream is =
                new ObjectInputStream(new FileInputStream("ktos"));
            GiroKto k = (GiroKto)is.readObject();
        } catch(Exception ign) { }
    }
}
```

Bei diesem Programm stellt die VM beim Ausführen von os.writeObject(x) fest, daß in der Klasse von x, also GiroKto, eine Methode writeObject deklariert ist; diese wird dann in der Form x.writeObject(os) aufgerufen. Analog wird beim Lesen verfahren. Wir erhalten als Ausgabe:

```
Kto konstruiert
GiroKto konstruiert
Kto geschrieben
GiroKto geschrieben
Kto gelesen
GiroKto gelesen
```

Hieran erkennen wir, daß Objekte so serialisiert werden, wie Java sie konstruiert. Zuerst werden die Superklassen, dann die Subklassen berücksichtigt. Weiterhin stellen wir fest, daß beim Lesen von Objekten kein Konstruktor aufgerufen wird. Die gelesenen Werte werden einfach byteweise an die entsprechenden Speicherplätze kopiert.

Die in diesem Kapitel bei vielen Methodenaufrufen zu behandelnden Ausnahmen sind in der folgenden Abbildung zusammengestellt. Bis auf java.lang.ClassNotFoundException und java.lang.Exception gehören sie alle dem Paket java.io an.

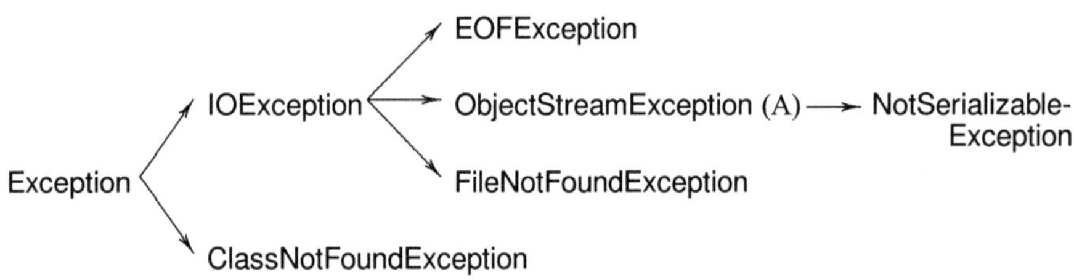

16.7 Übungsaufgaben

1. Probieren Sie aus, beispielsweise ausgehend von ByteAus.java, wie es sich auswirkt, wenn man einen Byte-Ausgabestrom zum Schreiben benutzt, nachdem man close aufgerufen hat. Führen Sie denselben Test auch mit FileAus.java für das Schreiben in Dateien durch.

2. Testen Sie mit einer for-Anweisung, wie oft Sie in CharAus.java die Anweisung osw.write(i + "\n" + d + "\n"); wiederholen müssen, bis eine Ausgabe vorgenommen wird. Berechnen Sie daraus die Standard-Puffergröße.

3. Testen Sie, wie die VM auf java FileEin reagiert, wenn Sie vor dem Lesen ein Byte aus der Datei bytes entfernt haben.

4. Modifizieren Sie das FileTest-Programm, so daß es plattformunabhängig wird, indem bei dem eingegebenen Namen jedes auftretende /- oder \-Zeichen durch den jeweiligen Dateiseparator des Hosts ersetzt wird. Diesen erhalten Sie z.B. über die System-Klasse (getProperty("file.separator")) oder einfacher über die public Klassenkonstante separatorChar der Klasse File.

5. Schreiben Sie ein Programm zur Ausgabe einer Binärdatei. Der Dateiinhalt soll einerseits hexadezimal und andererseits – sofern druckbar – als ASCII-Zeichen ausgegeben werden. Setzen Sie anstelle nicht druckbarer Zeichen einfach einen Punkt. Zum Beispiel:

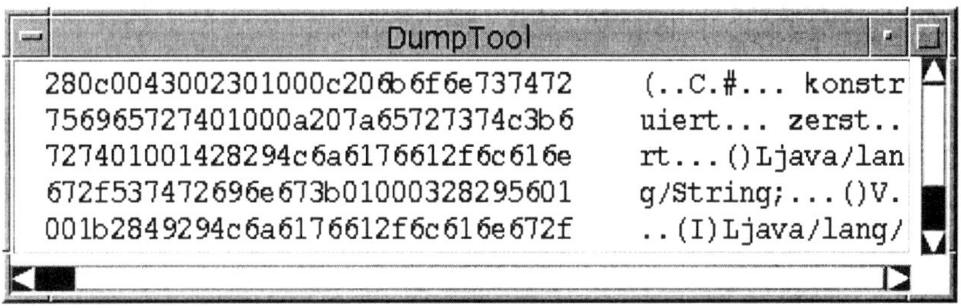

Benutzen Sie Ihr Programm, um in der Datei objs zu untersuchen, wie die int-Zahl -5 serialisiert wurde.

Vergleichen Sie mit Integer.toHexString(-5).

6. Schreiben Sie ein Programm, das demonstriert, wie Java auf den Versuch reagiert, ein nicht serialisierbares Objekt zu serialisieren.

7. Schreiben Sie ein Programm, das demonstriert, wie Java bei einem readObject-Aufruf Klassenvariablen mit ihren Initialisierern (falls vorhanden) initialisiert und bei transienten Instanzvariablen lediglich die Standardwerte einträgt.

8. Wie erklären Sie sich die „falsche“ Ausgabe dieses Programms?

```
import java.awt.event.*;
import java.io.*;

class X extends WindowAdapter { }
```

```
class SerialTest {
   public static void main(String[] args) {
      X x = new X();
      new PrintWriter(System.out, true).println("WindowAdapter instanceof"
         + " Serializable liefert " + x instanceof Serializable);
   }
}
```

9. Schreiben Sie das Programm PersTest so um, daß nur der Hersteller x serialisiert wird. Weisen Sie nach, daß nach dem Deserialisieren wieder alle Objekte verfügbar sind.

10. Machen Sie sich anhand eines einfachen Testprogramms klar, daß die private Deklaration von Instanzvariablen beim Serialisieren keine Rolle spielt.

Kapitel 17

Threads und Prozesse

In unseren bisherigen Beispielen wurden die Anweisungen eines Programms sequentiell eine nach der anderen ausgeführt. Diese zeitliche Aufeinanderfolge einzelner Anweisungen können wir uns durch den Programmzähler, der sich durch den Quellcode bewegt, veranschaulichen. Sofern eine Aufgabenstellung das „gleichzeitige" (*nebenläufige*) Ausführen von Programmen oder Programmteilen erfordert, setzt man Prozesse oder Threads ein. Während ein Prozeß ein ausführbares Programm mit eigenem Adreßraum und eigenen Systemressourcen (Umgebungsvariablen, Dateideskriptoren, Signalen usw.) ist, sind Threads „kleinere" Objekte, die eine Anweisungsfolge repräsentieren, die unabhängig von anderen Threads ausgeführt werden kann. Threads haben ihren eigenen Stack, um lokale Variablen zu speichern und um Methoden unabhängig von anderen Threads aufrufen zu können. Die anderen Ressourcen werden geteilt; alle Threads eines Programms laufen also insbesondere im selben Adreßraum.

In Java werden Threads durch Objekte der Klasse Thread (aus java.lang) erzeugt und kontrolliert. Weiterhin existiert eine Klasse Process, mit der man im Unterschied zu Thread nicht Methoden parallel ausführt, sondern Prozesse auf dem lokalen System startet. Zusätzlich zu den Beispielprogrammen dieses Kapitels werden in den Kapiteln 19 und 20 Threadanwendungen gezeigt, die für Java-Programme typisch sind.

17.1 Threads

Ohne daß wir ihn explizit erzeugt haben, besitzt jede laufende Java-Anwendung mindestens einen Thread, den main-Thread, der die Methode main ausführt. Ebenso gibt für jedes Applet einen Applet-Thread, der init, start, stop und destroy aufruft. Das folgende Programm demonstriert dies mit dem Aufruf der Klassenmethode currentThread und der Abfrage einiger Eigenschaften des main-Threads. currentThread liefert immer den Thread, der die Methode ausführt, in deren Rumpf der currentThread-Aufruf steht.

```
// MainThread.java

import java.io.*;

class MainThread {
   public static void main(String[] args) {
      PrintWriter out = new PrintWriter(System.out, true);
      Thread cur = Thread.currentThread();
      out.println("Name: " + cur.getName() + "\nPriorität: " + cur.getPriority()
         + "\nThreadgruppe: " + cur.getThreadGroup().getName()
         + "\nLebend: " + cur.isAlive() + "\nDämon: " + cur.isDaemon());
   }
}
```

Das Programm erzeugt die folgende Ausgabe:

```
Name: main
Priorität: 5
Threadgruppe: main
Lebend: true
Dämon: false
```

Einen weiteren Thread, den die VM ohne unser Zutun erzeugt, entdecken wir, wenn wir auf ähnliche Weise die Ausgabe von Thread.currentThread().getName() in die Methode paint des TextApplets aus Abschnitt 13.1 aufnehmen. Bei AWT-EventQueue handelt es sich um einen AWT-Thread, der für die Reaktion auf das Verdecken, Verschieben, Verkleinern usw. des Frame-Objekts verantwortlich ist.

Eigene Threads zu erzeugen, ist in Java denkbar einfach. Um Methoden parallel auszuführen, deklariert man die entsprechende Klasse als Subklasse von Thread und überschreibt deren Methode run, so daß sie die gewünschten Aufgaben durchführt. Nun genügt es, die von Thread geerbte Methode start aufzurufen, um die Ausführung von run parallel zum weiteren Programmablauf in Gang zu setzen.

Das nächste Beispiel illustriert diese Vorgehensweise. Zusätzlich zum von der VM generierten main-Thread erzeugen wir zwei Threads, die unabhängig voneinander bis drei zählen und nach jedem Zählen eine Sekunde pausieren:

```
// ThreadZaehler.java

import java.io.*;

class ThreadZaehler extends Thread {
   static PrintWriter out = new PrintWriter(System.out, true);
   public void run() {
      for (int i = 1; i < 4; i++) {
         out.println(getName() + ": " + i);
         try {
            sleep(1000);
         } catch (InterruptedException e) {
            out.println(e);
         }
      }
   }
   public static void main(String[] args) {
      Thread t1 = new ThreadZaehler(), t2 = new ThreadZaehler();
      t1.start();
      t2.start();
   }
}
```

Die Ausgabe dieses Programmes sieht wie folgt aus, wobei die automatisch generierten Threadnamen auch Thread-1 und Thread-2 o.ä. sein können:

```
Thread-5: 1
Thread-6: 1
Thread-5: 2
Thread-6: 2
Thread-5: 3
Thread-6: 3
```

Beim Ablauf von main werden zunächst die beiden Thread-Objekte t1 und t2 erzeugt. Der Aufruf von start für ein Thread-Objekt startet einen neuen Thread in der VM, der den in der run-Methode spezifizierten Code separat ausführt. Im Beispiel werden also zwei neue Threads gestartet, und die Methode main ist abgearbeitet. Die VM setzt aber die Bearbeitung der beiden in main gestarteten Threads so lange fort, bis deren run-Methoden beendet sind. sleep ist eine Thread-Klassenmethode; ihr Aufruf unterbricht die Ausführung von run für die als Argument spezifizierte Anzahl von Millisekunden. Dabei kann – als Reaktion auf den interrupt-Aufruf durch einen anderen Thread – eine InterruptedException ausgeworfen werden.

Alternativ zum Deklarieren einer Thread-Subklasse kann man Threads auch mit Hilfe des Runnable-Interfaces implementieren. Das Interface hat die Gestalt

```
public interface Runnable {
   public abstract void run();
}
```

auch hier ist also eine Methode run zu überschreiben. Zur Erzeugung eines Thread-Objekts benutzt man jetzt den Konstruktor Thread(Runnable). Ein start-Aufruf für das Thread-Objekt ruft dann run beim Runnable-Objekt auf. Beim Einsatz dieser Technik sieht das obige Einfachstbeispiel so aus:

```
// RunnableZaehler.java

import java.io.*;

class RunnableZaehler implements Runnable {
   static PrintWriter out = new PrintWriter(System.out, true);
   public void run() {
      for (int i = 1; i < 4; i++) {
         out.println(Thread.currentThread().getName() + ": " + i);
         try {
            Thread.sleep(1000);
         } catch (InterruptedException e) {
            out.println(e);
         }
      }
   }
   public static void main(String[] args) {
      Runnable z1 = new RunnableZaehler(), z2 = new RunnableZaehler();
```

```
        Thread t1 = new Thread(z1), t2 = new Thread(z2);
        t1.start();
        t2.start();
    }
}
```

Im Unterschied zum letzten Beispiel müssen die Klassenmethoden currentThread und sleep hier mit der Qualifizierung durch ihren Klassennamen aufgerufen werden, weil RunnableZaehler kein Thread ist, sondern von einem Thread-Objekt kontrolliert wird. Der Sachverhalt ist in der folgenden Abbildung veranschaulicht:

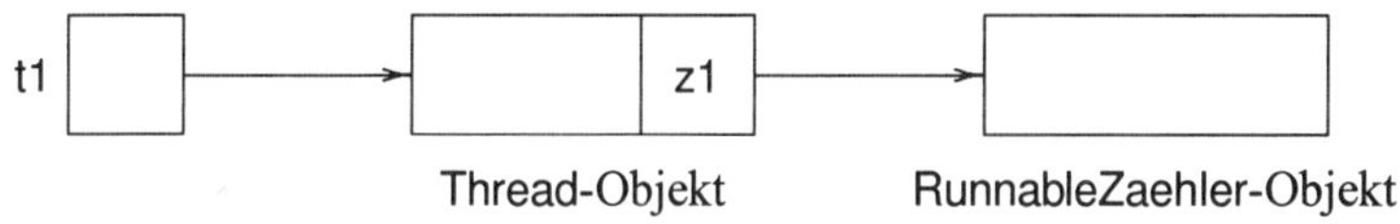

Diesen zweiten Weg zur Threaderzeugung wird man in der Regel dann wählen, wenn die Verwendung einer anderen Superklasse sinnvoll oder erforderlich ist, so daß nicht noch zusätzlich Thread als Superklasse auftreten kann. Ein Beispiel hierfür ist die Klasse ZeitAnzeige, mit der die aktuelle Uhrzeit in einem Panel-Objekt dargestellt wird. Dabei wird die Anzeige von einem Thread vorgenommen, der unabhängig von main läuft, die Uhrzeit in Abhängigkeit von der Variablen status formatiert und passend zum Anzeigeformat auch die Anzeigehäufigkeit modifiziert.

```
// ZeitAnzeige.java

import java.awt.*;
import java.text.*;
import java.util.*;

class ZeitAnzeige extends Panel implements Runnable {
    static final int KURZ = 0, LANG = 1;
    int status = LANG;
    private TextField text;
    private DateFormat fk = DateFormat.getTimeInstance(DateFormat.MEDIUM),
        fl = new SimpleDateFormat("HH':'mm':'ss','SSS");
    ZeitAnzeige() {
        add(new Label("Zeit", Label.RIGHT));
```

```
        add(text = new TextField(12));
        text.setEditable(false);
    }
    public void run() {
        for (;;) {
            Date d = new Date();
            try {
                if (status == KURZ) {
                    text.setText(fk.format(d));
                    Thread.sleep(1000);
                } else {
                    text.setText(fl.format(d));
                    Thread.sleep(10);
                }
            } catch(InterruptedException ign) { }
        }
    }
}
```

```
// AnzeigeTest.java

import java.awt.*;
import java.io.*;

class AnzeigeTest {
    public static void main(String[] args) throws IOException {
        PrintWriter out = new PrintWriter(System.out, true);
        BufferedReader in =
            new BufferedReader(new InputStreamReader(System.in));
        ZeitAnzeige az = new ZeitAnzeige();
        Frame f = new Frame("Anzeige-Test");
        f.add(az);
        f.pack();
        f.setVisible(true);
        new Thread(az).start();
        Thread.currentThread().setPriority(Thread.MIN_PRIORITY);
```

```
        for (;;) {
            out.print("Anzeige (kurz = 0, lang = 1)? ");
            out.flush();
            int i = Integer.parseInt(in.readLine());
            if (i == 0)
                az.status = ZeitAnzeige.KURZ;
            else if (i == 1)
                az.status = ZeitAnzeige.LANG;
        }
    }
}
```

Die Konsolaus- und -eingaben sowie das Setzen des status-Werts werden hier vom main-Thread abgewickelt. Auf die Bedeutung des setPriority-Aufrufs für den main-Thread gehen wir in Abschnitt 17.3 ein.

Fällt die Implementierung eines Threads besonders einfach aus, wie in den beiden Zaehler-Beispielen, und ist man weiterhin nur an einem einzigen Thread-Objekt interessiert, so bietet es sich an, ähnlich wie bei der Deklaration anonymer Listener, eine anonyme Thread-Subklasse zu verwenden, etwa wie folgt:

```
new Thread() {
    public void run() {
        ..... asynchron auszuführende Anweisungen
    }
}.start();
```

Im Beispiel wird der Thread unmittelbar nach seiner Erzeugung gestartet. (Siehe /OOPinJava/kapitel17/AnonymZaehler.java.)

17.2 Eigenschaften eines Thread-Objekts

Ein Thread-Objekt besitzt fünf Eigenschaften:

Name
Threads können bei ihrer Erzeugung einen Namen erhalten. Dazu stehen neben den bisher benutzten Konstruktoren noch zwei Konstruktoren Thread(String)

und Thread(Runnable, String) zur Verfügung. Threadnamen können mit der Methode setName geändert und mit getName abgefragt werden. Eine Kontrolle auf Eindeutigkeit der Namen findet dabei nicht statt. Die VM selbst verwendet die Namen main für den main-Thread bzw. Thread-n für alle weiteren Threads, die Anwender erzeugen, ohne sie zu benennen. Dabei ist n eine Zahl, die in der Reihenfolge der Erzeugung vergeben und inkrementiert wird.

Priorität
Auf Systemen mit nur einer CPU können Threads nicht gleichzeitig ausgeführt werden. Alle Threads, die „parallel" arbeiten sollen, müssen sich dann die zur Verfügung stehende CPU-Zeit aufteilen, indem sie abwechselnd nur einige der Anweisungen ihrer run-Methode ausführen. Das Problem stellt sich genauso, wenn mehr Threads laufen sollen als CPUs vorhanden sind, tritt also häufig auf.

Während Java-Konzepte größten Wert auf Plattformunabhängigkeit legen, ist die Zuteilung von CPU-Zeit zum gegenwärtigen Zeitpunkt noch nicht zufriedenstellend spezifiziert und abhängig von der Hardware (Anzahl der CPUs), vom zugrundeliegenden Betriebssystem und vom implementierten Thread-Scheduler (Time-Slicing oder nicht). Die Priorität eines Threads ist eine Zahl zwischen Thread.MIN_PRIORITY (derzeit 1) und Thread.MAX_PRIORITY (derzeit 10), mit der der relative Anteil eines Threads an der CPU-Zeit angegeben werden kann. Auf die damit verbundenen Möglichkeiten und Probleme gehen wir im nächsten Abschnitt genauer ein. Mit setPriority kann die Priorität eines Threads gesetzt, mit getPriority abgefragt werden. Wird sie nicht explizit gesetzt, besitzt ein Thread die gleiche Priorität wie der Thread, der ihn erzeugt. Der main-Thread wird mit Thread.NORM_PRIORITY (derzeit 5) gestartet.

Threadgruppe
Jeder Thread gehört zu einer Threadgruppe, die durch ein Objekt vom Typ ThreadGroup repräsentiert wird. Threadgruppen ermöglichen die gemeinsame Kontrolle und Änderung von Eigenschaften aller Threads in einer Threadgruppe.

Zustand
Ein Thread-Objekt durchläuft – wie jedes andere Objekt – während seiner Lebenszeit verschiedene Zustände, die in der folgenden Abbildung veranschaulicht werden.

Wenn Threads Anweisungen auf einer CPU ausführen, nennt man sie *aktiv*. Direkt nach seiner Erzeugung ist ein Thread-Objekt nicht aktiv; zuerst muß noch start aufgerufen werden. Das Objekt ist dann im *aktivierbaren* Zustand, d.h. es kann jederzeit – bei Verfügbarkeit einer CPU – aktiv werden.

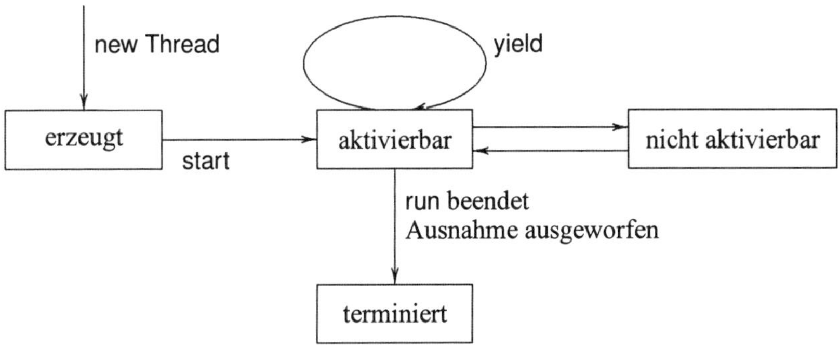

Ein aktivierbarer Thread kann durch verschiedene Ereignisse in den *nicht aktivierbaren* Zustand wechseln, z.B. dadurch, daß er auf die Beendigung einer Ein- oder Ausgabe wartet, daß er einen sleep-Aufruf ausführt, daß er für einen anderen Thread join aufruft oder daß er einen wait-Aufruf ausführt. Die Methode sleep haben wir schon einige Male benutzt: sie ist Klassenmethode und versetzt den Thread, der die Methode ausführt (Thread.currentThread()) für die spezifizierte Anzahl von Millisekunden in den Zustand „nicht aktivierbar".

Ein Thread, der sich im nicht aktivierbaren Zustand befindet, kann nicht aktiv werden, also keine Anweisungen ausführen. Es gibt jedoch wieder eine Reihe von Ereignissen, die nicht aktivierbare Threads in den aktivierbaren Zustand überführen. Zum Beispiel ist eine blockierende Ein- oder Ausgabe beendet, ist die bei einem sleep angegebene Zeitspanne abgelaufen, hat der Thread, für den join aufgerufen wurde, terminiert oder notify bzw. notifyAll wird von einem anderen Thread für das Objekt aufgerufen, für das zuvor wait aufgerufen wurde.

Wenn ein Thread die Klassenmethode yield ausführt, informiert er den Scheduler, daß er bereit ist, unter Beibehaltung seines Zustands inaktiv zu werden.

Ruft man für ein Thread-Objekt, das sich im aktivierbaren oder nicht aktivierbaren Zustand befindet, isAlive auf, so ergibt sich als Resultat true; in den beiden anderen Zuständen wird false geliefert. Es ist aber weder möglich, festzustellen, ob ein „lebender" Thread aktivierbar oder nicht aktivierbar ist, noch ist es möglich, herauszufinden, wann ein aktivierbarer Thread tatsächlich aktiv wird. Dies können wir nur anhand der in run ausgeführten Aktivitäten beobachten.

Den Zustand *terminiert* nimmt ein Thread ein, wenn die Bearbeitung seiner Methode run beendet ist oder durch das Auswerfen einer nicht behandelten

Ausnahme abgebrochen wurde. Es gibt keine Möglichkeit, den Zustand „terminiert" wieder zu verlassen. Das Thread-Objekt existiert jedoch weiter, solange es noch referenziert wird.

Dämonthread
Ein Thread heißt *Dämon*, wenn er „im Hintergrund" laufen soll, um Hilfsaufgaben für andere Threads zu erfüllen, jedoch keinen Bezug zu Aufgabe und Zustand des Programms hat. AWT-Threads, Server-Threads oder der Garbage-Collector sind typische Beispiele für Dämonen. Die Konsequenz für den Java-Interpreter ist, daß er terminiert, sobald außer Dämonen keine anderen Threads leben (sich im aktivierbaren bzw. nicht aktivierbaren Zustand befinden). Mittels setDaemon(true) kann man einen Thread als Dämon markieren, mit isDaemon kann man die Dämon-Eigenschaft eines Threads testen. setDaemon muß vor dem Starten eines Threads aufgerufen werden.

Die Auswirkungen von setDaemon-Aufrufen sieht man beispielsweise, wenn man im ThreadZaehler noch die Aufrufe

```
t1.setDaemon(true);
t2.setDaemon(true);
```

einfügt. Hier kommt es zu keiner Ausgabe mehr (siehe /OOPinJava/kapitel17/DaemonZaehler.java).

Im Zusammenhang mit der Threaderzeugung unterscheidet man zwischen *User*-Threads, das sind Threads, die von unserem Programm erzeugt und kontrolliert werden, und *System*-Threads, das sind die von der VM kontrollierten und außerhalb unseres Programms erzeugten Threads. In der Regel sind System-Threads Dämonen.

17.3 Thread-Scheduling, Thread-Prioritäten

Wenn sich mehr Threads im aktivierbaren Zustand befinden als CPUs vorhanden sind, benutzt die VM einen *Thread-Scheduler*. Dieser entscheidet nach seinem Zuteilungsverfahren, welche der aktivierbaren Threads zu welchem Zeitpunkt aktiv werden bzw. wieder deaktiviert werden.

Die Spezifikation der Java-VM überläßt die Details des Zuteilungsverfahrens der Implementation und garantiert lediglich folgendes: Ein Thread mit einer höheren Priorität wird, wenn er in den aktivierbaren Zustand wechselt, grundsätzlich bevorzugt ausgeführt und unterbricht gegebenenfalls aktive Threads mit geringerer Priorität; diese verbleiben jedoch im Zustand „aktivierbar“. In diesem Sinne arbeitet die VM *präemptiv*. Das bedeutet jedoch nicht, daß ein Thread mit höchster Priorität immer aktiv ist – er kann selbst in den nicht aktivierbaren Zustand wechseln, außerdem kann es mehrere solcher Threads geben.

Wie bei der Aufteilung von CPU-Zeit unter Threads gleicher Priorität oder bei der Behandlung von Threads niedrigerer Priorität verfahren wird, hängt derzeit noch vom verwendeten Java-System (und wesentlich vom zugrundeliegenden Betriebssystem) ab.

Bei einem System, das *Time-Slicing* anwendet, werden aktive Threads unterbrochen, wenn ihre Zeitscheibe abgelaufen ist; der Scheduler verändert ihren Zustand nicht, aktiviert aber einen anderen aktivierbaren Thread. Bei einem System, das keine Zeitscheiben zuteilt, läuft ein einmal aktiver Thread solange, bis ein Thread höherer Priorität aktivierbar wird oder er selbst „nicht aktivierbar“ wird (durch sleep, join oder wait) oder yield ausführt oder terminiert. Möglicherweise läuft er bis zur Beendigung seiner run-Methode – also unter Umständen sehr lange –, bevor ein anderer Thread gleicher oder niedrigerer Priorität aktiv wird. Mit dem nächsten Programm untersuchen wir, ob die VM unseres Systems einen Time-Slicing-Scheduler benutzt:

```
// Runner.java

import java.io.*;

class Runner extends Thread {
   static PrintWriter out = new PrintWriter(System.out, true);
   Runner(String name) { super(name); }
   public void run() {
      out.println(getName() + " gestartet");
      long t = System.currentTimeMillis() + 5000;
      while (System.currentTimeMillis() < t)
         ;
      out.println(getName() + " beendet");
   }
   public static void main(String[] args) throws InterruptedException {
      final int n = 3;
      Thread[] t = new Thread[n];
      for (int i = 0; i < n; i++)
```

```
            t[i] = new Runner("Thread " + (i + 1));
        for (int i = 0; i < n; i++) {
            t[i].start();
            sleep(100);
        }
    }
}
```

Wenn der Scheduler Zeitscheiben zuteilt, kann sich hier als Ausgabe nicht

```
Thread 1 gestartet
Thread 1 beendet
Thread 2 gestartet
Thread 2 beendet
.....
```

ergeben. Man stellt fest, daß für Win 95/NT und MacOS Time-Slicing implementiert ist. Unter Solaris kommt es auf das gewählte Thread-Paket an. Bei Verwendung von "native" Threads werden Zeitscheiben zugeteilt, bei "green" Threads nicht. (Die voreingestellten green Threads kann man durch Setzen einer Umgebungsvariablen: setenv THREADS_FLAG native ablösen.) Auch unter Linux wird kein Time-Slicing vorgenommen.

Bei einer Time-Slicing-Strategie ist weiterhin von Interesse, ob der Scheduler aktive Threads nur zugunsten aktivierbarer Threads mit höherer Priorität unterbricht oder ob auch Threads niedrigerer Priorität Zeitscheiben erhalten. Dies können wir durch eine Erweiterung der Methode main des Runner-Beispiels feststellen:

```
        .....
        Thread[] t = new Thread[n];
        for (int i = 0; i < n; i++) {
            t[i] = new Runner("Thread " + (i + 1));
            t[i].setPriority(Thread.MIN_PRIORITY + n - i);
        }
        .....
```

(Siehe /OOPinJava/kapitel17/PrioTest.java.) Wenn der Scheduler auch an Threads niedrigerer Priorität CPU-Zeit zuteilt (Win 95/NT und Solaris native Threads), sehen wir eine Folge verzahnter gestartet- und beendet-Ausgaben. Bei

```
Thread 1 gestartet
Thread 1 beendet
Thread 2 gestartet
Thread 2 beendet
.....
```

wird dagegen deutlich, daß nur Threads der jeweils höchsten Priorität berücksichtigt werden. So verfährt der MacOS-Scheduler.

Sofern plattformunabhängige Programme oder Applets, bei denen man nicht weiß, auf welchem System sie gestartet werden, entwickelt werden sollen, muß man sich bemühen, Probleme aufgrund der unzureichend standardisierten Anforderungen an Thread-Scheduler zu vermeiden. Eine unsichere Implementation ist beispielsweise:

```
// UIZaehler.java

import java.awt.*;
import java.text.*;

class UIZaehler extends Thread {
   private static int anz;
   private long wert;
   ZaehlerUI ui = new ZaehlerUI();
   public void run() {
      for ( ; wert < 100000; wert++)
         ui.zeigeAn();
   }
   class ZaehlerUI extends Panel {
      Label stand;
      NumberFormat form = new DecimalFormat("00000");
      ZaehlerUI() {
         add(new Label("Zähler " + ++anz, Label.RIGHT));
         add(stand = new Label("00000"));
      }
      void zeigeAn() {
         stand.setText(form.format(wert));
      }
   }
}
```

```
// FreezeTest.java

import java.awt.*;

class FreezeTest {
   public static void main(String[] args) {
      UIZaehler z1 = new UIZaehler(), z2 = new UIZaehler();
      Frame f = new Frame("Freeze-Test");
      f.setLayout(new GridLayout(2, 1, 0, 5));
      f.add(z1.ui);
      f.add(z2.ui);
      f.pack();
      f.setVisible(true);
      z1.start();
      z2.start();
   }
}
```

Anders als in den Zaehler-Beispielen des Abschnitts 17.1 schreibt ein UIZaehler seinen Zählerstand in ein Label-Feld, so daß man die beiden Zähler parallel arbeiten sehen kann. Es werden zwei Zähler z1 und z2 mit derselben Priorität wie main (also 5) erzeugt und gestartet.

Je nach verwendeter Entwicklungsumgebung wird man die Schwäche des Programms nie entdecken. Threadprioritäten, die, wie im Beispiel, unbeabsichtigt vergeben wurden, können jedoch zu unvorhersehbarem Programmverhalten führen, wenn User-Threads die von der VM gestarteten System-Threads bei ihrer Arbeit behindern. Unter Solaris (green Threads-Paket) bzw. Linux kommt es zum „Einfrieren" der Benutzeroberfläche des FreezeTest-Beispiels, sofern nur eine CPU vorhanden ist.

In derartigen Fällen kann man versuchen, festzustellen, welche Threads problematisch sind, indem man alle existierenden Threads auflistet. Im Beispiel nehmen wir diese Ausgabe etwa in der Form

```
if (wert == 100)
   Thread.currentThread().getThreadGroup().list();
```

im Rumpf von UIZaehler.run vor und erhalten Ausgaben der Art

```
java.lang.ThreadGroup[name=main,maxpri=10]
   Thread[main,5,main]
   Thread[Thread-5,5,main]
   Thread[AWT-EventQueue-0,5,main]
   Thread[AWT-Input,5,main]
   Thread[AWT-Motif,5,main]
   Thread[Thread-6,5,main]
   Thread[Screen Updater,4,main]
```

in denen nach dem Namen die Priorität und dann die Threadgruppe angegeben ist. Wir erkennen, daß der Screen Updater mit seiner niedrigen Priorität nicht zum Zuge kommt. Die AWT-Threads sind so implementiert, daß sie sich selbst immer wieder deaktivieren; somit verbleiben Thread-5 und Thread-6 (z1 und z2) als Kandidaten für eine Änderung.

Es ist grundsätzlich empfehlenswert, Threads, die Daten für AWT-Komponenten oder andere System-Threads aufbereiten, mit geringer Priorität, z.B. MIN_PRIORITY, zu versehen. Als erste Verbesserung unseres Beispiels rufen wir daher für z1 und z2 vor ihrem Start noch setPriority(Thread.MIN_PRIORITY) auf.

Weiterhin sollte die Implementation „kompakter" Schleifen – dies sind Schleifen, in denen kein Übergang vom aktivierbaren in den nicht aktivierbaren Zustand ermöglicht wird – in einer run-Methode generell vermieden werden.

Falls derartige Schleifen von Threads gleicher Priorität parallel bearbeitet werden sollen, ist es sinnvoll, einen yield-Aufruf in die Schleife aufzunehmen. Wenn er ein yield ausführt, deaktiviert sich der aktive Thread, und der Scheduler teilt der CPU den nächsten zu bearbeitenden Thread zu. Diese Technik, beim UIZaehler-Beispiel eingesetzt, führt zu einer run-Implementation des Typs

```
public void run() {
   for ( ; wert < 100000; wert++) {
      ui.zeigeAn();
      if (wert%50 == 0)
         yield();
   }
}
```

Mit diesen beiden Verbesserungen läuft das Beispiel auf allen Systemen problemlos. (Siehe /OOPinJava/kapitel17/freeze2/FreezeTest.java.)

Ein mittels yield unterbrochener Thread verbleibt, anders als bei einem sleep-Aufruf, im aktivierbaren Zustand, wird also unter Umständen sofort wieder aktiv, wenn es nur aktivierbare Threads niedrigerer Priorität gibt. Sofern eine kompakte Schleife von Threads unterschiedlicher Priorität parallel bearbeitet werden soll, ist ein yield-Aufruf also zwecklos. In diesem Fall ist ein kurzes sleep (z.B. sleep(5)) die einzige Möglichkeit, alle beteiligten Threads sicher immer wieder zu aktivieren. (Siehe /OOPinJava/kapitel17/freeze3/FreezeTest.java.)

Wenn man dieses letzte Beispiel mit unterschiedlichen Prioritäten für die Zähler z1 und z2 auf verschiedenen Plattformen testet, sieht man, daß die Auswirkungen je nach VM-Implementation sehr stark variieren. Threads zählen unter Umständen zehnmal schneller als andere Threads geringerer Priorität. Ebensogut kann überhaupt kein Unterschied feststellbar sein – z.B. bei Systemen mit mehreren CPUs.

Es bleibt zum Abschluß dieses Abschnitts festzuhalten, daß man Threadprioritäten bestenfalls als Hinweise an die VM verstehen und nicht als Design-Möglichkeit betrachten sollte, daß Time-Slicing nicht garantiert ist und daß kompakte Schleifen mittels yield immer wieder zu unterbrechen sind. Ein weiteres Hilfsmittel zur Entwicklung korrekter Programme ist der in Abschnitt 17.6 diskutierte wait/notify-Mechanismus.

17.4 Threadgruppen

Threadgruppen dienen dazu, die Threads in übersichtliche Gruppen einzuteilen und gemeinsam zu steuern. Eine Threadgruppe ist ein Objekt der Klasse ThreadGroup, sie kann als Elemente beliebig viele Threads oder andere Threadgruppen als Untergruppen besitzen. Beim Start eines Programms wird automatisch eine Threadgruppe namens main angelegt, der der main-Thread bzw. der Applet-Thread als erstes Element angehören. Weitere Threadgruppen kann man mit ThreadGroup(String) konstruieren. Das Argument spezifiziert hier den Namen der Gruppe. Über die Zugehörigkeit von uns explizit generierter Threads zu ihrer Threadgruppe entscheiden wir bei der Threadkonstruktion; sie kann später nicht mehr verändert werden.

Ein mit dem Standardkonstruktor oder ein mittels Thread(Runnable), Thread(String) oder Thread(Runnable, String) erzeugter Thread ist Element derselben Threadgruppe wie der ihn erzeugende Thread. Und mit den bis jetzt noch nicht besprochenen Konstruktoren Thread(ThreadGroup, Runnable), Thread(ThreadGroup, String) sowie Thread(ThreadGroup, Runnable, String) ist es möglich, die Threadgruppe explizit anzugeben. Zum Beispiel werden durch

```
class GruppenElement extends Thread {
    GruppenElement(String name) { super(name); }
    GruppenElement(ThreadGroup gruppe, String name) { super(gruppe, name); }
    public void run() { ..... }
}

class Gruppe {
    public static void main(String[] args) {
        ThreadGroup g = new ThreadGroup("Gruppe 1");
        GruppenElement t1 = new GruppenElement("t1"),
            t2 = new GruppenElement(g, "t2"),
            t3 = new GruppenElement(g, "t3");
        .....
    }
}
```

der main-Thread und t1 Elemente der Threadgruppe main, und t2 und t3 werden in Gruppe 1 aufgenommen (siehe /OOPinJava/kapitel17/Gruppe.java).

Die Anzahl aller Threads in einer Threadgruppe (sowie in allen ihren Untergruppen) erhält man mit activeCount, und enumerate(Thread[]) speichert in dem übergebenen Feld Referenzen auf alle Threads, die der Gruppe angehören.

Schließlich sei auf die Methode list hingewiesen, die die Objekte einer Threadgruppe auf System.out anzeigt. Wir haben diese Methode schon mehrfach benutzt, nachdem wir mit getThreadGroup die Gruppe eines Thread-Objekts festgestellt hatten.

17.5 Thread-Synchronisation

Verändern mehrere Threads ein Objekt, kann es nötig sein, den Zugriff auf das Objekt so zu regeln, daß über den Zeitraum der Veränderung immer nur ein einziger Thread auf die Instanzvariablen des Objekts zugreifen kann, weil sonst unerwartete Wirkungen eintreten könnten.

Zur Veranschaulichung des zugrundeliegenden Problems betrachten wir im folgenden Beispielprogramm zwei Terminals, die zur Reservierung von Sitzplätzen in Zügen benutzt werden. Die Nummern der freien Plätze beziehen sie von einem Objekt des Typs ZugInfo, das für einen Datenbankserver stehen soll.

Das ZugInfo-Objekt besitzt eine int-Variable platz sowie eine Methode nochFrei, die bei jedem Aufruf die Nummer des nächsten noch freien Platzes liefert. Mit den beiden while-Anweisungen werden dabei Datenbankzugriffe, z.B. auf Zugnummer, Datum, Wagentyp usw. simuliert. Der yield-Aufruf läßt – unabhängig vom implementierten Scheduler – zwischenzeitlich Aktivitäten anderer Threads, z.B. zur Terminalanzeige, zu. Aufgrund seiner einfachen Struktur liefert der Reservierungsrechner durch sukzessive Aufrufe von nochFrei die Werte 1, 2, 3, ...

```
// Terminal.java

import java.io.*;

class Terminal extends Thread {
   private static PrintWriter out = new PrintWriter(System.out, true);
   private ZugInfo db;
   Terminal(String name, ZugInfo db) {
      super(name);
      this.db = db;
   }
   public void run() {
      for (int i = 0; i < 100; i++)
         out.println(getName() + ": Platz " + db.nochFrei() + " reserviert");
   }
}
```

```
// ZugInfo.java

class ZugInfo {
   private int platz = 0;
   int nochFrei() {
      int n = platz;
      long t = System.currentTimeMillis() + 50, s = t + 50;
      while (System.currentTimeMillis() < t)
         ;
      Thread.yield();
```

```
        while (System.currentTimeMillis() < s)
          ;
        return platz = n + 1;
    }
    public static void main(String[] args) {
        ZugInfo db = new ZugInfo();
        Terminal t1 = new Terminal("Terminal 1", db),
          t2 = new Terminal("Terminal 2", db);
        t1.start();
        t2.start();
    }
}
```

Als Ergebnis von main ist offensichtlich eine Ausgabe der Art

```
Terminal 1: Platz 1 reserviert
Terminal 2: Platz 2 reserviert
Terminal 1: Platz 3 reserviert
.....
```

beabsichtigt. Tatsächlich aber kann man das Programmverhalten überhaupt nicht vorhersagen, da es stark von der zeitlichen Verzahnung der Terminalthreads abhängt. Die obige korrekte Ausgabe wird man selten erhalten. Ein typisches Resultat ist dagegen

```
Terminal 1: Platz 1 reserviert
Terminal 2: Platz 1 reserviert
Terminal 1: Platz 2 reserviert
Terminal 2: Platz 2 reserviert
.....
```

Dieses Szenario erklärt sich dadurch, daß t1 und t2 regelmäßig deaktiviert und wieder aktiv werden. Die nachfolgende Tabelle beschreibt, wie die beiden Threads ihre Anweisungen der Reihe nach ausführen. In dieser Tabelle ist platz jeweils dieselbe Instanzvariable des Objekts db, auf die beide Threads zugreifen; dagegen hat jeder Thread seine eigene, lokale Variable n. Auf die Beschreibung der simulierten Datenbankzugriffe haben wir verzichtet.

t1		t2		db.platz
db.nochFrei()		*nicht aktiv*		0
int n = platz;	0	*nicht aktiv*		0
nicht aktiv		db.nochFrei()		0
nicht aktiv		int n = platz;	0	0
return platz = n + 1;	1	*nicht aktiv*		1
db.nochFrei()		*nicht aktiv*		1
int n = platz;	1	*nicht aktiv*		1
nicht aktiv		return platz = n + 1;	1	1
nicht aktiv		db.nochFrei()		1
nicht aktiv		int n = platz;	1	1
return platz = n + 1;	2	*nicht aktiv*		2
.....		.....		.....

Wenn man hier die Anweisungsfolge von Thread t2 untersucht, stellt man fest, daß zuerst der korrekte platz-Wert (0) in der lokalen Variablen n gespeichert wird. Der Thread wird dann inaktiv. Während dieser Zeit wird platz von t1 inkrementiert. t2 wird wieder aktiv und speichert n + 1 (1) in platz. Aufgrund der Modifikation durch t1 ist dieser Wert jetzt nicht mehr korrekt. Das konkrete Ineinandergreifen der beiden Threads muß nicht so ablaufen, wie es in der Tabelle dargestellt ist. Es sind auch viele andere Szenarien möglich.

Wir können das unvorhersehbare Verhalten des Programms ändern, indem wir dafür sorgen, daß zur Laufzeit immer nur ein Thread die Methode nochFrei für das Objekt db aufrufen darf und daß alle anderen Threads während der Ausführung des Aufrufs vom Starten weiterer nochFrei-Aufrufe bei db ausgeschlossen sind.

In Java wird dies dadurch erreicht, daß wir nochFrei zur *synchronisierten* Methode machen, indem wir die Deklaration mit dem Schlüsselwort synchronized einleiten, also im Beispiel

```
synchronized int nochFrei() { ..... }
```

schreiben (siehe /OOPinJava/kapitel17/info2/ZugInfo.java).

Die Java-VM asoziiert mit jedem Objekt eine *Sperre*, die Threads erwerben müssen, bevor sie eine synchronisierte Instanzmethode ausführen können. (Alternativ wird auch vom *Monitor* eines Objekts und vom Sperren des Monitors gesprochen.) Wenn eine synchronized Methode für ein Objekt aufgerufen wird, wird die Sperre untersucht, um festzustellen, ob ein anderer Thread gerade eine synchronized Methode für dieses

Objekt ausführt. Ist das nicht der Fall, kann der aktuelle Thread die Sperre erwerben und mit der Ausführung der Methode beginnen. Wenn bereits ein anderer Thread im Besitz der Sperre ist, wird der aktuelle Thread so lange blockiert, bis die Sperre wieder freigegeben wurde – er verbleibt dabei im aktivierbaren Zustand. Da u.U. schon andere Threads aus demselben Grund blockiert wurden, führt jedes Objekt eine *Warteliste*, in die die blockierten Threads eingetragen werden. Sowie ein Thread die Ausführung einer synchronized Methode beendet, gibt er die Sperre wieder frei; dies geschieht jedoch nicht durch einen sleep- oder yield-Aufruf.

Zwei Threads können dieselbe synchronized Methode gleichzeitig ausführen, sofern die Aufrufe für verschiedene Objekte erfolgen, z.B. db1.nochFrei() und db2.nochFrei(). Eine Ausnahme bilden static synchronized Methoden, auf die wir weiter unten eingehen. Das Setzen und Freigeben von Sperren wird automatisch von der VM organisiert.

Es gibt eine zweite Möglichkeit der Interaktion mit der Sperre eines Objekts. Diese besteht darin, eine synchronisierte Anweisung zu verwenden.

> *Synchronized-Anweisung:*
> synchronized (*Ausdruck*) *Block*

Die Ausführung einer synchronisierten Anweisung verläuft nach demselben Schema, wie die Ausführung einer synchronisierten Methode: Bevor der Anweisungsblock ausgeführt werden kann, muß eine Sperre erworben werden. Hier gibt der Ausdruck das Objekt an, um dessen Sperre es geht; dieser Ausdruck muß einen Referenztyp haben.

Unser ZugInfo-Beispiel könnte man folglich auch mit einer nicht synchronisierten Methode nochFrei so formulieren:

```
public void run() {
   for (int i = 0; i < 100; i++)
      synchronized (db) {
         out.println(getName() + ": Platz " + db.nochFrei() + " reserviert");
      }
}
```

Auch wenn oft argumentiert wird, daß sich hier eine Möglichkeit bietet, die man nutzen kann, wenn z.B. auf Feld-Objekte sicher zugegriffen werden soll oder wenn mehrere nicht synchronisierte Methoden aus der Java-Bibliothek synchronisiert werden müssen, so erkennt man doch, daß es sich hier um ein Konzept handelt, das wenig mit Objektorientierung zu tun hat. Für die in diesem Zusammenhang genannten Standardbeispiele ist es in der Regel einfach, eine besser geeignete Klasse oder Methode zu deklarieren (siehe Übungsaufgabe 4).

Analog zu den Auswirkungen des static Schlüsselworts, die wir bisher besprochen haben – die eine Methode zur Klassenmethode und eine Variable zur Klassenvariablen modifizieren –, verliert auch eine synchronisierte Methode durch Deklaration als static synchronized ihren Objektbezug. Gesperrt wird jetzt unabhängig von der Anzahl existierender Objekte auf Klassenebene durch das Class-Objekt. Dies bedeutet, daß zu jedem Zeitpunkt immer nur höchstens eine static synchronized Methode einer Klasse ausgeführt werden kann.

Sinnvoll ist dies immer dann, wenn der betreffende Methodenaufruf static Variablen einer Klasse verändert. Im folgenden Beispiel ist eine Klasse Abo implementiert, die in der Instanzvariablen id eine Abonnementnummer verwaltet. Zusätzlich wird bereits im Konstruktor über alle erzeugten Abo-Objekte in einer Klassenvariablen liste Buch geführt sowie ihre Anzahl in der Klassenvariablen anzahl festgehalten. Die main-Methode in AboTest startet zwei Threads, die das voneinander unabhängige Eintreffen verschiedener Abonnementaufträge simulieren.

```
// Abo.java

import java.io.*;

class Abo {
   private static int anzahl = 0;
   private static Abo[] liste = new Abo[100];
   private static PrintWriter out = new PrintWriter(System.out, true);
   private String id;
   Abo(String id) {
      this.id = id;
      liste[anzahl] = this;
      anzahl++;
   }
   static void drucke() {
      out.println("Anzahl registrierter Abonnements: " + anzahl);
      for (int i = 0; i < anzahl; i++)
```

```
            out.print("   " + liste[i].id);
        out.println();
    }
}
```

```
// AboTest.java

class AboTest extends Thread {
    private String zSchrift;
    AboTest(String zSchrift) {
        this.zSchrift = zSchrift;
    }
    public void run() {
        for (int i = 0; i < 2; ) {
            new Abo(zSchrift + "-" + ++i);
            try {
                sleep((int)(Math.random()*100));
            } catch (InterruptedException e) { }
        }
    }
    public static void main(String[] args) throws InterruptedException {
        AboTest t1 = new AboTest("JOOP"), t2 = new AboTest("JavaRep");
        t1.start();
        t2.start();
        Thread.sleep(1000);
        Abo.drucke();
    }
}
```

Auch wenn man nun grundsätzlich Ausgaben der Art

```
Anzahl registrierter Abonnenten: 4
  JOOP-1   JavaRep-1   JavaRep-2   JOOP-2
```

erwartet, wird aufgrund mangelnder Synchronisation der beiden Threads die Abonnementliste gelegentlich nicht richtig erzeugt, und das Programm bricht zum Beispiel wie folgt fehlerhaft ab:

```
Anzahl registrierter Abonnements: 4
        JavaRep-1
java.lang.NullPointerException:
        at Abo.drucke(Abo.java:19)
        at AboTest.main(AboTest.java:21)
```

Der Fehler entsteht in genau derselben Weise wie im obigen ZugInfo-Beispiel. Der erste gestartete Thread ruft mit new Abo(zSchrift + "-" + ++i) den Konstruktor eines neuen Abonnements auf und trägt dieses gleich in das Feld liste ein. Je nach Scheduler ist nun nicht auszuschließen, daß zu diesem Zeitpunkt, vor dem Erhöhen der anzahl, der zweite Thread gestartet wird und liste[0] durch eine Referenz auf sein Abonnement überschreibt. Nach zweimaligem Inkrementieren hat anzahl dann den Wert 2, in liste[1] steht aber noch der Standardwert null. Ähnliches kann auch bei den nachfolgenden Objekterzeugungen und -eintragungen vorkommen. Der Versuch, die Liste zu drucken, führt dann zum Auswerfen der Ausnahme.

In dieser Situation ist die Synchronisation der Zugriffe auf die Klassenvariablen liste und anzahl erforderlich, es muß also nicht nur pro Objekt, sondern für die ganze Klasse gesperrt werden. Die kritischen Zugriffe liegen hier im Abo-Konstruktor. Ein Konstruktor kann aber nicht static sein – er ist ja das beste Beispiel für einen starken Objektbezug, da er ein Objekt (this) erzeugt. Wir lagern daher diese Zugriffe in eine neu zu deklarierende static synchronized Methode aus:

```
Abo(String id) {
    this.id = id;
    trageEin(this);
}
static synchronized void trageEin(Abo a) {
    liste[anzahl] = a;
    anzahl++;
}
```

Das Programm arbeitet dann korrekt (siehe /OOPinJava/kapitel17/abo2/Abo.java).

Auch hier gibt es wieder die (schlechtere) Möglichkeit, eine synchronized Anweisung zu verwenden. Statt eines Objektes muß dann das Class-Objekt der Klasse angegeben werden, deren Sperre erworben werden soll. Im Beispiel wäre dies so möglich:

```
Abo(String id) {
   this.id = id;
   synchronized (Abo.class) {
      liste[anzahl] = this;
      anzahl++;
   }
}
```

Eine Fülle von Methoden aus der Java-Bibliothek ist synchronized deklariert. Zum Beispiel sind viele der read- und write-Methoden aus den Streamklassen des Kapitels 16 synchronisiert. Weitere Beispiele sind append, charAt, getChars und insert aus der Klasse StringBuffer, addElement, removeElement, elementAt, elements aus Vector sowie elements, keys, get und put für Hashtables. Ebenso sind alle addXYZ-Listener- und removeXYZListener-Methoden für AWT-Komponenten synchronisiert. Schließlich sollen noch start und join aus der Thread-Klasse erwähnt werden.

17.6 Die Kommunikation zwischen Threads

Mit dem synchronized Modifizierer ließ sich eine Synchronisation des Zugriffs mehrerer Threads auf die Variablen und Methoden eines Objekts durch die Notwendigkeit des vorherigen Erwerbs einer Sperre bewerkstelligen. Komplizierter kann der Fall liegen, wenn mehrere Threads kooperieren sollen, etwa wenn zwei Threads nach dem „Producer/Consumer"-Muster arbeiten und ein Thread auf die Ergebnisse des anderen wartet.

Im einfachsten Fall ist ein solches Ergebnis mit dem Terminieren des produzierenden Threads verbunden. Hier steht die Instanzmethode join der Klasse Thread zur Verfügung. Sie versetzt den aufrufenden Thread in den nicht aktivierbaren Zustand, bis der Thread für den sie aufgerufen wird, terminiert. Im AboTest-Beispiel ist es sinnvoll, den Aufruf Thread.sleep(1000), mit dem der main-Thread vor dem Drucken wartet, bis t1 und t2 ihre Arbeit mit Sicherheit beendet haben, durch

```
t1.join();
t2.join();
```

zu ersetzen. Wie sleep kann auch join eine InterruptedException auswerfen.

Fällt ein Ergebnis, das ein Thread liefert, nicht mit dessen Terminieren an – z.B. weil ein Producer-Thread immer wieder neue Resultate produziert –, so können Threads über ein beliebiges *vermittelndes* Objekt miteinander kommunizieren. Dazu dienen die Methoden wait und notify bzw. notifyAll, die jedes Objekt aus der Superklasse Object erbt. Um eine dieser Methoden aufrufen zu können, muß sich der aufrufende Thread im Besitz der Sperre des Vermittler-Objekts befinden, das heißt, ein wait-, notify- oder notifyAll-Aufruf kann nur innerhalb eines synchronized Methodenrumpfs für dieses Objekt stehen (oder innerhalb einer mit diesem Objekt synchronisierten Anweisung).

Ein Aufruf von wait bewirkt nun das Folgende: Der aufrufende Thread gibt die Sperre des Vermittler-Objekts frei, trägt sich in die Warteliste des Vermittlers ein, deaktiviert sich und geht in den nicht aktivierbaren Zustand über. Der Thread verbleibt in diesem Zustand so lange, bis ein anderer Thread, der in den Besitz der Sperre für das Vermittler-Objekt gelangt, notify oder notifyAll aufruft.

notify bewirkt, daß einer der Threads aus der Warteliste des Vermittler-Objekts aktivierbar wird; mit notifyAll werden alle wartenden Threads aktivierbar. Ein wieder aktivierbarer Thread kann aber erst dann mit der Ausführung der Anweisungen nach wait fortfahren, wenn er die Sperre des Vermittler-Objekts wiedererlangt. Diese muß vom notify- oder notifyAll-Aufrufer freigegeben werden. Welcher von mehreren wartenden Threads durch ein notify aktivierbar wird, bleibt dem Scheduler überlassen.

Das nächste Beispiel soll den Nutzen dieser Konstruktion klarmachen. Es werden je ein Produzent-, Konsument- und Vermitter-Objekt generiert. Der Produzent erzeugt fortlaufend Primzahlen und speichert sie im Vermittler. Der Konsument liest diese zur selben Zeit aus dem Vermittler und gibt sie aus. Der Vermittler stellt sicher, daß der Konsument immer wartet, bis neue Primzahlen produziert wurden.

Da die Primzahlenerzeugung nach und nach mehr Zeit in Anspruch nimmt, wird der Produzent zunächst schneller arbeiten als der Konsument, später muß der Konsument warten.

```
// PrimVermittler.java

import java.io.*;

class PrimVermittler {
    private PrintWriter out = new PrintWriter(System.out, true);
    static final int MAX = 100000;
    int[] primzahlen = new int[2*MAX + 2];
    int index = 0, anz = 0;
```

```
    synchronized void trageEin(int n) {          // Produzent erwirbt Sperre
        primzahlen[anz++] = n;
        notify();                                 // Konsument aktivierbar
        out.println(n + "\t eingetragen");        // Produzent gibt Sperre frei
    }
    synchronized int naechsteZahl() {            // Konsument erwirbt Sperre
        while (index >= anz)
            try {
                wait();              // Konsument gibt Sperre frei, wartet auf notify
            } catch (InterruptedException ign) { } // Konsument erwirbt Sperre
        int n = primzahlen[index++];
        out.println(n + "\t gelesen");
        return n;                                 // Konsument gibt Sperre frei
    }
}
```

```
// PrimProduzent.java

class PrimProduzent extends Thread {
    private PrimVermittler pv;
    PrimProduzent(PrimVermittler pv, String name) {
        super(name);
        this.pv = pv;
    }
    public void run () {
        pv.trageEin(2); pv.trageEin(3);
        for (int n = 1; n < PrimVermittler.MAX; n++) {
            if (istPrim(6*n - 1))
                pv.trageEin(6*n - 1);
            if (istPrim(6*n + 1))
                pv.trageEin(6*n + 1);
            yield();
        }
    }
    boolean istPrim(int n) { ..... liefert true, falls n Primzahl ist }
}
```

```
// PrimKonsument.java

class PrimKonsument extends Thread {
   private PrimVermittler pv;
   PrimKonsument(PrimVermittler pv, String name) {
      super(name);
      this.pv = pv;
   }
   public void run() {
      while (true) {
         pv.naechsteZahl();
         yield();
      }
   }
}
```

```
// WaitNotify.java

class WaitNotify {
   public static void main(String[] args) {
      PrimVermittler pVerm = new PrimVermittler();
      PrimKonsument pKon = new PrimKonsument(pVerm, "pKon");
      pKon.start();
      PrimProduzent pProd = new PrimProduzent(pVerm, "pProd");
      pProd.start();
   }
}
```

Das PrimProduzent-Objekt pProd erzeugt nach dem Aufruf seiner run-Methode sukzessive Primzahlen und speichert diese im Feld primzahlen des Vermittler-Objekts pVerm. Umgekehrt liest das PrimKonsument-Objekt pKon mit seiner run-Methode die im Vermittler gespeicherten Primzahlen. Zum Schreiben bzw. Lesen werden die Vermittler-Methoden trageEin bzw. naechsteZahl benutzt, die synchronisiert sind, damit Produzent und Konsument nicht gleichzeitig auf die Variable primzahlen zugreifen können.

In naechsteZahl wird geprüft, ob bereits alle in primzahlen gespeicherten Primzahlen konsumiert wurden – darüber wird mit der Variablen index Buch geführt. Ist dies nicht der Fall, gibt die Methode schlicht das nächste Element zurück. Sind jedoch keine neuen Primzahlen mehr vorhanden, wird für den Vermittler wait aufgerufen. Das aufrufende Thread-Objekt ist pKon. Dies bedeutet, daß der Konsument in den nicht aktivierbaren Zustand wechselt und die Sperre des Vermittlers freigibt.

Umgekehrt wird in der Methode trageEin nach jedem Eintrag einer neuen Primzahl in das primzahlen-Feld des Vermittlers notify aufgerufen. Es gibt jetzt nur einen einzigen Thread in der Warteliste des Vermittlers, nämlich pKon. Durch den notify-Aufruf wird pKon also wieder aktivierbar. Bevor pKon seinen naechsteZahl-Aufruf fortsetzen kann, gibt der Vermittler noch die Mitteilung über den Eintrag aus. Erst dann ist trageEin beendet, pProd gibt die Sperre frei und pKon kann aktiv werden.

Wenn der Konsument seinen naechsteZahl-Aufruf fortsetzt, erhält er die Sperre des Vermittlers, prüft erneut, ob eine weitere, nicht konsumierte Primzahl vorliegt und liefert diese als Resultat, bzw. ruft für den Vermittler erneut wait auf.

Daß die beiden Vermittler-Methoden synchronisiert sind, wird zwar nicht vom Compiler geprüft, aber zur Laufzeit dadurch sichergestellt, daß wait bzw. notify sonst eine Ausnahme des Typs IllegalMonitorStateException auswerfen. Weil in beiden run-Methoden yield aufgerufen wird, ist dafür gesorgt, daß das Beispiel auch arbeitet, wenn der Scheduler kein Time-Slicing vornimmt.

Die achtlose Realisierung eines Programms mit mehreren kooperierenden Threads, die über wait- und notify-Aufrufe miteinander kommunizieren, kann zu erheblichen Problemen führen. Wenn man das letzte Beispiel (WaitNotify) nicht wegen der langen Laufzeit mit Ctrl-C abbricht, sondern beispielsweise lediglich mit PrimVermittler.MAX = 5 startet, stellt man fest, daß das Programm nach der Ausgabe der letzten erzeugten Primzahl (23) hängt: Es ist ein *Deadlock* eingetreten. Darunter versteht man eine Situation bei der zwei Threads auf das notify des jeweils anderen Threads warten oder bei der – wie im Beispiel – ein Thread auf das notify eines Threads wartet, der bereits terminiert hat.

Die Gründe für einen Deadlock sind in der Praxis oft nicht so offensichtlich, wie in unserem Beispiel. Darüber hinaus können Deadlocks auch vom jeweiligen Timing der Threads abhängen. Da dieses von Programmlauf zu Programmlauf variiert, treten Deadlocks oft nur sporadisch, als Instabiliät des Programms, auf. Unter Solaris bzw. Win 95/NT kann man durch Eingabe von Ctrl-\ bzw. Ctrl-Break den Zustand der VM ausgeben und diese auf wartende Threads untersuchen. Im Beispiel ergibt sich:

```
.....
"pKon" (TID:0xee3010d0, sys_thread_t:0xe979c, state:CW) prio=5
   at java.lang.Object.wait(Native Method)
   at java.lang.Object.wait(Object.java:309)
   at PrimVermittler.naechsteZahl(PrimVermittler.java:18)
   at PrimKonsument.run(PrimKonsument.java:11)
.....
```

Wir sehen, daß der Konsument pKon in der Warteliste des PrimVermittler-Objekts wartet; der Produzent pProd wird hier nicht mehr angezeigt, da er bereits terminiert hat.

Eine alternative Möglichkeit zum Aufspüren der Ursachen für eine Deadlock-Situation bietet die Benutzung des Java-Debuggers jdb, der ähnlich wie gdb bedient wird. Mit jdb WaitNotify, der Eingabe von run und threads (Liste aller Threads in der Gruppe) bzw. where all ("Stack frame" aller Threads) sehen wir wieder, daß nur noch der Thread pKon lebt und auf die Aktivierung nach einem wait-Aufruf in naechsteZahl wartet.

Da wait, wie auch sleep und join, eine Ausnahme des Typs InterruptedException auswerfen kann, ist es möglich, die Deadlock-Situation des Beispiels aufzulösen, indem wir diese Ausnahme auswerfen, wenn der Produzent terminiert. Hierzu steht die Thread-Methode interrupt zur Verfügung, die die Ausnahme in dem Thread auswirft, für den sie aufgerufen wird. Dieser Thread wird dazu wieder in den aktivierbaren Zustand überführt. Wir beenden daher die Methode main mit

```
    .....
    pProd.start();
    pProd.join();
    pKon.interrupt();
}
```

Damit die while-Anweisung in naechsteZahl verlassen wird, können wir die Ausnahme nicht länger ignorieren; stattdessen werfen wir sie erneut aus

```
synchronized int naechsteZahl() throws InterruptedException {
   while (index >= anz)
      try {
         wait();
```

```
        } catch (InterruptedException ex) {
            throw ex;
        }
    .....
```

fangen sie in der run-Methode des Konsumenten ab und beenden dessen while-Anweisung im Ausnahme-Handler:

```
public void run() {
    while (true) {
        try {
            pv.naechsteZahl();
        } catch (InterruptedException ex) {
            break;
        }
        yield();
    }
}
```

Das Programm arbeitet und terminiert jetzt richtig (siehe /OOPinJava/kapitel17/wait2/WaitNotify.java).

17.7 Threads und Applets

Wie im Abschnitt 13.1 erläutert wurde, gibt es eine Reihe von Applet-Methoden (init, start, stop, destroy, paint), die ein Browser oder Viewer implizit aufruft. Dazu erzeugt der Browser eine Fülle von System-Threads, die man sich beispielsweise ansehen kann, wenn man im ButtonTest-Applet (vgl. 13.7) einen Aufruf Thread.currentThread().getThreadGroup().list() in die Methode actionPerformed aufnimmt.

Um zu verhindern, daß selbst geschriebener Applet-Code den Browser unnötigerweise bremst oder behindert, ist es üblich, die Applet-Aktivitäten beim Aufruf der Applet-Methode start mit einem neuen Thread zu beginnen und durch stop zu terminieren. Ein erneuter start-Aufruf setzt die Arbeit dann fort. Wir wollen diese Vorgehensweise an der Applet-Implementation des ZeitAnzeige-Beispiels demonstrieren. Ohne Unterbrechung bzw. Neustart bei stop bzw. start wird man das Applet so realisieren:

```
// ZeitAnzeigeApplet.java

import java.applet.*;
import java.awt.*;
import java.awt.event.*;

public class ZeitAnzeigeApplet extends Applet {
   private ZeitAnzeige az;
   public void init() {
      setLayout(new GridLayout(2, 1));
      add(az = new ZeitAnzeige());
      Panel p = new Panel();
      final Button bk, bl;
      p.add(bk = new Button("kurz"));
      p.add(bl = new Button("lang"));
      add(p);
      bk.addActionListener(new ActionListener() {
         public void actionPerformed(ActionEvent e) {
            bl.setEnabled(true);
            az.status = ZeitAnzeige.KURZ;
            bk.setEnabled(false);
         }
      });
      bl.addActionListener(new ActionListener() {
         public void actionPerformed(ActionEvent e) {
            bk.setEnabled(true);
            az.status = ZeitAnzeige.LANG;
            bl.setEnabled(false);
         }
      });
      new Thread(az).start();
   }
}
```

Die Klasse ZeitAnzeige ist hier komplett wiederverwendet worden; lediglich die beiden Buttons und die Listener wurden ergänzt. Auch wenn wir im Browser auf andere Seiten blättern, die ebenfalls Applets enthalten können, läuft die Zeitanzeige weiter.

Um die sicherere „Standard“-Version des Applets zu erhalten, gehen wir wieder von der ZeitAnzeige aus. Wir ergänzen eine Instanzvariable vom Typ Thread, die das Applet (also das Objekt, in dem sie enthalten ist) kontrolliert und deklarieren die Applet-Methoden start und stop sowie die Runnable-Methode run wie folgt:

```
// StandardApplet.java

import java.applet.*;
import java.awt.*;
import java.awt.event.*;
import java.text.*;
import java.util.*;

public class StandardApplet extends Applet implements Runnable {
  private Thread thr;
  ..... übrige Variablen wie in ZeitAnzeige
  public void init() {
    setLayout(new GridLayout(2, 1));
    Panel p = new Panel();
    p.add(new Label("Zeit", Label.RIGHT));
    p.add(text = new TextField(12));
    text.setEditable(false);
    add(p);
    p = new Panel();
    final Button bk, bl;
    p.add(bk = new Button("kurz"));
    p.add(bl = new Button("lang"));
    add(p);
    bk.addActionListener(new ActionListener() {
      public void actionPerformed(ActionEvent e) {
        bl.setEnabled(true);
        status = KURZ;
        bk.setEnabled(false);
      }
    });
    bl.addActionListener(new ActionListener() { ..... analog });
  }
```

```
    public void start() {
        if (thr == null) {
            thr = new Thread(this);
            thr.setPriority(Thread.MIN_PRIORITY);
            thr.start();
        }
    }
    public void stop() { thr = null; }
    public void run() {
        for (;;) {
            Date d = new Date();
            try {
                ..... wie in ZeitAnzeige
            } catch(InterruptedException ign) { }
            if (Thread.currentThread() != thr)
                return;
        }
    }
}
```

Es ist nun dafür gesorgt, daß das Applet seinen eigenen User-Thread thr besitzt, der terminiert, wenn für das Applet stop aufgerufen wird. thr wird dann null und in run wird die Bedingung in der if-Anweisung true. Damit wird run beendet. Umgekehrt wird bei jedem start-Aufruf für das Applet ein neuer Thread erzeugt und gestartet, der das Applet weiter überwacht. Es genügt, diesen mit der Mindestpriorität zu versehen. In der nächsten Abbildung ist dargestellt, wie der Thread sein umgebendes Applet kontrolliert.

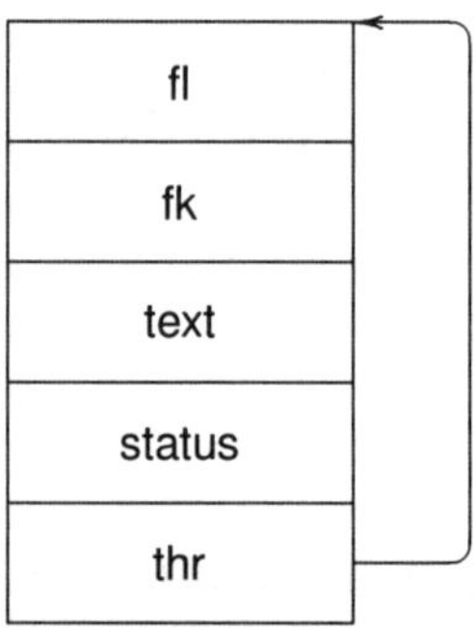

StandardApplet-Objekt

Bemerkung

Zum Abschluß dieses Abschnitts soll nochmals darauf hingewiesen werden, daß die Thread-Methoden sleep und yield Klassenmethoden sind, sich also nicht auf ein Objekt beziehen. Zum Beispiel haben die Aufrufe Thread.sleep(100), x.sleep(100) oder y.sleep(100) alle dieselbe Wirkung, nämlich Thread.currentThread().sleep(100). Der Aufruf für ein Objekt x oder y ist hier nur irreführend. Entsprechend haben auch alle yield-Aufrufe immer die Wirkung von Thread.currentThread().yield().

17.8 Systemprozesse

Ein Java-Programm hat neben der Möglichkeit, mehrere Threads zu starten und deren run-Methoden gleichzeitig auszuführen, auch die, Programme des Host-Systems zu starten, also Prozesse auszuführen. Im Unterschied zu den bisher behandelten Threads sind diese in dem Sinne *heavyweight*, daß zu jedem Prozeß nicht nur der ausführbare Programmcode gehört, sondern daß er seinen eigenen Adreßraum und seine eigenen Systemressourcen erhält. (Darüber hinaus besitzt jeder Prozeß mindestens einen Thread, der seinen Ablauf kontrolliert.) Das Erzeugen neuer Prozesse ist daher nicht nur aufwendig, sondern auch in keiner Weise mehr systemunabhängig.

Zur Erzeugung neuer Prozesse steht die Methode exec der Klasse Runtime zur Verfügung. Sie ist mehrfach überladen; wir wollen hier nur

```
exec(String command)
exec(String[] command)
```

behandeln. Der Systembefehl wird im ersten Fall in einem einfachen String-Objekt übergeben, wobei die möglicherweise benötigten Argumente durch White-Space-Zeichen getrennt werden; im zweiten Fall werden Systembefehl und optionale Argumente in den einzelnen Komponenten eines String-Felds übergeben. Die Aufrufe exec("ls -al"), exec(new String[] {"ls", "-al"}) und exec(cmd) sind also gleichbedeutend, wenn cmd so deklariert ist:

```
String[] cmd = { "ls", "-al" };
```

Ein Java-System erzeugt beim Start der VM ein einzelnes Objekt der Runtime-Klasse, das das gestartete Java-Programm und die Umgebung, in der es abläuft, repräsentiert. Die Klasse selbst hat keinen Konstruktor, es ist aber eine static Methode getRuntime deklariert, die eine Referenz auf das aktuelle Runtime-Objekt liefert. Um also beispielsweise einen neuen Prozeß zu starten, der "ls -al" ausführt, tätigt man den Aufruf:

```
Runtime.getRuntime().exec("ls -al");
```

Wenn wir diesen Aufruf ausprobieren, bleibt die erwartete Ausgabe aus: auch das Konsolfenster, in dem wir den Java-Interpreter gestartet haben, ist eine Ressource, die dem Interpreter-Prozeß zugeordnet ist und die er nicht mit dem neu erzeugten Prozeß teilt.

Um die Ausgabe eines Prozesses zu lesen oder um Daten in einen Prozeß einzugeben, muß Java mit dem Prozeß kommunizieren. Dazu ist dieser Prozeß im Java-Programm zunächst durch ein Objekt der Klasse Process zu repräsentieren. Die Klasse ist abstrakt, ein exec-Aufruf liefert aber nach dem Start des Prozesses eine Referenz auf ein Process-Objekt, mit dem dieser kontrolliert werden kann – tatsächlich wird ein Objekt einer systemabhängigen konkreten Subklasse geliefert.

Zur Erzeugung von Ein- oder Ausgabeströmen, die einen Prozeß mit dem Java-Programm verbinden, in dem er erzeugt wurde, sind in Process die Methoden getOutputStream, getInputStream und getErrorStream deklariert, mit denen man ein OutputStream-Objekt bzw., in den beiden letzten Fällen, ein InputStream-Objekt erhält. Den OutputStream setzen wir ein, wenn Daten aus dem Java-Programm in den Prozeß fließen müssen; umgekehrt setzen wir InputStreams ein, wenn Java Daten aus dem Prozeß erhalten soll. Haben wir die Streams konstruiert, benutzen wir sie wie in Kapitel 16. Das folgende Beispiel zeigt, wie die Ausgabe eines Prozesses in einem Java-Programm verarbeitet wird; die Prozeßdaten werden hier einfach auf System.out angezeigt.

```
// ProcTest.java

import java.io.*;

public class ProcTest {
  public static void main(String[] args) {
    PrintWriter out = new PrintWriter(System.out, true);
    String cmd = "ping localhost";
    if (args.length != 0)
      cmd = "ping " + args[0];
```

```
      try {
         Process proc = Runtime.getRuntime().exec(cmd);
         BufferedReader in =
            new BufferedReader(new InputStreamReader(proc.getInputStream()));
         for (;;) {
            String inp = in.readLine();
            if (inp == null)
               break;
            out.println(inp);
         }
      } catch (IOException ign) { }
   }
}
```

Damit das an exec übergebene Programm ausgeführt werden kann, muß sich das entsprechende Verzeichnis im Pfad befinden. Für ping ist das unter Solaris gewöhnlich /usr/sbin, unter Win 95/NT \Windows\system bzw. \WINNT35\system32.

Neben der Kommunikation durch Streams sind noch weitere, einfachere Mechanismen implementiert: mittels waitFor kann man auf das Terminieren eines Prozesses warten, mit exitValue erhält man den Exit-Code des Prozesses als int, nachdem dieser beendet ist. Eine Anfrage vor Beendigung wirft eine Ausnahme des Typs IllegalThreadStateException aus. Schließlich kann man mit destroy den laufenden Prozeß unmittelbar beenden.

17.9 Übungsaufgaben

1. Die Klasse Thread ist (stark vereinfacht) so deklariert:

```
   public class Thread implements Runnable {
      private Runnable target;
      public Thread() { ..... target = null; ..... }
      public Thread(Runnable target) { ..... this.target = target; ..... }
      public void run() {
         if (target != null)
            target.run();
      }
```

```
    public synchronized native void start();    // VM ruft run auf
    .....
}
```

Das Interface Runnable hat folgende Deklaration:

```
public interface Runnable { public abstract void run(); }
```

(a) Machen Sie sich klar, wie run im ThreadZaehler-Beispiel aufgerufen wird.

(b) Machen Sie sich klar, wie run im RunnableZaehler-Beispiel aufgerufen wird.

(c) Überlegen Sie sich für (a) und (b), welche Wirkung es hat, wenn Sie „aus Versehen“ run statt start aufrufen.

2. Schreiben Sie eine verbesserte Version des UIZaehlers. Die Oberfläche (ZaehlerUI) soll noch einen Button erhalten, mit dem man das Zählen unterbrechen bzw. fortsetzen kann. Entsprechend soll der Button als Text "stop" bzw. "weiter" anzeigen.

   Wenden Sie die beim StandardApplet benutzte Technik an.

3. Schreiben Sie eine Subklasse BlinkLabel für die Klasse Label, die den Label-Text blinkend anzeigt. Schreiben Sie auch eine kleine Testanwendung.

4. In der Java-Literatur wird gelegentlich argumentiert, daß die synchronisierte Anweisung in Fällen wie diesem eingesetzt werden müsse

```
class XYZ {
   void safeLeftShift(byte[] byteFeld, int anz) {
      synchronized (byteFeld) {
         System.arraycopy(byteFeld, anz, byteFeld, 0, byteFeld.length - anz);
      }
   }
   .....
}
```

   bei dem ein Objekt gesperrt werden soll, für das man keine Methoden deklarieren kann. Was ist davon zu halten?

5. Demonstrieren Sie mit einem Beispielprogramm, daß Threads den Dämon-Zustand von ihrem erzeugenden Thread erben.

6. Implementieren Sie eine Klasse Timer, die einen Konstruktor Timer(Timed target, long interval) hat. interval Millisekunden nach seiner Konstruktion soll ein Timer-Objekt bei dem Timed-Objekt die Methode tick aufrufen. Das "target" muß das folgende Interface implementieren:

```
public interface Timed {
    void tick(Object o);
}
```

(Mit dem Object kann der Timer dem Timed-Objekt beliebige Informationen übermitteln.) Schreiben Sie auch ein Testprogramm.

7. Mit dem folgenden Programm sollte bewirkt werden, daß Thread x den Thread y fünf Sekunden unterbricht. Weshalb tritt genau der umgekehrte Effekt ein?

```
class Sleeper extends Thread {
    static PrintWriter out = new PrintWriter(System.out, true);
    Sleeper thr;
    Sleeper(String name, Sleeper thr) {
        super(name);
        this.thr = thr;
    }
    public void run() {
        for (int i = 0; i < 10; i++) {
            out.println(getName() + ": " + i);
            try {
                sleep(1000);
                if (i == 5 && thr != null)
                    thr.sleep(5000);
            } catch (InterruptedException e) { }
        }
    }
    public static void main(String[] args) {
        Sleeper y = new Sleeper("Y", null), x = new Sleeper("X", y);
        y.start();
        x.start();
    }
}
```

8. Bei Anwendungen des Producer/Consumer-Musters können sowohl Producer als auch Consumer die Rolle des Vermittler-Objekts mit übernehmen. Demonstrieren Sie dies an zwei neuen Versionen des WaitNotify-Beispiels. Welche Version ist schneller?

9. Vervollständigen Sie die folgende Klassendeklaration, mit der das sichere Unterbrechen (Wechsel in den Zustand „nicht aktivierbar"), Fortsetzen (Wechsel in den Zustand „aktivierbar") und Terminieren eines Threads möglich wird.

```
class SRThread extends Thread {
   static final int RUN = 0, SUSPEND = 1, RESUME = 2, STOP = 3;
   private int status = RUN;
   synchronized void setzeStatus(int s) {
      .....
   }
   private synchronized boolean runStatus() {
      .....
   }
   public void run() {
      while(runStatus())
         work();
   }
   void work() { ..... eigentliche Thread-Aktivität }
}
```

   Realisieren Sie die Statusmethoden mittels wait und notify. Dabei soll runStatus warten, solange status den Wert SUSPEND besitzt, false liefern, wenn der Wert STOP ist, und ansonsten true zurückgeben.

10. Mit der ThreadGroup-Methode getParent erhält man die Threadgruppe, in der eine Threadgruppe enthalten ist, bzw. null, wenn man sie für die "top-level" Threadgruppe aufruft.

    Stellen Sie mit dieser Methode alle existierenden Threads einer Anwendung bzw. eines Applets fest und zeigen Sie sie an.

Kapitel 18

Das Abstract Window Toolkit, Applets und Frames (Teil II)

In diesem Kapitel setzen wir die in Kapitel 13 begonnene Behandlung der AWT-Klassen fort und besprechen komplexere Komponenten, die beim Aufbau fast jeder Benutzerschnittstelle benötigt werden. Alle Komponenten sind bereits in der Vererbungshierarchie auf Seite 199 abgebildet. Auch Erzeugung, Versand und Verarbeitung der von ihnen ausgelösten Ereignisse werden, wie in den Abschnitten 13.5 und 13.7 besprochen, nach dem Delegations-Prinzip unter Verwendung von Listener-Objekten abgewickelt.

18.1 Aufbau von Benutzerschnittstellen (Teil II)

Wie in Abschnitt 13.6 diskutieren wir die wichtigsten noch ausstehenden Komponenten zunächst anhand einiger sehr einfach gehaltener Beispiele.

18.1.1 TextArea

TextArea-Objekte dienen wie ein Textfeld zur Eingabe und Anzeige von Text. Die Eingabe ist jetzt aber nicht nur auf eine Zeile beschränkt, und darüber hinaus kann eine TextArea mit Scrollbalken ausgestattet werden. Die Klasse hat fünf Konstruktoren: TextArea(int, int) erzeugt eine leere Textfläche mit der Anzahl an Zeilen und Spalten, die im ersten bzw. zweiten Argument angegeben werden; mit TextArea(String, int, int) wird der im String-Argument übergebene Text auf der Textfläche dargestellt. In beiden

Fällen erhalten die Textflächen horizontale und vertikale Scrollbalken. Das Anfügen der Scrollbalken kann man mit dem Konstruktor TextArea(String, int, int, int) durch das dritte int-Argument festlegen. Hierzu stehen die vier Konstanten TextArea.SCROLL-BARS_BOTH, TextArea.SCROLLBARS_NONE, TextArea.SCROLLBARS_VERTIC-AL_ONLY und TextArea.SCROLLBARS_HORIZONTAL_ONLY zur Verfügung. Nach der Konstruktion des TextArea-Objekts können seine Scrollbalken nicht mehr modifiziert werden.

Der Standardkonstruktor TextArea() erzeugt eine leere Textfläche, TextArea(String) zeigt den übergebenen Text an. Diese beiden Konstruktoren überlassen die Festlegung der Größe dem Layout-Manager.

Wie bei einfachen Textfeldern ist es empfehlenswert, eine Schrift mit fester Buchstabenbreite – z.B. MonoSpaced – anstelle einer Proportionalschrift einzustellen, damit die Spaltenanzahl der Textfläche möglichst korrekt gesetzt wird. Das folgende Beispiel zeigt ein Applet mit zwei TextArea-Objekten gleichen Inhalts, aber verschiedener Schrift:

```
// TextAreaTest.java

import java.applet.*;
import java.awt.*;

public class TextAreaTest extends Applet {
  public void init() {
    setLayout(new GridLayout(2, 1, 0, 20));
    String text =
      "Wie bei einfachen Textfeldern ist es empfehlenswert, eine\n" +
      "Schrift mit fester Buchstabenbreite einzustellen, damit die\n" +
      "Spaltenanzahl der Textfläche möglichst korrekt gesetzt wird.\n\n";
    TextArea ta = new TextArea(text, 10, 60);
    ta.setFont(new Font("Monospaced", Font.PLAIN, 12));
    add(ta);
    add(new TextArea(text, 10, 60));
  }
}
```

Textfelder erben wie Textflächen eine Reihe von Methoden von der Superklasse Text-Component, z.B. setText, getText, isEditable, setEditable, addTextListener usw. (vgl. 13.6.2). Spezifische TextArea-Methoden sind:

Methode	*Bedeutung*
getColumns	Liefert die aktuelle Spaltenzahl
getRows	Liefert die aktuelle Zeilenzahl
insert(String, int)	Fügt den String ab der int-Position in den Text ein
append(String)	Fügt den String am Textende an
replaceRange(String, int, int)	Ersetzt den Text zwischen der spezifiz. Start- bzw. Endposition (2. bzw. 3. Argument) durch den String

Im Unterschied zu Textfeldern lösen Textflächen beim Drücken der Return-Taste keine ActionEvents aus. Lediglich auf die Eingabe eines Zeichens wird durch ein TextEvent reagiert (vgl. 13.5–13.7).

18.1.2 List

List-Objekte bieten wie Choice-Objekte eine Liste von Strings an, aus denen einer selektiert werden kann. Im Unterschied zum Choice-Objekt, das, solange keine Auswahl stattfindet, lediglich den letzten gewählten String anzeigt, wird bei List-Objekten immer die komplette Auswahlliste angezeigt; wenn der verfügbare Platz nicht ausreicht, wird die Liste automatisch mit einem Scrollbalken versehen. Weiterhin können, anders als beim Choice-Objekt, mehrere Gegenstände gleichzeitig selektiert sein. Ein weiterer Unterschied zum Choice-Objekt, bei dem nach der Konstruktion der erste mit add eingefügte Gegenstand bereits selektiert ist, besteht darin, daß bei einer Liste zunächst nichts als gewählt markiert ist.

Die Klasse hat drei Konstruktoren: List(int) erzeugt eine Liste mit der spezifizierten Anzahl sichtbarer Einträge. Bei List() wird ein Standardwert (derzeit 4) benutzt. Durch diese beiden Konstruktoren erzeugt man Listen, aus denen jeweils nur ein Gegenstand auswählbar ist. Mit List(int, boolean) kann man die Möglichkeit mehrfacher Selektion durch das zweite Argument ermöglichen (Wert true) oder ausschließen (Wert false). Voreingestellt ist false, also exklusive Auswahl.

Ein einfaches Beispiel ist /OOPinJava/kapitel18/ListTest.java. Hier handelt es sich um das Choice-Beispiel aus 13.6.4, wobei jeweils Choice durch List ersetzt wurde und anstelle des Variablennamens c der Bezeichner lis verwendet wird. Man sieht, daß die Liste einen Scrollbalken erhält und daß kein Gegenstand selektiert ist. Um wie beim Choice-Beispiel mit HP-UX zu beginnen, fügen wir noch einen Aufruf lis.select(0) in die Methode init ein.

Neben den Methoden add, getItemCount, getSelectedIndex und getSelectedItem, die dieselbe Wirkung wie bei einem Choice-Objekt haben, sind noch getSelectedIndexes und getSelectedItems deklariert. getSelectedIndexes liefert ein int-Feld mit den Indizes der selektierten Gegenstände, getSelectedItems liefert das entsprechende String-Feld.

List-Objekte erzeugen wie Choice-Objekte beim Selektieren eines Gegenstands ein ItemEvent. Darüber hinaus lösen sie ein ActionEvent aus, wenn ein Doppelklick auf ein Listenelement ausgeführt wird. Das folgende Beispiel gibt einfach die selektierten Elemente und die Elemente, für die eine Aktion ausgeführt werden soll, aus:

```
// ListEvent.java

import java.applet.*;  import java.awt.*;
import java.awt.event.*;  import java.io.*;

public class ListEvent extends Applet {
   public void init() {
      final PrintWriter out = new PrintWriter(System.out, true);
      final List lis = new List();
      lis.add("HP-UX");
      lis.add("OS/2");
      lis.add("Mac-OS");
      lis.add("Solaris");
      lis.add("Win-95/NT");
      add(lis);
      lis.addItemListener(new ItemListener() {
         public void itemStateChanged(ItemEvent e) {
            out.println(lis.getSelectedItem() + " selektiert");
         }
      });
      lis.addActionListener(new ActionListener() {
         public void actionPerformed(ActionEvent e) {
            out.println("Aktion mit " + e.getActionCommand() + " ausfuehren");
         }
      });
   }
}
```

18.1.3 ScrollPane und Scrollbar

ScrollPanes sind Container, die immer nur eine einzige Komponente enthalten können. Jeder add-Aufruf entfernt daher vor dem Einfügen der neuen Komponente eine bereits vorhandene. Ist die Komponente größer als der für das ScrollPane-Objekt verfügbare Platz, werden automatisch Scrollbalken angefügt, und es wird nur ein Ausschnitt aus der Komponente dargestellt. Das ScrollPane-Objekt arbeitet dann wie ein Panel mit angebrachten Scrollbalken.

Neben dem Standardkonstruktor, der Scrollbalken nur bei Platzbedarf erzeugt, kann mit dem Konstruktor ScrollPane(int) explizit über das Anfügen von Scrollbalken entschieden werden. Für das int-Argument sind die drei Konstanten ScrollPane.SCROLLBARS_AS_NEEDED, ScrollPane.SCROLLBARS_NEVER und ScrollPane.SCROLLBARS_ALWAYS deklariert. Nach der Konstruktion des ScrollPane-Objekts können diese Einstellungen nicht mehr geändert werden.

Im folgenden Beispielprogramm haben wir das PunkteApplet aus Abschnitt 13.5 auf einem ScrollPane-Objekt angebracht. Das Applet wird erst durch Drücken des Start-Buttons gestartet.

```
// ScrollPaneTest.java

import java.awt.*;
import java.awt.event.*;

public class ScrollPaneTest extends Frame {
   private Panel butPanel = new Panel();
   private Button but = new Button("Start");
   private ScrollPane scroller = new ScrollPane();
   private PunkteApplet appl = new PunkteApplet();
   ScrollPaneTest() {
      super("ScrollPane-Test");
      but.addActionListener(new ActionListener() {
         public void actionPerformed(ActionEvent e) {
            appl.init();
         }
      });
      butPanel.add(but);
      add(butPanel, BorderLayout.NORTH);
```

```
        scroller.add(appl);
        add(scroller, BorderLayout.CENTER);
        setSize(250, 150);
        setVisible(true);
    }
    public static void main(String[] args) {
        new ScrollPaneTest();
    }
}
```

Wenn man das Applet nun für die verfügbare Fläche „zu groß“ dimensioniert, z.B. dadurch, daß man in PunkteApplet.init noch einen Aufruf setSize(400, 400) einfügt, ergibt sich folgendes Bild:

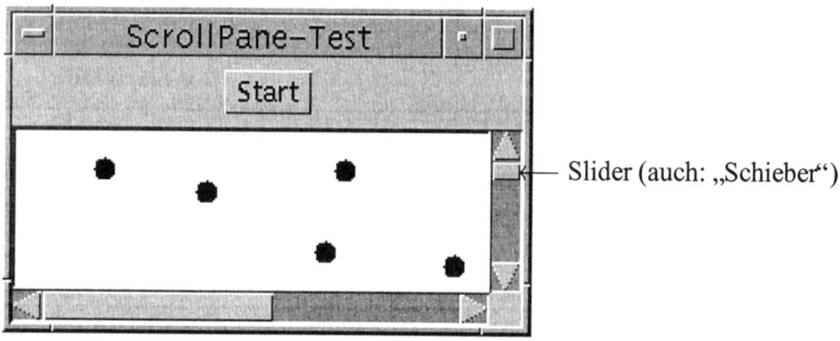

Das Scrollen der in einem ScrollPane-Objekt enthaltenen Komponente kann auch innerhalb des Programmcodes veranlaßt werden, indem man die Methode setScrollPosition(int, int) aufruft. Mit den beiden Argumenten werden die Einstellungen des horizontalen bzw. vertikalen „Sliders“ übergeben. Diese sind nur zulässig, wenn sie sich in den durch die Komponenten- und Containergrößen bedingten Schranken bewegen. Der kleinste zulässige Wert ist immer 0, den größten kann man durch die Aufrufe

```
getHAdjustable().getMaximum()      // horizontal
getVAdjustable().getMaximum()      // vertikal
```

ermitteln, die an das ScrollPane-Objekt zu richten sind. Bei unzulässigen Werten wird die nächstmögliche Position eingestellt.

Eine typische Anwendung für ScrollPanes ist die Darstellung von Bilddateien, die zuvor auf Component- oder Canvas-Objekten angebracht wurden (siehe Kapitel 19).

Wir haben gesehen, daß TextArea-, List- und ScrollPane-Objekte automatisch oder explizit mit Scrollbalken versehen werden können. Darüber hinaus ist es auch möglich, eigenständige Scrollbar-Objekte zu erzeugen. Dazu verwendet man in der Regel den Konstruktor Scrollbar(int, int, int, int, int), der folgende Argumente erwartet:

Mit dem ersten Argument wird die Ausrichtung des Scrollbalkens festgelegt; zulässig sind Scrollbar.HORIZONTAL und Scrollbar.VERTICAL.

Das zweite Argument übergibt die Anfangseinstellung, die zwischen dem Minimal- und Maximalwert liegen muß. Minimum und Maximum werden mit dem vierten und fünften Argument spezifiziert.

Das dritte Argument ist die Breite des Schiebers, der auf dem Scrollbalken bewegt wird. Mit dieser in Pixeln gemessenen Breite kann der sichtbare Anteil des angezeigten Gegenstands repräsentiert werden.

Alle Scrollbalken, auch die automatisch für TextArea, List und ScrollPane generierten, können Ereignisse des Typs AdjustmentEvent versenden, wenn ihre Schieber-Einstellung verändert wird. Zum Ablesen der Werte benutzt man die Methoden getMaximum, getMinimum und getValue. ScrollbarTest ist ein einfaches Beispiel-Applet, das hier das AdjustmentListener-Interface implementiert, da es außer dem Ablesen und Anzeigen des eingestellten Werts keine weiteren Aufgaben zu erfüllen hat.

```
// ScrollbarTest.java

import java.applet.*;
import java.awt.*;
import java.awt.event.*;

public class ScrollbarTest extends Applet implements AdjustmentListener {
  private Scrollbar s;
  private Label l;
  public void init() {
    add(l = new Label(" 75", Label.RIGHT));
    int slider = 10;
    add(s = new Scrollbar(Scrollbar.HORIZONTAL, 75, slider, 0, 150 + slider));
    s.addAdjustmentListener(this);
  }
```

```
    public void adjustmentValueChanged(AdjustmentEvent e) {
      l.setText(Integer.toString(s.getValue()));
    }
  }
```

18.1.4 Component: Rekapitulation und weitere Details

In den Abschnitten 13.4–13.7 haben wir bereits wichtige Methoden der Klasse Component, die Superklasse aller AWT-Komponenten ist, behandelt. Zum Beispiel wurden verschiedene Listener mit Komponenten verbunden, die Vorder- und Hintergrundfarben sowie Schriftgrößen und -typen variiert, und mit repaint wurde das erneute Zeichnen einer Komponente ausgelöst.

In diesem Abschnitt werden in Ergänzung zur Tabelle auf Seite 199 weitere wichtige Component-Methoden zusammengestellt; weiterhin wird ein Beispiel besprochen, das einen Container aus einigen der bisher behandelten Komponenten aufbaut.

Methode	*Bedeutung*
addXYZListener	siehe Tabelle S. 203
getCursor	Liefert die aktuelle Cursorform als Cursor-Objekt
getFontMetrics	Liefert die Fontmetrik eines Fonts
getGraphics	Liefert den Grafik-Kontext der Komponente
getLocale	Liefert das aktuelle Locale-Objekt der Komponente
getParent	Liefert den Container, in dem die Komponente enthalten ist
getPreferredSize	Liefert die „natürliche" Größe als Dimension-Objekt
getSize	Liefert die aktuelle Größe als Dimension-Objekt
removeXYZListener	siehe Tabelle S. 203

Zu getCursor, getLocale und getSize sind wieder passende set-Methoden deklariert, also setCursor(Cursor), setLocale(Locale), setSize(Dimension) und setSize(int, int).

Im folgenden CompoTest-Applet wird eine Komponente erzeugt, die als Container ein Panel-, ein Label- und ein List-Objekt enthält, wobei auf dem Panel zwei Textfelder angebracht sind, deren Bedeutung jeweils durch ein Label erklärt wird. Die Liste ist mit einem anonymen ItemListener verbunden, der beim Selektieren oder Deselektieren eines Gegenstands (hier: einer Zutat) das Preisfeld aktualisiert. Es ist möglich, mehrere Gegenstände zu selektieren. Das Textfeld anzahl ist mit einem ActionListener verbunden, der die Preisanzeige beim Drücken der Return-Taste aktualisiert. Damit der Preis auch korrekt ist, wenn die Anzahl geändert wurde und das Textfeld mittels Mausbewegung oder Tab-Taste verlassen wird, ist anzahl auch noch mit einem FocusListener verbunden.

```
// CompoTest.java

import java.applet.*;
import java.awt.*;
import java.awt.event.*;
import java.text.*;

public class CompoTest extends Applet {
   private Panel p = new Panel();
   private List lis;
   private TextField anzahl, preis;
   private double dm = 7.5;
   private DecimalFormat f = new DecimalFormat("###.00");
   public void init() {
      setLayout(new GridLayout(3, 1));
      p.add(new Label("Anzahl", Label.RIGHT));
      p.add(anzahl = new TextField("1", 3));
      p.add(new Label("Preis DM", Label.RIGHT));
      p.add(preis = new TextField("7.50", 6));
      preis.setEditable(false);
      add(p);
      lis = new List(5, true);
      lis.add("Salami");
      lis.add("Schinken");
      lis.add("Sardellen");
      lis.add("Thunfisch");
      lis.add("Champignons");
      lis.add("Zwiebeln");
      lis.add("Oliven");
      lis.add("Artischocken");
      lis.add("Gorgonzola");
      add(new Label("Pizza mit Käse & Tomaten und ...", Label.CENTER));
      add(lis);
```

```
        anzahl.addActionListener(new ActionListener() {
            public void actionPerformed(ActionEvent e) { anzeige(); }
        });
        anzahl.addFocusListener(new FocusAdapter() {
            public void focusLost(FocusEvent e) { anzeige(); }
        });
        lis.addItemListener(new ItemListener() {
            public void itemStateChanged(ItemEvent e) { anzeige(); }
        });
    }
    public Insets getInsets() {
        return new Insets(10, 10, 10, 10);
    }
    void anzeige() {
        dm = (7.5 + lis.getSelectedIndexes().length)
            *Integer.parseInt(anzahl.getText());
        preis.setText(new String(f.format(dm)));
    }
}
```

Das Aussehen des Applets im HotJava-Browser ist in der nächsten Abbildung wiedergegeben.

18.1.5 Window

Die Klasse Window ist die gemeinsame Superklasse von Frame und Dialog. In ihr wird bereits ein großer Teil der Funktionalität für diese beiden Subklassen bereitgestellt. Die folgende Tabelle enthält die wichtigsten Window-Methoden und ihre Beschreibung:

Methode	*Bedeutung*
dispose	Zerstört das Fenster und gibt alle seine Ressourcen frei
pack	Setzt die Fenstergröße auf getPreferredSize()
show	Ruft toFront auf, wenn das Fenster sichtbar ist; ansonsten wird setVisible(true) aufgerufen
toBack	Bringt das Fenster auf die unterste Ebene der Fensterhierarchie
toFront	Bringt das Fenster auf die oberste Ebene der Fensterhierarchie

Bei den bisherigen Beispielen haben wir Komponenten immer dadurch angezeigt, daß wir setVisible(true) aufgerufen haben. Ein show-Aufruf ist nur dann sinnvoll, wenn mehrere (größere) Window-Objekte erzeugt werden, die sich u.U. verdecken und programmgesteuert umsortiert und sichtbar gemacht werden sollen.

Windows selbst sind Fenster ohne Rahmen, ohne Titelzeile und ohne Menüleiste, ohne Icons, und ihre Größe kann nicht mit der Maus verändert werden. Sie können jedoch neben den von allen Komponenten erzeugbaren Ereignissen WindowEvents generieren und mit einem WindowListener verbunden werden. Bei den meisten Benutzeroberflächen wird man wegen der vertrauteren Manipulationsmöglichkeiten Frame- oder Dialog-Objekte anstelle von Window-Objekten einsetzen. Außerdem hat der Konstruktor die Form Window(Frame), ein Window muß also immer mit einem Frame verknüpft werden. Wenn man dieses zugehörige Frame-Objekt schließt, wird auch das Window-Objekt zerstört. Das WindowTest-Applet zeigt dennoch ein Beispiel für ein einfaches Window, bei dem das Fenster mit dem Frame des Browsers oder Appletviewers verknüpft wird.

```
// WindowTest.java

import java.applet.*;
```

```
import java.awt.*;

public class WindowTest extends Applet {
   private Window win;
   public void init() {
      add(new Label("Ein Window mit einem Button", Label.CENTER));
      Component f = this;
      while (!(f instanceof Frame))
         f = f.getParent();
      if (f != null) {
         win = new Window((Frame)f);
         win.add(new Button("Button"));
         win.setBackground(Color.yellow);
         win.setForeground(Color.red);
         win.setSize(100, 100);
         win.show();
      }
   }
}
```

Das Fenster wird unabhängig vom Browser direkt auf dem Desktop abgelegt – in der Regel in der linken oberen Ecke. Wenn man das Applet über das Netz lädt, markieren die meisten Browser das Window-Objekt durch "Warning: Applet Window" oder mit "Untrusted Java Window", um Anwender darauf aufmerksam zu machen, daß das Fenster vom Applet, nicht vom Browser oder anderen Host-Anwendungen erzeugt wurde.

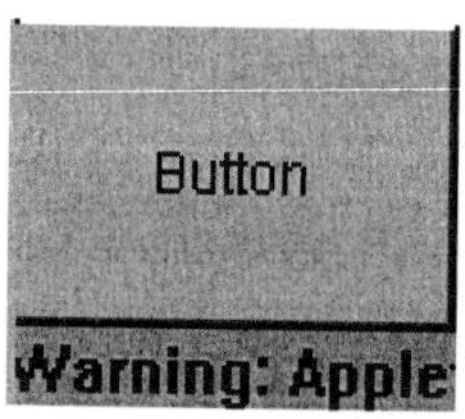

18.1.6 Frame

Frame ist die direkte Subklasse der Klasse Window, mit der man in der Regel die Oberfläche für eine stand-alone Anwendung entwickelt. Im Vergleich zur Window-Klasse sind Frames mit Rahmen, Titel- und Menüleiste sowie systemabhängig mit verschiedenen Buttons zum Vergrößern, Verkleinern und Schließen des Fensters ausgestattet.

Die Klasse verfügt neben dem Standardkonstruktor über Frame(String), einen Konstruktor, mit dem der Frame-Titel gesetzt wird. Auch setTitle(String) kann alternativ benutzt werden. Den Unterschied zum Window erkennt man am FrameTest-Applet:

```
// FrameTest.java

import java.applet.*;
import java.awt.*;

public class FrameTest extends Applet {
   private Frame f;
   public void init() {
      add(new Label("Ein Frame mit einem Button", Label.CENTER));
      f = new Frame("Frame-Test");
      f.add(new Button("Button"), BorderLayout.CENTER);
      f.setBackground(Color.yellow);
      f.setForeground(Color.red);
      f.setSize(200, 100);
      f.setVisible(true);
   }
}
```

Dieses Beispiel ist aber insofern untypisch, als der Frame hier im Applet erzeugt wird, was bei den meisten Browsern wieder zur Ausgabe einer Warnung führt. Im Normalfall benutzen wir – wie in allen bisherigen Beispielen – ein Frame-Objekt als eigenständigen Container, in dem eine Benutzerschnittstelle aufgebaut wird. Wie wir in den Abschnitten 13.4–13.7 gesehen hatten, muß ein Frame mit einem WindowListener verbunden werden, damit er auf das Drücken der „Close-Box" oder die Auswahl von Close oder Quit in seiner Menüleiste reagiert.

18.1.7 Dialog

Auch Dialog ist eine direkte Subklasse von Window. Sie ist der Frame-Klasse ähnlich, verfügt aber nicht über eine Menüleiste und kann nicht ikonifiziert werden. Dialog-Objekte haben aber, anders als Windows und Frames, ein Attribut mit dem wir entscheiden können, ob sie *modal* sind oder nicht. Ein modales Fenster blockiert die Eingabe in allen anderen Fenstern solange, bis es geschlossen wird. Nicht modale Fenster haben kein besonderes Verhalten; bevor man Eingaben in ihnen vornimmt, kann man auch auf andere Komponenten zugreifen.

Dialog-Objekte sind immer mit einem Frame-Objekt verknüpft, dessen Zerstören auch wieder das Dialog-Fenster zerstört. Die Klasse hat daher drei Konstruktoren der Form Dialog(Frame), Dialog(Frame, String) und Dialog(Frame, String, boolean). Mit dem String-Argument wird dabei der Fenstertitel festgelegt. Das dritte Argument im dritten Konstruktor entscheidet darüber, ob das Fenster modal ist (Wert true) oder nicht (Wert false). Mit den beiden ersten Konstruktoren werden nicht modale Fenster erzeugt. Im folgenden Beispiel entscheiden wir mit dem ersten Kommandozeilenargument darüber, ob das DialogWin-Objekt modal erzeugt wird.

```
// DialogWin.java

import java.awt.*;
import java.awt.event.*;
import java.io.*;

class DialogWin extends Dialog {
  DialogWin(Frame frame, boolean mode) {
    super(frame,"Dialog-Box",  mode);
    add(new Label("A oder B?", Label.CENTER), BorderLayout.CENTER);
    Button but;
    InpHandler handler = new InpHandler();
    add(but = new Button(" A "), BorderLayout.WEST);
    but.addActionListener(handler);
    add(but = new Button(" B "), BorderLayout.EAST);
    but.addActionListener(handler);
    pack();
  }
  class InpHandler implements ActionListener {
    public void actionPerformed(ActionEvent e) {
      .....
      dispose();
    }
  }
```

```
    public static void main(String[] args) {
      final PrintWriter out = new PrintWriter(System.out, true);
      if (args.length == 0) {
        out.println("Starten mit false oder true");
        System.exit(0);
      }
      Frame f = new Frame("Anwendung");
      Button b = new Button("   Bitte drücken!   ");
      b.addActionListener(new ActionListener() {
        public void actionPerformed(ActionEvent e) { out.println("OK gedrückt"); }
      });
      f.add(b);
      f.pack();
      f.setVisible(true);
      DialogWin win = new DialogWin(f, args[0].equals("true"));
      win.show();
    }
  }
```

Beim Starten mit java DialogTest false wird win nicht modal und der Button in der Anwendung kann unabhängig von der Dialog-Box gedrückt werden. Startet man java DialogTest true, ist win modal und vor dem Drücken auf A oder B in der Dialog-Box kann die Anwendung nicht weiterarbeiten.

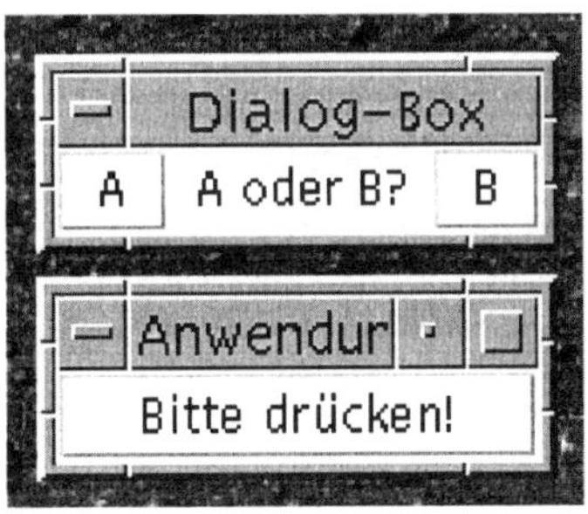

18.1.8 FileDialog

Mit der Subklasse FileDialog der gerade besprochenen Dialog-Klasse steht ein Mechanismus zur Verfügung, über den man auf einfache Art einen Dateinamen auswählen kann. Zur Erzeugung eines FileDialog-Objekts sind drei Konstruktoren FileDialog(Frame), FileDialog(Frame, String) und FileDialog(Frame, String, int) deklariert. Da sie spezielle Dialog-Objekte sind, ist auch hier immer ein Frame anzugeben, mit dem FileDialog-Objekte verknüpft sind. Das optionale String-Argument übergibt den Fenstertitel, und mit dem ebenfalls optionalen int-Argument kann man festlegen, ob eine Datei geladen (Wert FileDialog.LOAD) oder gespeichert (Wert FileDialog.SAVE) werden soll. Die Standardeinstellung ist FileDialog.LOAD; hier kannnur eine bereits vorhandene Datei gewählt werden. Bei FileDialog.SAVE ist auch ein neuere Dateiname möglich. Daneben wirken sich diese Optionen aber nur auf die Oberfläche des FileDialogs, insbesondere die Button-Texte aus, geöffnet oder gespeichert wird noch nichts.

Ein FileDialog-Fenster ist immer modal. Die von Benutzern vorgenommene Auswahl können wir mittels getDirectory bzw. getFile feststellen; beide Methoden liefern das Resultat als String. Im folgenden Beispiel wird die „geladene" Datei einfach im Terminalfenster ausgegeben. Beim Speichern sind noch keinerlei Aktivitäten implementiert. Sinnvoll wäre z.B. das Abspeichern eines TextField-Inhalts unter dem gewählten Dateinamen.

```
// FileDialogTest.java

import java.awt.*;
import java.awt.event.*;
import java.io.*;

class FileDialogTest extends Frame {
   private Button bl = new Button("Datei laden"),
      bs = new Button("Datei speichern");
   private FileDialog dialog;
   FileDialogTest() {
      super("FileDialog-Test");
      setLayout(new GridLayout(1, 2, 10, 10));
      LSListener lis = new LSListener();
      bl.addActionListener(lis);
      bs.addActionListener(lis);
      add(bl);
      add(bs);
      pack();
```

```
        setVisible(true);
    }
    class LSListener implements ActionListener {
        public void actionPerformed(ActionEvent e) {
            if ((Button)e.getSource() == bl)
                laden();
            else
                speichern();
        }
    }
    void laden() {
        dialog = new FileDialog(this, "Datei laden");
        dialog.show();
        PrintWriter out = new PrintWriter(System.out, true);
        try {
            FileReader reader = new FileReader(dialog.getFile());
            BufferedReader in = new BufferedReader(reader);
            String str;
            while ((str = in.readLine()) != null)
                out.println(str);
            out.println();
        } catch (Exception e) {
            out.println("Keine Datei geladen ...");
        }
    }
    void speichern() {
        dialog = new FileDialog(this, "Datei speichern", FileDialog.SAVE);
        dialog.show();
        .....
    }
    public static void main(String[] args) {
        new FileDialogTest();
    }
    public Insets getInsets() { return new Insets(35, 10, 10, 10); }
}
```

Wenn man hier im FileDialogTest auf Datei laden drückt, wird ein FileDialog-Fenster geöffnet, das beispielsweise das in der folgenden Abbildung gezeigte Aussehen hat:

Man erkennt, daß neben der Auswahl des Dateinamens durch eine Liste auch ein Filter zur Suche nach bestimmten Dateien verfügbar ist und daß eine weitere Liste zum Auswählen von Verzeichnissen existiert. Eine selektierte Datei kann nun mit dem OK-Button oder durch Doppelklick auf das entsprechende Listenelement ausgewählt werden. (Ein Doppelklick in der Liste löst ein ActionEvent aus, vgl. 18.1.2.)

Je nach verwendetem System werden die Fenster unterschiedlich aufgebaut sein, z.B. mit einem Choice-Objekt für die Verzeichnis-Auswahl, mit Open statt OK als Button-Text usw. Es bleibt weiterhin zu beachten, daß von einem Applet erzeute FileDialog-Objekte nur unter besonderen Umständen auf das lokale Dateisystem zugreifen dürfen; siehe hierzu Kapitel 13.

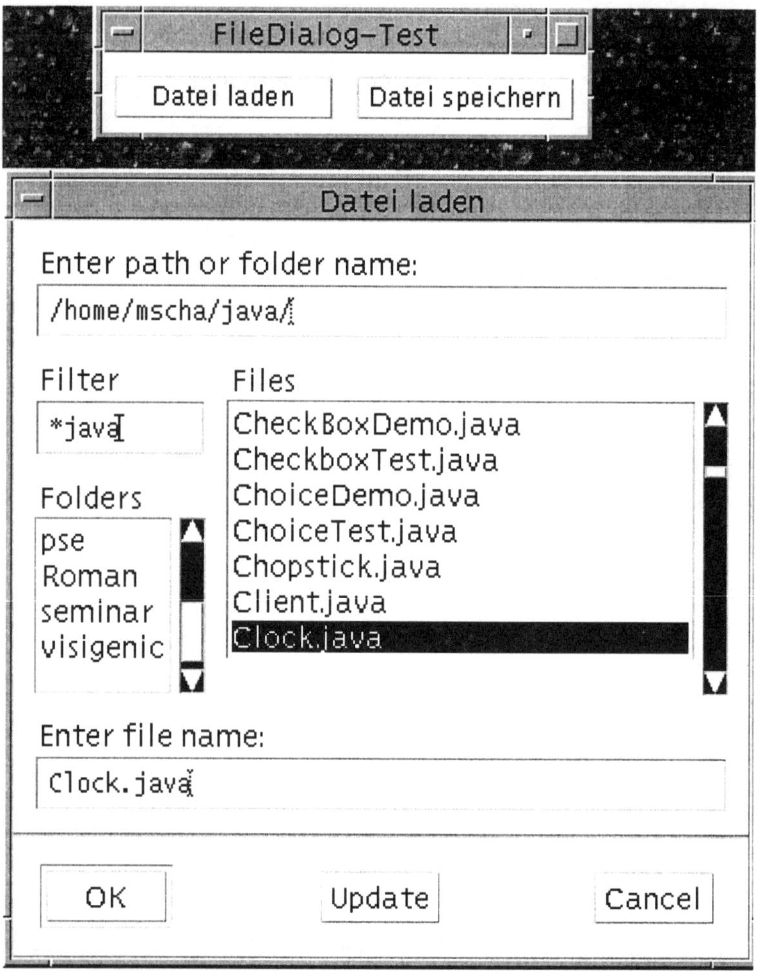

18.1.9 Menüs

In diesem und im folgenden Abschnitt behandeln wir die letzten noch nicht besprochenen AWT-Komponenten, mit denen man Menüs und Popup-Menüs erzeugt. Diese Komponenten sind nicht Teil der Component-Hierarchie (vgl. Seite 199), sondern Subklassen von MenuComponent, was bedeutet, daß spezielle Component-Methoden, z.B. paint oder drawXYZ, nicht für Menüs und ihre Bestandteile überschrieben werden können.

Menüs werden immer an einer Menüleiste – einem MenuBar-Objekt – angebracht, die selbst wieder an einem Frame-Objekt angebracht werden muß. Frames und ihre Subklassen implementieren das MenuContainer-Interface und können durch setMenuBar jeweils genau eine Menüleiste erhalten. Beim mehrmaligen setMenuBar-Aufruf wird eine bereits vorhandene Menüleiste entfernt, bevor die neue angebracht wird.

Menüs nimmt man dann mittels add(Menu) (aus MenuBar) in die Menüleiste auf. Und Menüeinträge, Untermenüs oder Trennstriche fügt man mittels add(String), add(MenuItem) bzw. addSeparator (aus Menu) zu einem Menü hinzu. Zu jedem add existiert ein passendes remove(MenuComponent).

Anstelle des Menu-Standardkonstruktors benutzt man in der Regel den Konstruktor Menu(String) und legt mit dem String-Argument den Namen des Menüs, wie er in der Menüleiste erscheinen soll, fest. Auch einzelne Menüeinträge werden mit einem String benannt. Ein erstes Beispiel ist:

```
// MenuTest.java

import java.awt.*;

class MenuTest extends Frame {
   MenuTest() {
      super("Erster Menü-Test");
      MenuBar mbar = new MenuBar();
      setMenuBar(mbar);
      Menu rechner = new Menu("Rechner");
      mbar.add(rechner);
      rechner.add("HP-Workstation");
      rechner.add("Sun-Workstation");
      rechner.add("Dec-Workstation");
      rechner.addSeparator();
```

```
      rechner.add("PC");
      setSize(300, 150);
      setVisible(true);
   }
   public static void main(String[] args) {
      new MenuTest();
   }
}
```

Bei diesem einfachen Beispiel ergibt sich der folgende Bildschirmaufbau:

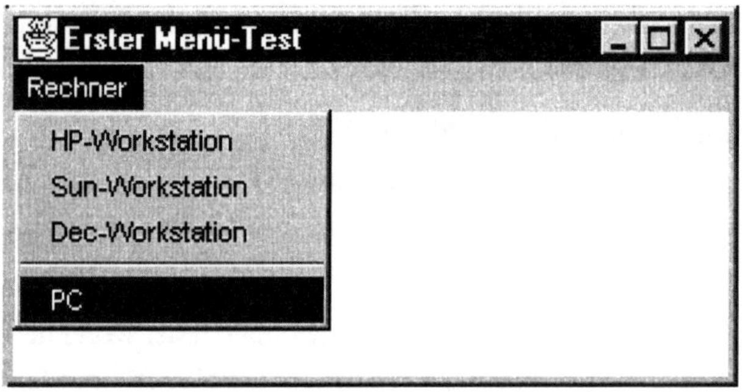

Während das AWT die Darstellung von Menüs und ihren Einträgen übernimmt, müssen wir die Reaktion auf die Benutzeraktivitäten selbst implementieren. Dies wird dadurch ermöglicht, daß ein MenuItem, wenn es selektiert wird, ein ActionEvent erzeugt, das wir mit einem ActionListener empfangen und verarbeiten können. Im MenuListener-Beispiel wird die Vorgehensweise demonstriert, indem der gewählte Menüeintrag einfach auf System.out angezeigt wird.

```
// MenuListener.java

import java.awt.*;
import java.awt.event.*;
import java.io.*;

class MenuListener extends Frame {
   private PrintWriter out = new PrintWriter(System.out, true);
   MenuListener() {
      super("Menü-Listener");
```

```
        MenuBar mbar = new MenuBar();
        Menu rechner = new Menu("Rechner");
        setMenuBar(mbar);
        mbar.add(rechner);
        MenuItem hp, sun, dec, pc;
        rechner.add(hp = new MenuItem("HP-Workstation"));
        rechner.add(sun = new MenuItem("Sun-Workstation"));
        rechner.add(dec = new MenuItem("Dec-Workstation"));
        rechner.addSeparator();
        rechner.add(pc = new MenuItem("PC"));
        Listener lis = new Listener();
        hp.addActionListener(lis);
        sun.addActionListener(lis);
        dec.addActionListener(lis);
        pc.addActionListener(lis);
        addWindowListener(new WindowAdapter() {
            public void windowClosing(WindowEvent e) {
                dispose();
                System.exit(0);
            }
        });
        setSize(300, 150);
        setVisible(true);
    }
    class Listener implements ActionListener {
        public void actionPerformed(ActionEvent e) {
            out.println(e.getActionCommand());
        }
    }
    public static void main(String[] args) {
        new MenuListener();
    }
}
```

Im nächsten Beispiel, MultiMenu, zeigen wir, daß man weitere Menüs einfach durch weitere add-Aufrufe an einer Menüleiste anbringt. Weiterhin wird gezeigt, daß ein Menü auch Untermenüs als Einträge enthalten kann, da Menu Subklasse von MenuItem ist.

```
// MultiMenu.java

import java.awt.*;

class MultiMenu extends Frame {
   MultiMenu() {
      super("Menüs und Untermenüs");
      MenuBar mbar = new MenuBar();
      Menu rechner = new Menu("Rechner");
      rechner.add("HP-Workstation");
      rechner.add("Sun-Workstation");
      rechner.add("Dec-Workstation");
      rechner.addSeparator();
      rechner.add("PC");
      mbar.add(rechner);
      Menu sw = new Menu("Software");          // weiteres Menu
      sw.add("Linux");
      sw.add("OS/2");
      sw.add("Solaris");
      sw.add("Windows");
      Menu tools = new Menu("Tools");
      tools.add("JDK");
      tools.add("HotJava");
      tools.add("JavaBlend");
      sw.add(tools);                           // Menu als MenuItem
      mbar.add(sw);
      setMenuBar(mbar);
      setSize(300, 150);
      setVisible(true);
   }
   public static void main(String[] args) {
      new MultiMenu();
   }
}
```

Hier ergibt sich das folgende Aussehen:

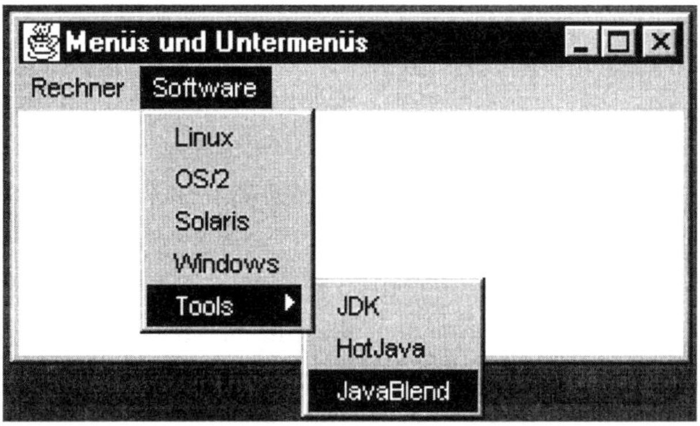

Als Menüeintrag können wir auch eine Checkbox, genauer ein CheckboxMenuItem, benutzen. Die CheckboxMenuItem-Klasse hat drei Konstruktoren: CheckboxMenuItem(), CheckboxMenuItem(String) und CheckboxMenuItem(String, boolean), die in ihrer Wirkung den Checkbox-Konstruktoren aus 13.6.3 gleichen; eine Möglichkeit, Gruppen zur Exklusiv-Oder-Auswahl zu bilden, gibt es hier nicht. Wie Checkbox-Objekte lösen CheckboxMenuItems wieder ItemEvents aus. Um das folgende Beispiel, das MultiMenu variiert, einfach zu halten, haben wir auch hier keine Ereignisverarbeitung implementiert.

```
// CheckboxMenu.java

import java.awt.*;

class CheckboxMenu extends Frame {
  CheckboxMenu() {
    super("Menüs und Checkboxen");
    MenuBar mbar = new MenuBar();
    ..... wie in MultiMenu
    Menu tools = new Menu("Tools");
    tools.add(new CheckboxMenuItem("JDK", true));
    tools.add(new CheckboxMenuItem("HotJava", true));
    tools.add(new CheckboxMenuItem("JavaBlend"));
    sw.add(tools);
    mbar.add(sw);
    setMenuBar(mbar);
```

```
        setSize(300, 150);
        setVisible(true);
    }
    public static void main(String[] args) {
        new CheckboxMenu();
    }
}
```

Wie die Komponenten der Component-Hierarchie können auch MenuItem-Objekte durch setEnabled(true) bzw. setEnabled(false) in den aktivierbaren bzw. nicht aktivierbaren Zustand versetzt werden. Auf diese Weise können unerwünschte Benutzereingaben verhindert werden. Im Beispiel EnableMenu, das CheckboxMenu erweitert, sorgt die Auswahl eines HP- oder Dec-Rechners dafür, daß Solaris nicht als Betriebssystem wählbar ist. (Siehe /OOPinJava/kapitel18/EnableMenu.java.)

Zum Abschluß dieses Abschnitts wollen wir noch darauf hinweisen, daß neben der Auswahl von Menüeinträgen mit der Maus auch eine Bedienung mit der Tastatur möglich ist, wenn man die Einträge mit dem Konstruktor MenuItem(String, MenuShortcut) erzeugt. Durch MenuShortcut(int) bzw. MenuShortcut(int, boolean) wird ein „Shortcut" für ein bestimmtes Zeichen angelegt; der char-Wert wird hier als int übergeben. Das optionale zweite Argument entscheidet darüber, ob bei der Auswahl des Menüeintrags zusätzlich die Shift-Taste gedrückt werden soll (Wert true) oder nicht (Wert false). Die Standardeinstellung ist false. Shortcuts sind nicht plattformunabhängig: bei Windows- und Solaris-Systemen ist neben dem Shortcut-Zeichen noch Ctrl zu drücken. Auf die zu einem Shortcut gehörende Tastenkombination wird, solange man mit der Maus arbeitet, durch einen automatischen Zusatz zum Text des MenuItems aufmerksam gemacht – siehe die Abbildung zum nächsten Beispielprogramm. Hier ist das MenuListener-Beispiel um Shortcuts für jeden Menüeintrag ergänzt worden (siehe /OOPinJava/kapitel18/ShortMenu.java):

```
.....
MenuBar mbar = new MenuBar();
Menu rechner = new Menu("Rechner");
setMenuBar(mbar);
mbar.add(rechner);
MenuItem hp, sun, dec, pc;
rechner.add(hp = new MenuItem("HP-Workstation",
    new MenuShortcut(KeyEvent.VK_H)));
```

```
rechner.add(sun = new MenuItem("Sun-Workstation",
  new MenuShortcut(KeyEvent.VK_S)));
rechner.add(dec = new MenuItem("Dec-Workstation",
  new MenuShortcut(KeyEvent.VK_D)));
rechner.addSeparator();
rechner.add(pc = new MenuItem("PC",
  new MenuShortcut(KeyEvent.VK_P)));
.....
```

Da bei reiner Tastaturbedienung die einzelnen Menüeinträge nicht mehr angezeigt werden, ist diese Möglichkeit der Eingabe von Tastatenkürzeln nur für häufigere Benutzer einer derartigen Oberfläche von Interesse.

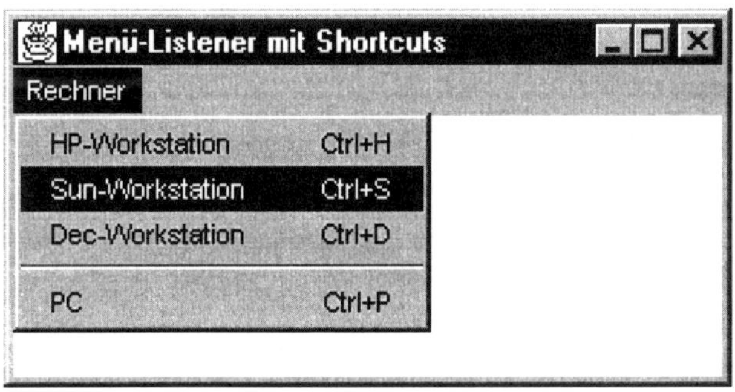

18.1.10 Popup-Menüs

Menüs müssen immer an der Menüleiste eines Frame-Objekts angebracht werden. Dagegen kann man Popup-Menüs an jeder Komponente, also auch an Applets, anbringen. Popup-Menüs sind Objekte der Klasse PopupMenu, die direkte Subklasse von Menu ist. Zum Einfügen von Menüeinträgen und zur Ereignisverarbeitung gehen wir daher genau wie in 18.1.9 vor.

Das Erzeugen von Popup-Menüs ist sehr einfach: es stehen wie bei Menu ein Standardkonstruktor sowie ein Konstruktor PopupMenu(String) zum Benennen des Menüs zur Verfügung. Eine Popup-Version des MenuListener-Beispiels konstruieren wir also wie folgt:

```
PopupMenu rechner = new PopupMenu("Rechner");
MenuItem hp, sun, dec, pc;
```

```
rechner.add(hp = new MenuItem("HP-Workstation"));
.....
```

Zum Anbringen an einer Komponente ist in Component eine Methode add(PopupMenu) deklariert; zum Entfernen dient wieder remove(MenuComponent). Für diejenige Komponente, die für das oben erzeugte Rechner-Menü zuständig sein soll, ist somit noch add(rechner) aufzurufen. Um das Popup-Menü zum gegebenen Zeitpunkt anzuzeigen, muß diese Komponente mit einem MouseListener verbunden werden, der das Menü dann mit show anzeigt.

Da Popup-Menüs nicht plattformunabhängig geöffnet werden (z.B. Solaris: Mausdruck oder Mausklick auf rechten Mausknopf, z.B. Win 95/NT: Maus-„Release“ auf rechtem Mausknopf), ist in MouseEvent-Objekten auch noch die Information darüber enthalten, ob ein Popup-Menü geöffnet werden soll. Mit der Methode isPopupTrigger kann man auf diese Information zugreifen. Nur für die Ereignisse MOUSE_PRESSED und MOUSE_RELEASED ist garantiert, daß dieser Trigger gesetzt wird. Eine plattformübergreifend einsetzbare Listener-Klasse, mit der man untersuchen kann, ob ein Popup-Menü angezeigt werden soll, ist daher:

```
class PopListener extends MouseAdapter {
   public void mousePressed(MouseEvent e) {
      if (e.isPopupTrigger())
         zeige(e);
   }
   public void mouseReleased(MouseEvent e) {
      if (e.isPopupTrigger())
         zeige(e);
   }
}
```

Es ist jetzt noch für die Anzeige des Menüs zu sorgen, d.h. die Methode zeige muß so implementiert werden, daß das Popup-Menü sichtbar wird. In der Klasse PopupMenu ist hierzu die Methode show(Component, int, int) deklariert, die das Menü auf der mit dem ersten Argument spezifizierten Komponente zeigt; mit dem zweiten und dritten Argument wird ein horizontaler bzw. vertikaler Offset (in Pixeln) spezifiziert. Die Komponente muß ein Container sein, der das Popup-Menü direkt oder indirekt enthält. Ein typischer Aufruf ist deshalb

```
void zeige(MouseEvent e) {
  rechner.show(this, e.getX(), e.getY());
}
```

Hier wird das Menü auf der Komponente angezeigt, an der es mit add angebracht ist, und an der Stelle, an der die Mauseingabe erfolgte. Ein komplettes Beispielprogramm, bei dem als Komponente ein Applet gewählt ist, findet man unter /OOPinJava/kapitel18/PopupMenuTest.java.

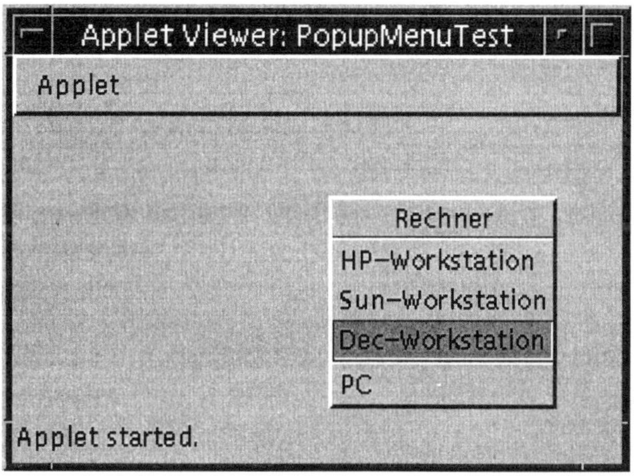

18.1.11 Panel- und Canvas-Objekte

Panel- und Canvas-Objekte repräsentieren einfache rechteckige Zeichenflächen ohne besondere sichtbare Merkmale. Panels sind darüber hinaus einfache Container mit einem FlowLayout als voreingestelltem Layout-Manager. Für Canvas ist nur ein Standardkonstruktor deklariert, für Panel zusätzlich noch Panel(LayoutManager).

Panel-Objekte haben wir schon häufig zur einfachen Anordnung verschiedener Komponenten in einer komplexeren Benutzerschnittstelle eingesetzt – vgl. hierzu auch Abschnitt 13.8.4. Die Canvas-Klasse werden wir in Kapitel 19 gelegentlich benutzen.

Es soll hier nochmals daran erinnert werden, daß weder Panel- noch Canvas-Objekte ohne besondere Vorkehrungen von unserer Seite den Tastatur-Fokus erhalten.

18.2 Die Klasse Cursor

Jede Komponente ist mit einer spezifischen Form des Mauszeigers verknüpft, die man mit getCursor feststellen bzw. mit setCursor zu jedem beliebigen Zeitpunkt neu setzen kann. Geliefert bzw. übergeben wird dabei ein Cursor-Objekt. Java selbst verwendet verschiedene Formen standardmäßig, z.B. den I-Cursor bei TextField- bzw. TextArea-Objekten oder einen RESIZE-Cursor beim Verändern der Größe eines Fensters.

Zur Erzeugung von Cursor-Objekten, die man setCursor übergeben will, ist ein Konstruktor Cursor(int) deklariert, für dessen Parameter die Konstanten einsetzbar sind, die das folgende CursorTest-Beispiel bei der Initialisierung seines Cursor-Felds curObj benutzt. Das Präfix bei den verschiedenen RESIZE-Versionen, gibt an, welche Seite (Nord, Nordost, usw.) eines Fensters verändert werden soll.

Im Beispiel werden die möglichen Cursorformen in einer Choice-Auswahl angeboten, und der selektierte Cursor wird für den Frame eingestellt. Der Cursor des Choice-Objekts bleibt davon unberührt.

```
// CursorTest.java

import java.awt.*;
import java.awt.event.*;

 class CursorTest extends Frame {
   private String[] curName = {
     "CROSSHAIR_CURSOR", "DEFAULT_CURSOR",
     "HAND_CURSOR", "MOVE_CURSOR",
     "TEXT_CURSOR", "WAIT_CURSOR",
     "N_RESIZE_CURSOR", "NE_RESIZE_CURSOR",
     "E_RESIZE_CURSOR", "SE_RESIZE_CURSOR",
     "S_RESIZE_CURSOR", "SW_RESIZE_CURSOR",
     "W_RESIZE_CURSOR", "NW_RESIZE_CURSOR"
   };
   private Cursor[] curObj = {
     new Cursor(Cursor.CROSSHAIR_CURSOR),
     new Cursor(Cursor.DEFAULT_CURSOR),
     .....
     new Cursor(Cursor.NW_RESIZE_CURSOR)
   };
```

```
    CursorTest() {
        super("Cursor-Test");
        final Choice c = new Choice();
        for (int i = 0; i < curName.length; i++)
            c.add(curName[i]);
        c.addItemListener(new ItemListener() {
            public void itemStateChanged(ItemEvent e) {
                setCursor(curObj[c.getSelectedIndex()]);
            }
        });
        add(c);
        pack();
        setVisible(true);
    }
    public static void main(String[] args) {
        new CursorTest();
    }
}
```

18.3 Peers

Die in diesem Kapitel und in Kapitel 13 besprochenen Komponenten haben jeweils ein plattformspezifisches Aussehen und Verhalten („look and feel"). Wenn man ein Programm auf einem Windows-PC entwickelt, sieht man während Programmierung und Test Windows-Objekte, beim Ausführen auf einer Sun-Workstation sieht man dagegen Motif-Objekte.

Um dies zu ermöglichen, greift Java durch mehrere Software-Schichten auf die jeweiligen plattformspezifischen GUI-Objekte zu und benutzt diese zur Darstellung der AWT-Komponenten auf dem Bildschirm. Diese systemabhängigen Oberflächenobjekte werden als *Peers* bezeichnet. Treten von Benutzern erzeugte Ereignisse (z.B. Tastendruck, Mausklick) ein, so werden diese zunächst von dem entsprechenden Peer registriert und dann über ein Peer-Interface an die zugehörige Java-Komponente weitergeleitet. Und umgekehrt werden java-seitige Veränderungen, z.B. ein setForeground-Aufruf, über das Peer-Interface an den Peer kommuniziert und sorgen dort für die den Benutzern sichtbare Farbänderung. Die folgende Abbildung veranschaulicht diese Zusammenarbeit.

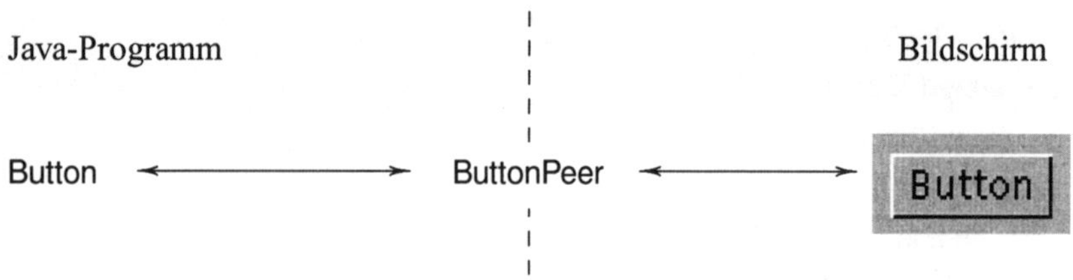

Wie wir in den beiden AWT-Kapiteln gesehen haben, ist es im Normalfall nicht erforderlich, auf die Peers zuzugreifen; ihre Interfaces zu den Java-Komponenten findet man im Paket java.awt.peer. In Kapitel 19 werden wir kurz auf *Lightweight*-Komponenten eingehen, die ohne korrespondierende Peers erzeugt werden. Diese Komponenten können, im Gegensatz zu den AWT-Komponenten, ganz oder teilweise transparent gemacht werden, so daß ihre Hintergrundfarbe nicht alle darunter liegenden Komponenten verdeckt.

18.4 Übungsaufgaben

1. Schreiben Sie eine Anwendung mit einer Komponente, auf der, wie abgebildet, verschiedene Komponenten, z.B. ein TextArea-, TextField-, Button-, Label-, Checkbox-, Choice-, Scrollbar-, Canvas-Objekt angebracht sind.

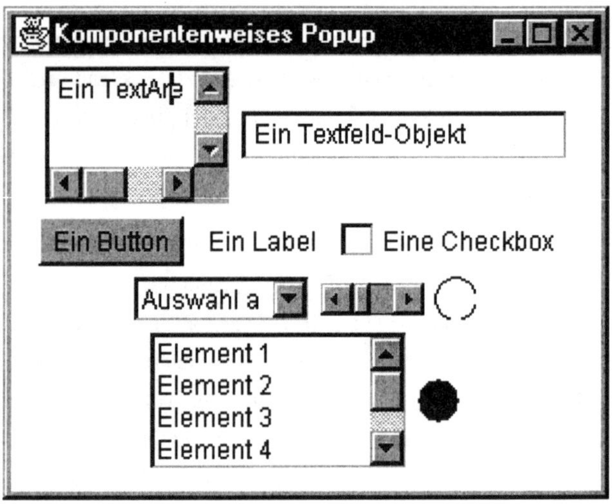

Bringen Sie an jeder dieser Komponenten ein Popup-Menü an, und untersuchen Sie, ob das Menü auch tatsächlich auf allen Komponenten geöffnet wird.

2. Schreiben Sie ein Applet mit einer TextArea, zwei Textfeldern und geeigneten Label- und Button-Objekten, so daß der in dem ersten Textfeld eingegebene Text im Inhalt der TextArea gesucht und jeweils durch den im zweiten Textfeld stehenden Text ersetzt wird.

3. Es gibt eine spezielles Menü, das „Hilfe-Menü“ (Help menu), dessen einziger Unterschied zu anderen Menüs darin besteht, daß es auf manchen Systemen am rechten Ende der Menüleiste angebracht wird.

   Mittels setHelpMenu(Menu) kann man ein Menü als Hilfe-Menü an einer Menüleiste anbringen. Untersuchen Sie diese Möglichkeit auf Ihrem System mit einem einfachen Testprogramm.

4. Schreiben Sie eine Anwendung mit einer Oberfläche, in der man wie abgebildet

   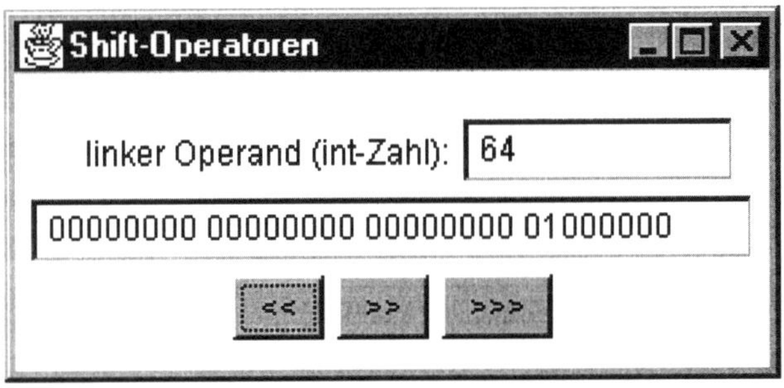

   die Shift-Operatoren aus Abschnitt 5.4.6 untersuchen kann. Jeder Druck auf einen der Buttons soll den angezeigten Operanden um die Shift-Distanz 1 verschieben.

Kapitel 19

Zeichnen, Image- und Audioverarbeitung

In diesem Kapitel behandeln wir zunächst elementare Grafikfunktionen wie das Zeichnen geometrischer Figuren und von Schrift, das Laden und Anzeigen statischer Bilder sowie die wichtigsten Techniken zur Animation. Wir schließen mit einem kurzen Überblick über die Druckunterstützung sowie über die – derzeit nur recht rudimentär mögliche – Wiedergabe von Klängen in Applets. Die meisten der hier besprochenen Klassen finden sich im Paket java.awt; nur einige wenige sind nach java.awt.image ausgelagert, worauf wir im einzelnen hinweisen werden.

19.1 Elementare Grafik

Zeichnen kann man prinzipiell in jede Komponente über ihren Grafik-Kontext, genauer ihr zugehöriges Graphics-Objekt. Dazu stehen grundsätzlich zwei Möglichkeiten zur Verfügung: man kann dieses Objekt durch die von der Component-Klasse geerbte Methode getGraphics explizit anfordern oder für die Komponente die Methode paint überschreiben, an die das Graphics-Objekt implizit übergeben wird. Spezielle paint-Versionen hatten wir bereits in den Abschnitten 13.1–13.9 deklariert und gesehen, daß paint von einem AWT-Thread automatisch aufgerufen wird, wenn eine Komponente zum ersten Mal angezeigt werden soll, wenn eine erneute Anzeige durch eine Größenänderung nötig wird, wenn die Komponente zuvor durch ein anderes Fenster verdeckt war und dann wieder sichtbar wird oder wenn dies explizit durch einen repaint-Aufruf verlangt wird.

Diesem zweiten Verfahren, also dem Überschreiben von paint, ist, wegen der zuletzt genannten impliziten Aufrufe, wo immer möglich, der Vorzug zu geben. Graphics-Objekte kommen nur in Verbindung mit Komponenten vor; sie können nicht separat erzeugt werden.

Obwohl generell in jede Komponente gezeichnet werden kann, ist bei vielen Komponenten mit einem zugehörigen Peer-Objekt nicht klar, wie sich die paint-Methode mit dem Verhalten des Peers verträgt: zum Beispiel ignoriert ein Button, sobald er gedrückt wird, jeden paint-Aufruf. In der Regel wird man deshalb entweder mit selbst deklarierten Subklassen von Component arbeiten oder die Klasse Canvas verwenden. Beide implementieren keine eigene Darstellung und stellen somit zunächst eine „leere Komponente" dar. Die spezifische eigene Grafik-Funktionalität wird erzeugt, indem wir eine spezielle paint-Version deklarieren. Auf den Unterschied zwischen diesen beiden Möglichkeiten werden wir später zurückkommen; meist ist jedoch die erste vorzuziehen.

Da es anders als bei den meisten anderen Komponenten keine Anhaltspunkte über die bevorzugte, „natürliche" Größe eines solchen Component- oder Canvas-Objekts gibt – wie etwa bei einem Label- oder Button-Objekt durch die Maße des Texts –, muß man die gewünschte Größe entweder durch Überschreiben der getPreferredSize-Methode auf Klassenebene festlegen oder auch, wie in der Mehrzahl der bisherigen Beispiele, nach dem Erzeugen des Objekts durch setSize setzen.

19.1.1 Geometrische Figuren

Alle verfügbaren grafischen Algorithmen sind als Methoden der Graphics-Klasse implementiert und bedienen sich eines für jede Komponente eigenständigen Koordinatensystems mit dem Ursprung in der linken, oberen Ecke und einer nach rechts weisenden x-Achse sowie einer nach unten weisenden y-Achse (vgl. die Abbildung auf S. 195). Bei Bedarf kann der Ursprung mittels translate verschoben werden.

Die grundlegenden Grafik-Methoden sind diejenigen, mit denen geometrische Figuren wie Punkt, Linie, Rechteck usw. gezeichnet werden können. Die nächste Tabelle gibt einen Überblick.

Die Methoden drawRect–drawArc zeichnen jeweils den Umriß der Figur in der aktuellen Vordergrundfarbe; in der Variante fillXYZ wird die Figur mit der Farbe ausgefüllt. Die beiden ersten Argumente geben hier die linke obere Ecke, die beiden folgenden Breite und Höhe des umrahmenden Rechtecks einer solchen Figur an.

Methode	*Bedeutung*
drawLine(int, int, int, int)	Linie
drawPolyline(int[], int[], int)	Streckenzug
drawRect(int, int, int, int)	Rechteck
draw3DRect(int, int, int, int, boolean)	Rechteck mit „dreidim.“ Rand
drawRoundRect(int, int, int, int, int, int)	Rechteck mit abgerundeten Ecken
drawOval(int, int, int, int)	Oval
drawArc(int, int, int, int, int, int)	Bogen
drawPolygon(int[], int[], int)	Polygon
fillRect(int, int, int, int)	Rechteck
fill3DRect(int, int, int, int, boolean)	Rechteck mit „dreidim.“ Rand
fillRoundRect(int, int, int, int, int, int)	Rechteck mit abgerundeten Ecken
fillOval(int, int, int, int)	Oval
fillArc(int, int, int, int, int, int)	Bogen
fillPolygon(int[], int[], int)	Polygon

Bei 3DRect spezifiziert das letzte Argument, ob das Rechteck erhöht (Wert true) oder vertieft (Wert false) erscheinen soll. Bei RoundRect geben die beiden letzten Argumente den horizontalen bzw. vertikalen Durchmesser der Bögen an den abgerundeten Ecken in Pixeln an. Bei Arc gibt das vorletzte Argument den Startwinkel in Grad (relativ zur positiven x-Achse) in mathematisch positiver Richtung an, das letzte Argument spezifiziert den relativen Winkel in Grad, den der Bogen beschreibt.

Bei drawPolyline und Polygon definieren die int-Felder die x- und y-Koordinaten der Punkte; das letzte Argument gibt an, wieviele Punkte des Feldes verwendet werden sollen. drawLine sind der Reihe nach die x- und y-Koordinaten des Start- und Endpunktes der Linie zu übergeben.

Einen Punkt zeichnet man durch den Aufruf von drawLine mit zwei gleichen Koordinaten, einen Kreis durch einen Aufruf von drawOval mit einem quadratischen Rahmenrechteck.

Das Beispiel FigurenUebersicht zeigt eine einfache Verwendung der besprochenen Methoden; die Ausgabe des Programmes ist in der darauf folgenden Abbildung zu sehen.

```
// FigurenUebersicht.java

import java.awt.*;
```

```
class FigurenUebersicht extends Component {
   private int[] x1 = { 305, 315, 340, 350, 325 }, x2 = { 355, 365, 390, 400, 375 },
      y1 = { 30, 5, 10, 35, 50 }, y2 = { 80, 55, 60, 85, 100 };
   public void paint(Graphics g) {
      g.drawLine(25, 25, 25, 25);
      g.drawLine(5, 55, 50, 80);
      g.drawRect(55, 5, 45, 40);
      g.fillRect(55, 55, 45, 40);
      g.drawRoundRect(105, 5, 45, 40, 15, 15);
      g.fillRoundRect(105, 55, 45, 40, 15, 15);
      g.draw3DRect(155, 5, 45, 40, true);
      g.fill3DRect(155, 55, 45, 40, false);
      g.drawOval(205, 5, 45, 40);
      g.fillOval(205, 55, 45, 40);
      g.drawArc(255, 5, 45, 40, 20, -110);
      g.fillArc(255, 55, 45, 40, 20, -110);
      g.drawPolygon(x1, y1, 5);
      g.fillPolygon(x1, y2, 5);
      g.drawPolyline(x2, y1, 5);
   }
   public Dimension getPreferredSize() { return new Dimension(405, 105); }
   public static void main(String[] args) {
      Frame f = new Frame("Figuren-Übersicht");
      f.add(new FigurenUebersicht());
      f.pack();
      f.setVisible(true);
   }
}
```

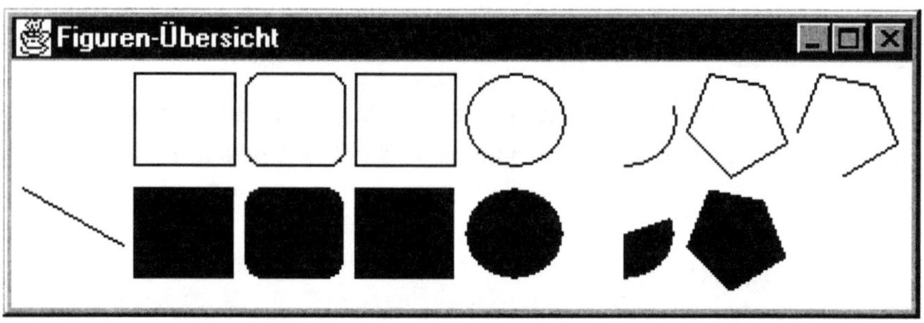

Die Klasse Dimension beschreibt in ihren zwei public zugreifbaren Variablen width und height die Breite und Höhe einer Komponente. Diese Werte werden mit dem Konstruktor Dimension(int, int) gesetzt und können mit getSize abgefragt werden. Der pack-Aufruf für das Frame-Objekt ist im obigen Programm nur möglich, weil wir getPreferredSize überschrieben haben. Die Alternative wäre sonst (unter Berücksichtigung der Insets) ein f.setSize(415, 135).

Die geometrischen Formen Punkt, Rechteck und Polygon besitzen eine einfache Implementierung als Klassen Point, Rectangle und Polygon, die derzeit jedoch nur sehr einfache Funktionalität aufweisen. Wie Dimension werden diese Klassen hauptsächlich dazu benutzt, mehrere int-Werte in frei zugreifbaren Instanzvariablen zu verwalten: x und y für ein Point-Objekt, x, y, width und height für ein Rectangle-Objekt, xpoints, ypoints (als Felder) und npoints für ein Polygon. Außerdem fungieren sie als Vorstufe für das demnächst verfügbare Java2D-API.

An dieser Stelle sei noch darauf hingewiesen, daß ein Graphics-Objekt lediglich zur Darstellung von grafischen Figuren dient; es gibt keine Möglichkeit, die Pixeldaten von einem solchen Objekt zurückzulesen.

19.1.2 Schriften und Fonts

Text kann innerhalb eines Grafik-Kontexts mit der Methode drawString angezeigt werden. Als Argumente übergibt man eine Zeichenkette mit dem anzuzeigenden Text sowie die x- und y-Koordinaten des Anfangspunkts. Neben dieser Standardmethode gibt es zwei weitere Methoden, die es erlauben, char- oder byte-Felder anzuzeigen.

```
drawString(String text, int x, int y)
drawChars(char[] text, int offset, int anz, int x, int y)
drawBytes(byte[] text, int offset, int anz, int x, int y)
```

Bei den beiden letzten Versionen wird mit offset bzw. anz festgelegt, ab welcher Stelle im Feld begonnen werden soll und wieviele Zeichen auszugeben sind.

Gezeichnet wird der Text in der aktuell eingestellten Schriftart – dem „Font". Diesen kann man mit den Graphics-Methoden setFont ändern bzw. mit getFont abfragen. Schriftarten werden durch Objekte der Klasse Font repräsentiert; sie werden mit dem Konstruktor Font(String, int, int) erzeugt. Als erstes Argument ist der Name der Fontfamilie zu übergeben. Jedes Java-System unterstützt zumindest "Serif", "SansSerif" und "Monospaced". Mit dem zweiten Argument legt man den Stil für die Schriftart fest, wobei hierfür die drei Konstanten Font.PLAIN (normal), Font.ITALIC (kursiv), Font.BOLD (fett) sowie die Kombination der letzten beiden (mit + oder &) vorgesehen sind. Schließlich ist noch die Schriftgröße in Punkt anzugeben. Alle drei Attribute eines Fonts kann man mit getName, getStyle und getSize abfragen; mittels isPlain, isItalic und isBold können die einzelnen Stilattribute auch einzeln ermittelt werden. Diese Aufrufe liefern wie alle anderen isXYZ-Aufrufe als Resultat true oder false.

Während die Font-Klasse die logischen, systemunabhängigen Merkmale einer Schriftart verwaltet, sind die konkreten grafischen Eigenschaften, die die Font-Designer einem Font gegeben haben, in der Klasse FontMetrics repräsentiert. Jedem Font-Objekt entspricht genau ein FontMetrics-Objekt. Da dieses aber systemabhängig ist, ist es nicht unmittelbar mit einem Font-Objekt zugreifbar, sondern muß über den Grafik-Kontext erstellt werden: mittels getFontMetrics() erhalten wir die Fontmetrik des aktuellen Fonts, mittels getFontMetrics(f) die eines beliebigen Fonts f.

Falls man keinen Zugriff auf ein Graphics-Objekt hat, kann man diese systemspezifischen Informationen auch über die Klasse Toolkit erhalten: Toolkit.getDefaultToolkit().getFontMetrics(f) liefert zum Beispiel wieder die Fontmetrik des Fonts f. Auch die für eine bestimmte Plattform verfügbaren Fonts kann man auf diese Weise feststellen. Als Resultat von Toolkit.getDefaultToolkit().getFontList() ergibt sich hier ein String-Feld mit den verfügbaren Fontnamen. Die wesentliche Bedeutung der abstrakten Klasse Toolkit ist die Spezifikation von Methoden zur Erzeugung von Peers (vgl. 18.3). Darüber hinaus deklariert sie eine Reihe von static Methoden, die man wie getFontMetrics oder getFontList direkt nutzen kann. Wir werden diese Klasse bzw. die unserer Java-Implementation zugrundeliegende konkrete Toolkit-Implementation in diesem Kapitel noch häufiger verwenden.

Die Buchstaben eines Fonts liegen auf einer *Grundlinie*, von der aus man Unter- und Oberlänge der einzelnen Zeichen rechnet; zwischen der Unterlänge und der Oberlänge zweier Zeilen wird in der Regel etwas Platz freigelassen (siehe die folgende Abbildung). Die spezifischen Pixelwerte dieser drei von Metrik zu Metrik variierenden Längen kann man mittels getDescent, getAscent und getLeading feststellen. Die Summe aller drei Werte und damit den *Standard*-Zeilenabstand liefert getHeight. Viele Zeichen eines Fonts werden oberhalb der Standard-Unterlängen bzw. unterhalb der Standard-Oberlängen beginnen und enden. Manche Zeichen können diese Standardwerte allerdings sogar überschreiten. Die Maximalwerte erhalten wir mittels getMaxDescent und getMaxAscent.

Wir sehen nun genauer, was mit den (x, y)-Koordinaten des Anfangspunkts der drawString-Methode gemeint ist: der Beginn des ersten Zeichens auf der Grundlinie.

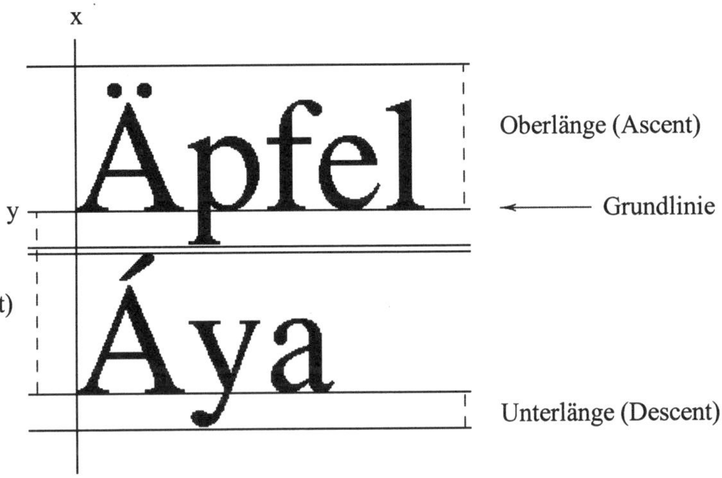

drawString zeichnet alle Buchstaben auf dieser Grundlinie, so daß wir uns in der Regel um die meisten der oben genannten Fontmetrik-Eigenschaften nicht kümmern müssen, wenn wir einen Zeilenabstand von getHeight wählen.

Bei Proportionalschriften wie Serif und SansSerif variiert auch die Breite eines Zeichens. Über die FontMetrics-Methoden getMaxAdvance, charWidth(char) und stringWidth(String) kann man die maximale Zeichenbreite, die Breite (in Pixeln) eines bestimmten Zeichens und die einer ganzen Zeichenkette feststellen. Die Information aus stringWidth und getHeight dürfte für die meisten Anwendungen reichen. Ein Beispiel illustriert abschließend die Verwendung der besprochenen Möglichkeiten.

```
// Schriften.java

import java.awt.*;

class Schriften extends Component {
   private static final int RAND = 10;
   private String text = "OOP in Java";
   private Font[] fnt = {
      new Font("Serif", Font.PLAIN, 19),
      new Font("Serif", Font.BOLD, 19),
      new Font("Serif", Font.ITALIC, 19),
```

```
    new Font("Monospaced", Font.PLAIN, 19),
    new Font("Serif", Font.PLAIN, 26),
    new Font("Serif", Font.PLAIN, 14)
};
private int[] breite, hoehe;
private int anzFonts;
private int b, h, y0;
Schriften() {
    anzFonts = fnt.length;
    breite = new int[anzFonts];
    hoehe = new int[anzFonts];
    b = 0; h = 0;
    for (int i = 0; i < anzFonts; i++) {
        FontMetrics fmi = Toolkit.getDefaultToolkit().getFontMetrics(fnt[i]);
        breite[i] = fmi.stringWidth(text);
        hoehe[i] = fmi.getHeight();
        b = Math.max(breite[i], b);
        h += hoehe[i];
    }
    FontMetrics fm0 = Toolkit.getDefaultToolkit().getFontMetrics(fnt[0]);
    y0 = -(hoehe[0] - fm0.getAscent()) + RAND/2;
    b += RAND;
    h += RAND;
}
public Dimension getPreferredSize() {
    return new Dimension(b, h);
}
public void paint(Graphics g) {
    int y = y0;
    for (int i = 0; i < anzFonts; i++) {
        int x = (b - breite[i])/2;
        y += hoehe[i];
        g.setFont(fnt[i]);
        g.drawString(text, x, y);
    }
}
```

```
    public static void main(String[] args) {
        Frame f = new Frame("Schriften");
        Schriften anzeige = new Schriften();
        f.add(anzeige);
        f.pack();
        f.setVisible(true);
    }
}
```

In diesem Beispiel wird der Text OOP in Java in verschiedenen Schriftarten, -stilen und -größen ausgegeben, wobei durch die stringWidth- und getHeight-Aufrufe dafür gesorgt wird, daß die einzelnen Zeilen zentriert und mit passendem Zeilenabstand gedruckt werden. Die benötigte Gesamtbreite und -höhe werden im Konstruktor berechnet und von getPreferredSize geliefert, so daß für den Frame pack aufgerufen werden kann.

19.1.3 Farben

Eine Farbe wird durch ein Objekt der Klasse Color repräsentiert. Das Standardfarbmodell ist RGB (Rot-Grün-Blau); eine Farbe setzt sich also aus einem roten, einem grünen und einem blauen Anteil zusammen. Diese Anteile können unabhängig voneinander als ganze Zahlen im Bereich von 0 bis 255 oder als floats zwischen 0.0 und 1.0 spezifiziert werden. Eine neue Farbe können wir entsprechend mit den Konstruktoren Color(int, int, int) oder Color(float, float, float) erzeugen, wobei im letzten Fall ein

Argument f einfach mittels (int)(f*255) umgerechnet wird. Die einzelnen Farbanteile eines Color-Objekts lassen sich mittels getRed, getGreen und getBlue ermitteln.

Eine Reihe gängiger Standardfarben ist in Color als Konstante deklariert. Wir haben diese Farben, die in der folgenden Übersicht zusammengefaßt sind, in den vorangehenden Abschnitten schon häufig verwendet.

Color.white	Color.lightGray	Color.gray	Color.darkGray
Color.black	Color.red	Color.pink	Color.orange
Color.yellow	Color.green	Color.magenta	Color.cyan
Color.blue			

Im Unterschied zur sonst üblichen Praxis, die Namen von Klassenkonstanten aus Großbuchstaben zusammenzusetzen, werden die Konstanten hier kleingeschrieben. Dies hängt damit zusammen, daß es sich hier um Referenztypen handelt, z.B. ist die Farbe Rot so deklariert: public final static Color red = new Color(255, 0, 0); Klassenkonstanten sind sonst meist einfache int- oder double-Werte.

Intern speichert Java die drei RGB-Anteile in einem einzigen int-Wert (Rot in den Bits 16–23, Grün in den Bits 8–15 und Blau in den Bits 0–7). Auch für diese Darstellung existiert ein Konstruktor, Color(int).

Jedes geometrische Objekt und jeder Schriftzug wird mit der aktuellen Farbe des jeweiligen Graphics-Objekts gezeichnet. Mit setColor(Color) kann diese gesetzt, mit getColor abgefragt werden. Alternativ kann man auch setForeground(Color) (und setBackground(Color)) für die Komponente, auf der gezeichnet oder geschrieben wird, benutzen.

Ein einfaches Beispiel für die Verwendung einiger der genannten Methoden bietet das folgende Programm. Das Überschreiben der Methode getInsets für das FarbPanel dient hier lediglich dazu, einen breiten Rand um die im Panel enthaltene Komponente zu legen.

```
// FarbPanel.java

import java.awt.*;

class FarbPanel extends Panel {
   private int rot, gruen, blau, rotDiff, gruenDiff, blauDiff;
   FarbPanel(Color c1, Color c2) {
      rot = c1.getRed();
```

```
      blau = c1.getBlue();
      gruen = c1.getGreen();
      rotDiff = c2.getRed() - rot;
      blauDiff = c2.getBlue() - blau;
      gruenDiff = c2.getGreen() - gruen;
   }
   public void paint(Graphics g) {
      int xMax = getSize().width, yMax = getSize().height;
      for (int x = 0; x < xMax; x++)
         for (int y = 0; y < yMax; y++) {
            double d = x*y/(double)(xMax*yMax);
            g.setColor(new Color(rot + (int)(rotDiff*d), gruen + (int)(gruenDiff*d),
               blau + (int)(blauDiff*d)));
            g.drawLine(x, y, x, y);
         }
   }
   public Insets getInsets() {
      return new Insets(30, 60, 30, 60);
   }
   public static void main(String[] args) {
      Frame f = new Frame("Farb-Test");
      FarbPanel pan = new FarbPanel(Color.black, Color.red);
      pan.add(new Button("Ok"));
      f.add(pan);
      f.pack();
      f.setVisible(true);
   }
}
```

Zwei interessante Instanzmethoden, mit denen man eine hellere bzw. dunklere Version einer Farbe erzeugen kann, sind brighter bzw. darker. Ihre Wirkung kann man sich veranschaulichen, wenn man beispielsweise im letzten setColor-Aufruf folgende Änderung vornimmt:

```
g.setColor(new Color(rot + ..... + (int)(blauDiff*d)).brighter().brighter());
```

Neben der RGB-Darstellung unterstützt die Klasse Color auch die HSB-Darstellung von Farben („Hue"-„Saturation"-„Brightness", Grundfarbe-Sättigung-Helligkeit). Diese drei Werte werden als floats spezifiziert. Mit der Klassenmethode getHSBColor(float, float, float) erhält man ein Color-Objekt in dieser Darstellung; beide Farbdarstellungen können mittels HSBtoRGB bzw. RGBtoHSB ineinander umgerechnet werden.

19.2 Bilder laden und anzeigen

Bilder werden in Java durch Objekte der Klasse Image repräsentiert. In aller Regel werden sie aus Dateien geladen. Momentan werden dabei die beiden Bildformate GIF und JPEG unterstüzt. Images sind jedoch keine Komponenten, sondern die im Speicher gehaltenenen Pixeldaten eines Bildes. Um sie anzuzeigen, muß man sie explizit in eine Komponente zeichnen.

19.2.1 Grundlegende Methoden

Das Laden eines Bildes aus dem lokalen Dateisystem ist ein systemspezifischer Vorgang, der wieder von der Klasse Toolkit (19.1.2) unterstützt wird. Mit einem Aufruf der Toolkit-Methode getImage(String) kann eine Datei im GIF- oder JPEG-Format geladen werden, wobei der Dateiname als Argument übergeben wird. Als Resultat erhalten wir ein Objekt des Typs Image.

Da für Applets Dateizugriffe bei den standardmäßigen Sicherheitseinstellungen nicht möglich sind, besitzt die Klasse Applet eine eigene Methode getImage(URL) bzw. getImage(URL, String). In der ersten Form lädt getImage das Bild am entsprechenden URL; in der zweiten Form wird mit der Zeichenkette der Pfad oder Dateiname des Bildes relativ zum URL (dem ersten Argument) spezifiziert. Meist wird man die zweite, flexiblere Variante wählen und als URL lediglich getCodeBase() angeben – das ist der URL der HTML-Datei, in der sich das Applet befindet bzw. der URL, der im Applet-Marker mittels codebase = ... spezifiziert ist.

Ein Bild wird also für stand-alone Anwendungen und Applets in leicht unterschiedlicher Weise geladen:

```
Image bild = Toolkit.getDefaultToolkit().getImage("bild1.gif");
   // für stand-alone Anwendungen
Image bild = getImage(getCodeBase(), "bild1.gif");
   // für Applets
```

Image ist eine abstrakte Klasse, die jede VM durch eine plattformabhängige Subklasse implementiert. Da ein Image-Objekt keine Komponente ist, muß es wie die geometrischen Figuren oder Schrift (19.1.1, 19.1.2) in das Graphics-Objekt einer Komponente gezeichnet werden. Dazu ist eine Methode drawImage(Image, int, int, ImageObserver) deklariert. Sie zeichnet ein Bild an die angegebene Position. Den letzten Parameter besprechen wir erst später im Detail; hier ist meistens als Argument nochmals die Komponente, in die gezeichnet wird, zu übergeben.

Das Einfachstbeispiel für die Anzeige eines Bildes sieht demnach wie folgt aus:

```
// EinfacheBildAnzeige.java

import java.awt.*;

class EinfacheBildAnzeige extends Component {
    Image bild;
    int breite, hoehe;
    EinfacheBildAnzeige(Image bild, int breite, int hoehe) {
        this.bild = bild;
        this.breite = breite;
        this.hoehe = hoehe;
    }
    public void paint(Graphics g) {
        g.drawImage(bild, 0, 0, this);
    }
    public Dimension getPreferredSize() {
        return new Dimension(breite, hoehe);
    }
    public static void main(String[] args) {
        Frame f = new Frame("Einfache Bildanzeige");
        Image bild = Toolkit.getDefaultToolkit().getImage("bilder/vogel.gif");
        EinfacheBildAnzeige ba = new EinfacheBildAnzeige(bild, 300, 300);
        f.add(ba);
        f.pack();
        f.setVisible(true);
    }
}
```

Breite und Höhe werden beim Konstruktoraufruf gesetzt und stellen die Bildgröße über pack und getPreferredSize auf 300×300 Pixel ein. Dies ist für das vorliegende Bild die richtige Größe, wie man erkennt, wenn man stattdessen z.B. 100×100 oder 200×400 vorgibt. Das Beispiel kann also noch dahingehend verbessert werden, daß die richtige Größe automatisch aus der Bilddatei übernommen wird.

Die Applet-Version dieses Beispiels fällt noch einfacher aus. Breite und Höhe müssen jetzt aber mittels width und height im Applet-Marker spezifiziert werden.

```
// EinfacheBildAnzeigeApplet.java

import java.awt.*;  import java.applet.*;

public class EinfacheBildAnzeigeApplet extends Applet {
   private Image bild;
   public void init() {
      bild = getImage(getCodeBase(), "bilder/vogel.gif");
   }
   public void paint(Graphics g) {
      g.drawImage(bild, 0, 0, this);
   }
}
```

Mit dem AWT ist es lediglich möglich, Bilder aus dem Dateisystem zu laden. Das Speichern von Bildern ist derzeit nicht vorgesehen.

19.2.2 Details zum Ladevorgang

Um rasch zu einem ersten Beispiel zu kommen, haben wir den Ladevorgang im letzten Abschnitt stark vereinfacht dargestellt. Tatsächlich bewirkt der Aufruf einer der getImage-Methoden nicht den Start des Ladevorgangs, sondern aus Effizienzgründen wird zunächst lediglich festgelegt, wo das betreffende Bild zu finden ist. Wenn es benötigt wird, etwa weil es gezeichnet werden soll oder weil seine Eigenschaften abgefragt werden, wird das Bild geladen – wenn wir es nicht verwenden, wird das Bild auch niemals geladen.

Sämtliche mit Bildern arbeitenden Methoden – die drawImage-Methode der Graphics-Klasse sowie die Methoden der Image-Klasse selbst, beispielweise getWidth und getHeight, mit denen man die Maße eines Bildes feststellen kann, oder getProperty, mit der weitergehende Eigenschaften eines Bildes ermittelt werden können, wie ein in der Bilddatei gespeicherter Kommentar – benutzen intern Threads. Ist das Bild noch nicht geladen und die Information deshalb noch nicht verfügbar, warten sie das Vorliegen der Informationen nicht ab, sondern terminieren sofort, benachrichtigen aber einen AWT-Thread, daß das entsprechende Bild geladen werden soll. getWidth und getHeight liefern in diesem Fall -1, getProperty liefert null, drawImage zeichnet das Bild nur soweit, wie Pixeldaten vorliegen, und gibt false als Resultat des Methodenaufrufs zurück. Es ist hier jedoch zu beachten, daß Breite und Höhe eines Bildes bekannt sind, lange bevor das Bild komplett geladen ist. Es kann daher sinnvoll sein, bereits während des Ladens einen getWidth- oder getHeight-Aufruf vorzunehmen.

Das Beispiel EinfacheBildAnzeige des letzten Abschnitts bewirkt also tatsächlich das Folgende: Mit getImage wird festgelegt, aus welcher Datei das Bild geladen werden soll; der Ladevorgang beginnt aber noch nicht. Erst mit dem Aufruf von setVisible, der repaint, dann paint und schließlich den drawImage-Aufruf nach sich zieht, wird der Ladevorgang in Gang gesetzt. Das Laden selbst wird von einem eigenen Thread, dem Image Fetcher, unabhängig von dem Thread, der drawImage ausgeführt hat, vorgenommen.

Dieser AWT-Thread informiert alle für ein Bild „registrierten" ImageObserver fortlaufend über den Fortgang des Ladeprozesses. Bei den Observer-Objekten handelt es sich um Objekte von Klassen, die das ImageObserver-Interface aus java.awt.image implementieren. Das Konzept gleicht dem Prinzip der Benachrichtigung von Listener-

Objekten über das Eintreten von AWT-Ereignissen. Das Registrieren erfolgt hier beim Aufruf von getWidth(ImageObserver), getHeight(ImageObserver) oder getProperty(String, ImageObserver). Wir hatten oben bereits gesehen, daß auch drawImage als letztes Argument einen derartigen Observer benötigt.

Das ImageObserver-Interface deklariert lediglich eine einzige Methode

```
boolean imageUpdate(Image img, int infoflags, int x, int y, int width, int height);
```

Sobald neue Informationen über ein zu ladendes Bild zur Verfügung stehen, wird die imageUpdate-Methode implizit aufgerufen. Der erste Parameter enthält eine Referenz auf das betreffende Bild. Die infoflags geben an, welcher Art die neue Information ist. Hierbei handelt es sich um ganzzahlige ImageObserver-Konstanten, die bitweise mit ODER (|) verknüpft sind.

Konstante	*Bedeutung*
WIDTH	Breite verfügbar
HEIGHT	Höhe verfügbar
SOMEBITS	Neue Pixeldaten verfügbar
ALLBITS	Alle Pixeldaten verfügbar (img vollständig geladen)
ERROR	Ein Fehler ist aufgetreten
FRAMEBITS	Alle Pixeldaten eines Frames verfügbar bei Bildern mit mehreren Frames (Animationen)
ABORT	Ladevorgang abgebrochen (i.d.R. wegen Fehler)

Wenn das Flag SOMEBITS gesetzt ist, das heißt, im Fall

```
(infoflags & ImageObserver.SOMEBITS) != 0
```

geben die Parameter x, y, width und height genau das Rechteck an, dessen Pixel neu eingetroffen sind.

Bereits die Klasse Component implementiert das ImageObserver-Interface. Dies hat es uns ermöglicht, in den beiden ersten Beispielen drawImage einfach mit this als letztem Argument aufzurufen. Die Standardimplementation von imageUpdate ruft solange repaint (und damit mittelbar paint) auf, bis das Bild vollständig geladen ist. Damit wird es Stück für Stück und schließlich komplett angezeigt.

Für die meisten Aufgaben wird das Überschreiben von Component.imageUpdate nicht erforderlich sein, da wir vieles mit einfachem drawImage erledigen und darüber hinaus die beiden Methoden prepareImage(Image, ImageObserver) und checkImage(Image, ImageObserver) der Klasse Component einsetzen können. prepareImage startet den Ladevorgang für ein Bild explizit, die zweite Methode liefert den Status (die infoflags) des Ladevorgangs als int.

Wie diese Methoden arbeiten, sieht man, wenn man die EinfacheBildAnzeige nun so erweitert, daß Bilder in der Größe gezeichnet werden, die genau ihren Abmessungen entsprechen. Im folgenden Beispiel erwartet die Komponente BildAnzeige, daß die Bildmaße vorliegen, bevor ihre Methode getPreferredSize aufgerufen wird. Um dies sicherzustellen, ist warteAufBildgroesse vor dem pack() für den verwendeten Frame aufzurufen.

```
// BildAnzeige.java

import java.awt.*;
import java.awt.image.*;

class BildAnzeige extends EinfacheBildAnzeige {
   BildAnzeige(Image bild) {
      super(bild, -1, -1);
      warteAufBildgroesse();
   }
   BildAnzeige(int breite, int hoehe) { super(null, breite, hoehe); }
   public Dimension getPreferredSize() {
      if (breite == -1)
         breite = bild.getWidth(this);
      if (hoehe == -1)
         hoehe = bild.getHeight(this);
      return new Dimension(breite, hoehe);
   }
   public void paint(Graphics g) {
      super.paint(g);
   }
   void warteAufBildgroesse() {
      prepareImage(bild, this);
      while (true) {
         int status = checkImage(bild, this);
         if ((status & ImageObserver.WIDTH) != 0
```

```
                && (status & ImageObserver.HEIGHT) != 0)
              break;
            try {
              Thread.sleep(5);
            } catch (InterruptedException ign) { }
          }
        }
        public static void main(String[] args) {
          Frame f = new Frame("Bildanzeige");
          Image bild = Toolkit.getDefaultToolkit().getImage("bilder/tempel.jpg");
          BildAnzeige ba = new BildAnzeige(bild);
          f.add(ba);
          f.pack();
          f.setVisible(true);
        }
      }
```

Der sleep-Aufruf dient hier zur Unterbrechung der vom main-Thread ausgeführten kompakten Schleife innerhalb von warteAufBildgroesse. Alternativ könnten wir die Priorität von main auf MIN_PRIORITY setzen, nachdem der Thread seine System-Threads gestartet hat, also z.B. nach Image bild = ... Mit dem Flackern beim Bildaufbau befassen wir uns weiter unten.

Den möglichen Einsatz einer überschriebenen Version von imageUpdate zeigt das nächste Beispiel, bei dem wir wieder eine Subklasse von EinfacheBildAnzeige deklarieren, die jetzt auch noch den ImageObserver implementiert. Bereits der Konstruktor des BildObservers ruft wait auf; da er selbst nicht synchronized sein kann, wird dazu warteAufBildgroesse benutzt. Erst wenn die Bildmaße bekannt sind, ruft die imageUpdate-Methode notify auf und setzt die weitere Abarbeitung von main wieder in Gang. (Das BildObserver-Objekt agiert bei diesen wait/notify-Aufrufen gleichzeitig als Vermittler und als Konsument.)

```
// BildObserver.java

import java.awt.*;
import java.awt.image.*;
import java.io.*;
```

```
class BildObserver extends EinfacheBildAnzeige implements ImageObserver {
   BildObserver(Image bild) {
      super(bild, -1, -1);
      prepareImage(bild, this);
      warteAufBildgroesse();
   }
   public Dimension getPreferredSize() {
      return new Dimension(breite, hoehe);
   }
   public void paint(Graphics g) {
      super.paint(g);
   }
   synchronized void warteAufBildgroesse() {
      try {
         wait();
      } catch (InterruptedException ign) { }
   }
   public synchronized boolean imageUpdate(Image bild, int flags, int x, int y,
         int width, int height) {
      if ((flags & ImageObserver.ERROR) != 0) {
         new PrintWriter(System.err, true).println("Fehler beim Laden des Bildes");
         System.exit(1);
      }
      if ((flags & ImageObserver.ALLBITS) != 0) {
         repaint();
         return false;
      }
      if (breite == -1 || hoehe == -1) {
         if ((flags & ImageObserver.WIDTH) != 0)
            breite = bild.getWidth(this);
         if ((flags & ImageObserver.HEIGHT) != 0)
            hoehe = bild.getHeight(this);
         if (breite != -1 && hoehe != -1)
            notify();
      }
      return true;
   }
```

```
    public static void main(String[] args) {
        Frame f = new Frame("Bildanzeige mit Observer");
        Image bild = Toolkit.getDefaultToolkit().getImage("bilder/tempel.gif");
        f.add(new BildObserver(bild));
        f.pack();
        f.setVisible(true);
    }
}
```

Die Anzeige des Bildes wird erst dann durch den repaint-Aufruf ausgelöst, wenn das Bild komplett vorliegt. Es ist Konvention, einen imageUpdate-Aufruf mit return true; zu beenden, wenn weitere Image-Informationen benötigt werden, und durch return false; anzuzeigen, daß für dieses Bild keine weiteren Aufrufe von imageUpdate mehr erforderlich sind. Wie oft imageUpdate implizit aufgerufen wird und welche Bildausschnitte jeweils gelesen wurden, sieht man, wenn man die Anweisung

```
if ((flags & ImageObserver.SOMEBITS) != 0)
    new PrintWriter(System.out, true).println(x + "  " + y + "  " + width + "  " + height);
```

vor dem return true in den Methodenrumpf aufnimmt. Durch die Verzögerung der Bildanzeige ist das Flackern fast vollständig reduziert worden. Andere, zum Teil einfachere Verfahren besprechen wir in Abschnitt 19.3.2.

Eine weitere Möglichkeit, Bilder vor dem drawImage-Aufruf komplett zu laden und zusätzlich detaillierte Informationen über den Ladevorgang zu erhalten, ist mit der Verwendung eines MediaTracker-Objekts gegeben. Dieses wird mittels MediaTracker(Component) erzeugt, wobei die zu verfolgenden Bilder auf der angegebenen Komponente gezeichnet werden sollen.

Ein MediaTracker kann die Übersicht gleich über mehrere Bilder behalten und führt dazu eine *Beobachtungsliste*. Mit addImage(Image, int) kann man der Beobachtungsliste ein Bild hinzufügen; das int-Argument wird als Bild-Index zu Gruppierungszwecken benutzt. Mehrere Bilder können denselben Index haben und gehören dann zur selben Gruppe. Wir werden unten sehen, daß es Operationen gibt, die man mit einem einzigen Methodenaufruf auf alle Bilder in einer Gruppe anwenden kann. Der Bild-Index hat noch eine zweite Interpretation als Priorität, mit der das Bild geladen werden soll – je kleiner der Wert, desto früher wird geladen. Garantien für die Reihenfolge beim Beenden des Ladevorgangs gibt es jedoch nicht. removeImage(Image) entfernt das spezifizierte Bild wieder aus der Liste.

Mit checkAll kann man feststellen, ob bereits alle Bilder in der Beobachtungsliste geladen sind, mit checkID(int) wird dies für alle Bilder mit dem spezifizierten Index geprüft. Mit checkAll(boolean) bzw. checkID(int, boolean) wird der Ladevorgang gleichzeitig in Gang gebracht, falls das boolean-Argument true ist. isErrorAny bzw. isErrorID(int) liefert true, falls beim Laden eines der Bilder bzw. eines der Bilder in der Gruppe Fehler aufgetreten sind. waitForAll bzw. waitForID(int) wartet darauf, daß der Ladevorgang für alle Bilder bzw. alle Bilder einer Gruppe abgeschlossen ist; diese beiden Methoden werfen eine InterruptedException aus, wenn sie von einem anderen Thread unterbrochen werden.

Eine einfache Anwendung des MediaTracker-Objekts besteht darin, Bilder nicht asynchron zu laden und anzuzeigen, sondern mit dem Zeichnen zu warten, bis alle Bilder eingelesen worden sind. Im folgenden Beispiel wartet der BildTracker, bis alle 25 Bilder geladen sind. Die für die einzelnen Bilder im GridLayout der Komponente reservierten Zeichenbereiche haben jeweils als Breite bzw. Höhe die maximale Breite bzw. Höhe aller 25 Einzelbilder (im Beispiel 213×142 Pixel).

```
// BildTracker.java

import java.awt.*;

class BildTracker extends EinfacheBildAnzeige {
   public BildTracker(Image bild) {
      super(bild, -1, -1);
   }
   public Dimension getPreferredSize() {
      breite = bild.getWidth(this);
      hoehe = bild.getHeight(this);
      return new Dimension(breite, hoehe);
   }
   public void paint(Graphics g) {
      super.paint(g);
   }
   public static void main(String[] args) {
      Frame f = new Frame("Bildanzeige mit MediaTracker");
      f.setLayout(new GridLayout(5, 5));
      MediaTracker tracker = new MediaTracker(f);
      for (int i = 0; i < 25; i++) {
```

```
            Image bild = Toolkit.getDefaultToolkit().getImage("bilder/tier" + i + ".gif");
            f.add(new BildTracker(bild));
            tracker.addImage(bild, 0);
        }
        try {
            tracker.waitForAll();
        } catch (InterruptedException ign) { }
        f.pack();
        f.setVisible(true);
    }
}
```

In den weiteren Abschnitten befassen wir uns mit Aspekten, die mehr zum Arbeiten mit Grafiken und Bildern als solchen gehören, z.B. mit Animationen und Filtern. Obwohl die Beschäftigung mit Grafik-Problemen, die direkt mit dem Aufbau einer Benutzerschnittstelle verbunden sind, wie beispielsweise Icon-, Bild-Button- oder Toolbar-Erzeugung sicher für Java-Programmierer dringlicher wäre, gehen wir hier nicht auf sie ein. Alle auf dem AWT aufbauenden Lösungen wären im Vergleich zu denen, die das derzeit in der Entwicklung befindliche „Swing"-Paket der *Java Foundation Classes* (JFC) bieten wird, umständlich und langwierig.

19.3 Animationen

19.3.1 Daumenkino-Animationen

Unter einer Animation im weiteren Sinne versteht man jede Grafik, die sich mit der Zeit verändert. Meistens läuft eine Animation unabhängig von der Ausführung des sonstigen Programmflusses und wird von einem separaten Thread kontrolliert, den man oft den *Motor* der Animation nennt.

Eine besonders einfache Art von Animation sind die sogenannten GIF-Animationen. Hier sind mehrere Einzelbilder („Frames") in einer Datei gespeichert, die nach dem Prinzip eines Daumenkinos hintereinander gezeichnet werden sollen, so daß der Eindruck von Bewegung entsteht. Die Image-Klasse unterstützt auch solche animierten GIF-Bilder: man kann sie wie Einzelbilder mit getImage laden und mit der drawImage-Methode eines Graphics-Objekts in eine Komponente zeichnen. Ein AWT-Thread sorgt dann automatisch für den Ablauf der Animation.

Als Beispiel können wir jede Bild-Klasse aus dem Abschnitt 19.2 heranziehen und das statische Bild durch ein animiertes GIF ersetzen. Ein fertiges Beispiel ist /OOPinJava/kapitel19/GIFAnimation.java.

Der einfachen Benutzung solcher GIF-Animationen steht ihre beschränkte Konfigurierbarkeit gegenüber. Weder läßt sich die Geschwindigkeit der Animation regeln, noch kann man feststellen, was gerade angezeigt wird. Auch der Abbruch an einer bestimmten Stelle ist unmöglich. Lediglich durch Übermalen mit einem anderen Bild wird die Animation gestoppt.

Frei gestalten kann man eine Daumenkino-Animation, wenn man sie selbst implementiert. Dazu erzeugt man einen Thread, der zyklisch neue Bilder zum „aktuellen" Bild einer bildanzeigenden Komponente deklariert und dann deren repaint-Methode aufruft. Das folgende Beispiel zeigt eine solche Animation und verknüpft sie mit einem Scrollbar, über den ihre Ablaufgeschwindigkeit geregelt werden kann. Das Beispiel illustriert noch einmal die Anwendung eines MediaTrackers: würde die init-Methode nicht mittels waitForAll warten, bis alle Bilder der Animation geladen sind, so würden deren Bilder anfangs nur unvollständig gezeichnet werden. Wir haben dieses Beispiel als Applet implementiert und dabei die in 17.7 vorgeschlagenen Empfehlungen berücksichtigt.

```
// Daumenkino.java

import java.awt.*;

class Daumenkino extends Component implements Runnable {
   private int index, verzoegerung;
   private Thread motor;
   private Image[] bilder;
   Daumenkino(Image[] bilder) {
      this.bilder = bilder;
      verzoegerung = 100;
   }
   void verzoegerung(int v) {
      verzoegerung = v;
   }
   void starteFilm() {
      if (motor == null) {
         motor = new Thread(this);
```

```
            motor.setPriority(Thread.MIN_PRIORITY);
            motor.start();
        }
    }
    void zeigeBild(int i) {
        index = i;
        repaint();
    }
    void stoppeFilm() { motor = null; }
    public void run() {
        while(Thread.currentThread() == motor) {
            index = (index + 1)%bilder.length;
            zeigeBild(index);
            try {
                Thread.sleep(verzoegerung);
            } catch (InterruptedException ign) { }
        }
    }
    public void paint(Graphics g) {
        g.drawImage(bilder[index], 0, 0, this);;
    }
    public Dimension getPreferredSize() {
        return new Dimension(100, 100);
    }
}
```

```
// DaumenkinoApplet.java

import java.applet.*;
import java.awt.*;
import java.awt.event.*;

public class DaumenkinoApplet extends Applet {
    private Daumenkino dk;
    private final int MAX_TEMPO = 200;
```

```
    public void init() {
        Image[] bilder = new Image[25];
        MediaTracker tracker = new MediaTracker(this);
        for (int i = 0; i < 25; i++) {
            bilder[i] = getImage(getCodeBase(), "bilder/scene" + (i+1) + ".gif");
            tracker.addImage(bilder[i], 0);
        }
        try {
            tracker.waitForAll();
        } catch (InterruptedException ign) { }
        dk = new Daumenkino(bilder);
        Scrollbar tempoWahl = new Scrollbar(Scrollbar.HORIZONTAL, 100,
            1, 5, MAX_TEMPO);
        tempoWahl.addAdjustmentListener(new TempoListener());
        setLayout(new BorderLayout());
        add(dk, BorderLayout.CENTER);
        add(tempoWahl, BorderLayout.SOUTH);
    }
    public void start() { dk.starteFilm(); }
    public void stop() { dk.stoppeFilm(); }
    class TempoListener implements AdjustmentListener {
        public void adjustmentValueChanged(AdjustmentEvent e) {
            dk.verzoegerung(MAX_TEMPO - e.getValue());
        }
    }
}
```

19.3.2 Das Flackern vermeiden – Doublebuffering

Einige der bisherigen Beispiele, insbesondere die BildAnzeige sowie die Daumenkino-Animation, flackern; im letzten Beispiel wird dies besonders deutlich, wenn man die Verzögerung zwischen den Bildwechseln herabsetzt.

Der Grund für das Flackern ist, daß standardmäßig vor jedem Aufruf von paint das Bild gelöscht, d.h. mit der Hintergrundfarbe ausgemalt wird. Um hiergegen Abhilfe zu schaffen, müssen wir dieses Phänomen genauer verstehen und uns zunächst noch etwas gründlicher mit dem Darstellungsprozeß der AWT-Komponenten befassen.

Im Abschnitt 18.3 hatten wir schon kurz besprochen, daß jede AWT-Komponente wie Button, Frame usw. ein zugehöriges Peer-Objekt besitzt. Dieses ist plattformspezifisch implementiert und verantwortlich für unterschiedliches Aussehen und im Detail auch unterschiedliches Verhalten der einzelnen Komponenten.

Da jeder Peer Systemressourcen belegt, spricht man auch von *Heavyweight*-Komponenten. Im Gegensatz dazu stehen *Lightweight*-Komponenten, die ohne korrespondierende Peer-Objekte erzeugt werden, also vollständig in Java implementiert sind. Diese sind folglich auch in Aussehen und Verhalten systemunabhängig. Lightweight-Komponenten entstehen dadurch, daß man eigene Klassen als direkte Subklassen von Component oder Container deklariert. Jede Anwendung benötigt aber zur Anzeige ihrer Komponenten, gleich, ob es sich um AWT-Komponenten oder selbst deklarierte Lightweight-Komponenten handelt, einen äußeren (heavyweight) AWT-Container – meist benutzt man hierzu einen Frame. Ebenso werden die in einem Applet enthaltenen Komponenten im Browser-Frame dargestellt; wie man diesen finden kann, haben wir im WindowTest-Applet in 18.1.5 gezeigt. Dieser äußerste Container ist letztlich aus Sicht des Systems für die Anzeige aller seiner Komponenten verantwortlich.

Der Darstellungsprozeß der Komponenten wird durch einen oder mehrere AWT-Threads gesteuert. Diese können entweder durch eine Benutzeraktivität, z.B. das Verändern der Größe eines Fensters, oder durch einen expliziten repaint-Aufruf darüber informiert werden, daß eine bestimmte Komponente neu zu zeichnen ist. Nicht jede derartige Aufforderung muß sofort umgesetzt werden, sondern es steht dem AWT aus Effizienzgründen frei, mehrere aufeinanderfolgende Aufrufe von repaint zusammenzufassen. Die konkrete Umsetzung hängt nun davon ab, ob es sich um eine Heavyweight- oder eine Lightweight-Komponente handelt.

Für Heavyweight-Komponenten stellt ein AWT-Thread den Grafik-Kontext der Komponente fest und ruft dann ihre update-Methode auf. Diese löscht den Hintergund und ruft selbst paint auf – leicht vereinfacht ist die Methode so deklariert:

```
public void update(Graphics g) {
   g.setColor(getBackground());
   g.fillRect(0, 0, width, height);
   g.setColor(getForeground());
   paint(g);
}
```

Für Lightweight-Komponenten hingegen wird die update-Methode des innersten Heavyweight-Containers aufgerufen, in dem sie enthalten ist. Diese löscht dann ebenfalls den Hintergrund des gesamten Containers und ruft wieder die paint-Methode des Containers auf, die ihrerseits paint für alle im Container enthaltenen Komponenten aufruft. Die update-Methode einer Lightweight-Komponente wird also nie aufgerufen.

Das Flackern beim Aufbau eines statischen Bildes können wir nun leicht dadurch ausschalten, daß wir eine überschriebene Version der Methode update implementieren – für Heavyweight-Komponenten in der Komponente selbst, für Lightweight-Komponenten in der Klassendeklaration des nächsten umgebenden Heavyweight-Containers. Da das wiederholte Löschen des Bildhintergrunds in dieser Situation völlig überflüssig ist, deklarieren wir update einfach als:

```
public void update(Graphics g) {
   paint(g);
}
```

Beim BildAnzeige-Beispiel handelt es sich um eine Lightweight-Komponente. Hier gehört die verkürzte update-Deklaration also nicht in die Komponente (BildAnzeige), sondern in den umgebenden Container (Frame). Das Beispiel arbeitet ohne zu flackern, wenn wir eine flackerfreie Frame-Klasse wie folgt deklarieren:

```
class FlackerFreiFrame extends Frame {
   FlackerFreiFrame(String titel) {
      super(titel);
   }
   public void update(Graphics g) {
      paint(g);
   }
}
```

und in main das Frame-Objekt durch Frame f = new FlackerFreiFrame("Flackerfreie Bildanzeige") erzeugen (siehe /OOPinJava/kapitel19/anzeige2/BildAnzeige.java).

Bei Animationen hat dieser Ansatz oft nicht den gewünschten Effekt. Dies ist am Daumenkino-Beispiel noch nicht zu erkennen, da dort die einzelnen Szenen nicht nur die drei Figuren, sondern auch den weißen Hintergrund enthalten. Wir betrachten daher eine neue Animation mit „pulsierenden" Polygonen. Bei diesem Beispiel kommt es wesentlich auf das Zeichnen der Polygone an; die Berechnung der Position der Polygone im Konstruktor oder das Dehnen und Schrumpfen in der Methode run ist nur für besonders Interessierte relevant, die die Quellen wieder im Verzeichnis /OOPinJava/kapitel19 finden. In seiner ersten Version zeigt PulsPolygon noch den bekannten Flackereffekt.

```
// PulsPolygon.java

import java.awt.*;

class PulsPolygon extends Component implements Runnable {
   private Point schwerpunkt;
   private int[] xKoord, yKoord, dx, dy, xn, yn;
   private int laenge, schritte;
   private double dehnung;
   private Color col;
   PulsPolygon(int[] x, int[] y, int s, double d, Color c) {
   ..... Polygon positionieren
   }
   void startePuls() {
      Thread motor = new Thread(this);
      motor.setPriority(Thread.MIN_PRIORITY);
      motor.start();
   }
   public void run() {
      while (true) {
         for (int s = 1; s <= schritte; s++) {
            ..... Polygon dehnen/schrumpfen
            repaint();
         }
      }
   }
   public void paint(Graphics g) {
      g.setColor(col);
      g.fillPolygon(xn, yn, laenge);
   }
   public Dimension getPreferredSize() {
      return new Dimension(100, 100);
   }
```

```
    static void test(Frame f) {
        f.setLayout(new GridLayout(2, 2));
        int[] x = { 20, 30, 50, 60, 40 }, y = { 40, 60, 65, 45, 20 };
        PulsPolygon[] ppg = {
            new PulsPolygon(x, y, 30, 0.5, Color.red),
            new PulsPolygon(x, y, 30, 0.7, Color.yellow),
            new PulsPolygon(x, y, 20, 0.5, Color.blue),
            new PulsPolygon(x, y, 40, 1.0, Color.green)
        };
        for (int i = 0; i < ppg.length; i++)
            f.add(ppg[i]);
        f.pack();
        f.setVisible(true);
        for (int i = 0; i < ppg.length; i++)
            ppg[i].startePuls();
    }
    public static void main(String[] args) {
        PulsPolygon.test(new Frame("Pulsierende Polygone"));
    }
}
```

Wenn man nun das Flackern wieder durch die vereinfachte update-Version verhindern will, indem man beispielsweise im obigen Programm in der main-Methode Frame durch FlackerFreiFrame ersetzt, stellen sich unerwünschte Effekte ein. Da Reste des alten Bildes stehenbleiben, wird das Schrumpfen der Figuren durch die vorherige größere Figur verdeckt.

Um das Flackern von Animationen zu verhindern, bedient man sich deshalb der Technik des *Doublebuffering*: Das Löschen und Neuzeichnen einer Komponente wird nicht direkt im sichtbaren Grafik-Kontext vorgenommen, sondern zunächst im Grafik-Kontext eines nicht angezeigten Bildes, dem „zweiten Puffer". Durch diesen wird dann die alte Darstellung der Komponente ersetzt.

Als erstes ist auch hier das Löschen der Komponente selbst auszuschalten, indem wir update wieder durch die Minimal-Version, die lediglich den Aufruf paint(g) enthält, überschreiben.

Und um zweitens das Bild der Komponente zunächst in einem Puffer anzufertigen und diesen dann anzuzeigen, müssen wir die entsprechende paint-Methode verändern.

Es muß ein Bildpuffer in den Maßen der Komponente erzeugt und das zugehörige Graphics-Objekt ermittelt werden; dann werden alle Veränderungen einschließlich der Löschung des Hintergrunds an dem Graphics-Objekt dieses Puffers vorgenommen, und schließlich wird der Pufferinhalt mit drawImage angezeigt. Hierzu sind nur wenige Codezeilen erforderlich:

```
Image puffer;
Graphics pg;
public void paint(Graphics g) {
   if (puffer == null) {
      puffer = createImage(getSize().width, getSize().height);
      pg = puffer.getGraphics();
   }
   pg.clearRect(0, 0, getSize().width - 1, getSize().height - 1);
   ..... wie zuvor, jetzt aber pg statt g
   g.drawImage(puffer, 0, 0, this);
}
```

Aus Effizienzgründen erzeugen wir hier Bildpuffer und Grafik-Kontext nicht bei jedem paint-Aufruf neu, sondern verhindern ihre Zerstörung dadurch, daß die Instanzvariablen puffer bzw. pg Referenzen auf sie speichern. Soll eine Komponente ihre Größe ändern können, muß noch zusätzlich vor der Verwendung des Bildpuffers geprüft werden, ob sich die Größe der Komponente geändert hat, und gegebenenfalls ist ein neuer Puffer in der passenden Größe zu erzeugen.

Da es sich bei der Klasse PulsPolygon des letzten Beispiels um eine Lightweight-Komponente handelt, genügt es, sie in einem Container mit Doublebuffering darzustellen, um das Flackern zu beseitigen:

```
// DoubleBufferFrame.java

import java.awt.*;

class DoubleBufferFrame extends Frame {
   private Image puffer;
   private Graphics pg;
   DoubleBufferFrame(String titel) {
      super(titel);
   }
```

```
    public void update(Graphics g) {
      paint(g);
    }
    public void paint(Graphics g) {
      if (puffer == null) {
        puffer = createImage(getSize().width, getSize().height);
        pg = puffer.getGraphics();
      }
      pg.clearRect(0, 0, getSize().width - 1, getSize().height - 1);
      super.paint(pg);        // NICHT vergessen
      g.drawImage(puffer, 0, 0, this);
    }
  }
```

In der Methode paint des DoubleBufferFrames rufen wird die paint-Methode der Superklasse auf, da diese in der Standardimplementation für alle ihre Komponenten paint aufruft, vgl. die Erläuterungen am Beginn des Abschnitts. Die Wirkung des zweiten Puffers können wir nun wie folgt testen:

```
// FlackerTest.java

class FlackerTest {
  public static void main(String[] args) {
    PulsPolygon.test(new
      DoubleBufferFrame("Flackerfrei pulsierende Polygone"));
  }
}
```

Durch den Aufruf super.paint(pg) werden alle Komponenten des DoubleBufferFrames neu gezeichnet, hier wird also für alle vier pulsierenden Polygone ppg[0], ..., ppg[3] deren paint-Methode aufgerufen. Ohne den paint-Aufruf für die Superklasse des Containers werden die Polygone nie angezeigt, es sei denn, wir würden den paint-Aufruf für alle im DoubleBufferFrame-Objekt enthaltenen Komponenten selbst implementieren und in DoubleBufferFrame.paint aufnehmen.

Um neue Bilder mit der Methode createImage(int, int) erzeugen zu können, muß eine Komponente Zugang zu einem Peer-Objekt haben. Bei einem Applet genügt dazu, daß sie mit der add-Methode in das Applet (den Container) aufgenommen wurde, bei einer stand-alone Anwendung werden die Peer-Objekte durch pack, setVisible, show oder einen expliziten Aufruf von addNotify für das Window- oder Frame-Objekt (den Container) erzeugt. Andernfalls liefert createImage lediglich null.

Obwohl dies in der AWT-Dokumentation nicht vermerkt ist, besitzen nur die speziell mit einem derartigen createImage-Aufruf erzeugten Image-Objekte auch ein Graphics-Objekt. Bei aus dem Dateisystem oder über das Netz geladenen Bildern sowie bei durch Filter erzeugten Bildern wirft der Versuch, mittels getGraphics auf den Grafik-Kontext zuzugreifen, die Ausnahme java.lang.IllegalAccessError aus.

Die Methode createImage stellt deshalb keine allgemein verwendbare Möglichkeit zum Erzeugen neuer Bilder dar, sondern ist speziell auf komponentenspezifische Aufgaben wie das Doublebuffering zugeschnitten. Eine weitere Einsatzmöglichkeit eines solchen Bildpuffers wäre beispielsweise die Erzeugung eines Hintergrunds wie in unserem FarbPanel: hier ist es sinnvoller, den Hintergrund nicht bei jedem paint-Aufruf neu zu berechnen, sondern lediglich einmal in einem gepufferten Image zu konstruieren und dann jeweils nur noch mit drawImage anzuzeigen.

19.3.3 Die Beschleunigung von Animationen durch Clipping

In unseren bisherigen Beispielen wurde bei jedem Animationsschritt die gesamte Komponente neu gezeichnet. Für Animationen, bei denen sich jeweils nur ein kleiner Bereich einer größeren Komponente verändert, etwa wenn die Bewegung eines Objekts vor einem Hintergrund ausgeführt wird, ist es nicht sinnvoll, jedesmal die gesamte Komponente neu zu zeichnen. Unter *Clipping* versteht man die Technik, grafische Methoden nur auf einen Teil eines Graphics-Objekts wirken zu lassen, den man Clipping-Bereich nennt. Außerhalb dieses Bereichs werden die Operationen dann ignoriert. Für ein Graphics-Objekt kann man mit der Methode setClip(int, int, int, int) die x- und y-Koordinaten des Anfangspunkts sowie Breite und Höhe des Clipping-Bereichs setzen und mit getClip abfragen. Das Resultat von getClip ist vom Typ Shape. Hierbei handelt es sich um ein Interface, das bereits für allgemeinere Umrißformen ausgelegt ist, vom AWT derzeit aber nur durch die Klasse Rectangle implementiert wird. setClip ist auch in der Form setClip(Shape) überladen.

Flexibler als die direkte Verwendung dieser Graphics-Methoden innerhalb von paint ist die Angabe des Clipping-Bereichs bereits beim Auruf der Methode repaint. Diese ist neben der bisher immer verwendeten parameterlosen Form auch als repaint(int, int, int, int) überladen, wobei als Argumente analog zu setClip die Koordinaten und Maße eines Clipping-Rechtecks angegeben werden. Der für das Zeichnen der Komponente verantwortliche AWT-Thread setzt dann nicht nur automatisch den gewünschten Clipping-Bereich vor dem Aufruf von paint, sondern er berechnet auch die Vereinigung mehrerer solcher Bereiche, falls mehrere repaint-Anforderungen zu einem einzigen Aufruf zusammengefaßt werden. Da solche Clipping-Bereiche insbesondere auch dann benutzt werden, wenn eine Komponente teilweise von einem anderen Fenster verdeckt und wieder sichtbar wird, stellt diese implizite Verwendung des Clippings über repaint sicher, daß die Komponente in diesen Fällen auch wieder vollständig hergestellt wird. Es ist zu beachten, daß eine Spezifizierung des neu zu zeichnenden Bereichs beim Aufruf von repaint nur für Heavyweight-Komponenten möglich ist. Lightweight-Komponenten werden stets vollständig neu gezeichnet.

Im folgenden Beispiel wird die Bahn einer Billiardkugel simuliert. (Um das Beispiel einfacher zu halten, wird keine Reibung berücksichtigt, d.h. die Kugel rollt mit konstanter Geschwindigkeit.) Vor jedem Aufruf von repaint wird der Bereich berechnet, der neu gezeichnet werden muß. Er umfaßt die alte und die neue Position der Kugel; die alte Position wird benötigt, um die im vorherigen Schritt gezeichnete Kugel wieder mit der Hintergrundfarbe zu verdecken. Da das Clipping mittels repaint eine Heavyweight-Komponente voraussetzt, verwenden wir eine Subklasse von Canvas. Und zusätzlich implementieren wir Doublebuffering, wie es im letzten Abschnitt beschrieben wurde. Die dritte hervorzuhebende Eigenschaft des Beispiels ist eine besondere Synchronisation des die Bahn generierenden Threads, also des Motors der Animation, und des für das Zeichnen der Komponente verantwortlichen AWT-Threads. Um auszuschließen, daß – je nach Thread-Implementation – die Animation einfriert, sind Berechnung und Darstellung durch wait und notify aufeinander abgestimmt, das Billiard-Objekt tritt hier als Produzent, Vermittler und Konsument der zu zeichnenden Daten auf.

```
// Billiard.java

import java.awt.*;

class Billiard extends Canvas implements Runnable {
   private Image kugel, hintergrund, puffer;
   private int breite, hoehe, objektBreite, objektHoehe;
   private double x, y, xAlt, yAlt, vx, vy;
   private Rectangle bereich;
   private Graphics pg;
   Billiard(Image kugel, Image hintergrund) {
```

```
        this.hintergrund = hintergrund;
        this.kugel = kugel;
        MediaTracker tracker = new MediaTracker(this);
        tracker.addImage(kugel, 0);
        tracker.addImage(hintergrund, 0);
        try {
          tracker.waitForAll();
        } catch (InterruptedException ign) { }
        breite = hintergrund.getWidth(this);
        hoehe = hintergrund.getHeight(this);
        objektBreite = kugel.getWidth(this);
        objektHoehe = kugel.getHeight(this);
        xAlt = x = breite/2;
        yAlt = y = hoehe/2;
        vx = 3;
        vy = 1.5;
    }
    public synchronized void run() {
        while(true) {
            x += vx;
            y += vy;
            if (x < 0) {
                x = 0;
                vx = -vx;
            } else if (x > breite - objektBreite - 1) {
                x = breite - objektBreite - 1;
                vx = -vx;
            }
            if (y < 0) {
                y = 0;
                vy = -vy;
            } else if (y > hoehe - objektHoehe - 1) {
                y = hoehe - objektHoehe - 1;
                vy = -vy;
            }
            bereich = rechteck(xAlt, yAlt, objektBreite, objektHoehe).
                union(rechteck(x, y, objektBreite, objektHoehe));
```

```
            xAlt = x;
            yAlt = y;
            repaint(bereich.x, bereich.y, bereich.width, bereich.height);
            try {
                wait();
            } catch (InterruptedException ign) { }
        }
    }
    void starte() {
        Thread motor = new Thread(this);
        motor.setPriority(Thread.MIN_PRIORITY);
        motor.start();
    }
    public void update(Graphics g) {
        paint(g);
    }
    public Dimension getPreferredSize() {
        return new Dimension(breite, hoehe);
    }
    public synchronized void paint(Graphics g) {
        if (puffer == null) {
            puffer = createImage(breite, hoehe);
            g.drawImage(hintergrund, 0, 0, this);
            pg = puffer.getGraphics();
        }
        pg.setClip(g.getClip());
        pg.drawImage(hintergrund, 0, 0, this);
        pg.drawImage(kugel, (int)Math.round(x), (int)Math.round(y), this);
        g.drawImage(puffer, 0, 0, this);
        notify();
    }
    static Rectangle rechteck(double x, double y, double breite, double hoehe) {
        return new Rectangle((int)Math.round(x), (int)Math.round(y),
            (int)Math.round(breite), (int)Math.round(hoehe));
    }
    public static void main(String[] args) {
        Frame f = new Frame("Billiard-Test");
```

```
        Image kugel = Toolkit.getDefaultToolkit().getImage("bilder/BilliardKugel.gif"),
         hintergrundBild = Toolkit.getDefaultToolkit().getImage("bilder/BilliardBG.gif");
        Billiard bil = new Billiard(kugel, hintergrundBild);
        f.add(bil);
        f.pack();
        f.setVisible(true);
        bil.starte();
    }
}
```

Die im Beispiel verwendete Rectangle-Methode union berechnet die „Vereinigung" des Rechtecks mit dem als Argument übergebenen Rechteck. Als Resultat wird das kleinste Rechteck (wieder als Rectangle) geliefert, das beide Rechtecke enthält. Der Nutzen des Clippings wird anschaulich klar, wenn man den repaint-Aufruf in run durch ein einfaches repaint(); ersetzt.

19.4 Filter

Um eine größere Flexibilität in der Behandlung von Bildern zu erreichen, wurden in Java die beiden Aspekte der Erzeugung von Pixeln und der Darstellung dieser Pixel getrennt. Die Erzeugung wird durch das Interface ImageProducer, die Darstellung durch das Interface ImageConsumer beschrieben. ImageProducer, ImageConsumer und alle folgenden neuen Interfaces und Klassen dieses Abschnitts befinden sich im Paket java.awt.image. ImageProducer-Objekte erzeugen Pixeldaten (beispielsweise indem sie auf in GIF- oder JPEG-Formaten gespeicherte Bilddaten zugreifen), ImageConsumer-Objekte erzeugen aus den Pixeln ein Image, das dann in einen Grafik-Kontext gezeichnet werden kann. In allen Beispielen der Abschnitte 19.2 und 19.3 waren ImageProducer und ImageConsumer am Werk, ohne daß wir sie explizit erzeugt hätten; das AWT hat sie im Hintergrund automatisch bereitgestellt.

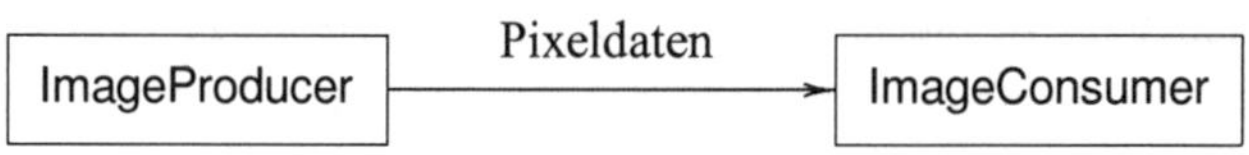

Es ist möglich, Bilddaten dadurch zu manipulieren – zu verkleinern, zu vergrößern, zu drehen, farblich zu verändern usw. –, daß man sie *filtert*, indem man zwischen den ImageProducer und den ImageConsumer einen Filter einschaltet. Filterobjekte sind Instanzen von Subklassen des „Null“-Filters ImageFilter, der die Pixeldaten ohne Veränderung passieren läßt.

Zusammen mit einem ImageProducer bildet ein ImageFilter einen neuen Producer, der Pixeldaten erzeugt. Andererseits implementiert ein ImageFilter das ImageConsumer-Interface und kann somit Daten konsumieren. Offensichtlich lassen sich daher beliebig viele solcher Filter kombinieren, so daß man komplexere Filter aus einfacheren Filter zusammenstellen kann.

Die folgende Abbildung zeigt einen Ausschnitt der Klassen und Interfaces aus dem Paket java.awt.image.

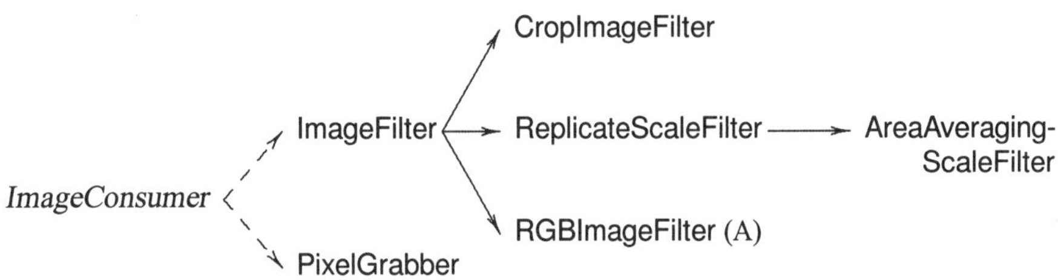

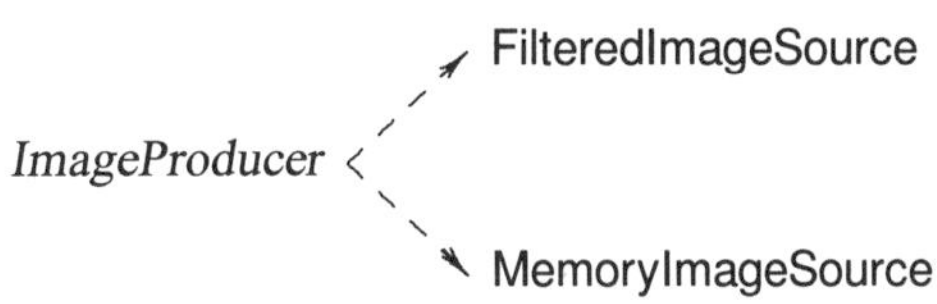

Die Zusammenarbeit zwischen einem ImageProducer und einem ImageFilter kann man dadurch erreichen, daß man den Filter beim Produzenten durch den Aufruf seiner addConsumer-Methode als Konsument registrieren läßt und umgekehrt dafür sorgt, daß der Produzent dem Filter (Konsumenten) Bildinformationen und Pixeldaten durch den Aufruf von dessen Methoden übermittelt.

Einfacher ist es, diese Arbeiten einem FilteredImageSource-Objekt zu übertragen, das einen ImageProducer und einen ImageFilter zu einem neuen ImageProducer kombiniert und den Nachrichtenversand übernimmt.

Wir werden zunächst fertige Filter besprechen und zur Verknüpfung mit dem Image-

Producer jeweils ein FilteredImageSource-Objekt verwenden. Erst anschließend gehen wir genauer auf die Filtermethoden ein und schreiben eigene Filter als Subklassen des ImageFilters.

19.4.1 Die Verwendung fertiger Filter

Mit jedem Bild ist ein ImageProducer assoziiert, den der Aufruf von getSource liefert. Zur Verbindung mit einem Filter ist in der Klasse FilteredImageSource der Konstruktor FilteredImageSource(ImageProducer, ImageFilter) deklariert. Das gefilterte Bild erhält man dann durch den Aufruf der createImage-Methode mit dem neu konstruierten ImageProducer als Argument. Dieser Aufruf führt schließlich zur Konstruktion des ImageConsumers, der hier, wie in den meisten unserer Anwendungen, völlig im Hintergrund agiert.

Die Methode createImage(ImageProducer) ist in der Klasse Toolkit deklariert, und auch in der Klasse Component existiert sie als überladene Version der bereits bekannten Methode createImage(int, int).

Die vier Schritte könnten etwa wie folgt aussehen:

```
ImageFilter filter = new XYZFilter();                       // Filter erzeugen
Toolkit tk = Toolkit.getDefaultToolkit();
ImageProducer alt = tk.getImage("bild.jpg").getSource(),   // Producer feststellen
   neu = new FilteredImageSource(alt, filter);           // neuen Producer erzeugen
Image bild = tk.createImage(neu);                           // neues Bild erzeugen
```

Wir betrachten als ersten der drei fertigen Filter aus java.awt.image den CropImageFilter. Er hat einen Konstruktor CropImageFilter(int, int, int, int) und schneidet aus einem Bild einfach das Rechteck mit dem angegebenen Ursprung und den spezifizierten Abmessungen heraus. Eine sehr einfache Anwendung dieses Filters zeigt:

```
// AusschnittFilter.java

import java.awt.*;
import java.awt.event.*;
import java.awt.image.*;

class AusschnittFilter {
   public static void main(String[] args) {
```

```
        final Frame f = new Frame("Ausschnitt-Filter");
        final Image orig = Toolkit.getDefaultToolkit().getImage("bilder/vogel.gif");
        BildAnzeige ba = new BildAnzeige(orig);
        final int b = 100, h = 100;
        ba.addMouseListener(new MouseAdapter() {
            public void mousePressed(MouseEvent e) {
                ImageFilter filter = new CropImageFilter(e.getX(), e.getY(), b, h);
                ImageProducer prod =
                    new FilteredImageSource(orig.getSource(), filter);
                Image ausschnitt = f.createImage(prod);
                Window win = new Window(f);
                win.add(new BildAnzeige(ausschnitt));
                win.setSize(b, h);
                win.show();
            }
        });
        f.add(ba);
        f.pack();
        f.show();
    }
}
```

Hier ist mit dem Originalbild ein MouseListener verknüpft. Bei einem Mausdruck wird an dieser Stelle ein 100×100 Pixel großes Bild herausgeschnitten und in einem eigenen Fenster angezeigt. Es sind noch keinerlei Vorkehrungen getroffen, die sicherstellen, daß der dem CropImageFilter übergebene Bereich sich auch tatsächlich innerhalb des Originals befindet. Ein weiteres Beispiel, in dem ein Bild in verschiedene Teile zerschnitten und zufällig neu zusammengesetzt wird, findet man unter /OOPinJava/kapitel19/Puzzle.java.

Die beiden anderen fertigen Filter sind ReplicateScaleFilter mit dem Konstruktor ReplicateScaleFilter(int, int) und seine Subklasse AreaAveragingScaleFilter mit dem Konstruktor AreaAveragingScaleFilter(int, int). Bei ihnen handelt es sich um *Skalierungsfilter*, die ein Bild auf die angegebenen Maße (Breite×Höhe) vergrößern oder verkleinern. Beide Klassen unterscheiden sich nur durch den beim AreaAveragingScaleFilter aufwendigeren Skalierungsalgorithmus.

Skalierungsfilter sind sehr dicht in die mit Bildern arbeitenden Methoden der Graphics-Klasse sowie mit der Image-Klasse selbst verwoben. Die mit einem der beiden Filter skalierte Variante eines Bildes kann man einfacher auch direkt mit der Image-Methode getScaledInstance(int, int, int) erzeugen, wobei die beiden ersten Argumente Breite und Höhe des neuen Bildes festlegen und der letzte Wert mittels einer Image-Konstante den gewünschten Filter angibt (SCALE_REPLICATE bzw. SCALE_AREA_AVERAGING). Es folgt ein kurzes Beispiel für die Verwendung des AreaAveraging-Filters:

```
// SkalenFilter.java

import java.awt.*;

class SkalenFilter {
   public static void main(String[] args) {
      Frame f = new DoubleBufferFrame("Skalen-Filter");
      f.setLayout(new GridLayout(5, 5));
      Image vorlage = Toolkit.getDefaultToolkit().getImage("bilder/vogel2.gif");
      for (int i = 0; i < 25; i++) {
         Image bild = vorlage.getScaledInstance(i*7, i*5,
            Image.SCALE_AREA_AVERAGING);
         f.add(new BildAnzeige(bild));
      }
      f.pack();
      f.setVisible(true);
   }
}
```

Neben gewöhnlichen (statischen) Bildern, können Filter auch mit dynamischen Bildern umgehen, die aus mehreren Einzelbildern bestehen. Wenn man etwa als Vorlage in den letzten beiden Beispielen eine GIF-Animation lädt, wird das Ergebnis wieder ein animiertes Bild sein.

Ein Aufruf der Methode createImage(ImageProducer) startet ebenso wie die Methode getImage nicht den Prozeß der Pixelproduktion, sondern speichert lediglich eine Vorschrift, wie das Bild erzeugt werden soll, sobald es benötigt wird. Wenn wir es nicht verwenden, wird es auch nicht erzeugt. Andererseits wird es bei jeder Verwendung (Zeichnen in einen Grafik-Kontext oder Zugriff auf Bildmaße oder ImageProducer) jedesmal von neuem erzeugt. Ist dies nicht erwünscht oder erforderlich, zum Beispiel im Falle eines gefilterten Hintergrundbildes, können wir das einmal erzeugte Bild mit createImage(int, int) in einem Puffer speichern, auf den dann mit getGraphics zugegriffen wird.

19.4.2 Farbfilter

Farbfilter sind einfache Filter, die nichts an der Größe und Gesamtgeometrie eines Bildes verändern, sondern lediglich die Farbwerte jedes einzelnen Pixels unabhängig von denen der anderen Pixel modifizieren. Solche Farbfilter sind in der abstrakten Klasse RGBImageFilter fast vollständig vorbereitet; für die Implementation eines eigenen Farbfilters muß nur noch die Methode

```
public abstract int filterRGB(int x, int y, int rgb);
```

implementiert werden. Die Argumente geben die Koordinaten sowie den Farbwert des Pixels an; als Ergebnis wird der neue Farbwert dieses Pixels erwartet. Um die Methode implementieren zu können, muß man wissen, daß Pixel als int-Werte dargestellt werden, wobei pro Pixel je acht Bit für die „Transparenz" sowie den Rot-, Grün- und Blauanteil gespeichert werden – beginnend mit den höchstwertigen Bits. Ein Transparenz-Wert von 0 bzw. 255 bewirkt einen völlig durchsichtigen bzw. komplett undurchsichtigen Pixel. Die übrigen Werte wirken sich passend zu den Color-Objekten aus Abschnitt 19.1.3 aus.

Ein Beispiel für einen Farbfilter zeigt das folgende Programm:

```
// FarbFilter.java

import java.awt.*;
import java.awt.image.*;

class FarbFilter {
   public static void main(String[] args) {
      Frame f = new Frame("Farb-Filter");
      ImageFilter filter = new RGBImageFilter() {
         public int filterRGB(int x, int y, int rgb) {
            int trans = rgb & 0xff000000, farbe = rgb & 0x00ffffff,
               negativ = 0x00ffffff - farbe;
            return trans | negativ;
         }
      };
```

```
        Image vorlage = Toolkit.getDefaultToolkit().getImage("bilder/maske.gif");
        ImageProducer producer =
            new FilteredImageSource(vorlage.getSource(), filter);
        Image gefiltert = f.createImage(producer);
        f.setLayout(new FlowLayout());
        f.add(new BildAnzeige(vorlage));
        f.add(new BildAnzeige(gefiltert));
        MediaTracker tracker = new MediaTracker(f);
        tracker.addImage(vorlage, 0);
        tracker.addImage(gefiltert, 0);
        try {
            tracker.waitForAll();
        } catch (InterruptedException ign) { }
        f.pack();
        f.setVisible(true);
    }
}
```

Die Pixeldaten werden hier zunächst in den Transparenz- und den RGB-Anteil zerlegt. Der RGB-Anteil wird invertiert und dann wieder mit dem Transparenz-Wert zusammengesetzt.

Dafür könnten wir auch kürzer

```
return (rgb & 0xff000000) | (0x00ffffff - (rgb & 0x00ffffff));
```

schreiben.

19.4.3 Allgemeine Filter

Wir werden im folgenden, wie in allen bisherigen Beispielen, ein FilteredImageSource-Objekt benutzen, das sich um die Registrierung des Filters als ImageConsumer kümmert und dann als ImageProducer die Pixelerzeugung startet, und können daher das ImageProducer-Interface und seine Methoden vernachlässigen.

Im Hinblick auf selbst entwickelte Filter ist dagegen die Kenntnis des ImageConsumer-Interfaces wichtig, da wir Filter als Subklassen von ImageFilter deklarieren und dazu spezielle ImageConsumer-Methoden überschreiben werden. In ImageConsumer sind die folgenden sechs Methoden deklariert; sie werden vom ImageProducer in der Regel in der aufgeführten Reihenfolge aufgerufen:

```
void setDimensions(int width, int height);
void setColorModel(ColorModel model);
void setHints(int hintflags);
void setProperties(Hashtable props);
void setPixels(int x, int y, int w, int h, ColorModel model,
   byte[] pixels, int off, int scansize);
void setPixels(int x, int y, int w, int h, ColorModel model,
   int[] pixels, int off, int scansize);
void imageComplete(int status);
```

Mit setDimensions werden dem Konsumenten die Maße des Bildes übermittelt; die drei nächsten Methoden, deren Aufruf optional ist, teilen weitere Details über den Farbaufbau, Hinweise zur Reihenfolge, in der die Pixeldaten gesendet werden, sowie weitere Eigenschaften des Bildes (etwa einen Copyright-Vermerk o.ä.) mit. Mit der setPixels-Methode werden die eigentlichen Pixeldaten übertragen; dies erfolgt je nach Art und Größe des Bildes in mehreren Aufrufen stückweise als rechteckiger Ausschnitt. Zum Abschluß kann die Methode imageComplete aufgerufen werden, mit deren Argument auf Fehler oder Abbruch im Produktionsprozeß hingewiesen wird.

Die beiden setPixels-Versionen unterscheiden sich nur in der Übertragungsart: byteweise oder jeweils 4 Bytes in einem int-Wert. Da es der VM freisteht, welche Übertragungsart sie wählt, müssen wir immer beide Methoden implementieren, auch wenn ihr Rumpf fast identisch ist. Die geometrischen Argumente der setPixels-Methode veranschaulicht die folgende Abbildung.

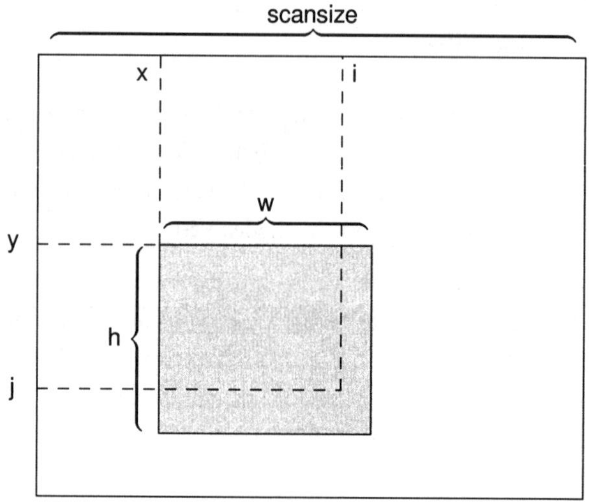

Das Feld, aus dem Bilddaten übertragen werden, heißt pixels; seine Zeilen haben die Länge scansize. (x, y) ist die obere linke Ecke des Rechtecks, das durch den Aufruf übertragen wird, w und h definieren seine Breite und Höhe. off gibt als „Offset" an, an welchem Feldindex sich der erste zu übertragende Pixel befindet, d.h. pixels[off] enthält den Pixel mit Koordinate (x, y). Ein Pixel, der sich im Bild an den Koordinaten (i, j) befindet, hat daher im Feld pixels den Index off + (j - y)*scansize + (i - x). Im Normalfall wird man off = 0 und scansize = w setzen.

Als Beispiel stellen wir einen Filter vor, der ein Bild um 90 Grad nach links rotiert:

```
// RotationsFilter.java

import java.awt.*;  import java.awt.image.*;

class RotationsFilter extends ImageFilter {
   private int breite, hoehe;
   public void setDimensions(int w, int h) {
      super.setDimensions(breite = h, hoehe = w);
   }
```

```
    public void setPixels(int x, int y, int w, int h, ColorModel model,
          byte[] pixels, int off, int scansize) {
      byte[] neu = new byte[breite*hoehe];
      for (int i = 0; i < w; i++)
        for (int j = 0; j < h; j++)
          neu[j + (w - 1 - i)*h] = pixels[off + i + j*scansize];
      super.setPixels(y, x, h, w, model, neu, 0, h);
    }
    public void setPixels(int x, int y, int w, int h, ColorModel model,
          int[] pixels, int off, int scansize) {
      int[] neu = new int[breite*hoehe];
      for (int i = 0; i < w; i++)
        for (int j = 0; j < h; j++)
          neu[j + (w - 1 - i)*h] = pixels[off + i + j*scansize];
      super.setPixels(y, x, h, w, model, neu, 0, h);
    }
    public static void main(String[] args) {
      Frame f = new Frame("Rotations-Filter");
      Image orig = Toolkit.getDefaultToolkit().getImage("bilder/photo.gif");
      ImageFilter filter = new RotationsFilter();
      ImageProducer prod = new FilteredImageSource(orig.getSource(), filter);
      Image gefiltert = f.createImage(prod);
      f.setLayout(new FlowLayout());
      f.add(new BildAnzeige(orig));
      f.add(new BildAnzeige(gefiltert));
      MediaTracker track = new MediaTracker(f);
      track.addImage(orig, 0);
      track.addImage(gefiltert, 0);
      try {
        track.waitForAll();
      } catch (InterruptedException ign) { }
      f.pack();
      f.setVisible(true);
    }
  }
```

Um uns nach wie vor nicht mit der Erzeugung des ImageConsumers, der die Daten vom letzten (im Beispiel einzigen) Filter erhält, und mit dem Aufruf seiner Methoden befassen zu müssen, haben wir durch super.setXYZ hierzu immer die Superklasse ImageFilter herangezogen.

19.4.4 Zugriffe auf Pixeldaten

Mit einem PixelGrabber-Objekt kann man die Pixeldaten eines Bildes, eines Bildausschnitts oder allgemeiner eines ImageProducer-Objekts lesen und in einem int-Feld speichern. Die beiden Konstruktoren

```
PixelGrabber(Image, int, int, int, int, int[], int, int)
PixelGrabber(ImageProducer, int, int, int, int, int[], int, int)
```

erzeugen einen PixelGrabber, der mit dem ImageProducer eines Bildes bzw. direkt mit einem ImageProducer verbunden ist. Die vier folgenden int-Parameter erhalten die Startkoordinaten, Breite und Höhe des Rechtecks, das aus den Pixeldaten des Produzenten gelesen werden soll. Die drei letzten Parameter werden mit dem Feld, das die Pixel aufnehmen soll, sowie Offset und Länge einer Zeile in diesem Feld initialisiert.

Mit einem Aufruf der Methode grabPixels wird der Prozeß der Pixelübertragung gestartet; dieser kann eine Ausnahme des Typs InterruptedException auswerfen. grabPixels liefert als Resultat true, wenn die Daten komplett übertragen wurden, und ansonsten false. Ein typischer Zugriff auf die Pixel eines Bildes sieht also wie folgt aus:

```
Image bild = Toolkit.getDefaultToolkit().getImage("bild.jpg");
int[] pix = new int[50*50];
PixelGrabber pg = new PixelGrabber(bild, 100, 100, 50, 50, pix, 0, 50);
boolean komplett = false;
try {
   komplett = pg.grabPixels();
} catch (InterruptedException ign) { }
if (komplett) {
   ..... Zugriff auf Daten in pix
}
```

Den umgekehrten Weg, Daten, die in einem int-Feld gespeichert sind, an einen ImageProducer als Bilddaten zu übergeben, kann man mit einem MemoryImage-Source-Objekt beschreiten.

Im einfachsten Fall benutzen wir den Konstruktor

```
MemoryImageSource(int w, int h, int[] pix, int off, int scansize)
```

dessen Argumente Breite und Höhe des zu erzeugenden Bildes und dann wieder das Feld das die Daten zur Verfügung stellt, sowie Offset und Länge einer Zeile in diesem Feld spezifizieren. Es resultiert hier ein ImageProducer, dessen Bild wir wie bisher mittels createImage als Image-Objekt erzeugen können oder den wir alternativ durch ein FilteredImageSource-Objekt zur Weiterverarbeitung seiner Bilddaten mit einem Filter verbinden.

Eine einfache Anwendung zeigt das folgende Beispiel, in dem die Farbwerte des Datenfeldes recht willkürlich gesetzt und dann als Bild angezeigt werden.

```
// PixelTest.java

import java.awt.*;
import java.awt.image.*;

class PixelTest {
   public static void main(String[] args) {
      final int anz = 200;
      int k = 0;
      int[] daten = new int[anz*anz];
      for (int rot = 0; rot < anz; rot++)
         for (int blau = 0; blau < anz; blau++) {
            int gruen = anz/2, trans = 255;
            daten[k++] = (trans << 24) | (rot << 16) | (gruen << 8) | blau;
         }
      Frame f = new Frame("Pixel-Test");
      Image bild =
         f.createImage(new MemoryImageSource(anz, anz, daten, 0, anz));
      BildAnzeige ba = new BildAnzeige(bild);
      f.add(ba);
      f.pack();
      f.setVisible(true);
   }
}
```

19.5 Der Ausdruck von Grafiken

Zugriff auf den Drucker des Systems hat man mittels der AWT-Klasse PrintJob. Die Klasse ist abstrakt und sehr systemspezifisch implementiert, so daß wir konkrete PrintJob-Objekte wieder über die Toolkit-Klasse und hier deren Methode getPrintJob erzeugen. Ein PrintJob-Objekt repräsentiert einen neuen Druckauftrag. getPrintJob erwartet drei Argumente: ein Frame-Objekt, einen String als Namen des Druckauftrags sowie ein Properties-Objekt, das die Eigenschaften des Druckauftrags beschreibt. Wenn man hier einfach null übergibt, werden Standardoptionen für Druckaufträge verwendet. Das Setzen der Eigenschaften wird derzeit nur von Solaris und Linux unterstützt; zulässig sind:

Name	*Bedeutung*	*Werte*
awt.print.printer	Name des Druckers	
awt.print.paperSize	Papiergröße	Letter, Legal, Executive, A4
awt.print.destination	Ausgabemedium	Printer, File
awt.print.orientation	Orientierung	Portrait, Landscape
awt.print.options	Optionen	
awt.print.fileName	Dateiname	
awt.print.numCopies	Anzahl Kopien	

Da die Klasse Properties direkte Subklasse von Hashtable ist, können wir die Eigenschaften einfach mittels put setzen, z.B.

```
java.util.Properties props = new java.util.Properties();
props.put("awt.print.printer", "SPARCprinter");
props.put("awt.print.paperSize", "A4");
```

Ein getPrintJob-Aufruf erzeugt ein Dialog-Fenster, das mit dem als erstem Argument spezifizierten Frame-Objekt verknüpft wird (siehe 18.1.7). In diesem Fenster können Benutzer sämtliche Druckeigenschaften verändern; außerdem ist der Druckauftrag zu bestätigen oder abzubrechen.

Wenn wir für ein PrintJob-Objekt die Methode getGraphics aufrufen, erhalten wir für die zu druckende Seite einen Grafik-Kontext in Form eines Graphics-Objekts und können diesen mit allen bisher verwendeten Methoden beschreiben. Eine Graphics-Methode, die wir bisher noch nie benutzt haben ist dispose – bei ihrem Aufruf wird die Erstellung der Seite abgeschlossen und diese an den Drucker gesendet. Dieser Vorgang kann für denselben PrintJob beliebig oft wiederholt werden. Der Druckauftrag wird schließlich durch den Aufruf von end für das PrintJob-Objekt beendet.

Das folgende Beispiel druckt unser erstes GIF-Bild aus und zeigt darüber hinaus, wie man über die beiden Methoden getPageDimension und getPageResolution die Abmessungen einer Druckerseite in Pixeln bzw. die Druckauflösung feststellen kann.

```
// DruckAusgabe.java

import java.awt.*;

class DruckAusgabe {
   public static void main(String[] args) {
      Frame f = new Frame("Druckausgabe-Test");
      Label lab = new Label("Drucker XXX x XXX mit XXXX dpi", Label.CENTER);
      f.add(lab);
      f.pack();
      f.setVisible(true);
      Toolkit tk = Toolkit.getDefaultToolkit();
      PrintJob job = tk.getPrintJob(f, "Test 1", null);
      if (job != null) {
         Graphics g = job.getGraphics();
         if (g != null) {
            Dimension pd = job.getPageDimension();
            int dpi = job.getPageResolution();
            lab.setText("Drucker " + pd.width + " x " + pd.height
               + " mit " + dpi + " dpi");
            g.drawImage(tk.getImage("bilder/vogel.gif"), 0, 0, f);
            g.dispose();
         }
         job.end();
      }
   }
}
```

In diesem Beispiel haben wir das Resultat sowohl von getPrintJob als auch von getGraphics überprüft, da beide Methoden null liefern, wenn der Druckauftrag im Dialogfenster abgebrochen wird.

Zum Abschluß dieses Abschnitts sei noch darauf hingewiesen, daß für jede AWT-Komponente eine Methode printAll(Graphics) deklariert ist, mit der man sie – einschließlich aller in ihr enthaltenen Teilkomponenten – auf dem Grafik-Kontext eines Druckauftrags ausdrucken kann. Entsprechend ist für Container die Methode printComponents(Graphics) deklariert, mit der man alle in dem Container enthaltenen Komponenten ausdrucken kann. Zum Beispiel:

```
Frame f = new ButtonEventFrame();
PrintJob job = Toolkit.getDefaultToolkit().getPrintJob(f, "Test 2", null);
Graphics g = job.getGraphics();
f.printAll(g);
g.dispose();
job.end();
```

19.6 Elementare Klangunterstützung für Applets

Für Applets existiert eine elementare Form von Klangunterstützung zum Abspielen von Audio-Dateien im Sun-AU-Format. Mit den Methoden play(URL) bzw. play(URL, String) wird die Klangdatei an dem entsprechenden URL bzw. die Datei relativ zum ersten Argument einmal abgespielt. Falls keine derartige Datei gefunden wird, erfolgt keinerlei Aktion. Lautstärke, Balance usw. muß mit einem Audiotool geregelt werden.

Eine leicht verbesserte Klangkontrolle bietet das Interface AudioClip mit seinen drei Methoden play, loop und stop. Um sie aufzurufen, muß man zunächst mit den Applet-Methoden getAudioClip(URL) oder getAudioClip(URL, String) eine Klangdatei laden; im Unterschied zu den getImage-Aufrufen wird für getAudioClip jedoch kein eigener Thread implizit gestartet. (Hierfür muß man gegebenenfalls selbst sorgen.) Als Resultat liefert getAudioClip eine Referenz auf ein AudioClip-Objekt oder null, falls die Datei nicht gefunden wird. Mit play und loop kann man die Audiodatei einmal abspielen bzw. endlos wiederholen; stop beendet die Wiedergabe. Verschiedene, gleichzeitig abgespielte Klänge werden gemischt. Das folgende kleine Beispiel illustriert diese kargen klanglichen Möglichkeiten von Java:

```
// OrgelApplet.java

import java.applet.*;
import java.awt.*;
import java.awt.event.*;
```

```
public class OrgelApplet extends Applet implements ActionListener {
  private AudioClip begleitung;
  private String[] ton = {
    "ding", "dang", "dong"
  };
  public void init() {
    Button but;
    for (int i = 0; i < ton.length; i++) {
      but = new Button(ton[i]);
      but.addActionListener(this);
      add(but);
    }
    setBackground(Color.yellow.brighter().brighter());
    setForeground(Color.red.darker());
    add(new BildAnzeige(getImage(getCodeBase(), "bilder/music.gif")));
    begleitung = getAudioClip(getCodeBase(), "toene/begleitung.au");
  }
  public void start() { begleitung.loop(); }
  public void stop() { begleitung.stop(); }
  public void actionPerformed(ActionEvent e) {
    play(getDocumentBase(), "toene/" + e.getActionCommand() + ".au");
  }
}
```

Die Möglichkeiten einer stand-alone Anwendung sind noch stärker auf die Methode beep der Toolkit-Klasse beschränkt.

19.7 Transparente Lightweight-Komponenten

Wie im Abschnitt 18.3 bereits kurz erwähnt, ist es aufgrund der speziellen Konstruktion von Lightweight-Komponenten (ohne Peer) möglich, diese so zu erzeugen, daß sie keine rechteckige Form haben und transparent sind. Die Reaktion auf Ereignisse innerhalb einer solchen Komponente erfordert im Rumpf der Listener-Methoden dann etwas mehr Rechenaufwand. Wir haben in den letzten Abschnitten alle zur Erzeugung derartiger Komponenten erforderlichen Konzepte bereits besprochen und können deshalb gleich ein Beispiel betrachten.

In diesem Beispiel ist eine Klasse LiteButton als kreisförmige, durchsichtige Komponente deklariert. Wenn man innerhalb der Komponente einen Mausknopf drückt, wird Toolkit.beep aufgerufen. Das Beispiel könnte die Klasse FarbPanel aus 19.1.3 einsetzen; zur Beschleunigung haben wir diese aber durch Benutzung einer MemoryImageSource als Datenproduzent modifiziert.

```
// LiteButton.java

import java.awt.*;

class LiteButton extends Component {
   private int breite, hoehe, durch, schriftBreite = -1, schriftHoehe = -1;
   LiteButton(int breite, int hoehe, int durch) {
      this.breite = breite;
      this.hoehe = hoehe;
      this.durch = durch;
   }
   public void paint(Graphics g) {
      if (schriftBreite == -1 || schriftHoehe == -1) {
         FontMetrics fm = g.getFontMetrics();
         schriftBreite = fm.stringWidth("Hallo!");
         schriftHoehe = fm.getAscent();
      }
      g.setColor(Color.green);
      g.drawOval((breite - durch)/2, (hoehe - durch)/2, durch, durch);
      g.drawString("Hallo!", (breite - schriftBreite)/2, (hoehe + schriftHoehe)/2);
   }
   public Dimension getPreferredSize() {
      return new Dimension(breite, hoehe);
   }
}
```

```
// LiteTest.java

import java.awt.*;
import java.awt.event.*;
```

```
class LiteTest {
   public static void main(String[] args) {
      Frame f = new Frame("Lite-Test");
      FastFarbPanel pan = new FastFarbPanel(Color.magenta, Color.orange);
      final int b = 300, h = 300, d = 75;
      final LiteButton lb = new LiteButton(b, h, d);
      lb.addMouseListener(new MouseAdapter() {
         public void mousePressed(MouseEvent e) {
            int x = e.getX() - b/2, y = e.getY() - h/2;
            if (2*Math.sqrt(x*x + y*y) <= d)
               lb.getToolkit().beep();
         }
      });
      pan.add(lb);
      f.add(pan);
      f.pack();
      f.setVisible(true);
   }
}
```

Den Code für das „schnelle" FarbPanel findet man unter /OOPinJava/kapitel19/FastFarbPanel.java.

19.8 Übungsaufgaben

1. Schreiben Sie eine Version des Schriften-Beispiels, in der nicht mit paint sondern mit getGraphics gearbeitet wird.

2. Implementieren Sie eine Klasse Kuchen, mit der es möglich ist, ein Kuchendiagramm darzustellen.

   Deklarieren Sie Kuchen als Subklasse von Component und verwenden Sie fillArc in Ihrer paint-Methode.

3. Schreiben Sie eine Komponente ScrollBildAnzeige, mit der es möglich ist, auch sehr große Bilder (unverkleinert) anzuzeigen. Verwenden Sie ein ScrollPane-Objekt.

4. Schreiben Sie eine Komponente, die aus einer BildAnzeige und einem PopupMenu besteht, über das Benutzer ein FileDialog-Objekt zur Auswahl einer neuen Bilddatei erhalten. Die Komponente soll versuchen, die Datei als Bild zu laden und anzuzeigen. Benutzen Sie ein MediaTracker-Objekt, um festzustellen, ob dies geglückt ist.

5. Schreiben Sie eine Komponente, die ein Bild auf eine voreingestellte Größe skaliert und anzeigt. Benutzen Sie dazu die Methode getScaledInstance der Klasse Image oder eine geeignete Variante der drawImage-Methode.

6. Implementieren Sie einen Filter, der die Rot- und Grün-Farbkomponenten aller Pixel eines Bildes vertauscht.

7. Testen Sie, wie man die Resultate eines Filters als Eingabe für einen anderen Filter verwenden kann. Kombinieren Sie beispielsweise den FarbFilter mit dem RotationsFilter.

8. Schreiben Sie eine Textkomponente, die ihren Text spiegelverkehrt anzeigt.

9. Schreiben Sie eine Frame-Version des Daumenkino-Applets.

10. Implementieren Sie ein Frame-Objekt, das – wie abgebildet – aus einem Canvas und zwei Buttons besteht. Der Druck auf Ende soll die Anwendung beenden.

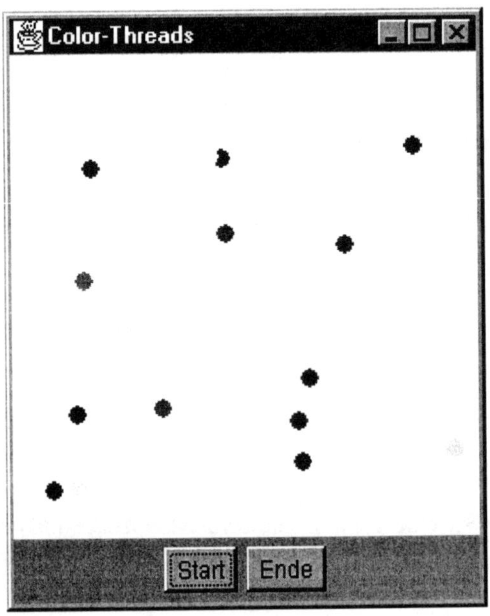

Beim Druck auf Start soll ein neuer Thread erzeugt werden, der in regelmäßigen Abständen Punkte auf den Canvas zeichnet und wieder löscht. Jeder neue Thread soll seine eigene, zufällig gemischte Farbe haben und doppelt so schnell arbeiten wie der zuletzt erzeugte Thread. Die Anzahl der insgesamt generierbaren Threads soll begrenzt sein (z.B. auf maximal 50).

Kapitel 20

Netzwerke, Client/Server-Programmierung

Das Paket java.net enthält Klassen für den Zugriff auf andere Rechner über ein lokales Netzwerk oder das Internet. Bei einem solchen Zugriff bezeichnet man den Zielrechner, der einen Dienst anbietet, als *Server*-Rechner, den zugreifenden Rechner als *Client*-Rechner. Damit ein Client-Rechner auf einen Server-Rechner zugreifen kann, muß dort ein entsprechendes Programm laufen und auf von außen eingehende Anfragen warten; ein solches Programm nennt man Server. Das auf Client-Seite laufende Programm heißt entsprechend Client. (Die beteiligten Rechner, auf denen diese Programme laufen, werden auch als Server-Host bzw. Client-Host bezeichnet.) Um etwa eine HTML-Seite von einem Rechner zu laden, muß auf diesem ein HTTP-Server laufen.

Tatsächlich stellt diese Sichtweise nur die abstrakteste Ebene in dem mehrschichtigen Aufbau einer Netzwerkverbindung dar. Man bezeichnet sie als die Anwendungsschicht. Verschiedene Anwendungen definieren verschiedene Sprachen, in denen ein Client und ein Server eines bestimmten Typs kommunizieren können; eine solche Sprache nennt man auch ein *Protokoll.* Bekannte Beispiele sind HTTP (das Hypertext Transfer Protocol), FTP (das File Transfer Protocol), SMTP (das Simple Mail Transfer Protocol) und das Telnet-Protokoll.

Unter dieser Schicht differenziert man noch drei weitere: zunächst die Transportschicht, die das Transportprotokoll bestimmt – wir behandeln hier nur TCP (das Transmission Control Protocol) sowie UDP (das User Datagram Protocol); dann die Netzwerkschicht mit IP, dem Internet-Protokoll und schließlich die physikalische Schicht, etwa eine Verbindung mittels Ethernet, X.25 oder Tokenring. Transportschicht und Netzwerkschicht werden oft zu einer Abstraktionsstufe zusammengefaßt und dann kurz als TCP/IP bzw. UDP/IP bezeichnet.

Anwendungsschicht HTTP, FTP, ...
Transportschicht TCP, UDP
Netzwerkschicht IP
Physikalische Schicht Ethernet, X.25, Tokenring

Das Internet-Protokoll vermittelt Zugang zu anderen Rechnern durch numerische Adressen, die *IP-Adressen*. Derzeit sind IP-Adressen 4 Bytes lang und werden entsprechend mit vier durch Punkte getrennten Zahlen im Bereich von 0 bis 255 dargestellt. Die IP-Adresse unseres WWW-Servers ist beispielsweise 134.155.57.28. In der nächsten Version des Internet-Protokolls wird der Adreßraum auf 8 Bytes ausgedehnt. IP-Adressen werden dann als sechs durch Doppelpunkte voneinander getrennte vierstellige Hexadezimalzahlen dargestellt, etwa 19a7:fa88:3b01:72ab:f86c:44e6.

Besser handhabbar und in der Regel allein sichtbar für den Benutzer sind die ausgeschriebenen *Host-Namen*, wie etwa die des oben erwähnten WWW-Servers: www.wifo.uni-mannheim.de. Diese Namen müssen den ihnen entsprechenden IP-Adressen zugeordnet werden – eine Aufgabe, die von speziellen Rechnern (den Domain Name Servern) im Internet übernommen wird.

Über das Netz zu versendende Informationen werden von TCP bzw. UDP mit einem Header ausgestattet oder in Pakete zerlegt, die neben den Originaldaten die IP-Adresse des Empfängers enthalten. Da auf einem Empfänger verschiedene Server-Programme gleichzeitig laufen und auf eingehende Informationen warten können, z.B. ein Email-Programm und ein Web-Server, muß noch geklärt werden, für welches Programm die eingehenden Daten bestimmt sind. Zu diesem Zweck wird in den Header bzw. jedes einzelne Paket noch eine *Port*-Nummer aufgenommen, die entscheidet, welcher Server die Informationen erhält. Port-Nummern sind 2 Bytes lang, also Zahlen zwischen 0 und 65535; jedem Server, der auf einem Rechner gestartet wird, muß eine noch freie Port-Nummer zugeordnet werden. Standardmäßig werden verschiedenen häufig verwendeten Applikationen bestimmte Ports mit Nummern unterhalb von 1024 zugeordnet. Die wichtigsten sind:

Anwendung	*Port*	*Anwendung*	*Port*
Echo	7	Daytime	13
FTP	21	Telnet	23
SMTP	25	Finger	79
HTTP	80	POP	110

Obwohl es sich hierbei um eine Konvention handelt, ist die Zuordnung in keiner Weise zwingend. Es steht jedem frei, seinen HTTP-Server auch mit Port 7 zu assoziieren. Die folgende Abbildung soll den Sachverhalt noch einmal erläutern. Es bleibt dabei festzuhalten, daß Ports nichts mit der Hardware eines Rechners zu tun haben.

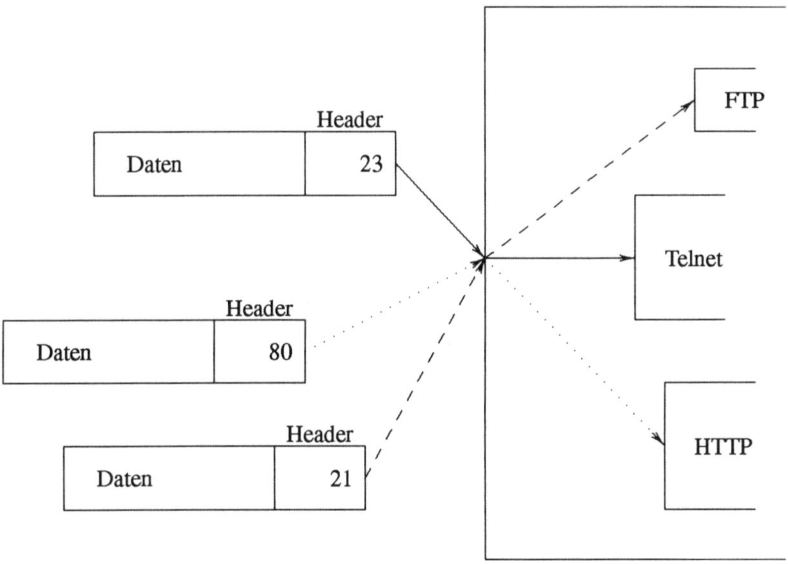

Einen durch IP-Adresse und Port-Nummer eindeutig bestimmten Endpunkt einer Netzwerkverbindung nennt man einen *Socket.*

Die verschiedenen Bestandteile der Adressierung im Netzwerk können vereinheitlichend in einem URL (Uniform Resource Locator) zusammengefaßt werden. Der URL http://www.strangeplace.org:7/index.html#net zeigt beispielhaft den Aufbau. Er besteht aus dem Namen des benutzten Protokolls, das vom Rest durch : abgetrennt ist (hier http), der IP-Adresse oder dem Host-Namen des Rechners, die links durch // und rechts durch / oder : begrenzt sind (hier www.strangeplace.org), einer optionalen Port-Nummer, die links durch : und rechts durch / begrenzt ist (hier abweichend von der

Norm für das HTTP-Protokoll 7) sowie optional der Bezeichnung der gewünschten Ressource, deren Interpretation vom gewählten Protokoll abhängt (hier index.html, einer HTML-Seite). Ein optionaler Zusatz für URLs ist die durch # abgetrennte Angabe einer Referenz auf einen Ankerpunkt (hier net). Dabei handelt es sich um eine bestimmte Stelle in einer HTML-Datei, die mit der <a>-Markierung spezifiziert ist. Im Beispiel muß index.html eine Markierung <a name = "net"> enthalten.

In Java ermöglicht die Klasse InetAddress aus java.net den Zugriff auf DNS, den Domain Name Service. Socket und ServerSocket repräsentieren TCP/IP-Sockets, die Klasse DatagramSocket erlaubt die Erzeugung von UDP-Sockets. Darüber hinaus stehen die Klassen URL und URLConnection zum einfachen Arbeiten mit URLs zur Verfügung.

Ein weiteres Proktokoll, das für uns von besonderem Interesse ist, ist RMI (das Remote Method Invocation Protocol). Mit seiner Hilfe können wir Methoden für Objekte aufrufen, die sich auf einem anderen Rechner befinden. RMI stellt eine einfache und zuverlässige Möglichkeit der Kommunikation zweier Java-Programme, die auf verschiedenen Rechnern laufen, dar. Die zu RMI gehörigen Klassen sind nicht Bestandteil des Pakets java.net, sondern in java.rmi und seinen Unterpaketen enthalten.

Den vollen Nutzen der Beispiele dieses Kapitels kann man nur dann erarbeiten, wenn man Zugang zu einem Rechner in einem lokalen Netzwerk oder mit Anschluß an das Internet hat. Zu einer funktionstüchtigen Netzwerkanbindung gehört dann u.a. das Eintragen eines DNS-Servers. Alle Beispiele laufen aber auch auf einem Einzelpatz-System ohne Netzanbindung, wenn man für Client- wie für Server-Host den Namen dieses Rechners verwendet oder einfach localhost bzw. 127.0.0.1 als Host-Namen bzw. IP-Adresse benutzt.

20.1 Zugriffe auf den DNS

Zur Speicherung von IP-Adressen verwendet man Objekte der Klasse InetAddress. Sie können nicht durch einen public Konstruktor erzeugt werden, sondern ergeben sich nur als Ergebnis einer Anfrage an den DNS über Aufrufe der Klassenmethoden getLocalHost, getByName(String) und getAllByName(String). Die erste Methode liefert die IP-Adresse des lokalen Rechners, die zweite diejenige des im Argument angegebenen Rechners; dabei kann ein Host-Name, z.B. "www.wifo.uni-mannheim.de" oder eine IP-Adresse wie "134.155.57.28" übergeben werden. Im letzteren Fall unterbleibt eine Anfrage an den DNS, und die Adresse wird so in das InetAddress-Objekt aufgenommen, wie sie aus der String-Darstellung abzulesen ist. Die Methode getAllByName(String) liefert ein InetAddress-Feld, was sinnvoll für Rechner mit mehreren IP-Adressen sein kann. Alle drei genannten Methoden werfen eine Ausnahme des Typs UnknownHostException aus, falls dem DNS keine IP-Adresse zu einem Host-Namen bekannt ist. Das folgende Beispiel zeigt die Verwendung der wichtigsten Methode:

```
// DNSAnfrage.java

import java.io.*;
import java.net.*;

class DNSAnfrage {
  public static void main(String[] args) {
    PrintWriter out = new PrintWriter(System.out, true);
    if (args.length != 1)
      out.println("Starten mittels java DNSAnfrage <hostname>");
    else
      try {
        InetAddress ip = InetAddress.getByName(args[0]);
        out.println("Die IP-Adresse von " + args[0] + " ist:\n" + ip + ".");
      } catch (UnknownHostException ex) {
        out.println(args[0] + " ist dem DNS nicht bekannt.");
      }
  }
}
```

Bei einem Aufruf java DNSAnfrage www.wifo.uni-mannheim.de erhalten wir:

```
Die IP-Adresse von  www.wifo.uni-mannheim.de ist:
www.wifo.uni-mannheim.de/134.155.57.28.
```

20.2 TCP/IP-Verbindungen

Die Unterschiede zwischen den beiden Transportprotokollen TCP/IP und UDP/IP sind gravierend. Das TCP/IP-Protokoll stellt eine Verbindung zwischen zwei Sockets her, die zuverlässig und geordnet ist. Zuverlässig bedeutet, daß der Sender eine Bestätigung vom Empfänger erwartet, daß die gesendeten Daten auch tatsächlich angekommen sind; zur Fehlererkennung und -behebung sind geeignete Routinen deklariert. Geordnet bedeutet, daß die Daten nach dem Verbindungsaufbau alle auf demselben Verbindungsweg mit Sicherstellung ihrer richtigen Reihenfolge übertragen werden. Der Verbindung wird durch die IP-Adressen von Sender und Empfänger sowie die Port-Adressen von beiden Kommunikationspartnern festgelegt – dies werden wir bei der Deklaration der entsprechenden Client- und Serverklassen sehen.

Das UDP/IP-Protokoll hingegen stellt eine verbindungslose Übertragung dar, die unzuverlässig und ungeordnet, also das genaue Gegenteil einer TCP/IP-Verbindung ist. Verbindungslos bedeutet, daß die Daten in Paketen versandt werden, die jeweils die komplette Empfängeradresse enthalten. Über die Transportrouten der einzelnen Pakete wird erst während deren Übertragung entschieden. Mit unzuverlässig ist gemeint, daß der Empfang von Datenpaketen nicht bestätigt wird, daß Daten also verloren gehen können. Ungeordnet heißt, daß später gesendete Pakete beim Empfänger früher eintreffen können als früher versandte, und umgekehrt.

UDP/IP stellt somit das einfachere, aber auch schlankere Transportprotokoll dar. Wegen der vielen positiven Eigenschaften wird man in der Regel jedoch TCP/IP verwenden. UDP/IP kommt dennoch für bestimmte Aufgaben in Frage, etwa wenn ein Client lediglich an dem aktuellen Meßwert einer Größe – z.B. Temperatur, Windgeschwindigkeit, Luftdruck – interessiert ist: bei einer Störung der Übertragung wäre eine wiederholte Sendung des alten Meßwerts u.U. sinnlos, da er sich womöglich inzwischen geändert hat.

Bei einer TCP/IP-Verbindung unterscheidet man zwischen dem Socket eines Servers und dem eines Clients; der erste wird durch Objekte der Klasse ServerSocket, der letzte durch Objekte der Klasse Socket repräsentiert. Wir beginnen der Einfachheit halber mit der Besprechung von Client-Sockets.

20.2.1 Client-Sockets

Client-Sockets können mit den Konstruktoren

```
Socket(InetAddress adr, int port)
Socket(InetAddress adr, int port, InetAddress localAdr, int localPort)
```

erzeugt werden. In beiden Fällen bezeichnet adr das InetAddress-Objekt des Server-Hosts und port die Nummer des Ports, den der Server benutzt. Im ersten Fall erhält der Client irgendeinen freien Port des lokalen Rechners. Bei Verwendung des zweiten Konstruktors können sowohl die IP-Adresse als auch die Port-Nummer des Client-Hosts explizit festgelegt werden – diese Möglichkeit wird man seltener benutzen. Statt der expliziten Angabe einer InetAddress kann man die IP-Adresse oder den Host-Namen für den Server auch als String spezifizieren; Java nimmt dann implizit eine DNS-Anfrage mittels getByName vor.

Wenn keine Verbindung zum angegebenen Zielrechner hergestellt werden kann, sei es, weil der Rechner nicht erreichbar ist oder weil kein Server mit dem angegebenen Port verknüpft ist, werfen die Konstruktoren eine IOException aus.

Nach der Erzeugung des Sockets ist die Kommunikation mit dem Server denkbar einfach. Durch getOutputStream und getInputStream erhält man OutputStream- bzw. InputStream-Objekte, mit denen man Daten an den Server versenden bzw. von diesem gesendete Daten empfangen kann. Hierbei können alle im Kapitel 16 über Ein- und Ausgabeströme behandelten Methoden eingesetzt werden. Nach Abschluß der Übertragung sollte die Verbindung mit einem close-Aufruf unterbrochen werden. Es werden dann alle mit dem Socket assoziierten Ressourcen (Streams, Datei- und Socket-Deskriptoren) freigegeben.

Ein einfaches Beispiel für einen TCP/IP-Client ist:

```
// TCPIPClient.java

import java.net.*;
import java.io.*;

class TCPIPClient {
  static PrintWriter out = new PrintWriter(System.out, true);
  TCPIPClient(String hostname, int port) {
    try {
      Socket sock = new Socket(hostname, port);
      out.println("Client gebunden an lokalen Port: " + sock.getLocalPort());
      sock.setSoTimeout(100);
      BufferedReader sockin =
        new BufferedReader(new InputStreamReader(sock.getInputStream()));
      PrintWriter sockout = new PrintWriter(sock.getOutputStream(), true);
      antwort(sockin);
      BufferedReader in =
        new BufferedReader(new InputStreamReader(System.in));
```

```
            String zeile;
            while (!(zeile = in.readLine()).startsWith("ende")) {
                sockout.println(zeile);
                antwort(sockin);
            }
            sock.close();
        } catch (UnknownHostException ux) {
            out.println(hostname + " ist dem DNS nicht bekannt.");
        } catch (IOException ioe) {
            ioe.printStackTrace();
        }
    }
    static void antwort(BufferedReader sockin) throws IOException {
        String str;
        try {
            while ((str = sockin.readLine()) != null)
                out.println(str);
        } catch (InterruptedIOException ign) { }
        out.print("> ");
        out.flush();
    }
    public static void main(String[] args) {
        if (args.length == 2)
            new TCPIPClient(args[0], Integer.parseInt(args[1]));
        else
            out.println("Starten mittels java TCPIPClient <hostname> <portnr>");
    }
}
```

Das Programm erwartet zum Verbindungsaufbau die Angabe des Server-Hosts und seines Ports als Kommandozeilen-Argumente. Es wird dann ein Socket konstruiert, und über diesen werden die Ein- und Ausgabeströme zum Server erzeugt. Danach wird im Wechsel gelesen, was das Server-Programm in den InputStream schreibt bzw. die Eingaben des Benutzers werden über den OutputStream zum Server-Programm weitergeleitet.

Zu beachten sind dabei die an den verschiedenen Stellen möglichen Ausnahmen: Die bei der Anfrage beim DNS mögliche Ausnahme UnknownHostException sowie die bei der Erzeugung des Sockets oder beim Schreiben auf dessen Ausgabestrom möglichen IOExceptions werden am Ende des Konstruktors abgefangen. Die beim Lesen vom Socket mögliche InterruptedIOException fangen wir in antwort lediglich mit einem leeren Handler ab. Dies ist sinnvoll, weil wir direkt nach der Erzeugung des Sockets mit dem Aufruf von setSoTimeout für das Socket-Objekt ein Timeout von 100 Millisekunden gesetzt haben. Kann länger als diese Timeout-Zeitspanne nichts vom Socket gelesen werden, wird der readLine-Aufruf für sockin folglich unterbrochen. Wird kein solches Timeout gesetzt, erfolgt keine Unterbrechung, und das Programm hängt, wenn der Server keine Daten liefert, z.B. weil er auf eine Anfrage wartet. Ein EOF-Signal wird erst gesendet, wenn der Server den Strom explizit schließt – readLine liefert dann null.

Beim Lesen vom Eingabestrom oder beim Schreiben in den Ausgabestrom eines Sockets kann eine SocketException ausgeworfen werden. Dieser Ausnahmetyp ist Subklasse von IOException; er signalisiert einen Fehler im zugrundeliegenden Transportprotokoll. In der Praxis treten derartige Fehler immer dann auf, wenn die Gegenseite die Verbindung nicht ordnungsgemäß schließt, beispielsweise weil das Programm nicht korrekt terminiert oder auf Betriebssystemebene abgebrochen wird.

In der Regel kann eine TCP/IP-Verbindung auf ein Timeout verzichten, weil der Client Daten in einem ganz bestimmten Format vom Server erwartet, also aus den bereits gelesenen Daten erschließen kann, ob er mit dem Lesen fortfahren soll, oder ob er nun seinerseits einen weiteren Befehl oder Daten an den Server zu schicken hat. Hier ist der Client so implementiert, daß er universell für verschiedene Anwendungen, z.B. aus der Tabelle von S. 439, nutzbar sein soll. Die von der jeweiligen Anwendung abhängigen Regeln und Kommandos bilden das Protokoll der Anwendungsschicht. Wir können uns dies konkret vor Augen führen, wenn wir unseren Client mit einem FTP-Server verbinden. Eine Beispielsitzung könnte nach dem Starten von java TCPIPClient ftp.wifo.uni-mannheim.de 21 wie folgt verlaufen:

```
Client gebunden an lokalen Port: 49760
> help
220 seagull FTP server (Version wu-2.4(4)) ready.
214-The following commands are recognized (* =>'s unimplemented).
  USER   PORT   STOR   MSAM*  RNTO   NLST   MKD    CDUP
  .....
  QUIT   RETR   MSOM*  RNFR   LIST   NOOP   XPWD
214 Direct comments to ftp-bugs@seagull.
> user anonymous
```

```
331 Guest login ok, send your complete e-mail address as password.
> pass james@
230-
230 Guest login ok, access restrictions apply.
> stat
502 STAT command not implemented.
> ende
```

Durch den TCPIPClient gelingt es uns, mit dem FTP-Server zu kommunizieren. Dabei muß ein Benutzer das FTP-Protokoll kennen, zumindest den ersten Befehl help. Ein spezieller FTP-Client würde den Benutzern die Arbeit erleichtern und eine grafische Oberfläche bereistellen.

Die Übertragung einer Datei gelingt mit diesem einfachen Programm noch nicht, weil der FTP-Server die Verzeichniseinträge und die Dateien selbst über eine separate TCP/IP-Verbindung schickt, die der Client nicht kennt.

Das Programm demonstriert mit seiner ersten Ausgabe, daß auch ein Client mit einem Port verknüpft sein muß, damit der Server ihn ansprechen kann. Die Kooperation der Ein- und Ausgabeobjekte mit dem Socket zeigt die folgende Abbildung:

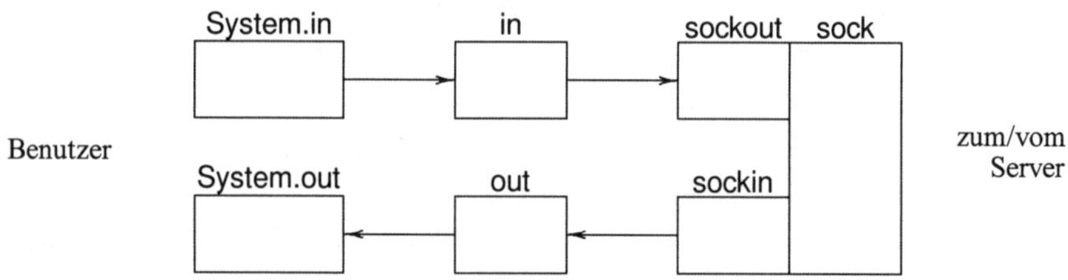

20.2.2 Server-Sockets

Anders als ein Client-Socket stellt ein Server-Socket nicht eine Verbindung zu einem bestimmten Rechner und Port her, sondern wartet auf seinem Server-Host auf die an einem Port eingehenden Verbindungen. Einen solchen Server-Socket erzeugt man mit dem Konstruktor ServerSocket(int), dem man die gewünschte Port-Nummer übergibt. In der Regel ist es sinnvoll, auf diese Weise eine Port-Nummer festzulegen, so daß Clients wissen, an welchen Port sie ihre Anfragen richten sollen; wird als Argument jedoch 0 spezifiziert, bindet die VM den Server-Socket an einen beliebigen freien Port, dessen Nummer dann mit getLocalPort abgefragt und dem Client mitgeteilt werden muß. Der Konstruktor wirft eine IOException aus, falls es nicht möglich ist, einen Server-Socket mit der spezifizierten Port-Nummer einzurichten, z.B. weil diese bereits belegt ist.

Die Methode accept wartet darauf, daß ein Client eine Verbindung zum Server aufbauen will und liefert ein Socket-Objekt als Resultat, mit dessen Ein- und Ausgabeströmen die Kommunikation mit dem Client so abgewickelt werden kann wie es im letzten Abschnitt beschrieben wurde. Mittels close wird die Verbindung wieder unterbrochen und serverseitig belegte Ressourcen werden freigegeben.

Ein Einfachstbeispiel für ein Server-Programm zeigt der folgende DumpServer. Er beschränkt sich darauf, auf Nachfrage des Clients eine Verbindung aufzubauen und alle Zeichen, die der Client sendet, auf System.out zu kopieren.

```
// DumpServer.java

import java.net.*;
import java.io.*;

class DumpServer {
   static PrintWriter out = new PrintWriter(System.out, true);
   static void antwort(BufferedReader sockin) throws IOException {
      String str;
      try {
         while ((str = sockin.readLine()) != null)
            out.println(str);
      } catch (IOException ign) { }
   }
   DumpServer(int port) {
      try {
         final int MAX_VERB = 100;
         ServerSocket server = new ServerSocket(port);
         out.println("[Server wartet auf Port " + port + "]");
         for (int i = 0; i < MAX_VERB; i++) {
            Socket sock = server.accept();
            out.println("[Verbindung zu " + sock.getInetAddress()
               + ":" + sock.getPort() + "]");
            BufferedReader sockin = new BufferedReader(new
               InputStreamReader(sock.getInputStream()));
```

```
                antwort(sockin);
                out.println("[Verbindung getrennt]");
            }
            server.close();
        } catch (IOException ioe) {
            ioe.printStackTrace();
        }
    }
    public static void main(String[] args) {
        if (args.length == 1)
            new DumpServer(Integer.parseInt(args[0]));
        else
            out.println("Starten mittels java DumpServer <portnr>");
    }
}
```

Der Konstruktor und die Methode antwort sind analog zum letzten Beispiel entwickelt. Zunächst wird der Server-Socket am gewünschten Port erzeugt, dann wird mit accept auf eine Client-Anfrage gewartet, eine Verbindung aufgebaut und das InputStream-Objekt erzeugt. Durch antwort werden alle vom Client gesendeten Daten gelesen und im Terminalfenster des Servers angezeigt. Anders als im TCPIPClient-Beispiel ist für den Socket aber kein Timeout eingestellt, sondern der Server wartet, bis der Client die Verbindung beendet. Neu ist auch die Verwendung der Socket-Methoden getInetAddress und getPort, die die IP-Addresse sowie die Port-Nummer liefern, mit der der Socket verbunden ist; typischerweise verwendet man diese Methoden nur serverseitig, da beide Angaben dem Client bei der Erzeugung seines Sockets bekannt sein müssen.

Wenn wir den Server beispielsweise mittels java DumpServer 2000 starten, können wir nun mit einem beliebigen Client-Programm versuchen, ihn zu erreichen. Geben wir etwa bei einem WWW-Browser den URL http://localhost:2000 ein, so zeigt der Server die HTTP-Anfrage des Browsers, GET / HTTP/1.0 ..... an. (Da der Browser keine Antwort erhält, ist das Beispiel damit beendet.) Falls wir den TCPIPClient des letzten Abschnitts benutzen und entsprechend mit java TCPIPClient localhost 2000 starten, können wir sehen, wie alles, was im Client-Terminalfenster eingeben wird, auf dem Server-Terminal erscheint. Interessanter ist es, wie bereits oben bemerkt, nicht lokal, sondern mit verschiedenen Rechnern zu arbeiten.

Durch das Starten mehrerer TCPIPClients kann man untersuchen, wie es sich auswirkt, wenn mehrere Clients zur gleichen Zeit versuchen, den Server anzusprechen. Ist das Server-Programm einmal mit der Bedienung eines Clients beschäftigt, werden alle weiteren Kontaktwünsche in eine Warteschlange eingereiht. Standardmäßig besitzt diese Warteschlange die maximale Länge 50; warten bereits 50 Clients auf eine Verbindung zum Server, erhalten alle folgenden die Meldung, daß ein Verbindungsaufbau abgelehnt wird. Die Länge der Warteschlange kann dem Konstruktor ServerSocket(int, int) im zweiten Argument explizit vorgegeben werden – in unserem Beispiel ist die maximale Anzahl an Verbindungen durch die for-Anweisung auf 100 beschränkt.

20.2.3 Server mit mehreren Clients

Für Server, die nur sehr schnell zu beantwortende Anfragen erhalten und mit denen Clients nur sehr kurze Zeit verbunden sind, mag das Modell der Warteschlange aus dem letzten Abschnitt ausreichen. Im allgemeinen ist es aber nicht akzeptabel, daß ein Client den Server komplett beansprucht und blockiert. Bei einem FTP-Server hieße dies etwa, daß alle anderen Benutzer warten müßten, bis der gerade verbundene Client seine Dateien übertragen hat. In aller Regel wird man deshalb ein Server-Programm so konzipieren, daß es mehrere Clients gleichzeitig versorgen kann. Dies implementiert man mit Hilfe von Threads: jedesmal, wenn eine Verbindungsanfrage eintrifft, wird diese mit accept angenommen, und es wird ein neuer Thread gestartet, der diese spezielle Verbindung bedient. Der eigentliche Server-Thread kehrt dann zum nächsten Aufruf der accept-Methode zurück. Man nennt einen solchen Server "multithreaded" (auch: MT-Server).

Ein Beispiel für einen Server, der mehrere Clients gleichzeitig bedienen kann, ist der KarteiServer. Er stellt eine sehr einfache Form einer Kartei mit Java-Begriffen dar. Die Karteikarten bestehen aus Textdateien im Verzeichnis kartei. Der Server versteht zwei Befehle: liste zeigt eine Liste aller Karteikarten; zeige <Begriff> sendet den Inhalt der angegebenen Karteikarte.

```
// KarteiServer.java

import java.io.*;
import java.net.*;

class KarteiServer {
  static PrintWriter out = new PrintWriter(System.out, true);
```

```
    KarteiServer(int port) {
        try {
            ServerSocket server = new ServerSocket(port);
            out.println("KarteiServer wartet auf Port " + port);
            boolean neu = true;
            while (neu) {
                Socket sock = server.accept();
                new KarteiVerbindung(sock).start();
            }
            server.close();
        } catch (IOException ioe) {
            ioe.printStackTrace();
        }
    }
    public static void main(String[] args) {
        if (args.length == 1)
            new KarteiServer(Integer.parseInt(args[0]));
        else
            out.println("Starten mittels java KarteiServer <portnr>");
    }
}
```

Die Fähigkeit, mehrere Clients bedienen zu können, ist in der while-Anweisung mit der Erzeugung und dem Starten eines neuen Verbindungs-Threads implementiert. Diese Anweisungen können wir auch kürzer so formulieren:

```
new KarteiVerbindung(server.accept()).start();
```

Es wird hier zunächst mit accept auf eine Verbindungsanfrage gewartet, dann wird das resultierende Socket-Objekt zur Initialisierung eines Objekts der Klasse KarteiVerbindung benutzt; diese ist Subklasse von Thread, und das neu erzeugte Thread-Objekt kann somit unabhängig von allen anderen bereits erzeugten Threads sofort gestartet werden.

Der Server selbst kehrt in seiner Endlosschleife zum erneuten accept-Aufruf zurück und ist damit bereit, die nächste Verbindung aufzubauen. Die Klasse KarteiVerbindung wickelt den einfachen Dialog mit dem Client selbständig und ohne Bezug auf andere möglicherweise gleichzeitig bestehende Verbindungen zum selben Server ab. Im Konstruktor werden die Ein-/Ausgabeströme zu ihrem Socket erzeugt. Die Methode run wartet auf eintreffende liste- bzw. zeige-Befehle und sendet die jeweils gewünschten Daten.

```
// KarteiVerbindung.java

import java.io.*;
import java.net.*;

class KarteiVerbindung extends Thread {
   Socket sock;
   PrintWriter sockout;
   BufferedReader sockin;
   static final String LISTE = "liste", ZEIGE = "zeige", ENDE = ".";
   KarteiVerbindung(Socket sock) {
      this.sock = sock;
      try {
         sockin =
            new BufferedReader(new InputStreamReader(sock.getInputStream()));
         sockout = new PrintWriter(sock.getOutputStream(), true);
      } catch (IOException e) {
         zeige("Ausnahme während Verbindungsaufbau: " + e);
      }
   }
   void zeige(String meldung) {
      KarteiServer.out.println("[" + sock.getInetAddress() + ":" + sock.getPort()
         + ": " + meldung + "]");
   }
   public void run() {
      try {
         zeige("neue Verbindung");
         String anfrage;
         while ((anfrage = sockin.readLine()) != null) {
            if (anfrage.equalsIgnoreCase(LISTE)) {
               zeige("sende Liste");
               String[] liste = new File("kartei").list();
               for (int i = 0; i < liste.length; i++)
                  sockout.println(liste[i]);
            } else if (anfrage.startsWith(ZEIGE)) {
```

```
                String str = anfrage.substring(ZEIGE.length() + 1).trim();
                zeige("sende Karte " + str);
                BufferedReader fin;
                try {
                    fin = new BufferedReader(new FileReader("kartei/" + str));
                } catch (FileNotFoundException e) {
                    continue;
                }
                while ((str = fin.readLine()) != null)
                    sockout.println(str);
                fin.close();
            }
            sockout.println(ENDE);
        }
        sock.close();
        zeige("Verbindung getrennt");
    } catch (IOException ign) { }
  }
}
```

Ein Test des Servers mit unserem anfangs erstellten TCPIPClient könnte beispielsweise die folgenden Ausgabe ergeben. Auf Server-Seite (nach dem Starten des Servers durch java KarteiServer 8888):

```
KarteiServer wartet auf Port 8888
[hoss/134.155.57.30:32808: neue Verbindung]
[hoss/134.155.57.30:32808: sende Liste]
[hoss/134.155.57.30:32808: sende Karte Applet]
[hoss/134.155.57.30:32808: Verbindung getrennt]
```

Und auf Client-Seite (nach java TCPIPClient www.wifo.uni-mannheim.de 8888):

```
Client gebunden an lokalen Port: 32808
> liste
Ausnahme
Thread
Garbage-Collector
Socket
```

```
Stream
Applet
.
> zeige Applet
Ein Java-Program, das nicht eigenständig, sondern
von einem Applet-Viewer oder Web-Browser gestartet
wird. Die Viewer- oder Browser-VM erzeugt nach dem
Laden ein Applet-Objekt und ruft implizit folgende
Methoden für es auf: init, start, stop, destroy.
.
> ende
```

Im Verzeichnis /OOPinJava/kapitel20/server2 ist eine zweite Version dieses Beispiels enthalten, in dem für die Karteikarten nicht einzelne Dateien, sondern ein Properties-Objekt – das ist ein spezielles Hashtable-Objekt – benutzt wird.

20.2.4 Ein einfaches Anwendungsprotokoll über TCP/IP

Der universelle TCPIPClient aus Abschnitt 20.2.1 benutzte ein Timeout, um festzustellen, ob der Server alle angeforderten Daten gesendet hat: kann er 100 Millisekunden lang kein Zeichen lesen, geht er davon aus, daß der Sendevorgang abgeschlossen ist. Dies funktioniert zwar bei einer schnellen Verbindung zwischen Server und Client, ist aber offensichtlich extrem störanfällig. Treten aus irgendwelchen Gründen Verzögerungen ein, liest der Client die folgenden Daten erst beim nächsten Lesevorgang. In der Praxis wird man ein solches Timeout deshalb nur selten wählen, sondern die Vollständigkeit der Datenübertragung auf andere Art sicherstellen.

Generell gibt es hierzu zwei Möglichkeiten: Erstens kann man Steuerzeichen in die zu übermittelten Daten einfügen. Kann etwa sichergestellt werden, daß das Zeichen '$' als Zeichen in den Daten selbst nicht vorkommt, könnte man es am Schluß eines angeforderten Dokuments senden. Können alle Zeichen als Datenelement vorkommen – z.B. bei binären Daten – wählt man ein Zeichen als Steuerzeichen und bildet verschiedene Steuersequenzen. Üblicherweise steht die Verdoppelung des Steuerzeichens für das Vorkommen des Zeichens selbst. In unserem Beispiel könnte der Server dem Client so durch "$e" das Ende einer Karteikarte signalisieren, während in der Karte selbst vorkommende Dollarzeichen als "$$" übermittelt würden, zwei Dollarzeichen im Text als "$$$$" usw. Die zweite Möglichkeit einer sicheren Übertragung besteht darin, dem Client vor den Daten selbst deren Länge mitzuteilen; diesen Weg wählt das HTTP-Protokoll. Er ist immer dann gangbar, wenn die Datenlänge bereits zu Beginn des Sendevorgangs feststellbar ist.

Für unser Beispiel haben wir eine noch einfachere Variante gewählt. Die Daten sind in Zeilen organisiert; eine Zeile, die nur aus einem Punkt besteht, steht für das Datenende. Der Preis für die Einfachheit dieses Konzepts ist ein Verlust an Allgemeinheit: es können keine Daten gesendet werden, die eine Zeile enthalten, die nur aus einem Punkt besteht. Diese Variante verwendet beispielsweise das SMTP-Protokoll zur Markierung des Endes einer Nachricht.

Die Befehle liste und zeige, die der Server versteht, die Konvention der Datenübertragung – Sendung direkt im Anschluß an den Befehl ohne Header, Abschluß durch eine Zeile mit nur einem Punkt – sowie die Tatsache, daß sich der Server nicht meldet, sondern der Client die Übertragung beginnen muß, stellen zusammengefaßt das Anwendungsprotokoll unseres Karteiservers dar, das über dem TCP/IP-Transportprotokoll liegt.

Obwohl der Server die nötigen Signale für die Erkennung des Datenendes bereits sendet, werden sie von unserem einfachen TCPIPClient nicht genutzt; die Gefahr des eventuellen Abschneidens einer Karte besteht hier nach wie vor. Erst ein spezieller KarteiClient, der das Anwendungsprotokoll des KarteiServers versteht, kann auch Nutzen daraus ziehen. Das folgende Beispiel implementiert einen solchen Client und zeigt darüber hinaus, wie das Anwendungsprotokoll in der Regel vor dem Benutzer vollständig verborgen wird.

```
// KarteiClient.java

import java.awt.*;
import java.awt.event.*;
import java.io.*;
import java.net.*;

class KarteiClient {
   KarteiVerbindung verb;
   TextArea karte;
   KarteiClient(String host, int port) throws IOException {
      verb = new KarteiVerbindung(new Socket(host, port));
      final Frame f = new Frame("Kartei-Client");
      f.add(karte = new TextArea(8, 50), BorderLayout.CENTER);
      karte.setEditable(false);
```

```
    Choice auswahl;
    f.add(auswahl = new Choice(), BorderLayout.NORTH);
    auswahl.addItemListener(new ItemListener() {
      public void itemStateChanged(ItemEvent e) {
        try {
          zeigeKarte((String)e.getItem());
        } catch (IOException ign) { }
      }
    });
    f.addWindowListener(new WindowAdapter() {
      public void windowClosing(WindowEvent e) {
        try {
          verb.sock.close();
        } catch (IOException ign) { }
        f.dispose();
        System.exit(0);
      }
    });
    f.pack();
    f.setVisible(true);
    verb.sockout.println(verb.LISTE);
    String karte;
    while (!(karte = verb.sockin.readLine()).equals(verb.ENDE))
      auswahl.add(karte);
    zeigeKarte(auswahl.getSelectedItem());
  }
  void zeigeKarte(String str) throws IOException {
    karte.setText("");
    verb.sockout.println(verb.ZEIGE + " " + str);
    String zeile;
    while (!(zeile = verb.sockin.readLine()).equals(verb.ENDE))
      karte.append(zeile + "\n");
  }
  public static void main(String[] args) {
    if (args.length == 2)
      try {
        new KarteiClient(args[0], Integer.parseInt(args[1]));
```

```
            } catch (IOException ioe) {
                ioe.printStackTrace();
            }
        else
            new PrintWriter(System.out, true).println("Starten mittels "
                + "java KarteiClient <hostname> <portnr>");
    }
}
```

Der Client hat eine Benutzeroberfläche mit zwei Komponenten, einem Choice-Objekt auswahl, das die Liste aller verfügbaren Karten anbietet, sowie karte, einer TextArea, die den Text der ausgewählten Karte anzeigt. Nachdem die Oberfläche erzeugt ist, liest der Client die Liste aller Karten, fordert die aktuell ausgewählte Karte an und zeigt diese im TextArea-Objekt karte. Die Steuerung des Clients erfolgt im weiteren über das Choice-Objekt: jedesmal wenn ein Benutzer eine neue Karte auswählt, liest der Client diese vom Server und zeigt ihren Text an.

20.3 Datenübertragung mittels UDP/IP

Die Besonderheiten des UDP haben wir bereits in Abschnitt 20.2 besprochen. Es ist nur dann eine Alternative zu TCP, wenn es weder auf Vollständigkeit noch auf die Reihenfolge der übertragenen Daten ankommt. UDP/IP überträgt Informationen in *Datagrammen*. In Java wurde UDP/IP deshalb im wesentlichen in zwei Klassen implementiert: die Klasse DatagramPacket repräsentiert ein solches Datagramm-Paket, die Klasse DatagramSocket stellt entsprechend zur Socket-Klasse des TCP/IP den Socket dar, über den Pakete gesendet und empfangen werden können.

Datagramm-Sockets können mit dem Konstruktor DatagramSocket(int) oder dem Standardkonstruktor erzeugt werden. Im ersten Fall wird der Socket an den angegebenen Port gebunden, der Standardkonstruktor wählt dagegen einen beliebigen freien Port des lokalen Rechners. Eine IP-Adresse wird hier nicht spezifiziert, da keine Verbindung aufgebaut wird. Um ein Datagramm zu versenden, übergibt man es an die Methode send des DatagramSocket-Objekts; um ein solches Paket zu empfangen, ruft man entsprechend receive mit einem geeignet vorbereiteten DatagramPacket-Objekt auf. Wird der Socket nicht mehr benötigt, kann er mit close geschlossen werden; die Port-Nummer wird dann wieder freigegeben. Auch die Konstruktoren der DatagramSocket-Klasse werfen eine SocketException aus, falls der Socket nicht erzeugt werden kann; dies ist etwa der Fall, wenn explizit ein Port spezifiziert wird und dieser bereits anderweitig belegt ist. Die Methoden send und receive werfen eine IOException aus, falls das Paket nicht gesendet bzw. empfangen werden kann.

Bevor ein Datagramm gesendet werden kann, ist es mit einem der beiden Konstruktoren

```
DatagramPacket(byte[] data, int len, InetAddress adr, int port)
DatagramPacket(byte[] data, int len)
```

zu erzeugen. Dabei enthält das byte-Feld die zu übertragenden Daten, und len gibt an, wieviele Bytes des Feldes tatsächlich übertragen werden sollen. In der ersten Variante erhält das Datagramm bereits bei der Konstruktion die IP-Adresse und die Port-Nummer des Zielrechners. Im zweiten Fall müssen diese Angaben vor dem Versenden noch mittels setAddress und setPort nachgetragen werden. Ein DatagramPacket-Objekt können wir nach seiner Erzeugung mehrfach zur Datenübertragung verwenden. Dazu modizieren wir seinen Inhalt mittels setData und die Länge mittels setLength.

Zum Empfang eines Datagramm-Pakets bedient man sich des zweiten Konstruktors; das byte-Feld muß dabei mindestens so groß sein wie das zu empfangende Datagramm, anderenfalls wird der Rest der eingehenden Daten abgeschnitten. Um ein Datagramm empfangen zu können, sollten wir also wissen, wie groß das Paket maximal sein kann. Nach dem Eingang eines Pakets – also nach beendigtem receive-Aufruf für den Datagramm-Socket – können Paketinhalt und Absenderangaben mit den passend zu den vier oben genannten set-Methoden verfügbaren Methoden getData, getLength, getAddress und getPort abgefragt werden. Statt getData auzurufen, können wir auch direkt auf das byte-Feld und seine Daten zugreifen.

Ein kurzes Beispiel soll die Verwendung von UDP/IP illustrieren. Wie wir bereits beim Vergleich mit TCP/IP diskutiert hatten, kann UDP immer dann eingesetzt werden, wenn es nicht sinnvoll ist, Daten wiederholt zu senden, z.B. weil sie einen Meßwert repräsentieren und der Empfänger lediglich Interesse an dessen aktuellem Stand hat. Werden Werte nicht korrekt übertragen, würde eine erneute Sendung mittlerweile veraltete Werte übermitteln. Entsprechend besteht das Beispiel aus einem Client, der (zufällig generierte) Meßwerte an einen Server schickt.

```
// MesswertClient.java

import java.io.*;
import java.net.*; import java.util.*;
```

```
class MesswertClient {
  MesswertClient(String hostname, int port) {
    try {
      DatagramSocket sock = new DatagramSocket();
      while (true) {
        byte[] data = Messwert.wert().getBytes();
        DatagramPacket pack = new DatagramPacket(data, data.length,
          InetAddress.getByName(hostname), port);
        sock.send(pack);
      }
    } catch (IOException ioe) { ioe.printStackTrace(); }
  }
  public static void main(String[] args) {
    if (args.length == 2)
      new MesswertClient(args[0], Integer.parseInt(args[1]));
    else
      new PrintWriter(System.out, true).println("Starten mittels "
        + "java MesswertClient <hostname> <portnr>");
  }
  static class Messwert {
    static String wert() { ..... }
  }
}
```

Die Klasse MesswertClient.Messwert dient hier nur der Simulation eines Meßwerts; vorstellbar wäre der freie Platz auf einer Festplatte, die Auslastung eines Rechners, die Temperatur in einem Raum, ein Aktienindex usw. Die wesentlichen Schritte zum Senden eines Datagramms werden im Konstruktor vorgenommen; sie entsprechen der oben beschriebenen Reihenfolge von der Erzeugung eines DatagramSockets über die des zu versendenden Pakets bis zum Aufruf der send-Methode. Das zugehörige Server-Programm, das die empfangenen Meßwerte einfach in seinem Terminalfenster ausgibt, könnte wie folgt aussehen:

```
// MesswertServer.java

import java.io.*;
import java.net.*;
import java.util.*;
```

```
class MesswertServer {
  static PrintWriter out = new PrintWriter(System.out, true);
  MesswertServer(int port) {
    final int MAX = 1024;
    try {
      DatagramSocket sock = new DatagramSocket(port);
      Hashtable tab = new Hashtable();
      DatagramPacket pack = new DatagramPacket(new byte[MAX], MAX);
      boolean iter = true;
      while (iter) {
        sock.receive(pack);
        String daten = new String(pack.getData()),
          sender = pack.getAddress() + ":" + pack.getPort();
        int nr;
        if (tab.get(sender) != null)
          nr = ((Integer)tab.get(sender)).intValue();
        else {
          nr = tab.size();
          tab.put(sender, new Integer(nr));
        }
        for (int i = 0; i < nr; i++)
          out.print("\t");
        out.println(daten);
      }
      sock.close();
    } catch (IOException ioe) { ioe.printStackTrace(); }
  }
  public static void main(String args[]) {
    if (args.length == 1)
      new MesswertServer(Integer.parseInt(args[0]));
    else
      out.println("Starten mittels java MesswertServer <port>");
  }
}
```

Auch der Empfang der Pakete folgt dem bereits besprochenen Weg. Zu erwähnen ist hier nur noch die Verwendung des Hashtable-Objekts tab, in dem die Adressen aller Clients mit einer fortlaufenden Nummer assoziiert werden, so daß die Meßwerte verschiedener Clients jeweils in einer eigenen Spalte ausgegeben werden können. Bei drei sendenden Clients könnte diese Ausgabe wie folgt aussehen:

```
3.84
           30.92
                       34.62
1.72
-1.91
           39.25
3.32
```

Dieses letzte Beispiel macht nochmals den Unterschied zu TCP/IP deutlich. Während dort mit dem Socket-Konstruktor und accept eine Verbindung aufgebaut wird, die dem Benutzer stream-basiert erscheint, muß man sich hier auf Byte-Ebene um das Einpacken, Adressieren, Versenden und Auspacken der Datagramme kümmern. Auch reagieren jetzt die Clients nicht mit einer ConnectException oder SocketException, wenn der Server nicht läuft oder unterbrochen wird, sondern senden ihre Datenpakete, gleichgültig, ob sie empfangen werden oder nicht.

20.4 Zugriffe auf Netzressourcen über die Klasse URL

20.4.1 Die Bestandteile eines URLs

Mit der Klasse URL (Uniform Resource Locator) ist eine vereinheitlichte Adressierung von Netzressourcen möglich. Während InetAddress-Objekte lediglich eine IP-Adresse und eine Port-Nummer repräsentieren, speichert ein URL zusätzliche Informationen. Bereits auf S. 439 hatten wir die fünf Bestandteil eines URLs – Protokoll, IP-Adresse oder Host-Name, Port-Nummer (optional), Ressourcenbezeichnung (optional), Referenz (optional) – kurz behandelt.

Im Fall einer HTML-Seite handelt es sich bei dem Ressourcenamen um den Dateinamen (inklusive Pfad) der Seite; die Referenz bezieht sich auf einen Ankerpunkt und veranlaßt den Browser, eine längere Seite an der entsprechenden Stelle anzuzeigen. Obwohl die meisten URLs nach den genannten Regeln gebildet werden, hängt die Konstruktion letztlich vom gewählten Protokoll ab; die „Protokolle“ file zum Zugriff auf das lokale Dateisystem oder mailto zum Email-Versand benötigen und erlauben keine Angabe eines Host-Namens, eines Ports oder einer Referenz. Ressourcen müssen nicht notwendig als Dateien vorliegen, sondern können auch auf eine Anfrage hin erst "on the fly" erstellt werden.

Die Klasse URL erlaubt die Konstruktion eines URL-Objekts entweder durch explizite Angabe seiner einzelnen Bestandteile oder durch Angabe der kompletten String-Repräsentation:

```
URL(String protokoll, String host, int port, String ressource)
URL(String protokoll, String host, String ressource)
URL(String url)
URL(URL kontext, String url)
```

Im zweiten Konstruktor wird als Port-Nummer die standardmäßig für das angegebene Protokoll verwendete Nummer verwendet (vgl. die Tabelle auf S. 439). Der letzte Konstruktor dient zur Angabe relativer URLs: der String url wird relativ zum URL kontext aufgefaßt; setzt man als Kontext etwa http://www.wifo.uni-mannheim.de/, kann man den URL http://www.wifo.uni-mannheim.de/Java einfach mit dem Argument Java erzeugen.

Die Bestandteile eines URL-Objekts können auch nach dessen Konstruktion mit der Methode set gesetzt werden:

```
set(String protokoll, String host, int port, String ressource, String referenz)
```

Sowohl die Konstruktoren als auch die Methode set werfen eine Ausnahme des Typs MalformedURLException aus, wenn der URL nicht korrekt gebildet worden ist. Da die Bildungsregeln vom Protokoll abhängig sind, gelten in diesem Sinne nur solche URLs als korrekt, die mit einem Protokoll beginnen, das der Klasse URL bekannt ist. Standardmäßig sind dies HTTP, FTP, Gopher und die Pseudoprotokolle mailto und file.

Die URL-Methoden getProtocol, getHost, getPort, getFile und getRef dienen dazu, die Bestandteile eines URLs einzeln abzufragen. getFile steht hier für den Namen der Ressource, meistens handelt es sich hier um einen Dateinamen. Wurde die Port-Nummer nicht explizit spezifiziert, liefert getPort -1 als Platzhalter für die standardmäßig mit dem jeweiligen Protokoll verbundene Nummer.

Wesentliche Aufgabe der Klasse URL ist es demnach, eine String-Repräsentation eines URLs in ihre Bestandteile zu zerlegen bzw. umgekehrt für diese Bestandteile eine gemeinsame Darstellung zu bilden. Ein einfaches Beispiel, das man mit der Eingabe von http://ftp.wifo.uni-mannheim.de/pub/buecher#netzwerke testen kann, ist:

```
// URLParser.java

import java.io.*;
import java.net.*;

class URLParser {
  public static void main(String[] args) {
    BufferedReader in =
      new BufferedReader(new InputStreamReader(System.in));
    PrintWriter out = new PrintWriter(System.out, true);
    out.print("URL: ");
    out.flush();
    try {
      String urlString;
      while (!(urlString = in.readLine()).equalsIgnoreCase("ende")) {
        try {
          URL url = new URL(urlString);
          out.println("Protokoll : " + url.getProtocol()
            + "\nHost      : " + url.getHost() + "\nPort      : " + url.getPort()
            + "\nRessource : " + url.getFile() + "\nReferenz  : " + url.getRef());
        } catch (MalformedURLException e) {
          out.println("URL nicht korrekt gebildet.");
        }
        out.print("\nURL: ");
        out.flush();
      }
    } catch (IOException ign) { }
  }
}
```

20.4.2 Das Lesen von Ressourcen

Um die durch einen URL referenzierten Informationen zu lesen oder um Daten zu einem solchen Objekt zu senden, etwa wenn es sich um ein CGI-Skript oder Servlet handelt, muß eine Netzwerkverbindung zur Ressource hergestellt werden. Eine derartige Verbindung wird durch Objekte einer Subklasse der abstrakten Klasse

URLConnection repräsentiert. Wir erhalten sie als Resultat eines openConnection-Aufrufs für den URL:

```
URL url = new URL("http://ftp.wifo.uni-mannheim.de/pub/buecher");
URLConnection uc = url.openConnection();
```

Die tatsächliche Verbindung wird erst durch den Aufruf der Methode connect für das URLConnection-Objekt hergestellt. connect kann von uns explizit aufgerufen werden oder implizit über einen Aufruf von getInputStream oder getOutputStream, die einen Stream liefern, mit dem Daten von der Ressource gelesen oder zu ihr übertragen werden können. Üblicherweise ist nur ein lesender Zugriff vorgesehen; sollen Daten zum URL übertragen werden, muß dies mit einem Aufruf von setDoOutput(true) vorher eingestellt werden – hierfür geben wir weiter unten ein Beispiel.

Sowohl openConnection als auch connect sowie die beiden get-Methoden können eine IOException auswerfen, wenn beim Versuch der Verbindungsaufnahme ein Fehler auftritt. Zusätzlich werfen getInputStream und getOutputStream eine Ausnahme des Typs UnknownServiceException aus, wenn die Ressource keine Datenübertragung erlaubt. In Fortsetzung des obigen Codefragments könnte der Inhalt der WWW-Seite wie folgt angezeigt werden:

```
PrintWriter out = new PrintWriter(System.out, true);
BufferedReader in =
  new BufferedReader(new InputStreamReader(uc.getInputStream()));
String str;
while ((str = in.readLine()) != null)
 out.println(str);
```

Neben dem lesenden Zugriff auf den Inhalt einer Netz-Ressource ermöglicht die Klasse URLConnection noch die Abfrage verschiedener weiterer Informationen. Solche Informationen sind protokollspezifisch. Im wichtigsten Falle des HTTP-Protokolls werden zusätzliche Informationen dem eigentlichen Inhalt in einem *Header* vorangestellt. Der HTTP-Header beginnt mit einer Statuszeile und enthält darauf folgend Namen und durch einen Doppelpunkt abgesetzte Werte. Eine Leerzeile trennt den Header schließlich vom eigentlichen Ressourceninhalt. Zum Beispiel:

```
HTTP/1.1 200 OK
Date: Fri, 20 Feb 1998 09:15:57 GMT
Server: Apache/1.2.1
```

```
Last-Modified: Thu, 12 Jun 1997 15:36:33 GMT
ETag: "2781e-381-33a01781"
Content-Length: 897
Accept-Ranges: bytes
Connection: close
Content-Type: text/html
```

Den i-ten Namen eines Headers kann man mit getHeaderFieldKey(i) festellen, den i-ten Wert mit getHeaderField(i). Besitzt eine Zeile keinen Doppelpunkt, gilt sie komplett als Wert, und für den Namen ergibt sich null; dies betrifft beim HTTP-Protokoll insbesondere die Statuszeile, die als 0-te Headerzeile gezählt wird. Im Beispiel liefert also getHeaderFieldKey(2) den Namen "Server" und getHeaderField(2) den Wert "Apache/1.2.1" – Namen und Werte sind jeweils String-Objekte. getHeaderField kann nicht nur mit int-Argumenten aufgerufen werden; es ist auch eine Version deklariert, der man einen Namen als String übergibt und die dann den entsprechenden Wert zurückgibt. Im Beispiel können wir also auch komfortabler getHeaderField("Server") abfragen.

Für die wichtigsten Namen des HTTP-Protokolls gibt es eigene Methoden, die die betreffende Eigenschaft als Wert passenden Typs liefern und in der folgenden Tabelle zusammengestellt sind:

Resultat	*Methode*
String	getContentEncoding
int	getContentLength
String	getContentType
long	getDate
long	getExpiration
long	getLastModified

Eine typische Anwendung zeigt das folgende Beispiel. Es liest eine HTML-Seite von einem WWW-Server und zeigt diese an, ohne die HTML-Markierungen zu interpretieren.

```
// Browser.java

import java.awt.*;
import java.awt.event.*;
import java.io.*;
```

```
import java.net.*;

class Browser extends Frame {
   TextField adresse;
   TextArea inhalt;
   Browser() {
      super("Ressourcen-Browser");
      adresse = new TextField("http://localhost/");
      inhalt = new TextArea(20, 60);
      inhalt.setEditable(false);
      adresse.addActionListener(new ActionListener() {
         public void actionPerformed(ActionEvent e) {
            lies();
         }
      });
      add(adresse, BorderLayout.NORTH);
      add(inhalt, BorderLayout.CENTER);
      addWindowListener(new WindowAdapter() {
         public void windowClosing(WindowEvent e) {
            dispose();
            System.exit(0);
         }
      });
      pack();
      setVisible(true);
      lies();
   }
   void lies() {
      try {
         URL u = new URL(adresse.getText());
         URLConnection uc = u.openConnection();
         int n = uc.getContentLength();
         char[] buf = new char[n];
         Reader in = new InputStreamReader(uc.getInputStream());
         for (int i = 0; i < n; i++)
            buf[i] = (char)in.read();
         inhalt.setText(new String(buf));
```

```
        } catch (Exception e) {
            inhalt.setText("Ressource nicht verfügbar.");
        }
    }
    public static void main(String[] args) {
        new Browser();
    }
}
```

Nach der Verbindung zur Ressource wird deren Länge durch den Aufruf von getContentLength ermittelt und die ganze Seite in einen Puffer passender Größe gelesen. Ein TextArea-Objekt dient dann zur Anzeige der Seite.

Bevor die Verbindung zu einer Ressource durch den expliziten oder impliziten Aufruf der connect-Methode hergestellt wird, können einige Eigenschaften des URLConnection-Objekts gesetzt werden. Die wichtigsten Methoden hierzu sind setDoInput und setDoOutput, die mit einem boolean-Argument festlegen, ob Ein- bzw. Ausgaben zulässig sind; standardmäßig ist nur ein lesender Zugriff erlaubt. setAllowUserInteraction entscheidet darüber, ob Interaktionen mit dem Benutzer, etwa die Eingabe einer Benutzerkennung oder eines Paßworts, vorgenommen werden können oder nicht. In /OOPinJava/kapitel20/Mail.java ist ein Beispiel gegeben, das die beiden setDo-Methoden benutzt.

20.4.3 Dynamisches HTML und Servlets

Bereits im ersten Kapitel haben wir gesehen, wie wir mit Applets Java-Code von einem Server laden und – unterstützt durch einen Browser mit integriertem Java-Interpreter – lokal ausführen können. Eine derartige Ausführung auf dem Client-Host ist aber nicht immer möglich. Beispielsweise kann es aus Performancegründen erforderlich sein, bestimmte Anwendungen auf einem Datenbank- oder Compute-Server auszuführen.

Das Starten derartiger Anwendungen und die Präsentation der Ergebnisse wird schon seit Jahren dadurch ermöglicht, daß HTTP-Server neben konstanten HTML-Seiten, die einmal erstellt und auf dem Server abgelegt werden, auch *dynamische* HTML-Seiten liefern können. Dabei handelt es sich nicht um fest codierte Dokumente, sondern um Seiten, die als Reaktion auf eine spezielle Anfrage, abhängig von den ermittelten Resultaten, erstellt werden. Der HTTP-Server delegiert die Erzeugung dieser Seiten an Programme des Server-Systems.

Als Schnittstelle zwischen dem HTTP-Server und solchen Systemprogrammen wird klassischerweise CGI (das Common Gateway Interface) eingesetzt. Weil es sich bei den Systemprogrammen häufig um Perl- oder Shell-Skripte handelt, nennt man die Systemprogramme auch CGI-Skripte, obwohl sie ebensogut in jeder anderen Sprache, die eine Standardeingabe lesen und in eine Standardausgabe schreiben kann, also z.B. C oder C++, geschrieben sein können. Wir gehen auf diesen, aus Java-Sicht mittlerweile veralteten Standard hier nicht mehr ein. Erweiterungen der Funktionalität eines HTTP-Servers werden einfacher, sicherer und schneller mit Servlets vorgenommen. Alternativ ist zu überlegen, ob es sinnvoll ist, die im nächsten Kapitel behandelten Aufrufe entfernter Java-Methoden (RMI) einzusetzen.

Anfragen an ein Servlet können, genau wie Anfragen an ein CGI-Skript, über eine HTML-Seite, die eine <form>-Markierung enthält, formuliert werden (siehe hierzu Anhang G). Ein Beispiel für eine solche Anfrage könnte wie folgt aussehen:

```
<!DOCTYPE HTML PUBLIC "-//IETF//DTD HTML//EN">
<html>
<head><title>Anfrage</title></head>
<body>
<h1> Beispiel zur Verwendung von Servlets </h1>
<hr>
<form action="http://localhost:8889/servlet/AnfrageServlet" method=post>
<p>
Person: <input type = text name = Name>
Suche nach: <input type = radio name = Anfrage value = Erfindung checked>
   Erfindung</input>
   <input type = radio name = Anfrage value = Daten>Daten</input>
<p>
<input type = submit value = abschicken></input>
<input type = reset value = "Eingabe löschen"></input>
</form>
</body>
</html>
```

Drei Parameter der <form>-Markierung bestimmen die Anbindung an das Servlet: action gibt den Servlet-Namen an, method beschreibt, wie die Daten zum Server übertragen werden, und enctype gibt die MIME-Codierung (den Typ der Multipurpose Internet Mail Extension) dieser Daten an; wird der letzte Parameter, wie im Beispiel, nicht verwendet, so wird standardmäßig application/x-www-form-urlencoded eingesetzt. Dabei werden alle Zeichen, die keine ASCII-Zeichen sind, sowie die als Sonderzeichen verwendeten Zeichen +, ?, =, & und % durch ein % gefolgt von ihrem Hexadezimal-Code dargestellt.

Innerhalb einer „Form“ werden die verschiedenen Eingabeelemente durch die <input>-Markierung erzeugt. Die obige Form enthält zwei Eingabeelemente namens Name bzw. Anfrage. Das type-Attribut entscheidet über die Gestalt des Eingabeelements (checkbox, radio, select, text usw.), mit dem name-Attribut erhält es einen Namen. Die Werte der verschiedenen Eingabeelemente einer Form werden vom Browser in Name/Wert-Paaren, die durch & getrennt sind, übertragen. Eine Anfrage nach der Erfindung von C. Babbage wird im Beispiel als Name=C. Babbage&Anfrage=Erfindung gesendet.

An Methoden stehen get und post zur Verfügung. get ist die ältere Methode; die Anfrage wird, durch ein Fragezeichen getrennt, direkt an den mit action spezifizierten URL angehängt. Der HTTP-Server übergibt den codierten Anfragestring nach dem Empfang an die Umgebungsvariable QUERY_STRING. Entscheidender Nachteil dieser Methode ist, daß die Datenlänge durch eine Maximallänge von Umgebungsvariablen beim Server-System begrenzt sein kann – z.B. auf 255 Zeichen. Weiterhin können die Daten durch Inspektion der Log-Dateien des Servers gelesen werden.

Bei Benutzung von post sendet der Browser die Daten in zwei Schritten. Zuerst wird der im action-Attribut angegebene Server kontaktiert. Dann werden die Daten in einem separaten Übertragungsvorgang versandt.

Wir wenden uns nun der Server-Seite, also der Servlet-Implementation zu. Servlets bieten die gleichen Möglichkeiten wie CGI-Skripte, stellen aber Klassen und Methoden zur Verfügung, die unter Java sehr einfach zu handhaben sind. Der Name Servlet ist in Anlehnung an die Bezeichnung Applet gebildet worden. Während Applets die Funktionalität auf der Seite des Clients erweitern, erweitern Servlets die des Servers. Servlets werden auch als „Applets ohne Oberfläche“ bezeichnet.

Die Servlet-Klassen befinden sich in den Paketen javax.servlet und javax.servlet.http, die nicht in allen JDK-Versionen enthalten sind und gegebenenfalls gesondert installiert werden müssen. Ähnlich wie Applets, die ein Browser erzeugt und für die er init, start, stop, paint und destroy aufruft, werden Servlets von einem Web-Server gestartet. Auch sie haben einen Lebenszyklus, in dessen Verlauf der Server die folgenden drei Methoden implizit aufruft:

init

Diese Methode wird aufgerufen, wenn das Servlet auf die erste Anfrage hin das erste Mal geladen werden soll. Analog zum init bei Applets können wir sie überschreiben, um Initialisierungen vorzunehmen. Im Interface Servlet ist die Methode wie folgt deklariert:

```
public void init(ServletConfig config) throws ServletException;
```

service
Diese Methode wird für jede Anfrage an das Servlet erneut aufgerufen; jeder derartige Aufruf wird standardmäßig von einem eigenen Thread ausgeführt. Die Deklaration im Interface Servlet ist:

```
public void service(ServletRequest req, ServletResponse res)
   throws ServletException, IOException;
```

destroy
Diese Methode wird aufgerufen, wenn das Servlet entfernt werden soll. Hier können wir, wie beim destroy-Aufruf für Applets, Ressourcen freigeben, die nur für das Servlet wichtig sind. Die Deklaration im Interface Servlet ist:

```
public void destroy();
```

Ein Servlet implementiert man am einfachsten als Subklasse der abstrakten Klasse HttpServlet des Pakets javax.servlet.http. Die service-Methode ist in dieser Klasse bereits so implementiert, daß sie prüft, welcher Übertragungsmethode (get oder post) sich der Client bedient hat und abhängig davon doGet oder doPost aufruft; es ist daher bei Benutzung der Superklasse HttpServlet nicht notwendig, service zu überschreiben. Und in aller Regel genügt es, eine der Methoden doGet oder doPost zu implementieren. Beide Methoden haben dieselben Parameter und können dieselben Ausnahmen auswerfen:

```
protected void doGet(HttpServletRequest req, HttpServletResponse resp)
   throws ServletException, IOException;
protected void doPost(HttpServletRequest req, HttpServletResponse resp)
   throws ServletException, IOException;
```

Über den ersten Parameter req können wir sehr komfortabel auf die eingegangene Anfrage zugreifen, über den zweiten Parameter res versenden wir das von uns zusammengestellte Resultat.

HttpServletRequest und HttpServletResponse sind Subinterfaces von ServletRequest bzw. ServletResponse; hier werden beim Aufruf plattformspezifische Objekte übergeben. Die ServletRequest-Methode getParameterNames liefert ein String-Feld, das die Namen aller Name/Wert-Paare der Anfrage enthält. Und mit der Methode getParameterValues kann durch Übergabe eines Namens der zugehörige Wert ermittelt werden; auch hier hat das Resultat den Typ String[], da derselbe Name in einer Anfrage mehrfach enthalten sein kann. Wenn der Name nicht in der Anfrage vorkommt, ist das Resultat null. Die Daten der Anfrage stehen also bereits fertig decodiert und in Namen und Werte zerlegt bereit.

Für die Rückgabe des Anfrageergebnisses an den Client benutzen wir das Servlet-Response-Objekt. Mit der Methode setContentType sollte zunächst der MIME-Typ gesetzt werden; bei einem HTTP-Server werden Anfrageergebnisse meist als HTML-Seiten zurückgegeben, in diesem Fall ist text/html der richtige Typ. Danach erzeugen wir mittels getWriter ein PrintWriter-Objekt. Die üblichen print- oder println-Aufrufe für dieses Objekt übermitteln dann unser Ergebnis an den Client. Sollen binäre Daten geschrieben werden, ruft man getOutputStream anstelle von getWriter auf.

Als Beispiel implementieren wir ein Servlet, das Anfragen des auf S. 467 besprochenen HTML-Formulars beantworten kann. Da mit der post-Methode gearbeitet wird, überschreiben wir nur doPost. Diese Methode erwartet Werte für die Namen Name und Anfrage. Wir erfragen sie jeweils mit einem getParameterValues-Aufruf für das HttpServletRequest-Objekt req. Bei unserem einfachen Beispiel kommen beide Namen nur einmal in der Anfrage vor, wir benötigen somit nur die erste Feldkomponente. Danach wird der Name in der Personentabelle tab gesucht.

Den umfangreichsten Teil des Servlets macht die Abfassung der Antwort an den Client aus. Da diese als HTML-Seite formuliert werden soll, muß das Servlet neben der eigentlichen Information (Erfindung bzw. Daten) noch die notwendigen Markierungen schreiben.

```
// AnfrageServlet.java

import java.io.*;
import javax.servlet.*;
import javax.servlet.http.*;

public class AnfrageServlet extends HttpServlet {
   String NAME = "Name", ANFRAGE = "Anfrage",
      ERFINDUNG = "Erfindung", DATEN = "Daten";
```

```
    Person[] tab = {
        new Person("C. Babbage", "The Analytical Engine", "1792 - 1871"),
        new Person("N. Chomsky", "Die Chomsky-Grammatiken", "* 1928"),
        new Person("J. Gosling", "Die Programmiersprache Java", "n.a."),
        new Person("A.M. Turing", "Die Turing-Maschine", "1912 - 1954"),
        new Person("K. Zuse", "Den 1. Relaisrechner Z1", "1910 - 1995")
    };
    public void doPost(HttpServletRequest req, HttpServletResponse res)
            throws ServletException, IOException {
        String[] namen = req.getParameterValues(NAME),
            anfragen = req.getParameterValues(ANFRAGE);
        String name = namen[0], frage = anfragen[0];
        int index = 0;
        while ((index < tab.length) && (!name.equals(tab[index].name)))
            index++;
        res.setContentType("text/html");
        PrintWriter rout = res.getWriter();
        rout.println("<!DOCTYPE HTML PUBLIC \"-//IETF//DTD HTML//EN\">\n"
            + "<html>\n" + "<head>\n" + "<title> Personenangaben </title>\n"
            + "</head>\n" + "<body>\n" + "<h1> Personenangaben </h1>");
        if (index == tab.length)
            rout.println("Person " + name + " nicht in der Datenbank gefunden.");
        else if (frage.equals(DATEN))
            rout.println("Daten von " + name + ": " + tab[index].daten);
        else if (frage.equals(ERFINDUNG))
            rout.println("Erfindung von " + name + ": " + tab[index].erfindung);
        rout.println("</body>\n</html>\n");
    }
    static class Person {
        String name, erfindung, daten;
        Person(String name, String erfindung, String daten) {
            this.name = name;
            this.erfindung = erfindung;
            this.daten = daten;
        }
    }
}
```

Um das Beispiel zu testen, ist die class-Datei des Servlets in das servlet-Verzeichnis des HTTP-Servers zu kopieren – dieser muß so konfiguriert sein, daß er Servlets starten kann. Alternativ kann man Suns servletrunner einsetzen. Er benutzt standardmäßig die Port-Nummer 8080, kann aber mit der Option -p auch auf andere Ports eingestellt werden. Der Ressourcenname für ein Servlet X ist /servlet/X; aus diesem Grund haben wir für einen ersten lokalen Test in Anfrage.html (S. 467) den URL http://localhost:8889/servlet/AnfrageServlet eingetragen. Nachdem wir servletrunner -p 8889 gestartet haben, können wir die HTML-Datei Anfrage.html laden und in ihrer Form Anfragen an das Servlet absetzen. Das Servlet ist auch mit dem URL

http://www.wifo.uni-mannheim.de/servlet/AnfrageServlet

erreichbar.

Servlets können nicht nur mit einem Browser kooperieren; auch jedes andere Java-Programm kann ihre Dienste in Anspruch nehmen. Dazu muß lediglich der ansonsten von post vorgenommene Versand des Anfragestrings mit seinen Name/Wert-Paaren selbst implementiert werden.

Das folgende Beispiel, in dem wieder auf das AnfrageServlet zurückgegriffen wird, zeigt, wie man hier vorgeht. Wie üblich beginnen wir mit der Erzeugung eines URL-Objekts und, mit dessen Hilfe, eines URLConnection-Objekts, das nach Aufruf von getInputStream bzw. getOutputStream die Ein- und Ausgabeströme zwischen Programm und Servlet generiert. Bevor die Verbindung hergestellt wird, ist noch mittels setDoOutput(true) dafür zu sorgen, daß Daten nicht nur gelesen sondern auch zum Servlet geschrieben werden können. Zur Codierung der Daten in das benötigte MIME-Format steht die Klasse URLEncoder mit ihrer Klassenmethode encode zur Verfügung. Diese Codierung ermöglicht es uns, auch Personen-Namen wie etwa I. Häßler & A. Möller einzugeben.

```
// Anfrage.java

import java.io.*; import java.net.*;

class Anfrage {
   static PrintWriter out = new PrintWriter(System.out, true);
   static void frage(String url, String name, String anfrage) throws IOException {
      URL u = new URL(url);
      URLConnection uc = u.openConnection();
```

```
        uc.setDoOutput(true);
        Writer uout = new OutputStreamWriter(uc.getOutputStream());
        uout.write("Name=" + URLEncoder.encode(name)
            + "&Anfrage=" + URLEncoder.encode(anfrage));
        uout.flush();
        uout.close();
        BufferedReader uin =
            new BufferedReader(new InputStreamReader(uc.getInputStream()));
        String zeile;
        while ((zeile = uin.readLine()) != null)
            out.println(zeile);
    }
    public static void main(String[] kdo) {
        if (kdo.length < 1) {
            out.println("Starten mittels java Anfrage <URL>");
        } else
            try {
                BufferedReader in =
                    new BufferedReader(new InputStreamReader(System.in));
                out.print("Anfrage> ");
                out.flush();
                String anf;
                while (!(anf = in.readLine()).equalsIgnoreCase("ende")) {
                    if (anf.endsWith(" Erfindung")) {
                        int i = anf.lastIndexOf("Erfindung");
                        frage(kdo[0], anf.substring(0, i).trim(), "Erfindung");
                    } else if (anf.endsWith(" Daten")) {
                        int i = anf.lastIndexOf("Daten");
                        frage(kdo[0], anf.substring(0, i).trim(), "Daten");
                    } else
                out.println("Befehl unbekannt.\n<Person> Erfindung\n<Person> Daten");
                    out.print("Anfrage> ");
                    out.flush();
                }
            } catch (IOException ioe) { out.println("Ausnahme: " + ioe) }
    }
}
```

Wenn der servletrunner wieder an Port 8889 auf Anfragen wartet, starten wir das Programm zum lokalen Test durch

```
java Anfrage http://localhost:8889/servlet/AnfrageServlet
```

Anfragen können dann in der Form N. Chomsky Erfindung, N. Chomsky Daten usw. abgesetzt werden.

20.5 Übungsaufgaben

1. Implementieren Sie mittels TCP/IP einen simplen ChatRoom-Server. Der Server soll beliebig viele Clients gleichzeitig akzeptieren und alles, was er von einem Client erhält, an alle anderen Clients weiterleiten. Testen Sie den Server zunächst mit dem TCPIPClient und entwickeln Sie danach einen speziellen Client mit einer passenden grafischen Oberfläche.

2. Schreiben Sie einen Server, der an jeden Client, der sich bei ihm anmeldet, die aktuelle Uhrzeit als formatierten String sendet und danch die Verbindung beendet. Der Server soll nichts vom Client lesen. Verwenden Sie zum Test den TCPIPClient.

3. Einige ältere Protokolle wie FTP oder SMTP signalisieren das Ende einer Rückmeldung des Servers durch differenzierte Zeilenanfänge: jede Zeile beginnt mit einem dreistelligen Statuscode; das vierte Zeichen ist '-', falls noch eine weitere Zeile folgt, und ' ' in der letzten Zeile. Schreiben Sie in Anlehnung an den TCPIPClient einen Client, der diesen Aspekt der genannten Protokolle versteht, also sicherstellt, daß er eine Meldung des Servers vollständig liest.

4. Implementieren Sie mittels UDP einen Echo-Server, der alle empfangenen Pakete an den Sender zurückschickt, sowie ein Programm, das den Zugang zu diesem Server testet. Es soll alle zwei Sekunden ein Paket senden und Buch darüber führen, wieviele Pakete wieder zurückkommen.

5. (a) Schreiben Sie eine Applet-Version von Anfrage.java. Das Applet soll sämtliche Eingaben, die in Anfrage.html mittels <input> vorgenommen wurden, mit AWT-Komponenten übernehmen.

   (b) Testen Sie, ob ihr Applet nur Kontakt zu dem Rechner, von dem es geladen wurde, aufnehmen kann oder ob das AnfrageServlet auch auf einem dritten

Rechner laufen kann. Den URL des Hosts, von dem es geladen wurde, kann ein Applet mit einem Aufruf der Methode getCodeBase feststellen.

6. Erweitern Sie die Funktionalität des AnfrageServlets um die Möglichkeit, weitere Angaben wie z.B. Nationalität, Beruf oder Geburtsort einer Person abzufragen. Passen Sie auch die HTML-Seite bzw. das Applet aus Aufgabe 5a an diese neuen Möglichkeiten an.

7. Im Interface Servlet ist eine Methode getServletInfo deklariert, die einen String liefert. Überschreiben Sie diese Methode in Ihren Servlets, so daß sie Informationen über Autor, Version, Copyright usw. vermittelt. Sofern getServletInfo nicht überschrieben wird, erhält man null als Resultat eines Aufrufs.

Kapitel 21

Methodenaufrufe für entfernte Objekte (RMI)

Servlets dienen wie CGI-Skripte hauptsächlich als Erweiterung eines HTTP-Servers zur Auswertung von HTML-Formularen. TCP/IP-Sockets stellen zwar eine universell einsetzbare Netzwerktechnik dar, sind aber wegen des zu treibenden Implementationsaufwands nur für spezielle Zwecke zu empfehlen, etwa zur Anbindung bestehender Server wie FTP oder SMTP oder bei der Programmierung besonders zeitkritischer Anwendungen. Werden sowohl Server als auch Client in Java neu entwickelt, stellt RMI (die Remote Method Invocation) eine sehr viel einfacher zu beschreitende Möglichkeit dar. RMI fungiert als Protokoll über TCP/IP und verbirgt die meisten Details einer Netzwerkverbindung. Mittels RMI ist es möglich, Methoden für Objekte aufzurufen, die von einer anderen VM erzeugt und verwaltet werden – wobei diese in der Regel auf einem anderen Rechner läuft. Ein solches Objekt einer anderen VM nennt man *entferntes* Objekt (remote object).

21.1 Methodenaufrufe für entfernte Objekte

Als Mittler zwischen einem entfernten Objekt und dem aufrufenden Client-Programm dient ein Interface; dieses muß Subinterface des Remote-Interfaces aus dem Paket java.rmi sein und alle Methoden deklarieren, deren Aufruf von einer anderen VM aus ermöglicht werden soll. Jede dieser Methoden muß die Ausnahme RemoteException in ihrer throws-Klausel deklarieren. Eine RemoteException wird vom zugrundeliegenden RMI-Mechanismus immer dann ausgeworfen, wenn Ausnahmen beim Zugriff auf das entfernte Objekt auftreten, etwa aufgrund einer unterbrochenen Verbindung.

Ein solches Interface schafft eine zusätzliche Abstraktionsebene für den Aufruf des Clients, weil es die Methoden lediglich ohne Implementation deklariert und der Client somit unabhängig von der serverseitigen Implementation dieser Methoden ist.

Als erstes Beispiel greifen wir die Kartei mit den Java-Begriffen aus Abschnitt 20.2.3 auf; statt ein eigenes Anwendungsprotokoll zu entwickeln, implementieren wir das Beispiel nun mittels RMI. Das Interface könnte wie folgt aussehen:

```
// Kartei.java

import java.rmi.*;

public interface Kartei extends Remote {
   StringFeld liste() throws RemoteException;
   StringFeld karte(String karte) throws RemoteException;
}
```

Die Methode liste gibt eine Liste der Karteikarten in der Kartei zurück, die Methode karte den vollständigen Inhalt der als Argument übergebenen Karte. Als Rückgabetyp würde ein einfaches String-Feld, also der Typ String[], naheliegen. Dieser kann aber nicht benutzt werden, da RMI bei der Übergabe der Argumente vom Client zum Server sowie bei der Rückgabe des Resultats zurück vom Server zum Client die zu übergebenden Objekte serialisiert. Immer wenn ein Objekt von einer VM zu einer anderen zu transportieren ist, serialisiert die VM das Objekt und versendet die resultierenden Bytes. Diese Technik unterscheidet sich von dem üblichen Methodenaufruf, bei dem lediglich Objektreferenzen übergeben werden. Da Objektreferenzen aber nichts anderes als Speicheradressen von Objekten in der lokalen VM sind, sind diese für eine andere VM ohne Bedeutung und wertlos. Als Konsequenz müssen die Typen aller Parameter und der Typ des Resultats entweder elementar sein (boolean, byte, short usw.) oder das Interface Serializable implementieren bzw. Subinterfaces von Serializable sein. (Eine kompliziertere Möglichkeit bietet der erneute Einsatz von Remote, siehe Abschnitt 21.4).

Im Beispiel ist es deshalb notwendig, anstelle von String[] eine geeignete Klasse, z.B. die Klasse StringFeld einzusetzen:

```
// StringFeld.java

import java.io.*;
import java.util.*;
```

```
public class StringFeld implements Serializable {
   private String[] daten;
   public StringFeld(String[] daten) {
      this.daten = daten;
   }
   public StringFeld(Vector vector) {
      daten = new String[vector.size()];
      vector.copyInto(daten);
   }
   public String element(int nr) {
      return daten[nr];
   }
   public int laenge() {
      return daten.length;
   }
   public String toString() {
      StringBuffer buf = new StringBuffer();
      for (int i = 0; i < daten.length; i++)
         buf.append(daten[i] + "\n");
      return buf.toString();
   }
}
```

Die serverseitige Implementation des Interfaces muß stets durch eine Subklasse der abstrakten Klasse RemoteServer aus dem Paket java.rmi.server erfolgen. Im JDK steht bereits eine konkrete Implementation UnicastRemoteObject zur Verfügung, die wir im folgenden immer als Superklasse einsetzen werden. Unsere spezielle Subklasse kann neben den Interfacemethoden beliebig viele weitere Methoden besitzen, die dann allerdings nur lokal aufgerufen werden können. Im Beispiel sieht die Implementation wie folgt aus:

```
// KarteiImpl.java

import java.io.*;
import java.rmi.*;
import java.rmi.server.*;
import java.util.*;
```

```
public class KarteiImpl extends UnicastRemoteObject implements Kartei {
   public KarteiImpl() throws RemoteException { }
   public StringFeld liste() throws RemoteException {
      return new StringFeld(new File("kartei").list());
   }
   public StringFeld karte(String karte) throws RemoteException {
      Vector vec = new Vector();
      try {
         BufferedReader fin =
            new BufferedReader(new FileReader("kartei/" + karte));
         String zeile;
         while ((zeile = fin.readLine()) != null)
            vec.addElement(zeile);
         fin.close();
      } catch (IOException ioe) { ioe.printStackTrace(); }
      return new StringFeld(vec);
   }
}
```

Besonders zu beachten ist der leere Konstruktor. Da der Konstruktor der Superklasse UnicastRemoteObject eine RemoteException auswerfen kann, muß diese auch in der throws-Klausel des Konstruktors der Subklasse erscheinen. Selbst wenn der Konstruktor also keinerlei Aufgaben erfüllt, wie in unserem Beispiel, muß er dennoch explizit deklariert werden.

Bis auf die Deklaration von Kartei als Subinterface von Remote und der KarteiImpl als Subklasse von UnicastRemoteObject sowie den zusätzlichen Ausnahmen RemoteException enthält der Code bisher keinerlei netzwerkspezifische Besonderheiten. Die Bereitstellung von Objektreferenzen entfernter Objekte für Clients wird von einem externen Programm, der *RMI-Registry*, geleistet; wir werden am Schluß dieses Abschnitts sowie im nächsten Abschnitt darauf noch einen genaueren Blick werfen. Im Moment bleibt dem Server-Programm nur noch die Aufgabe, ein Objekt der Klasse KarteiImpl zu erzeugen und es bei der Registry unter einem Namen anzumelden. Dem Client muß dieser Name bekannt sein, damit er ausgehend von dem Namen eine Verbindung zu dem entfernten Objekt erhalten kann. Die Vergabe und das Nachschlagen von Namen wird von den Klassenmethoden der Klasse Naming aus java.rmi geleistet. Mit bind oder rebind kann ein neues Objekt unter Angabe eines eindeutigen Namens registriert werden. Bei einem bind-Aufruf darf dieser Name bisher noch nicht vergeben sein, ansonsten wird eine AlreadyBoundException ausgeworfen. Dagegen werden von rebind eventuell vorher bestehende Eintragungen anderer Objekte unter diesem Namen gelöscht. Beide Methoden erwarten als erstes Argument den Namen des Server-Hosts als String in Form eines URL mit dem Aufbau:

rmi:// *Host-Name* : *Port-Nummer* / *Objektname*

Dabei können bis auf den Objektnamen selbst alle anderen Bestandteile entfallen; der Rechnername ist in diesem Fall localhost und die Port-Nummer die standardmäßig für RMI vorgesehene Nummer 1099. Ist der URL nicht korrekt, können beide Methoden auch eine MalformedURLException auswerfen. Als zweites Argument ist das entfernte Objekt zu übergeben.

Das eigentliche Serverprogramm schrumpft in dieser Weise auf lediglich zwei Methodenaufrufe:

```
// KarteiServer.java

import java.io.*;
import java.rmi.*;

class KarteiServer {
   public static void main(String[] args) {
      try {
         Remote kartei = new KarteiImpl();
         Naming.rebind("/KarteiServer", kartei);
         new PrintWriter(System.out, true).println("KarteiServer bereit");
      } catch (Exception e) {
         e.printStackTrace();
      }
   }
}
```

Bevor der Client das entfernte Objekt namens "/KarteiServer" verwenden kann, muß dieses durch den Aufruf der Naming-Klassenmethode lookup nachgeschlagen werden. lookup erwartet als Argument den URL des bind- oder rebind-Aufrufs und liefert einen lokalen Stellverteter des entfernten Objekts als Remote. Neben einer RemoteException kann lookup eine Ausnahme des Typs NotBoundException auswerfen, falls unter dem angegebenen Namen kein Objekt registriert ist.

Nach erfolgreichem lookup kann der Client für das entfernte Objekt die im Remote-Interface deklarierten Methoden genauso aufrufen wie Methoden für lokale Objekte. Ein Client für das Karteibeispiel könnte also wie folgt aussehen:

```
// KarteiClient.java

import java.io.*;
import java.rmi.*;

class KarteiClient {
   public static void main(String[] args) {
      BufferedReader in =
         new BufferedReader(new InputStreamReader(System.in));
      PrintWriter out = new PrintWriter(System.out, true);
      try {
         Kartei k = (Kartei)Naming.lookup("/KarteiServer");
         String anf;
         out.print("Kartei> ");
         out.flush();
         while (!(anf = in.readLine()).equals("ende")) {
            if (anf.equals("liste"))
               out.println(k.liste());
            else if (anf.startsWith("zeige"))
               out.println(k.karte(anf.substring(5).trim()));
            out.print("Kartei> ");
            out.flush();
         }
      } catch (Exception e) {
         e.printStackTrace();
      }
   }
}
```

Wenn wir diese RMI-Implementation mit der Socket-Implementation aus Kapitel 20 vergleichen, fällt auf, daß sie nicht nur wesentlich eleganter ist, sondern auch kaum netzwerkspezifischen Code besitzt. Der ganze Aufwand für die Sockets in den Klassen KarteiServer bzw. KarteiVerbindung entfällt. Das Serialisieren der zu übermittelnden Daten erfolgt automatisch; auch das Aufrufen der entsprechenden Methoden wird sowohl beim Server als auch beim Client von automatisch erzeugten Klassen geregelt. Beim Server heißen diese *Skeleton*-Klassen, beim Client *Stub*-Klassen. Der im JDK enthaltene RMI-Compiler rmic erzeugt diese Klassen; er muß für jede von uns deklarierte UnicastRemoteObject-Subklasse aufgerufen werden. Für unser Beispiel rufen wir daher rmic KarteiImpl auf und erhalten zwei neue class-Dateien KarteiImpl_Skel.class und KarteiImpl_Stub.class.

Der Client muß neben den von ihm benutzten Klassen KarteiClient und StringFeld sowie dem Interface Kartei Zugriff auf die Stub-Klasse KarteiImpl_Stub haben – lookup liefert zwar ein Resultat des Typs Remote, referenziert wird aber ein KarteiImpl_Stub-Objekt. Die einfachste Möglichkeit ist, die entsprechende class-Datei auf den Client-Host zu kopieren; eine bessere Möglichkeit werden wird in Abschnitt 21.3 besprechen.

Vor dem Start des Server-Programms muß noch die RMI-Registry gestartet werden, falls sie nicht im System ohnehin permanent läuft; eine RMI-Registry wird nur einmal – und zwar auf dem Server-Host – gestartet und kann beliebig viele entfernte Objekte verwalten. Zum Starten ruft man rmiregistry& (Solaris, Linux) bzw. start rmiregistry (Win 95/NT) auf. Sofern eine andere als die standardmäßig vorgesehene Port-Nummer 1099 benutzt werden soll, ist sie nach rmiregistry anzugeben. Obwohl die main-Methode des Servers nach Ausführung ihrer drei Anweisungen beendet ist, läuft das Programm noch solange weiter, bis wir es abbrechen, da Java für das KarteiImpl-Objekt (wie für jedes UnicastRemoteObject) einen eigenen Thread erzeugt, so daß beliebig viele Clients auf es zugreifen können.

Wenn nicht mehr lokal getestet wird, muß im Client der entsprechende Hostname, also z.B. lookup("//www.wifo.uni-mannheim.de/KarteiServer") eingetragen werden.

Die folgende Abbildung demonstriert, wie die Stubs und Skeletons das Serialisieren und Deserialisieren von Argumenten und Resultaten vornehmen. Ergänzend zu ihr ist es sinnvoll, diese Klassen einmal mit javap zu untersuchen.

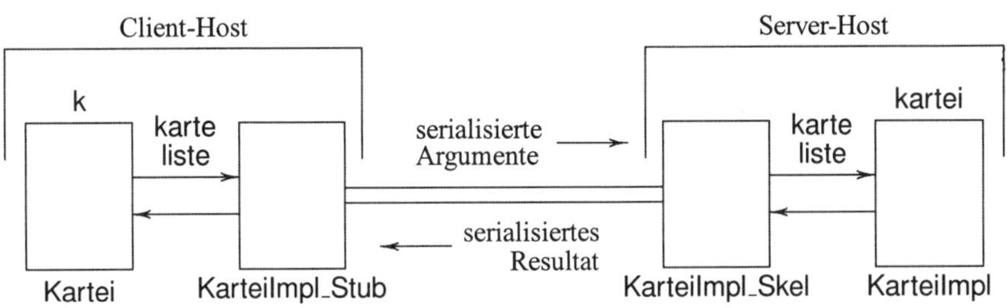

Es ist wichtig, sich hier klarzumachen, daß nicht das KarteiImpl-Objekt des Servers serialisiert und zum Client transportiert wird, damit dieser mit ihm arbeiten kann, sondern daß lediglich die Argumente, die an die Parameter der KarteiImpl-Methoden zu übergeben sind, sowie der Rückgabewert der Methoden serialisiert und übertragen werden. Die Fülle der bei diesem kleinen Beispiel beteiligten Interfaces und Klassen und ihre Beziehungen untereinander zeigt die folgende Abbildung, wobei durchgezogene Linien wieder für extends und gestrichelte für implements stehen.

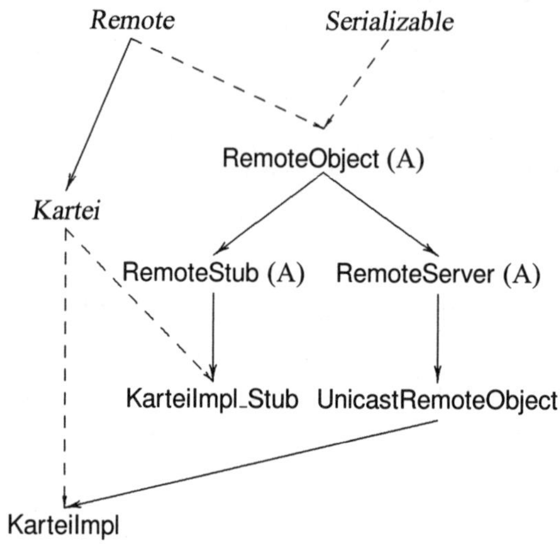

21.2 Das Starten der Registry innerhalb des Servers

Der Versuch, ein Objekt bei der Registry zu registrieren, ohne daß diese zuvor gestartet wurde, führt zum Auswerfen einer Ausnahme des Typs ConnectException. Bei Bedarf kann diese Ausnahme abgefangen werden und die Registry innerhalb des Server-Programms selbst gestartet werden. Dazu steht die Klassenmethode createRegistry der Klasse LocateRegistry aus java.rmi.registry zur Verfügung. Als einziges Argument wird die Port-Nummer angegeben, an die die Registry gebunden werden soll. Ein createRegistry-Aufruf liefert ein Registry-Objekt; Registry ist ein Interface, das dieselben Methoden deklariert wie die oben bereits besprochene Klasse Naming, also bind, rebind und lookup, die hier aber nicht static sind. Noch nicht erwähnt wurden die ebenfalls zweifach vorhandenen Methoden list und unbind. list liefert ein String-Feld mit den Namen aller aktuell in der Registry verwalteten Objekte, unbind gibt einen Namen wieder frei.

In LocateRegistry ist weiterhin eine mehrfach überladene Methode getRegistry deklariert, die ein Registry-Objekt zum Zugang zu einer beliebigen durch Host-Name oder

Port-Nummer oder beide Angaben näher zu spezifizierende Registry liefert. Ähnlich zur Konstruktion eines URL- oder URLConnection-Objekts folgt aus dem erfolgreichen getRegistry-Aufruf noch nicht, daß eine solche Registry auch vorhanden ist. Erst der Aufruf einer der aufgezählten Registry-Methoden (bind, rebind usw.) versucht auf die Registry zuzugreifen und führt zum Auswerfen einer ConnectException, falls diese nicht existiert. Sinnvollerweise terminiert eine innerhalb eines Server-Programms gestartete Registry zusammen mit dem Server.

Als Beispiel modifizieren wir den KarteiServer, so daß er die Registry selbständig startet, falls er keine laufende Registry vorfindet:

```
// KarteiServerReg.java

import java.io.*;
import java.rmi.*;
import java.rmi.registry.*;

class KarteiServerReg {
   public static void main(String[] args) {
      try {
         Remote kartei = new KarteiImpl();
         try {
            Naming.rebind("/KarteiServer", kartei);
         } catch (ConnectException e) {
            LocateRegistry.createRegistry(1099);
            Naming.rebind("/KarteiServer", kartei);
         }
         new PrintWriter(System.out, true).println("KarteiServer bereit");
      } catch (Exception e) { e.printStackTrace(); }
   }
}
```

21.3 Klassen dynamisch laden

Während RMI den Aufruf von Methoden für ein entferntes Objekt ermöglicht, sofern ein Remote-Interface für die Methoden und eine Stub-Klasse für das entfernte Objekt auf dem Client vorhanden sind, erlaubt der RMI-Class-Loader sogar das Laden ganzer Klassen von einem Server, die dann lokal zur Objekterzeugung eingesetzt werden können. Hierzu bedarf es verschiedener Klassen und Methoden aus dem Paket java.lang.reflect, die wir hier jedoch nicht besprechen wollen. Im Rahmen dieser Einführung beschränken wir uns vielmehr auf den im Zusammenhang mit RMI interessantesten Spezialfall, das Laden der Stub-Klasse über das Netz.

Die Stub-Klasse wird vom RMI-Compiler rmic aus der serverseitigen Implementation des Remote-Interfaces gewonnen. Im obigen Beispiel hatte der Client Zugriff auf die Klasse KarteiImpl_Stub, weil wir sie auf den Client kopiert haben. Dies hat den großen Nachteil, daß bei jeder Änderung in der Implementation des Servers die modifizierte Stub-Klasse erneut manuell auf jeden Client kopiert werden muß. Wir können einen Client aber auch dazu veranlassen, die Stub-Klasse eigenständig von einem durch einen URL näher spezifizierten Ort zu laden. Dazu müssen wir den URL in dem Properties-Objekt unseres Systems unter dem Schlüssel java.rmi.server.codebase ablegen (vgl. Abschnitt 14.10). Findet der Client dann die Stub-Klasse nicht auf seinem Host, sucht er an dem durch den URL angegebene Ort.

Da das Laden einer Klasse aus dem Netz und insbesondere anschließende lokale Objekterzeugungen eine Sicherheitslücke darstellen, ist es standardmäßig nicht gestattet. Der Versuch, eine Stub-Klasse mit dem RMI-Class-Loader über das Netz zu laden, führt auf eine RMISecurityException. Man kann die Java-Sicherheitsvorkehrungen jedoch beliebig modifizieren, indem man einen eigenen SecurityManager installiert. Speziell für die beschriebene Situation ist im Paket java.rmi bereits eine Klasse RMISecurityManager deklariert. Um einem Client das Laden einer Stub-Klasse über das Netz zu ermöglichen, sind daher lediglich die folgenden beiden Methodenaufrufe notwendig:

```
System.setSecurityManager(new RMISecurityManager());
System.getProperties().put("java.rmi.server.codebase",
   "http://www.wifo.uni-mannheim.de/Java/klassen/");
```

wobei das zweite Argument von put den URL, an dem sich die Stub-Klasse befindet, spezifizieren muß.

Soll eine Stub-Klasse in der vorgeschlagenen Weise über das Netz geladen werden, sind die Zugriffsrechte auf die Klasse, die das Remote-Interface implementiert, zu überprüfen. In jedem Fall müssen sowohl Interface als auch Implementation public deklariert sein.

Zum Abschluß dieses Abschnitts sollen die vor dem Starten eines RMI-Servers und seiner Clients benötigten Schritte nochmals aufgezählt werden:

1. Ein Subinterface von Remote deklarieren und auf Client und Server verfügbar machen.

2. Die Implementation dieses Interfaces auf dem Server verfügbar machen.

3. Client- und Server-Programme implementieren.

4. Stubs und Skeletons mittels rmic auf dem Server erzeugen. Stub zum Client kopieren (oder, wie in diesem Abschnitt besprochen, dynamisch laden).

5. Registry auf dem Server starten (oder, wie im letzten Abschnitt besprochen, bei Bedarf innerhalb des Servers starten).

21.4 Kopien und Referenzen für entfernte Objekte

Zum Zugriff eines Clients auf entfernte Objekte ist deren Aufnahme in die Registry keine notwendige Vorausetzung. Die Registry stellt lediglich einen Mechanismus zur Verfügung, der es Clients erlaubt, ein erstes entferntes Objekt zu erreichen. Weitere entfernte Objekte können dann von einem derartigen *Einstiegspunkt*-Objekt erreicht werden, wenn es beispielsweise ein Container ist, der andere Server-Objekte enthält (ein Feld, Vector, Baum o.ä.), wenn es Objektreferenzen zu anderen Server-Objekten enthält, die man verfolgen kann oder wenn seine Methodenaufrufe Server-Objekte an den Client zurückgeben.

Wir haben bisher nur den Fall behandelt, daß das Resultat eines Methodenaufrufs serialisiert wird, übertragen wird und dann beim Client als Kopie des von der Methode serverseitig ermittelten Werts oder Objekts wieder deserialisiert wird. Verantwortlich für das Serialisieren und Deserialisieren sind Skeleton bzw. Stub. Im Zusammenhang mit der Deklaration der StringFeld-Klasse hatten wir jedoch schon kurz darauf hingewiesen, daß es noch eine zweite Möglichkeit zur Rückgabe von Methodenresultaten (wie auch der Übergabe von Argumenten, siehe 21.5) gibt. Ausschlaggebend ist, ob der Typ des Resultats oder Parameters Subtyp des Remote-Interfaces ist oder nicht. Diese Unterscheidung ist unabhängig davon, daß ein (anderes) Remote-Interface für den Methodenaufruf benutzt wird:

- Im ersten Fall, dem unsere bisherigen Beispiele entsprechen, implementiert der Resultatstyp das Interface Remote nicht. Damit keine NotSerializableException ausgeworfen wird, muß er dann das Interface Serializable implementieren, und die Resultate werden, wie besprochen, serialisiert und zum Client transportiert.

- Im anderen Fall, der jetzt neu zu besprechen ist, ist das Resultat Subtyp von Remote und Subklasse von UnicastRemoteObject. Wie Serializable ist auch Remote ein Interface mit leerem Rumpf, das nur Markierungszwecken dient. Remote-Objekte sind zum einen in der Lage, als entfernte Objekte Methodenaufrufe von Clients auszuführen. Zum anderen werden sie, wenn sie Resultat eines Aufrufs sind, nicht serialisiert und nicht zum Client transportiert, sondern verbleiben auf dem Server; der Client erhält wie bei einem lookup-Aufruf einen Stub für das Objekt und kann dann über den RMI-Mechanismus auf das Objekt zugreifen und Methoden für es aufrufen. Es bleibt festzuhalten, daß es nach dem Aufruf nur ein Objekt (Resultat) gibt, das in der Server-VM „lebt", auf das aber von einer oder mehreren Client-VMs zugegriffen werden kann.

Der Unterschied soll im folgenden anhand eines Minimalbeispiels klargemacht werden. Wir implementieren einen Server, der auf Anfrage eines Clients Zaehler-Objekte liefert, die im wesentlichen mit dem Zaehler aus Kapitel 1 übereinstimmen. Clients können den Zaehler dann inkrementieren, dekrementieren usw.

Das Interface eines solchen Zählerlieferanten besteht also nur aus einer Methode, die ein Zählerobjekt zurückgibt:

```
// Geber.java

import java.rmi.*;

public interface Geber extends Remote {
   Zaehler gib() throws RemoteException;
}
```

Und auch seine Implementation ist sehr naheliegend:

```
// GeberImpl.java

import java.rmi.*; import java.rmi.server.*;

public class GeberImpl extends UnicastRemoteObject implements Geber {
   private Zaehler z;
   public GeberImpl() throws RemoteException { z = new ZaehlerImpl(); }
   public Zaehler gib() throws RemoteException { return z; }
}
```

Die Details des Zählers lassen wir vorerst offen. Er soll jedoch die üblichen Methoden kennen. Damit können wir einen Client implementieren, der von einem Server ein Zaehler-Objekt anfordert und nach jeder Eingabe des Benutzers den Zähler inkrementiert sowie den aktuellen Stand anzeigt.

```
// GeberClient.java

import java.io.*;
import java.rmi.*;

class GeberClient {
   public static void bearbeite(Zaehler z) throws Exception {
      BufferedReader in =
         new BufferedReader(new InputStreamReader(System.in));
      PrintWriter out = new PrintWriter(System.out, true);
      out.print("n = " + z.wert() + " > ");
      out.flush();
      String zeile;
      while (!(zeile = in.readLine()).equals("ende")) {
         z.inkrementiere();
         out.print("n = " + z.wert() + " > ");
         out.flush();
      }
   }
   public static void main(String[] args) {
      try {
         Geber g = (Geber)Naming.lookup("/Server");
         Zaehler z = g.gib();
         bearbeite(z);
      } catch (Exception e) { e.printStackTrace(); }
   }
}
```

Der zugehörige Server erzeugt wie üblich ein entferntes Objekt und trägt es unter einem Namen in der Registry ein. Bei der Konstruktion dieses GeberImpl-Objekts wird ein ZaehlerImpl-Objekt erzeugt, das der Server bei jedem gib-Aufruf an den aufrufenden Client zurückgibt. Weiterhin ermöglicht der Server auch die Veränderung des Zählerstandes auf seiner Server-Seite, wozu er, um den Code nicht zu duplizieren, die Klassenmethode bearbeite des Clients benutzt.

```
// GeberServer.java

import java.rmi.*;

class GeberServer {
   public static void main(String arg[]) {
      try {
         Geber g = new GeberImpl();
         Naming.rebind("/Server", g);
         GeberClient.bearbeite(g.gib());
      } catch (Exception e) { e.printStackTrace(); }
   }
}
```

So weit arbeitet dieses Beispiel nicht anders als das Kartei-Beispiel des ersten Abschnitts. Besonderes Augenmerk verdient nur die Deklaration des Zaehler-Interfaces. Wir beginnen mit der ersten der beiden oben genannten Möglichkeiten, einem serialisierbaren Zaehler-Objekt. Dann sehen Interface und Implementation so aus:

```
// Zaehler.java

public interface Zaehler extends java.io.Serializable {
   int wert();
   void wert(int i);
   void inkrementiere();
   void dekrementiere();
}
```

```
// ZaehlerImpl.java

public class ZaehlerImpl implements Zaehler {
   private int wert;
   public int wert() { return wert; }
```

```
    public void wert(int i) { wert = i; }
    public void inkrementiere() { ++wert; }
    public void dekrementiere() { --wert; }
}
```

Nach dem Starten des Servers können wir durch Drücken der Return-Taste den Zähler im Server-Terminal sukzessiv inkrementieren. Sobald ein Client gestartet wird, nimmt er Kontakt zum Server auf und fordert dessen Zaehler-Objekt an. Dieses wird serialisiert und (als ZaehlerImpl) zum Client geschickt. Die erste Anzeige des Zählers auf dem Client-Terminal zeigt folglich den letzten Stand des Zählers auf dem Server-Terminal. Nach dem Ausführen des gib-Aufrufs existieren nun zwei unabhängige Zaehler-Objekte: Eingaben im Server-Terminal inkrementieren den serverseitigen Zähler, Eingaben im Client-Terminal den clientseitigen Zähler. Die Ausgabe von Server und einem Client könnte etwa wie folgt aussehen:

(Server-Terminal)

```
n = 0 >
n = 1 >
n = 2 >
```

(Client-Terminal)

```
n = 2 >
n = 3 >
n = 4 > ende
```

(Server-Terminal)

```
n = 3 >
n = 4 >
```

Anders liegt der Fall, wenn wir auch ZaehlerImpl-Objekte für RMI-Aufrufe zugänglich machen. Dazu genügen wenige Änderungen: das Zaehler-Interface muß Subinterface von Remote werden, alle seine Methoden müssen RemoteExceptions auswerfen können, und die Klasse ZaehlerImpl muß als Subklasse von UnicastRemoteObject deklariert werden (siehe /OOPinJava/kapitel21/remote). An Server und Client sind keinerlei Änderungen notwendig:

```
// Zaehler.java

import java.rmi.*;

public interface Zaehler extends Remote {
   int wert() throws RemoteException;
   void wert(int i) throws RemoteException;
   void inkrementiere() throws RemoteException;
   void dekrementiere() throws RemoteException;
}
```

```
// ZaehlerImpl.java

import java.rmi.*;
import java.rmi.server.*;

public class ZaehlerImpl extends UnicastRemoteObject implements Zaehler {
   private int wert;
   public ZaehlerImpl() throws RemoteException { }
   public int wert() throws RemoteException { return wert; }
   public void wert(int i) throws RemoteException { wert = i; }
   public void inkrementiere() throws RemoteException { ++wert; }
   public void dekrementiere() throws RemoteException { --wert; }
}
```

rmic muß jetzt auch für die ZaehlerImpl-Klasse aufgerufen werden. Das ZaehlerImpl-Objekt verbleibt nun auch bei Anfragen von Clients auf dem Server; Clients erhalten aber bei einem gib-Aufruf einen ZaehlerImpl_Stub und können so auf den Zähler des Servers zugreifen. Server und Clients arbeiten also mit demselben Objekt. Die gleiche Sequenz von Eingaben wie beim obigen Beispiel ergibt damit ein anderes Ergebnis:

(Server-Terminal)

```
n = 0 >
n = 1 >
n = 2 >
```

(Client-Terminal)

```
n = 2 >
n = 3 >
n = 4 > ende
```

(Server-Terminal)

```
n = 5 >
n = 6 >
```

Das gleiche, was hier für die Rückgabewerte demonstriert wurde, gilt auch für die Argumenttypen bei Methodenaufrufen. Implementieren sie das Interface Remote, so verbleiben sie auf dem Client-Host; implementieren sie das Remote nicht, müssen sie das Serializable-Interface implementieren und werden folglich serialisiert zur VM des Servers kopiert. Wir sehen, daß hier die Begriffe Server und Client verschwimmen. Jedes Programm, das bei einem Aufruf Remote-Argumente übergibt, agiert während des Aufrufs als Server. Andererseits kann es, wenn es selbst auf entfernte Objekte in einer anderen VM zugreift, die Rolle des Clients spielen. Klassen mit Methoden, die wie die Methode gib der Klasse GeberImpl im obigen Beispiel entfernte Objekte, also Objekte mit Server-Funktionalität, liefern, nennt man *Server-Fabriken*.

21.5 Callbacks

Eine typische Situation, in der ein Programm für einen bestimmten Zeitraum Server-Funktionalität übernimmt, ist die Beobachtung von Ereignissen bei einem serverseitigen Objekt durch einen Client und die entsprechende Reaktion darauf. Prinzipiell könnte der Client in bestimmten Abständen eine Anfrage an den Server stellen, ob das Ereignis, für das er sich interessiert, eingetreten ist oder nicht. Dieses *Polling* würde aber auf dem Client-Host nur unnötig Rechenzeit kosten und bei einer größeren Zahl von Clients zudem den Server-Host sowie das Netz belasten. Ein bessere Lösung sind *Callbacks*, durch die der Server den Client über das Eintreten des Ereignisses informiert.

Die Implementation derartiger Mechanismen ist stets die gleiche; wir haben sie bereits bei den AWT-Komponenten und ihren Listener-Objekten sowie bei der Besprechung des Observer/Observable-Musters kennengelernt: Um Serverfunktionalität zu realisieren, muß auch der Client ein Subinterface von Remote implementieren, das die in der Callback-Situation aufzurufende Methode enthält. Weiterhin muß die Client-Klasse Subklasse von UnicastRemoteObject sein. Der Server hingegen muß zwei zusätzliche Methoden deklarieren, die es einem Client ermöglichen, sich an- bzw. abzumelden. Alle beim Server angemeldeten Clients werden beim Eintreten des Ereignisses durch den Aufruf ihrer Callback-Methode benachrichtigt.

Ein wieder sehr einfach gehaltenes Beispiel, bei dessen Bezeichnern wir die bekannten Methodennamen addXYZ, removeXYZ usw. verwendet haben, ist ein Nachrichtenserver, der jede Nachricht, die er von einem Client erhält, an alle bei ihm registrierten Clients weiterschickt. Das Server-Interface deklariert also nur drei Methoden:

```
// Server.java

import java.rmi.*;

public interface Server extends Remote {
   void addClient(Client c) throws RemoteException;
   void removeClient(Client c) throws RemoteException;
   void notify(String name, String mitteilung) throws RemoteException;
}
```

Der Client benötigt nur die Methode, die der Server beim Callback aufrufen soll. Sein Interface sieht demnach wie folgt aus:

```
// Client.java

import java.rmi.*;

public interface Client extends Remote {
   void update(String mitteilung) throws RemoteException;
}
```

Bei der Implementation des Servers ist lediglich bemerkenswert, daß wir zur Verwaltung der registrierten Clients ein Vector-Objekt einsetzen. Dieser Vector ist hier ein Container mit Referenzen auf Remote-Objekte, für die wir keine eigenen Namenseinträge im Registry benötigen.

```
// NachrichtenServer.java

import java.io.*;
import java.rmi.*;
import java.rmi.server.*;
import java.util.*;

class NachrichtenServer extends UnicastRemoteObject implements Server {
   private Vector clients;
   private static PrintWriter out = new PrintWriter(System.out, true);
   public NachrichtenServer() throws RemoteException {
      clients = new Vector();
   }
   public void addClient(Client c) throws RemoteException {
      out.println("Anmeldung");
      clients.addElement(c);
   }
   public void removeClient(Client c) throws RemoteException {
     out.println("Abmeldung");
     clients.removeElement(c);
   }
   public void notify(String name, String mitteilung) throws RemoteException {
      out.println("Mitteilung");
      for(Enumeration e = clients.elements(); e.hasMoreElements(); )
         ((Client)e.nextElement()).update(name + ": " + mitteilung);
   }
   public static void main(String[] args) {
      try {
         NachrichtenServer serv = new NachrichtenServer();
         Naming.rebind("/NachrichtenServer", serv);
         out.println("Nachrichtenserver bereit.");
      } catch (Exception e) { e.printStackTrace(); }
   }
}
```

Ein Client liest fortlaufend Eingaben von System.in und leitet diese als Nachricht an den Server weiter; durch den Callback gibt update gibt diese Nachrichten einfach im Terminal-fenster aus.

```
// NachrichtenClient.java

import java.io.*;
import java.rmi.*;
import java.rmi.server.*;

class NachrichtenClient extends UnicastRemoteObject implements Client {
   private static PrintWriter out = new PrintWriter(System.out, true);
   public NachrichtenClient(String name) throws Exception {
      Server serv = (Server)Naming.lookup("/NachrichtenServer");
      serv.addClient(this);
      BufferedReader in =
         new BufferedReader(new InputStreamReader(System.in));
      String text;
      out.print("> ");
      out.flush();
      while (!(text = in.readLine()).equals("ende"))
         serv.notify(name, text);
      serv.removeClient(this);
   }
   public void update(String str) throws RemoteException {
      out.println("\r" + str);
      out.print("> ");
      out.flush();
   }
   public static void main(String[] args) {
      try {
         if (args.length == 1)
            new NachrichtenClient(args[0]);
         else
            out.println("Starten mittels java NachrichtenClient <Benutzername>");
      } catch (Exception e) { e.printStackTrace(); }
   }
}
```

Es soll hier nochmals darauf hingewiesen werden, daß es nicht nötig ist, auch auf den Client-Hosts eine Registry laufen zu lassen. Die Registry ist nur für das Identifizieren eines entfernten Objekts unter einem dem Client bekannten Namen – also für das Erlangen einer Einstiegsreferenz – zuständig; der Zugriff selbst ist bereits in der Klasse UnicastRemoteObject sowie in den automatisch generierten Stub- und Skeleton-Klassen implementiert.

21.6 Netzwerkmethoden in Applets

Applets können alle Netzwerkmethoden verwenden, die wir im Kapitel 20 und in diesem Kapitel kennengelernt haben, angefangen von einfachen TCP/IP- oder UDP/IP-Sockets bis hin zum Einsatz von RMI. Sie unterliegen allerdings den zu Beginn von Kapitel 13 diskutierten sicherheitstechnischen Einschränkungen und können nicht jeden beliebigen Host kontaktieren, sondern nur denjenigen, von dem sie geladen wurden. Soll ein Client also als Applet gestaltet werden, muß das zugehörige Server-Programm auf dem Rechner laufen, auf dem das Applet liegt. Um festzustellen, woher das Applet stammt, verwendet man die Applet-Methode getCodeBase – sie liefert den URL des Applets – zusammen mit der URL-Methode getHost. Dies ist sicherer als eine Spezifikation des Host-Namens als String im Client-Programm oder die Benutzung eines Parameters in der applet-Markierung.

Netzwerkverbindungen zu einem Server können bei Applets eingesetzt werden, um Funktionalität, die ein Applet aufgrund von Sicherheitserwägungen in der Regel einbüßt, auf andere Weise bereitzustellen. Zum Beispiel kann ein Applet Daten nicht dauerhaft speichern, da es keinen Zugriff auf das lokale Dateisystem hat. Das Applet könnte aber einen Server auf seinem Herkunftsrechner ansprechen, der Daten auf diesem Ursprungs-Host speichert und dem Applet über das Netz zur Verfügung stellt.

Falls für ein Applet Callbacks vorgesehen sind, ist zu beachten, daß man eine Hilfsklasse heranziehen muß, da das Applet Subklasse von Applet sein muß, aber andererseits zur Implementierung der Callbacks auch UnicastRemoteObject als Superklasse benötigt wird.

Wir betrachten gleich diesen etwas komplizierteren Fall und schreiben eine Applet-Version des NachrichtenClients. Die beim Callback aufzurufende Methode update rufen wir über eine Hilfsklasse NachrichtenEmpfaenger auf, die nichts anders macht, als die Callbacks an das Applet weiterzuleiten.

```
// NachrichtenEmpfaenger.java

import java.rmi.*;
import java.rmi.server.*;
```

```
public class NachrichtenEmpfaenger extends UnicastRemoteObject
      implements Client {
   NCApplet ncapp;
   public NachrichtenEmpfaenger(NCApplet ncapp) throws RemoteException {
      this.ncapp = ncapp;
   }
   public void update(String mitteilung) throws RemoteException {
      ncapp.update(mitteilung);
   }
}
```

Das Applet selbst meldet ein NachrichtenEmpfaenger-Objekt in seiner init-Methode beim Server an und in seiner stop-Methode wieder ab. Die Benutzereingaben werden in einem Textfeld vorgenommen, Rückmeldungen des Servers werden in einer TextArea angezeigt:

```
// NCApplet.java

import java.applet.*;
import java.awt.*;
import java.awt.event.*;
import java.rmi.*;

public class NCApplet extends Applet {
   private Server serv;
   private TextArea meldungen;
   private NachrichtenEmpfaenger empfaenger;
   public void init() {
      final TextField eingabe;
      setLayout(new BorderLayout());
      add(meldungen = new TextArea(20, 70), BorderLayout.NORTH);
      add(eingabe = new TextField(70), BorderLayout.CENTER);
      meldungen.setEditable(false);
      final String name = "Anonymous";
      eingabe.addActionListener(new ActionListener() {
         public void actionPerformed(ActionEvent e) {
            try {
               serv.notify(name, eingabe.getText());
```

```
                eingabe.setText("");
            } catch (Exception ign) { }
        }
    });
    try {
        serv = (Server)Naming.lookup("rmi://"
            + getCodeBase().getHost() + "/NachrichtenServer");
        empfaenger = new NachrichtenEmpfaenger(this);
        serv.addClient(empfaenger);
    } catch (Exception ign) { }
}
public void stop() {
    try {
        serv.removeClient(empfaenger);
    } catch (Exception ign) { }
}
public void update(String mitteilung) {
    meldungen.append(mitteilung + "\n");
}
}
```

21.7 Übungsaufgaben

1. Schreiben Sie ein Programm, das eine Liste der aktuell in der Registry registrierten Objektnamen ausgibt.

2. Statten Sie den RMI-KarteiClient dieses Kapitels mit einer grafischen Oberfläche aus, wie sie der KarteiClient aus Kapitel 20.2.4 besitzt.

3. Welche Methoden des Zaehler-Beispiels (zweite Version) müssen synchronisiert werden?

4. Implementieren Sie einen Versand-Server und einen Versand-Client mit grafischer Oberfläche. Der Versand-Server soll Produkt-Objekte in einem Vector verwalten.

   Produkte werden durch einen Namen sowie ein Altersintervall (Unter- und Obergrenze), das Geschlecht und das Hobby der Zielgruppe, an die sie hauptsächlich verkauft werden sollen, charakterisiert. Dazu passend ist eine Klasse Kunde zu implementieren, die als Attribute Alter, Geschlecht und Hobbies (diese einfach als String[]) erfaßt.

In der Oberfläche eines Versand-Clients sollen jeweils die Daten eines Kunden eingegeben werden. Der Client sendet diese Daten dann zum Server, der eine Liste passender Produkte zusammenstellt und dem Client als Resultat seiner Anfrage liefert. Die Client-Oberfläche soll folgendes Aussehen haben:

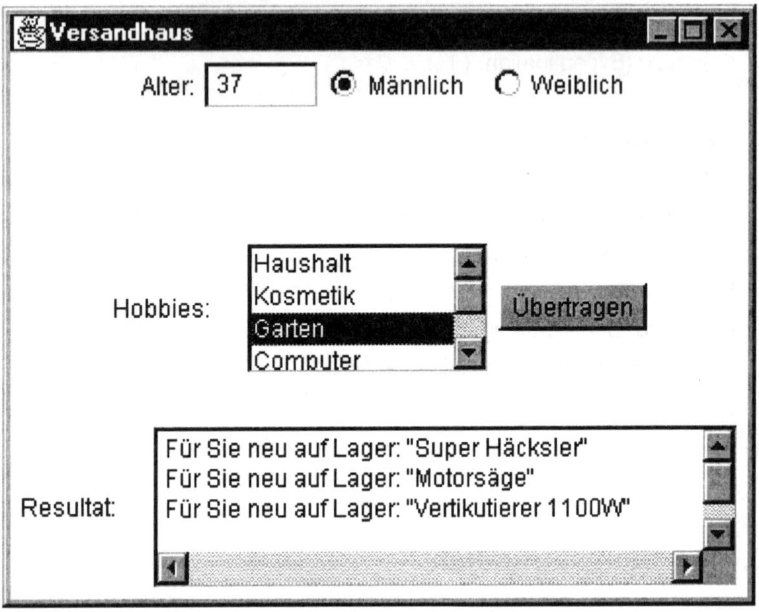

Realisieren Sie ihre Programme mittels RMI. Implementieren Sie dabei die Produkte als Remote-Objekte, die Kunden als Serializable.

Anhang A: Die Java-Syntaxregeln

1. *Literal:*

    Ganzzahliges-Literal
    Gleitpunktliteral
    Boolesches-Literal
    Zeichen
    Zeichenkette
    Null-Literal

2. *Typ:*

    Elementarer-Typ
    Referenztyp

3. *Elementarer-Typ:*

    Numerischer-Typ
    boolean

4. *Numerischer-Typ:*

    Ganzzahliger-Typ
    Gleitpunkttyp

5. *Ganzzahliger-Typ:* eins von

    byte short int long char

6. *Gleitpunkttyp:* eins von

    float double

7. *Referenztyp:*

    Klassen-oder-Interfacetyp
    Feldtyp

8. *Klassen-oder-Interfacetyp:*

    Name

9. *Klassentyp:*

    Name

10. *Interfacetyp:*

    Name

11. *Feldtyp:*
    Elementarer-Typ [ ]
    Name [ ]
    Feldtyp [ ]

12. *Name:*
    Einfacher-Name
    Qualifizierter-Name

13. *Einfacher-Name:*
    Bezeichner

14. *Qualifizierter-Name:*
    Name . *Bezeichner*

15. *Übersetzungseinheit:*
    $\textit{Package-Deklaration}_{opt}$ $\textit{Import-Deklarationsfolge}_{opt}$
        $\textit{Typ-Deklarationsfolge}_{opt}$

16. *Import-Deklarationsfolge:*
    Import-Deklaration
    Import-Deklarationsfolge Import-Deklaration

17. *Typ-Deklarationsfolge:*
    Typdeklaration
    Typ-Deklarationsfolge Typdeklaration

18. *Package-Deklaration:*
    package *Name* ;

19. *Import-Deklaration:*
    Einzelne-Typ-Import-Deklaration
    Bedarfs-Typ-Import-Deklaration

20. *Einzelne-Typ-Import-Deklaration:*
    import *Name* ;

21. *Bedarfs-Typ-Import-Deklaration:*
    import *Name* . * ;

22. *Typdeklaration:*
    Klassendeklaration
    Interfacedeklaration
    ;

23. *Modifiziererfolge:*
    Modifizierer
    Modifiziererfolge Modifizierer

24. *Modifizierer:* eins von
    public protected private
    static
    abstract final native synchronized transient volatile

25. *Klassendeklaration:*
    Modifiziererfolge$_{opt}$ class *Bezeichner Superklasse*$_{opt}$ *Interfaces*$_{opt}$
    Klassenrumpf

26. *Superklasse:*
    extends *Klassentyp*

27. *Interfaces:*
    implements *Interfacetyp-Liste*

28. *Interfacetyp-Liste:*
    Interfacetyp
    Interfacetyp-Liste , *Interfacetyp*

29. *Klassenrumpf:*
    { *Klassenrumpf-Deklarationsfolge*$_{opt}$ }

30. *Klassenrumpf-Deklarationsfolge:*
    Klassenrumpf-Deklaration
    Klassenrumpf-Deklarationsfolge Klassenrumpf-Deklaration

31. *Klassenrumpf-Deklaration:*
    Klassenelement-Deklaration
    Static-Initialisierer
    Konstruktordeklaration

32. *Klassenelement-Deklaration:*
    Variablendeklaration
    Methodendeklaration
    Innere-Klassendeklaration
    Innere-Interfacedeklaration

33. *Variablendeklaration:*
    $Modifiziererfolge_{opt}$ *Typ* *Variablendeklarator-Folge* ;

34. *Variablendeklarator-Folge:*
    Variablendeklarator
    Variablendeklarator-Folge *Variablendeklarator*

35. *Variablendeklarator:*
    Variablendeklarator-Id
    Variablendeklarator-Id = *Variablen-Initialisierer*

36. *Variablendeklarator-Id:*
    Bezeichner
    Variablendeklarator-Id [ ]

37. *Variablen-Initialisierer:*
    Ausdruck
    Feld-Initialisierer

38. *Methodendeklaration:*
    Methodenkopf Methodenrumpf

39. *Methodenkopf:*
    $Modifiziererfolge_{opt}$ *Typ* *Methodendeklarator* $Throws_{opt}$
    $Modifiziererfolge_{opt}$ void *Methodendeklarator* $Throws_{opt}$

40. *Methodendeklarator:*
    Bezeichner ($Formale\text{-}Parameterliste_{opt}$)
    Methodendeklarator [ ]

41. *Formale-Parameterliste:*
    Formaler-Parameter
    Formale-Parameterliste , *Formaler-Parameter*

42. *Formaler-Parameter:*
    final_{opt} *Typ* *Variablendeklarator-Id*

43. *Throws:*
    throws *Klassentyp-Liste*

44. *Innere-Klassendeklaration:*
    Klassendeklaration

45. *Innere-Interfacedeklaration:*
    Interfacedeklaration

46. *Klassentyp-Liste:*
    Klassentyp
    Klassentyp-Liste , *Klassentyp*

47. *Methodenrumpf:*
    Block
    ;

48. *Static-Initialisierer:*
    static *Block*

49. *Konstruktordeklaration:*
    Modifiziererfolge$_{opt}$ *Konstruktordeklarator* *Throws*$_{opt}$
        Konstruktorrumpf

50. *Konstruktordeklarator:*
    Einfacher-Name (*Formale-Parameterliste*$_{opt}$)

51. *Konstruktorrumpf:*
    { *Expliziter-Konstruktoraufruf*$_{opt}$ *Block-Anweisungsfolge*$_{opt}$ }

52. *Expliziter-Konstruktoraufruf:*
    this (*Argumentliste*$_{opt}$) ;
    super (*Argumentliste*$_{opt}$) ;

53. *Interfacedeklaration:*
    Modifiziererfolge$_{opt}$ interface *Bezeichner* *Superinterfaces*$_{opt}$
        Interfacerumpf

54. *Superinterfaces:*
    extends *Interfacetyp-Liste*

55. *Interfacerumpf:*
    { *Interface-Elementdeklarationsfolge*$_{opt}$ }

56. *Interface-Elementdeklarationsfolge:*
Interface-Elementdeklaration
Interface-Elementdeklarationsfolge Interface-Elementdeklaration

57. *Interface-Elementdeklaration:*
Konstantendeklaration
Abstrakte-Methodendeklaration

58. *Konstantendeklaration:*
Variablendeklaration

59. *Abstrakte-Methodendeklaration:*
Methodenkopf ;

60. *Feld-Initialisierer:*
{ *Variablen-Initialisierer-Folge*$_{opt}$,$_{opt}$ }

61. *Variablen-Initialisierer-Folge:*
Variablen-Initialisierer
Variablen-Initialisierer-Folge , *Variablen-Initialisierer*

62. *Block:*
{ *Block-Anweisungsfolge*$_{opt}$ }

63. *Block-Anweisungsfolge:*
Blockanweisung
Block-Anweisungsfolge Blockanweisung

64. *Blockanweisung:*
Lokale-Variablendeklarations-Anweisung
Lokale-Klassendeklarations-Anweisung
Anweisung

65. *Lokale-Variablendeklarations-Anweisung:*
Lokale-Variablendeklaration ;

66. *Lokale-Variablendeklaration:*
final$_{opt}$ *Typ Variablendeklarator-Folge*

67. *Lokale-Klassendeklarations-Anweisung:*
Klassendeklaration

68. *Anweisung:*

Block
Leeranweisung
Ausdrucksanweisung
Switch-Anweisung
Do-Anweisung
Break-Anweisung
Continue-Anweisung
Return-Anweisung
Synchronized-Anweisung
Throw-Anweisung
Try-Anweisung
Markierte-Anweisung
If-Anweisung
While-Anweisung
For-Anweisung

69. *Leeranweisung:*

;

70. *Markierte-Anweisung:*

Bezeichner : *Anweisung*

71. *Ausdrucksanweisung:*

Anweisungsausdruck ;

72. *Anweisungsausdruck:*

Zuweisung
Prä-Inkrement-Ausdruck
Prä-Dekrement-Ausdruck
Post-Inkrement-Ausdruck
Post-Dekrement-Ausdruck
Methodenaufruf
Instanzerzeugungs-Ausdruck

73. *If-Anweisung:*

if (*Ausdruck*) *Anweisung*
if (*Ausdruck*) *Anweisung* else *Anweisung*

74. *Switch-Anweisung:*
    switch (*Ausdruck*) *Switch-Block*

75. *Switch-Block:*
    { *Switch-Block-Anweisungsfolge*$_{opt}$ *Switch-Markenfolge*$_{opt}$ }

76. *Switch-Block-Anweisungsfolge:*
    Switch-Block-Anweisung
    Switch-Block-Anweisungsfolge Switch-Block-Anweisung

77. *Switch-Block-Anweisung:*
    Switch-Markenfolge Block-Anweisungsfolge

78. *Switch-Markenfolge:*
    Switch-Marke
    Switch-Markenfolge Switch-Marke

79. *Switch-Marke:*
    case *Konstanter-Ausdruck* :
    default :

80. *While-Anweisung:*
    while (*Ausdruck*) *Anweisung*

81. *Do-Anweisung:*
    do *Anweisung* while (*Ausdruck*) ;

82. *For-Anweisung:*
    for (*For-Init*$_{opt}$; *Ausdruck*$_{opt}$; *For-Update*$_{opt}$) *Anweisung*

83. *For-Init:*
    Anweisungsausdrucks-Liste
    Lokale-Variablendeklaration

84. *For-Update:*
    Anweisungsausdrucks-Liste

85. *Anweisungsausdrucks-Liste:*
    Anweisungsausdruck
    Anweisungsausdrucks-Liste , *Anweisungsausdruck*

86. *Break-Anweisung:*
    break *Bezeichner*$_{opt}$;

87. *Continue-Anweisung:*
    continue *Bezeichner*$_{opt}$;

88. *Return-Anweisung:*
    return *Ausdruck*$_{opt}$;

89. *Throw-Anweisung:*
    throw *Ausdruck* ;

90. *Synchronized-Anweisung:*
    synchronized (*Ausdruck*) *Block*

91. *Try-Anweisung:*
    try *Block Catch-Klauselfolge*
    try *Block Catch-Klauselfolge*$_{opt}$ *Finally*

92. *Catch-Klauselfolge:*
    Catch-Klausel
    Catch-Klauselfolge Catch-Klausel

93. *Catch-Klausel:*
    catch (*Formaler-Parameter*) *Block*

94. *Finally:*
    finally *Block*

95. *Elementarer-Ausdruck:*
    Literal
    this
    (*Ausdruck*)
    Instanzerzeugungs-Ausdruck
    Variablenzugriff
    Methodenaufruf
    Feldzugriff
    Felderzeugungs-Ausdruck
    Klassenliteral

96. *Instanzerzeugungs-Ausdruck:*
    new *Klassentyp* (*Argumentliste*$_{opt}$)
    new *Klassen-oder-Interfacetyp* ( ) *Klassenrumpf*
    Elementarer-Ausdruck . new *Bezeichner* (*Argumentliste*$_{opt}$)
    Elementarer-Ausdruck . new *Bezeichner* ( ) *Klassenrumpf*

97. *Argumentliste:*
    Ausdruck
    Argumentliste , *Ausdruck*

98. *Variablenzugriff:*
    Elementarer-Ausdruck . *Bezeichner*
    super . *Bezeichner*
    Klassen-oder-Interfacetyp . *Bezeichner*
    Klassen-oder-Interfacetyp . this

99. *Methodenaufruf:*
    Name ($Argumentliste_{opt}$)
    Elementarer-Ausdruck . *Bezeichner* ($Argumentliste_{opt}$)
    super . *Bezeichner* ($Argumentliste_{opt}$)
    Klassen-oder-Interfacetyp . *Bezeichner* ($Argumentliste_{opt}$)

100. *Feldzugriff:*
    Name [*Ausdruck*]
    Elementarer-Ausdruck [*Ausdruck*]

101. *Felderzeugungs-Ausdruck:*
    new *Elementarer-Typ* *Dim-Ausdrucksfolge* $Dims_{opt}$
    new *Klassen-oder-Interfacetyp* *Dim-Ausdrucksfolge* $Dims_{opt}$
    new *Elementarer-Typ* *Dims* *Feld-Initialisierer*
    new *Klassen-oder-Interfacetyp* *Dims* *Feld-Initialisierer*

102. *Dim-Ausdrucksfolge:*
    Dim-Ausdruck
    Dim-Ausdrucksfolge *Dim-Ausdruck*

103. *Dim-Ausdruck:*
    [*Ausdruck*]

104. *Dims:*
    [ ]
    Dims [ ]

105. *Klassenliteral:*
    Typ . class
    void . class

106. *Postfix-Ausdruck:*
Elementarer-Ausdruck
Name
Post-Inkrement-Ausdruck
Post-Dekrement-Ausdruck

107. *Post-Inkrement-Ausdruck:*
Postfix-Ausdruck ++

108. *Post-Dekrement-Ausdruck:*
Postfix-Ausdruck --

109. *Einstelliger-Ausdruck:*
Prä-Inkrement-Ausdruck
Prä-Dekrement-Ausdruck
\+ *Einstelliger-Ausdruck*
\- *Einstelliger-Ausdruck*
Postfix-Ausdruck
~ *Einstelliger-Ausdruck*
! *Einstelliger-Ausdruck*
Cast-Ausdruck

110. *Prä-Inkrement-Ausdruck:*
++ *Einstelliger-Ausdruck*

111. *Prä-Dekrement-Ausdruck:*
-- *Einstelliger-Ausdruck*

112. *Cast-Ausdruck:*
(*Elementarer-Typ* $Dims_{opt}$) *Einstelliger-Ausdruck*
(*Ausdruck*) *Einstelliger-Ausdruck*
(*Name* $Dims_{opt}$) *Einstelliger-Ausdruck*

113. *Multiplikativer-Ausdruck:*
Einstelliger-Ausdruck
Multiplikativer-Ausdruck * *Einstelliger-Ausdruck*
Multiplikativer-Ausdruck / *Einstelliger-Ausdruck*
Multiplikativer-Ausdruck % *Einstelliger-Ausdruck*

114. *Additiver-Ausdruck:*

Multiplikativer-Ausdruck
Additiver-Ausdruck + *Multiplikativer-Ausdruck*
Additiver-Ausdruck - *Multiplikativer-Ausdruck*

115. *Shift-Ausdruck:*

Additiver-Ausdruck
Shift-Ausdruck << *Additiver-Ausdruck*
Shift-Ausdruck >> *Additiver-Ausdruck*
Shift-Ausdruck >>> *Additiver-Ausdruck*

116. *Relationaler-Ausdruck:*

Shift-Ausdruck
Relationaler-Ausdruck < *Shift-Ausdruck*
Relationaler-Ausdruck > *Shift-Ausdruck*
Relationaler-Ausdruck <= *Shift-Ausdruck*
Relationaler-Ausdruck >= *Shift-Ausdruck*
Relationaler-Ausdruck instanceof *Referenztyp*

117. *Gleichheitsausdruck:*

Relationaler-Ausdruck
Gleichheitsausdruck == *Relationaler-Ausdruck*
Gleichheitsausdruck != *Relationaler-Ausdruck*

118. *Und-Ausdruck:*

Gleichheitsausdruck
Und-Ausdruck & *Gleichheitsausdruck*

119. *Exklusiv-Oder-Ausdruck:*

Und-Ausdruck
Exklusiv-Oder-Ausdruck ^ *Und-Ausdruck*

120. *Inklusiv-Oder-Ausdruck:*

Exklusiv-Oder-Ausdruck
Inklusiv-Oder-Ausdruck | *Exklusiv-Oder-Ausdruck*

121. *Bedingter-Und-Ausdruck:*

Inklusiv-Oder-Ausdruck
Bedingter-Und-Ausdruck && *Inklusiv-Oder-Ausdruck*

122. *Bedingter-Oder-Ausdruck:*
Bedingter-Und-Ausdruck
Bedingter-Oder-Ausdruck || *Bedingter-Und-Ausdruck*

123. *Bedingter-Ausdruck:*
Bedingter-Oder-Ausdruck
Bedingter-Oder-Ausdruck ? *Ausdruck* : *Bedingter-Ausdruck*

124. *Zuweisungsausdruck:*
Bedingter-Ausdruck
Zuweisung

125. *Zuweisung:*
Linke-Seite *Zuweisungsoperator* *Zuweisungsausdruck*

126. *Linke-Seite:*
Name
Variablenzugriff
Feldzugriff

127. *Zuweisungsoperator:* eins von
= *= /= %= += -= <<= >>= >>>= &= ^= |=

128. *Ausdruck:*
Zuweisungsausdruck

129. *Konstanter-Ausdruck:*
Ausdruck

Anhang B: ASCII–Tabelle

In der Tabelle sind die Ordinalzahlen (jeweils dezimal und hexadezimal) und die entsprechenden Zeichen des ASCII-Codes angegeben.

dez	hex	char	dez	hex	char	dez	hex	char	dez	hex	char
0	0	NUL	32	20		64	40	@	96	60	‘
1	1	SOH	33	21	!	65	41	A	97	61	a
2	2	STX	34	22	"	66	42	B	98	62	b
3	3	ETX	35	23	#	67	43	C	99	63	c
4	4	EOT	36	24	$	68	44	D	100	64	d
5	5	ENQ	37	25	%	69	45	E	101	65	e
6	6	ACK	38	26	&	70	46	F	102	66	f
7	7	BEL	39	27	’	71	47	G	103	67	g
8	8	BS	40	28	(	72	48	H	104	68	h
9	9	HT	41	29	)	73	49	I	105	69	i
10	A	LF	42	2A	*	74	4A	J	106	6A	j
11	B	VT	43	2B	+	75	4B	K	107	6B	k
12	C	FF	44	2C	,	76	4C	L	108	6C	l
13	D	CR	45	2D	-	77	4D	M	109	6D	m
14	E	SO	46	2E	.	78	4E	N	110	6E	n
15	F	SI	47	2F	/	79	4F	O	111	6F	o
16	10	DLE	48	30	0	80	50	P	112	70	p
17	11	DC1	49	31	1	81	51	Q	113	71	q
18	12	DC2	50	32	2	82	52	R	114	72	r
19	13	DC3	51	33	3	83	53	S	115	73	s
20	14	DC4	52	34	4	84	54	T	116	74	t
21	15	NAK	53	35	5	85	55	U	117	75	u
22	16	SYN	54	36	6	86	56	V	118	76	v
23	17	ETB	55	37	7	87	57	W	119	77	w
24	18	CAN	56	38	8	88	58	X	120	78	x
25	19	EM	57	39	9	89	59	Y	121	79	y
26	1A	SUB	58	3A	:	90	5A	Z	122	7A	z
27	1B	ESC	59	3B	;	91	5B	[	123	7B	{
28	1C	FS	60	3C	<	92	5C	\	124	7C	|
29	1D	GS	61	3D	=	93	5D	]	125	7D	}
30	1E	RS	62	3E	>	94	5E	^	126	7E	~
31	1F	US	63	3F	?	95	5F	_	127	7F	DEL

Anhang C: Konversionen von Referenztypen

Die folgenden Typvergrößerungen sind bei Referenztypen möglich:

- K nach L, wenn K und L Klassen sind und K Subklasse von L ist. (Spezialfall: jede beliebige Klasse K kann in Object konvertiert werden.)
- K nach I, wenn K eine Klasse und I ein Interface ist und K das Interface I implementiert.
- I nach J, wenn I und J Interfaces sind und I Subinterface von J ist.
- I nach Object, wobei I beliebiges Interface ist.
- F nach Object, wobei F beliebiges Feld ist.
- F nach Cloneable, wobei F beliebiges Feld ist.
- S[] nach T[], wenn S und T Referenztypen sind, für die eine Typvergrößerung von S nach T existiert.

Die folgenden Typverkleinerungen sind bei Referenztypen möglich:

- K nach L, wenn K und L Klassen sind und K Superklasse von L ist. (Spezialfall: Object kann in jeden beliebigen Klassentyp L konvertiert werden.)
- K nach I, wenn K eine Klasse und I ein Interface ist und K das Interface I nicht implementiert und K nicht final spezifiziert ist. (Spezialfall: Object kann in jeden beliebigen Interfacetyp I konvertiert werden.)
- Object nach I, wobei I beliebiges Interface ist.
- Object nach F, wobei F beliebiges Feld ist.
- I nach K, wenn I ein Interface und K eine Klasse ist und K nicht final spezifiziert ist.
- I nach K, wenn I ein Interface und K eine final spezifizierte Klasse ist, die das Interface I implementiert.
- I nach J, wenn I und J Interfaces sind und I nicht Subinterface von J ist und es keine Methode m gibt, die in I und J mit derselben Signatur aber verschiedenen Typen des Funktionswerts deklariert ist.
- S[] nach T[], wenn S und T Referenztypen sind, für die eine Typverkleinerung von S nach T existiert.

Anhang D: Operatorprioritäten

In der Tabelle sind die Java-Operatoren mit ihrer Priorität und Assoziativität zusammengefaßt. Weiter oben stehende Operatoren haben eine höhere Priorität.

<table>
<tr><th>Prior./Assoz.</th><th>Operator</th><th>Funktion</th></tr>
<tr><td>14 l
14 l
14 l</td><td>.
[]
()</td><td>Zugriff auf Variablen/Methoden
Indexoperator
Funktionsaufruf</td></tr>
<tr><td>13 r
13 r
13 r
13 r
13 r</td><td>+, -
++, --
~
!
()</td><td>Vorzeichen
Inkrement, Dekrement
bitweise Negation
logische Negation
Cast</td></tr>
<tr><td>12 l</td><td>*, /, %</td><td>multiplikative Operatoren</td></tr>
<tr><td>11 l</td><td>+, -</td><td>additive Operatoren</td></tr>
<tr><td>10 l</td><td><<, >>, >>></td><td>Shift-Operatoren</td></tr>
<tr><td>9 l</td><td><, <=, >, >, instanceof</td><td>relationale Operatoren</td></tr>
<tr><td>8 l</td><td>==, !=</td><td>Gleichheits-Operatoren</td></tr>
<tr><td>7 l</td><td>&</td><td>UND (bitweise bzw. logisch)</td></tr>
<tr><td>6 l</td><td>^</td><td>Exklusiv-ODER (bitweise bzw. logisch)</td></tr>
<tr><td>5 l</td><td>|</td><td>Inklusiv-ODER (bitweise bzw. logisch)</td></tr>
<tr><td>4 l</td><td>&&</td><td>UND (bedingt logisch)</td></tr>
<tr><td>3 l</td><td>||</td><td>Inklusiv-ODER (bedingt logisch)</td></tr>
<tr><td>2 r</td><td>?:</td><td>Konditional-Operator</td></tr>
<tr><td>1 r</td><td>=, *=, /=, %=, +=, -=
<<=, >>=, >>>=, &=, ^=, |=</td><td>Zuweisungsoperatoren</td></tr>
</table>

Rechts-assoziativ sind lediglich:

- die einstelligen Operatoren, z.B. wird - -a als -(-a), ~~b als ~(~b), !!c als !(!c) ausgewertet,
- der Konditional-Operator, z.B. wird a ? b : c ? d : e als a ? b : (c ? d : e) ausgewertet,
- die Zuweisungsoperatoren, z.B. wird a = b = c als a = (b = c) ausgewertet.

Anhang E: Serialisierbare Klassen

In der Tabelle sind die Klassen der Java-Bibliothek aufgeführt, die das Serializable-Interface implementieren. Alle diese Klassen und ihre Subklassen sind serialisierbar, d.h. der Zustand ihrer Objekte kann durch die Methoden writeObject bzw. readObject in einem Aus- bzw. Eingabestrom gespeichert bzw. wieder gelesen werden.

java.awt.BorderLayout	java.awt.CardLayout
java.awt.CheckboxGroup	java.awt.Color
java.awt.Component	java.awt.Cursor
java.awt.Dimension	java.awt.Event
java.awt.FlowLayout	java.awt.Font
java.awt.FontMetrics	java.awt.GridBagConstraints
java.awt.GridBagLayout	java.awt.GridLayout
java.awt.Insets	java.awt.MediaTracker
java.awt.MenuComponent	java.awt.MenuShortcut
java.awt.Point	java.awt.Polygon
java.awt.Rectangle	java.awt.SystemColor
java.io.File	java.io.ObjectStreamClass
java.lang.Boolean	java.lang.Character
java.lang.Class	java.lang.Number
java.lang.String	java.lang.StringBuffer
java.lang.Throwable	java.net.InetAddress
java.net.URL	java.text.BreakIterator
java.text.Collator	java.text.DateFormatSymbols
java.text.DecimalFormatSymbols	java.text.Format
java.util.BitSet	java.util.Calendar
java.util.Date	java.util.EventObject
java.util.Hashtable	java.util.Locale
java.util.Random	java.util.TimeZone
java.util.Vector	

Anhang F: Locale-Konstanten

In dieser Tabelle sind die in der aktuellen Java-Implementation deklarierten konstanten Locale-Objekte, zusammen mit ihrem Konstruktor-Aufruf, zusammengestellt.

ENGLISH	new Locale("en", "")
FRENCH	new Locale("fr", "")
GERMAN	new Locale("de", "")
ITALIAN	new Locale("it", "")
JAPANESE	new Locale("ja", "")
KOREAN	new Locale("ko", "")
CHINESE	new Locale("zh", "")
SIMPLIFIED_CHINESE	new Locale("zh", "CN")
TRADITIONAL_CHINESE	new Locale("zh", "TW")
CANADA	new Locale("en", "CA")
CANADA_FRENCH	new Locale("fr", "CA")
FRANCE	new Locale("fr", "FR")
GERMANY	new Locale("de", "DE")
ITALY	new Locale("it", "IT")
JAPAN	new Locale("ja", "JP")
KOREA	new Locale("ko", "KR")
CHINA	new Locale("zh", "CN")
PRC	new Locale("zh", "CN")
TAIWAN	new Locale("zh", "TW")
UK	new Locale("en", "GB")
US	new Locale("en", "US")

Anhang G: Wichtige HTML-Markierungen

HTML (die Hyper Text Markup Language) ist eine spezielle DTD (Document Type Description) der SGML (Standard General Markup Language). Sie dient der Auszeichnung von Text. Man unterscheidet *Elemente* und *Entitäten*. Entitäten dienen der Codierung besonderer Zeichen; sie bestehen aus einem &, dem Namen der Entität sowie einem abschließenden ;. Die deutschen Umlaute werden in HTML als Entitäten codiert:

ä	ä	Ä	Ä
ö	ö	Ö	Ö
ü	ü	Ü	Ü
ß	ß		

Elemente hingegen dienen der inhaltlichen Auszeichnung eines bestimmten Teils des Texts. Sie bestehen aus einer *Anfangs-Markierung*, einem *Inhalt* und einer *Ende-Markierung*. Markierungen werden in spitze Klammern eingeschlossen. Anfangs-Markierungen beginnen mit ihrem Namen, Ende-Markierungen mit / und ihrem Namen. Soll beispielsweise ein bestimmtes Wort hervorgehoben werden, kann man es mittels <em> (wie "emphasized") auszeichnen:

```
Ein Applet ist <em>kein</em> Frame.
```

Bei bestimmten Elementen kann die Ende-Markierung entfallen und wird von der Anwendung, die die HTML-Datei verarbeitet (in unserem Fall dem Browser), nach festgelegten Regeln ergänzt. So läßt man häufig die Ende-Markierung des Paragraphen-Elements <p>.....</p> weg. Anders als bei Entitäten spielt bei Markierungen die Groß- oder Kleinschreibung keine Rolle.

Jede HTML-Datei sollte mit der Deklaration des Dokumententyps beginnen; damit wird sie ein korrektes SGML-Dokument:

```
<!DOCTYPE HTML PUBLIC "-//IETF//DTD HTML//EN">
```

Das vollständige HTML-Dokument wird in das <html>-Element aufgenommen; es zerfällt in zwei Teile: den mittels <head> ausgezeichneten Kopf mit allgemeinen Informationen über das Dokument wie Titel, Suchbegriffen usw. sowie den mit der <body>–Markierung ausgezeichneten Rumpf mit dem eigentlichen Inhalt des Dokuments. Der Kopf sollte zumindest den Titel des Dokuments nennen, den Browser oft in ihrer Statuszeile anzeigen und zur Benennung von “Bookmarks” verwenden. Der Titel wird mit der <title>-Markierung ausgezeichnet. Damit ergibt sich als Grundstruktur eines HTML-Dokuments das Folgende:

```
<!DOCTYPE HTML PUBLIC "-//IETF//DTD HTML//EN">
<html>
<head>
<title> ..... Titel des Dokuments</title>
</head>
<body>
..... Inhalt des Dokuments
</body>
</html>
```

Der Rumpf eines HTML-Dokuments besteht aus verschiedenen Textblöcken. Ein einfacher Textabsatz wird mittels der <p>-Markierung ausgezeichnet; Überschriften der verschiedenen Gliederungsebenen mit den Markierungen <h1> bis <h6>.

Listen mit numerierten Einträgen werden mit <ol> markiert, Listen mit nicht numerierten Einträgen mit <ul>, die einzelnen Einträge einer Liste mit <li>. Bei der numerierten Liste kann man die Art der Numerierung spezifizieren. Dazu werden die einzelnen Markierungen mit Attributen versehen. Dies geschieht durch die Angabe des Namens eines Attributs, eines = sowie dessen Wert; enthält der Wert White-Space, muß er durch Anführungszeichen (") eingeschlossen werden. Die <ol>-Markierung besitzt das Attribut type mit den zulässigen Werten 1 (für arabische Ziffern), a und A (für kleine oder große Buchstaben) und i bzw. I (für kleine bzw. große römische Ziffern).

```
<p>Java ist</p>
<ol type=A>
<li>einfach,</li>
<li>objektorientiert,</li>
<li>verteilt</li>
<li>usw.</li>
</ol>
```

Text kann man mittels <em> oder noch stärker durch <strong> hervorheben. Daneben stehen eine ganze Reihe von Markierungen zur Schriftwahl zur Verfügung, beispielsweise <tt> (nicht proportional), <i> (kursiv), <b> (fett), <u> (unterstrichen), <big> (größer) und <small> (kleiner).

HTML-Dokumente können *Hyperlinks* zu anderen HTML-Dokumenten enthalten; dazu dient eine <a>-Markierung (ein Ankerpunkt). Im Attribut href wird der absolute oder relative URL angegeben, auf den die ausgezeichnete Stelle verweist. Browser stellen den Inhalt eines <a>-Elements besonders dar und laden auf Mausklick die referenzierte Ressource.

```
Informationen über dieses Buch erhalten Sie auf
<a href="http://www.wifo.uni-mannheim.de/Java">unserem Server</a>.
```

Andererseits dient eine <a>-Markierung auch dazu, bestimmte Ansprungstellen innerhalb eines langen HTML-Dokuments anzugeben. Mit dem Attribut name wird diese benannt. Durch ein # und den folgenden Namen kann man dann direkt die ausgezeichnete Stelle referenzieren.

```
<a name="Inhalt">Inhaltsverzeichnis</a>
.....
<a href="#Inhalt">Zurück zum Inhalt</a>
```

Die Markierung <hr> steht für eine horizontale Trennlinie, <br> für einen expliziten Zeilenumbruch. Kommentare können in einer speziellen Kommentar-Markierung <!> angegeben werden. Sie beginnen und enden mit --.

```
<!-- Dies ist ein HTML-Kommentar. -->
```

Mit der <applet>-Markierung fügt man ein Applet in eine HTML-Seite ein. Bei dieser Markierung müssen drei Attribute angegeben werden: mit code der Name der Applet-Klasse sowie mit width und height seine Breite und Höhe. Innerhalb des <applet>-Elements können durch <param>-Markierungen Argumente für das Applet bereitgestellt werden; siehe hierzu Abschnitt 13.2. Jedes Argument wird mit einer eigenen <param>-Markierung spezifiziert, wobei der Name mit dem Attribut name, sein Wert mit dem Attribut value angegeben wird.

```
<applet code = ParamApplet width = 250 height = 70>
<param name = text value = "OOA/D Teil I">
<param name = rot value = 0>
<param name = grün value = 255>
<param name = blau value = 255>
</applet>
```

HTML-Seiten können als einfache Eingabemasken verwendet werden. Dazu dient die <form>-Markierung. Mit ihrem action-Attribut legt man einen URL fest, an den die Eingaben geschickt werden sollen. Bei dem Pseudo-URL mailto:email-adresse werden die Benutzereingaben an die angebene Email-Adresse geschickt; häufiger verweist der URL jedoch auf ein Servlet oder CGI-Skript. Die beiden optionalen Attribute method und enctype spezifizieren die Art der Übertragung zum Server bzw. der verarbeitenden Anwendung: als Methoden stehen post und (voreingestellt) get zur Verfügung, bei der Codierung kann ein MIME-Typ angegeben werden; standardmäßig wird der Typ application/x-www-form-urlencoded gewählt (siehe S. 467).

Im Inhalt einer <form>-Markierung können die einzelnen Eingabeelemente sowie erklärender Text stehen. Jedes Eingabeelement erfordert die Angabe eines name-Attributs, das seinen Namen festlegt. Das wichtigste der drei Eingabeelemente ist das <input>-Element; es erfordert die zusätzliche Angabe eines type-Attributs, das über die Funktionalität des Elements entscheidet:

- text erlaubt die Eingabe eines einzeiligen Texts (entspricht also einem AWT-TextField).
- password gestattet die Eingabe eines Paßworts (die Eingabe wird durch * oder ein anderes Zeichen verdeckt).
- checkbox entspricht der gleichnamigen AWT-Komponente.
- radiobutton ist eine spezielle Checkbox; alle derartigen <input>-Elemente mit dem gleichen Namen bilden eine Gruppe aus der analog zur CheckboxGroup jeweils nur eines ausgewählt sein kann. Das anfänglich ausgewählte Element wird durch die Angabe des Attributs checked (ohne Wert) angegeben.

Die Typen submit und reset haben eine spezielle Bedeutung. submit bezeichnet einen Button, bei dessen Aktivierung der Browser die Form abschickt, reset bezeichnet einen Button, dessen Aktivierung dazu führt, daß alle bisherigen in der Form vorgenommenen Eingaben wieder gelöscht werden.

Das <textarea>-Element stellt wie die gleichnamige AWT-Komponente ein mehrzeiliges Eingabefeld zur Verfügung, dessen Zeilen- und Spaltenzahl mit den Attributen rows bzw. cols festgelegt werden muß.

Das <select>-Element einer Form entspricht schließlich der AWT-Komponente List. Das Attribut size gibt die Zahl der gleichzeitig sichtbaren Auswahlmöglichkeiten an, die Angabe von multiple (ohne Wert) erlaubt, daß mehrere Einträge gleichzeitig ausgewählt sein können. Die Auswahlmöglichkeiten selbst werden im Inhalt des <select>-Elements mit der <option>-Markierung angegeben. Deren value-Attribut legt den Text der einzelnen Auswahlmöglichkeiten an. Die Angabe von selected (ohne Wert) bezeichnet eine vorselektierte Option.

Index

Zur beiliegenden CD-ROM

Die im Buch behandelten Beispiele sowie Lösungen zu ausgewählten Übungsaufgaben finden sich in den Unterverzeichnissen `OOPinJava` bzw. `Loesungen` der beiden Verzeichnisse `unix` und `windows`. Der Code ist identisch bis auf die betriebssystem-spezifische Darstellung des Zeilenende-Zeichens.

Darüber hinaus enthält die CD-ROM im Verzeichnis `VAJava` eine Testversion der Java-Entwicklungsumgebung `Visual Age for Java`, die uns die Firma IBM zur Verfügung gestellt hat. Diese Einstiegsversion ist im Funktionsumfang nicht eingeschränkt; lediglich die Anzahl der in das Repository aufnehmbaren Klassen ist auf 100 begrenzt. Zur sinnvollen Nutzung dieser Entwicklungs-Software benötigt man die folgende Ausstattung:

Hardware
Prozessor: Pentium oder Pentium-kompatibel
Display: SVGA, 800×600 (besser 1024×768)
Hauptspeicher: mindestens 32 MB
Plattenkapazität: 45 MB für Toolkit und Beispiele, 30 MB Swap

Betriebssystem
OS/2 Warp Version 4 oder
Windows 95 oder Windows NT 4.0